"十四五"职业教育国家规划教材

高等职业教育财务会计类富媒体智能型 · 工学结合系列教材

纳税实务（第五版）

TAX PRACTICE

李瑶 主 编

郝宝爱 张进 副主编

东北财经大学出版社
Dongbei University of Finance & Economics Press
大连

图书在版编目（CIP）数据

纳税实务/李瑶主编. —5版. —大连：东北财经大学出版社，2023.8（2025.6重印）
（高等职业教育财务会计类富媒体智能型·工学结合系列教材）
ISBN 978-7-5654-4689-4

Ⅰ.纳… Ⅱ.李… Ⅲ.纳税-税收管理-中国-高等职业教育-教材 Ⅳ.F812.423

中国版本图书馆CIP数据核字（2022）第214470号

东北财经大学出版社出版
（大连市黑石礁尖山街217号 邮政编码 116025）
网　址：http://www.dufep.cn
读者信箱：dufep@dufe.edu.cn

大连天骄彩色印刷有限公司印刷　　东北财经大学出版社发行

幅面尺寸：185mm×260mm　　字数：552千字　　印张：24.25
2023年8月第5版　　2025年6月第4次印刷

责任编辑：王天华　曲以欢　　责任校对：包利华
封面设计：原　皓　　版式设计：原　皓

定价：56.00元

教学支持　售后服务　联系电话：（0411）84710309

如有印装质量问题，请联系营销部：（0411）84710711

第五版前言

本教材自2016年出版以来，历经5版8次印刷，并于2023年入选“十四五”职业教育国家规划教材。本教材对高等职业教育财务会计类、财政税务类专业的课程建设进行了积极的探索，也为更加贴近高等职业院校的人才培养目标进行了有益的尝试。

为了使本教材更加符合高职教育的人才培养规格，及时反映经济新形态与税收政策新变化，依据教育部高职教育财务会计类、财政税务类专业教学标准，针对原教材在各项目之间内容失衡的情况，结合国家“十四五”经济社会发展指导方针和主要目标，我们对教材结构重新布局，同时对教材内容进行了修订、完善。本次修订，税收政策的引用时间截至2023年7月31日。

依据高等职业学校财务会计类、财政税务类相关专业教学标准中“素质、知识、能力”的培养要求，我们在本教材编写过程中确立了包括了“知识目标、技能目标、态度目标、思政目标”在内的课程目标，并以上述目标的实现确定了本教材基本框架。

本教材的编写宗旨如下：

一是以提高学生的职业能力和职业素养为基本出发点，配合职业技能培养的“教、学、练”合一的教学模式，实现对求学者职业所需的实际能力（包括技能和知识）的培养。我们在教材编写中，以最新的税收法律法规为依据、以“应用”为主旨构建教材内容体系，结合企业涉税业务工作特点，为学习者展现企业涉税工作平台，全面、系统地介绍了企业在涉税工作中涉及的税费计算与申报的基本原理、基本方法和基本技能。

二是秉承“把立德树人作为教育的根本任务”的理念，围绕“爱岗敬业、诚实守信、依法纳税”等职业素养的培养展开教学内容，着重培养学生的职业情怀。同时，在教材编写中以习近平总书记强调的“为谁培养人、培养什么样的人、怎样培养人”为抓手，探索课程思政的契合点、融入点，通过“思政园地”栏目，践行“把思想政治工作贯穿教育教学全过程，实现全程育人、全方位育人”，着力培养学生强烈的时代使命、突出的价值关怀以及强烈的时代担当。

本教材的编写具有以下特点：

1.立德树人、尊崇本质。高职教育的作用是帮助学生在自身成长过程中，修身立德，学习知识，培养能力，为此，本教材在探索课程思政融入点时尊重教育的本质规律，让教育成为教育，让教育回归教育，把知识教学与思想品德教育有机地结合起来。在充分注意挖掘教学内容的思政因素和体现党的二十大精神的同时，注意与时代热点、历史演变相结合，秉承“化云为雨、润物无声”的基本理念，寓德育于专业教学之中。

2.精简理论、突出实务。教材立足于纳税人的工作需求，从纳税人的角度讲述和解决纳税实务问题。全书共分九个项目，主要介绍和讲述了税收的基本理论知识，以及我国现行税制中各个税种的法制要素、应纳税额的计算及纳税申报的工作流程。

3.内容新颖、实用性强。教材依据我国最新的税收法律法规进行编写，内容结构依据学生的学习思维习惯进行安排，职业过程明确、导学思路明晰，符合由浅入深的认识过程，学生可以利用教材进行自我学习。教材对于税收法律法规重要原理和知识点都有较详细的解读，并且附有充足的案例及解析，力求从不同角度认识和理解有关的税法要点，引导学习者准确掌握将税收法律法规运用到实际业务当中的基本技能。

4.层次丰富、内容连贯。在教材“做中学”板块中，既有通俗易懂的各种小例题，又有专门针对纳税申报的贯通性综合性案例，利用“做中学”的连贯性一步步引导学生完成每一税种的纳税申报全过程工作，丰富了教材的知识结构。同时，通过“辨析”“思考”“提示”“小知识”等栏目的穿插，将税法与会计、不同税种联系起来，能够做到“瞻前顾后”、温故知新，增强了教材的综合性和灵活性。

5.突破界限，智慧建设。将信息技术与教材建设深度融合，教材中采用二维码识别形式将纸质教材相应的知识点与微课相链接，形象展示知识点内容；已建立起“新道云”在线开放平台，以碎片化、模块化为基础打造智能问答、图解税收、微课资源，提供丰富的数字化教学资源；充分吸收教育信息化的成果，配合教育部财政部启动实施的“中国特色高水平高职学校和专业建设计划”，已着手教学资源库建设工作，届时，学习者可借助平台进行系统学习。

本教材由具有多年高等职业教育经验的教师和税务一线工作人员编写。山西省财政税务专科学校李瑶教授担任主编；山西省财政税务专科学校郝宝爱副教授、张进副教授担任副主编；山西省财政税务专科学校梁东刚、张明珠，国家税务总局运城市税务局陈永斌参与编写。其具体分工如下：梁东刚、张明珠编写项目一；郝宝爱编写项目二、项目四任务一和项目五任务一；张进编写项目四任务二，项目五任务二、任务三，项目六和项目七；李瑶编写项目三和项目八；陈永斌编写项目九。国家税务总局太原市杏花岭区税务局郝跃峰及山西航天信息有限公司讲师杜鹏飞在课程思政、教材内容、结构的安排及实际税务事项处理规范化操作等方面积极参与研讨并给予了中肯的建议与指导，在此表示感谢。

本教材既可以作为财经类高等院校财务会计类、财政税务类及其他相关专业的教学用书，也可以作为会计、税务从业人员的继续教育用书。

鉴于编者能力和水平有限，以及税收政策不断调整因素的影响，本教材的不足或错漏之处在所难免，敬请读者批评指正。

编　者

2023年8月

目 录

项目一
纳税基础知识

学习目标

知识目标

1. 熟悉税收的含义及本质特征，掌握税法的定义及构成要素。
2. 熟悉纳税人的权利及义务。
3. 了解纳税人的应纳税种类。
4. 掌握纳税人缴纳税款的基本程序。

技能目标

1. 能够正确填制税务登记、发票领购的相关资料。
2. 能够准确准备纳税申报资料并按规定程序进行纳税申报。

态度目标

1. 树立法律意识，最大限度地维护纳税人的基本权利。
2. 坚持依法纳税，及时履行纳税义务，防范纳税风险。

思政目标

1. 了解我国税收性质，认识“以人民为中心”的中国特色社会主义税收制度，培育公民意识与社会责任感。
2. 通过税收法律主体权利与义务的学习，充分理解“全面依法治国最广泛、最深厚的基础是人民”的内涵。
3. 通过税法要素之违章处理的学习，领会“提高全民族法治素养”的精神要义。

工作情境与工作任务

税收作为国家财政收入的主要来源，与社会的发展、人民的生活密不可分。

当我们走进商场购物，到外地旅游，去影院看电影，到体育场看比赛时，都会直接或者间接地与税收发生联系。那么，你知道什么是税收吗？与其他财政收入相比，税收有什么不同？税款应该由谁来缴纳、由谁来负担呢？

税法的制定，是为了保障国家利益和纳税人的合法权益，维护正常的税收秩序，保证国家的财政收入。你知道税法的基本要素包括哪些吗？纳税人有哪些权利可以行使，又有哪些义务必须履行吗？

明确了纳税人的权利和义务后，你了解纳税人都应该缴纳哪些税款吗？这些税是如何分类的？纳税人缴纳税款应遵循怎样的基本程序呢？

任务一　税收与税法认知

一、税收认知

（一）税收的含义

税收是国家为实现其职能，凭借政治权力，按照法律的规定，通过税收工具强制地、无偿地参与国民收入和社会产品的分配和再分配取得财政收入的一种形式。税收属于分配的范畴，但税收同劳动工资、地租、商业利润、资本利息等一般意义上的分配形式不一样，它是国家凭借政治权力进行的，是超经济的分配或特定的分配形式。正因为如此，政府才可以借助税收这一重要经济杠杆来调节经济，以弥补市场机制的缺陷。

分析和理解税收这一概念应把握以下几个方面：

1.税收分配的目的是满足社会公共需要

执行公共事务，满足社会公共需要是国家的主要职能，包括：提供和平安定的社会环境，保持良好的社会秩序，兴建公共工程，举办公共事业等。由于市场机制不能提供满足公共需要的公共产品和服务，所以政府通过税收分配来满足全体国民对于各类公共产品和服务的需要。

2.税收分配的主体是国家，其根据是社会职能，凭借的是国家政治权力

社会再生产可分为三个部分：一是人口及劳动力的再生产，其主体是家庭；二是物质资料的再生产，其主体是企业；三是社会共同体的再生产，其主体只能是国家。国家之所以要征税，是因为它是社会共同体再生产的主体，执行社会职能，如果没有国家的政治权力为依托，征税就难以实现。

3.税收分配的客体是社会产品

社会产品是全社会一定时期内的总产品。税收分配的物质来源只能是社会产品，其中主要是剩余产品。所谓剩余产品，是指劳动者生产的超过必要产品的那部分社会产品。税收只能来源于剩余产品价值，而且税收总规模应小于剩余产品价值总量，即一定时期剩余产品价值总量是税收的最大限量。因为剩余产品是人类社会发展进步的物质基础，剩余产品的分配形式有多种，税收只是其中之一，国家能占有的只能是其中的一部分而不是全部；否则，就会侵蚀税本，阻碍社会经济的发展。

国家在参与社会产品分配时，可采取多种分配形式，如实物、货币等。在商品经济不发达时，税收分配主要采用实物形式；在商品经济发达时，多采用货币形式。但是无论采取哪种形式，都不能否认税收分配的客体是社会产品这一事实。

4.税收是政府财政收入的主要来源

国家取得财政收入的手段多种多样，如税收、发行货币、发行国债、收费、罚没等。与取得财政收入的其他形式相比，税收具有无偿性、强制性和固定性的特征。税收的三个特征决定了有着不同社会制度的国家都普遍采用税收方式取得财政收入，而且一般均以税收作为政府财政收入的主要来源。

（二）税收的特征

我国的税收是“取之于民，用之于民”的新型税收，具有无偿性、强制性和固定性三项基本特征。

1.税收的无偿性

税收的无偿性，是指国家征税以后，其收入就成为国家所有，不再直接归还纳税人，也不支付任何报酬。税收的无偿性体现了财政分配的本质，是税收“三性”的核心。

【思考】税收的无偿性与我国税收的“取之于民，用之于民”有冲突吗？

2.税收的强制性

税收的强制性，是指国家征税凭借的是政治权力，依据法律对税收征纳双方的权利（权力）与义务进行制约。税收既不能由纳税主体按照个人意志自愿缴纳，也不允许按照征税主体的意志随意征税，而是应依据法律进行。纳税人必须依法纳税，否则就要受到法律的制裁；征收机关在征收税款过程中由于执法不当给纳税人造成损失的，同样要承担相应的法律责任。

国家征税的方式之所以是强制的，是由税收的无偿性决定的。税收的强制性是税收同公债收入、规费收入、公有财产收入等财政收入形式的最显著的区别。税收的强制性要求税收必须以法律形式加以规范和约束。税收的强制性主要体现在征税过程中。

【注意】税收的强制性不只要求纳税人必须依法纳税，也要求征税机关必须依法征税。

3.税收的固定性

税收的固定性，是指国家征税以法律形式预先规定征税范围和征收比例，以便于征纳双方共同遵守。税收的固定性主要表现在国家通过法律，把对什么征税、对谁征税、征多少税，在征税之前就固定下来。税收的固定性是由国家财政收入的需要所决定的，同税收的强制性特征相联系。

税收的公平原则，以及保证财政收入和调节经济的作用，都是以固定性为前提的。

【思考】税收的固定性是否意味着税法一经制定，就不得变更了呢？

税收的特征是税收区别于其他财政收入形式的关键。税收的三个特征是相互联系、密不可分的。征税的无偿性，必然要求征税方式的强制性；强制性是无偿性和固定性得以实现的保证；国家财政的固定需要，决定了税收必须具有固定性特征，税收的固定性也是强制性的必然结果。

二、税法认知

（一）税法的含义

税法，是指国家制定的用于调整税收分配过程中形成的权利和义务关系的法律规范的总称。税法作为一种法律规范，具有与国家法律体系中其他法律一样的共性。但是，由于它所调整的法律关系对象不同，又是一个独立的法律，因而具有与其他法律不同的特征，主要表现在：

1.税与法的共存性

税收是随着国家的产生而产生的，法又是与国家同时存在的，国家为了取得税收，必须凭借自己的政治权力，即以法律形式表现出来的强制力去参与对社会产品或国民收入的分配，这就表明税收存在的同时，必须要有法的存在，它要有法的保证，即有税必有税法。同时，税法充分体现了税收的强制性、无偿性、固定性的特征。税收区别于一般分配形式的重要标志，就是国家通过制定法律进行参与。可见，税与法具有共存性。

2.税法关系中征纳主体的单方固定性

任何法律关系都必须有主体，即双方当事人，否则法律关系就不成立。税法主体的双方当事人中，一方始终是国家，另一方则是纳税人。具体纳税人可以随时随事变更，而国家则是固定不变的。其他任何机关与法人或自然人之间，或者法人与法人之间、法人与自然人之间、自然人与自然人之间，都不会发生和存在任何税收法律关系。

3.税法关系主体之间权利和义务的不对等性

税法关系主体之间的权利和义务，具有不对等性。因为税法确定的征纳关系不是按照协商、等价、有偿等原则建立的，而是国家凭借政治权力通过立法程序制定并强制执行的。

【思考】税法关系主体之间权利和义务不对等，双方的法律地位平等吗？

4.税法结构的综合性

税法是由一系列单行的税收法律规范构成的综合性法律，是实体法与程序法相结合的一种法律结构形式。税法的这一特征是由税法调整经济关系的广泛性所决定的。

5.税收立法权限的多层次性和表现形式的多样性

目前，我国有权制定税法或者税收政策的国家机关主要有：全国人民代表大会及其常务委员会、国务院、财政部、国家税务总局、海关总署、国务院关税税则委员会等。制定税法的国家机关不同，税收法律的层次也不同，主要有：

（1）税收法律。税收法律是指享有国家立法权的国家最高权力机关，依照法律程序制定的规范性税收文件。我国的税收法律由全国人民代表大会制定，如《中华人民共和国个人所得税法》《中华人民共和国企业所得税法》，或者由全国人民代表大会常务委员会制定，如《中华人民共和国车船税法》《中华人民共和国税收征收管理法》《中华人民共和国环境保护税法》《中华人民共和国烟叶税法》《中华人民共和国船舶吨税法》《中华人民共和国车辆购置税法》《中华人民共和国耕地占用税法》《中华人民共和国资源税法》《中华人民共和国印花税法》《中华人民共和国契税法》《中华人民共和国城市维护建设税法》。

（2）税收法规。税收法规是指国家最高行政机关、地方立法机关根据其职权或国家最高权力机关的授权，依据宪法和税收法律，通过一定法律程序制定的规范性税收文件。有关税收的行政法规，由全国人民代表大会及其常务委员会授权国务院制定。我国目前税法体系的主要组成部分就是税收法规，其具体形式主要是“条例”或“暂行条例”，如《中华人民共和国个人所得税法实施条例》《中华人民共和国增值税暂行条例》等。税收法规的效力低于宪法、税收法律，但高于税收规章。

（3）税收规章。税收规章是指国家税收管理职能部门、地方政府根据其职权和国家最高行政机关的授权，依据有关法律、法规制定的规范性税收文件。税收规章由财政部、国家税务总局、海关总署和国务院关税税则委员会等部门制定，如《中华人民共和国增值税暂行条例实施细则》《中华人民共和国税收征收管理法实施细则》《税务行政复议规则》等。税收规章可以增强税法的灵活性和可操作性，是税法体系的必要组成部分，但其法律效力较低。一般情况下，税收规章不作为税收司法的直接依据，只具有参考的效力。

（4）税务行政规范。税务行政规范即通常所称的税收规范性文件，是指税务机关依照法定职权和规定程序，针对普遍的、不特定的对象做出的对征纳双方具有普遍约束力的、可反复适用的行为规则。

（5）地方性税收法规。地方性税收法规是指各省、自治区、直辖市和计划单列市的人民代表大会及其常务委员会，根据本行政区域的具体情况和实际需要，在不与法律和行政法规相抵触的前提下，按照规定制定某些地方性的税收法规。各省、自治区、直辖市和计划单列市的人民政府，可以根据法律、行政法规和本省、自治区、直辖市的地方性法规制定税收规章。

【注意】中国香港和中国澳门两个特别行政区实行独立的税收制度，中央政府不在这两个特别行政区征税，从这个角度来讲，我国的税境小于国境。

（二）税收法律关系

税收法律关系是代表国家行使征税权的征收机关与纳税人在税收征纳过程中根据税法的规定形成的权利义务关系。这种权利义务关系直接表现为国家有权无偿征税，纳税人有义务无偿纳税。税收法律关系包括主体、客体、内容三个要素。

1.税收法律关系的主体

税收法律关系的主体，是指在税收法律关系中权利的享有者和义务的承担者。税收法律关系的主体，可分为征税主体和纳税主体。

（1）征税主体。税收法律关系中的征税主体是国家，具体行使职能的是税务机关和其他征税机关。

（2）纳税主体。纳税主体有广义与狭义之分。广义的纳税主体，是指在征纳活动中所履行的主要义务在性质上属于纳税义务的有关主体，包括纳税人、扣缴义务人、纳税担保人等；狭义的纳税主体，是指税法规定的负有纳税义务的单位和个人。

纳税主体是特定的，并非所有的单位或个人都是纳税主体，其只有在具有税法规定的应税收入、财产或应税行为的情况下，才能成为纳税主体。纳税主体按不同标准可有不同的分类：按法律特征的不同，可分为法人和自然人；按国籍的不同，可分为中国纳税人和外国纳税人；按所有制的不同，可分为国有企业、集体企业、私营企业、外商投资企业和外国企业、股份制企业、合伙企业和个人等。

纳税主体的纳税义务与征税主体的征税权利相辅相成，互为对应。

2.税收法律关系的客体

税收法律关系的客体，是指税收法律关系主体双方的权利和义务所指向的对象。它联结了整个税收法律关系的运行，是征税主体和纳税主体的权利和义务得以存在的客观基础。其形式一般可分为三类：

（1）实物。实物主要是指纳税人以实物形式发生纳税义务。

（2）货币。货币是指征纳税主体之间的权利义务是以货币形式表现出来的，是税收法律关系最主要、最常见的客体。以货币形式纳税是现代税收的主要形式。

（3）行为。行为是指税收征收管理中，征纳税主体双方的行为表现。

3.税收法律关系的内容

税收法律关系的内容，是指税收法律关系主体所享有的权利和承担的义务，是税收法律关系的核心。

（1）征税主体的权利和义务。

①征税主体的权利。其主要包括：代表国家行使税务管理权（如办理税务登记、审核纳税申报、进行发票管理等）、税收征收权、税务检查权、税务违法处理权、税收行政立法权、代位权和撤销权。

【提示】代位权，是指因债务人怠于行使其到期债权，对债权人造成损害的，债权人可以向人民法院请求以自己的名义代位行使债务人的债权，但该债权专属于债务人自身的除外；撤销权，是指在债务人做出无偿处分或以明显低价处分财产给第三人等侵害债权人权益的行为时，债权人有请求人民法院予以撤销的权利。

【注意】税收行政立法权，是指被授权的税务机关有权在授权范围内依照一定程序制定税收行政规章及其他规范性文件，并做出行政解释等。

②征税主体的义务。税务机关在享有广泛税收征管权利的同时，也承担相应的义务。其主要包括：宣传税法；辅导纳税人依法纳税；为纳税人、扣缴义务人的情况保守秘密；受理减、免、退税及延期缴纳税款申请；依法退回多收的税款；按照规定付给扣缴义务人代扣代缴、代收代缴税款手续费；进行检查时出示税务检查证件；对纳税人的申诉及时做出处理等。

（2）纳税主体的权利和义务。

①纳税主体的权利。其主要包括：知情权；保密权；税收监督权；纳税申报方式选择权；申请延期申报权；申请延期缴纳税款权；申请退还多缴税款权；依法享受税收优惠权；委托税务代理权；陈述与申辩权；对未出示税务检查证和税务检查通知书的拒绝检查权；税收法律救济权；依法要求听证权；索取有关税收凭证权等。

②纳税主体的义务。其主要包括：依法进行登记的义务；依法设置账簿、保管账簿和有关资料以及依法开具、使用、取得和保管发票的义务；财务会计制度和会计核算软件备案的义务；按照规定安装、使用税控装置的义务；按时、如实申报的义务；按时缴纳税款的义务；代扣代缴、代收代缴税款的义务；依法接受检查的义务；及时提供信息的义务；报告其他涉税信息的义务。

（三）税法分类

1.按税法内容分类

按照税法内容的不同，可分为税收实体法、税收程序法。

（1）税收实体法，是规定税收法律关系主体的实体权利、义务的法律规范的总称。其主要内容包括纳税主体、征税客体、计税依据、税目、税率、减免税等，是国家向纳税人行使征税权和纳税人负担纳税义务的要件。只有在具备这些要件时，纳税人才负有纳税义务，国家才能向纳税人征税。税收实体法直接影响国家与纳税人之间权利、义务的分配，是税法的核心部分。没有税收实体法，税法体系就无法成立。

（2）税收程序法，是税收实体法的对称，指的是以国家税收活动中所发生的程序关系为调整对象的税法，是规定国家征税权行使程序和纳税人纳税义务履行程序的法律规范的总称。其主要内容包括税收确定程序、税收征收程序、税收检查程序和税务争议的解决程序。税收程序法规定征纳双方如何具体实施税法，是税法体系的基本组成部分。《中华人民共和国税收征收管理法》就属于税收程序法。

2.按税法效力分类

按照税法效力的不同，可分为税收法律、法规、规章、税务行政规范和地方性税收法规。

3.按税法地位分类

按照具体税法在税法体系中法律地位的不同，可分为税收通则法、税收单行法。

（1）税收通则法，是指对税法中的共同性问题加以规范，对具体税法具有约束力，在税法体系中具有最高法律地位和最高法律效力的税法。其主要内容一般包括通用条款、税权划分、基本税收权利与义务、征收程序、法律责任、行政协助、税务争讼等。较为典型的税收通则法是税法基本法。目前，我国尚未制定税收通则法。

（2）税收单行法，是指就某一类纳税人、某一类征税对象或某一类税收问题，单独设立的税收法律、法规或规章。税收单行法受税收通则法的约束和指导。税收单行法是相对税收通则法而言的，也就是说，税收通则法以外的税法都属于税收单行法。

4.按税收管辖权分类

按照税收管辖权的不同，可分为国内税法、国际税法。

（1）国内税法，是指一国在其税收管辖权范围内调整税收分配过程中形成的权利义务关系的法律规范的总称。国内税法是由国家最高权力机关和经由授权或依法律规定的国家行政机关制定的税收法律、法规、规章等规范性文件，其效力范围在地域上和对人上均以国家税收管辖权所能达到的管辖范围为准。我们通常所说的税法，即指国内税法。

（2）国际税法，是指调整国家与国家之间税权权益分配的法律规范的总称。它包括政府间的双边或多边税收协定、关税互惠公约、“经合范本”、“联合国范本”，以及国际税收惯例等。其内容涉及税收管辖权的确定、税收抵免，以及无差别待遇、最惠国待遇等。国际税法是国际法的特殊组成部分，一旦得到一国政府和立法机关的法律承认，国际税法的效力即高于国内税法。

任务二　税收实体法要素

一、税收实体法基本要素

（一）纳税人

纳税人是纳税义务人的简称，是指税收法律、行政法规规定负有纳税义务的单位和个人。纳税人包括法人和自然人两种。

法人，是指依法成立并能以自己的名义行使权利和履行义务的组织。作为纳税人的法人，一般是指经市场监督管理部门审查批准并登记，具备必要的生产手段和经营条件，实行独立经济核算并能承担经济责任，能够依法行使权利和承担义务的单位、团体。

自然人，是指负有纳税义务的个人，如从事工商营利经营的个人、有应税收入或应税财产的个人等。

我国税法在确定纳税人时，一般采用属地主义与属人主义相结合的原则。

属地主义原则，是指一个国家以地域的概念作为其行使征税权力所遵循的原则。按照此原则确立的税收管辖权，称作税收地域管辖权或收入来源地管辖权。它依据纳税人的所得是否来源于本国境内，来确定其纳税义务，而不考虑其是否为本国公民或居民。

属人主义原则，是指以纳税人的国籍或住所为标准确定国家行使税收管辖权范围的原则。按照此原则确立的税收管辖权，称作居民税收管辖权或公民税收管辖权。它依据纳税人与本国政治法律的联系以及居住的联系，来确定其纳税义务，而不考虑其所得是否来源于本国领土疆域之内。

【注意】纳税人与负税人是既有联系又有区别的两个概念。纳税人是直接向税务机关缴纳税款的单位和个人；负税人是实际负担税款的单位和个人。在税负不能转嫁的条件下，负税人也就是纳税人；在税负能够转嫁的条件下，纳税人如果能够通过一定途径把税款转嫁出去，负税人并不是纳税人，这时的负税人就是最终承担税款的单位和个人。纳税人是由国家税法规定的；而负税人则是在社会经济活动中形成的，不受法律的约束。

为了保证国家的财政收入，防止偷税、漏税，简化纳税手续，税收法律、行政法规采用源泉控制的方法，规定负有代扣代缴、代收代缴税款义务的单位和个人为扣缴义务人。扣缴义务人在其经营活动中负有代扣（代收）税款并向国库缴纳的义务。税务机关按规定付给扣缴义务人代扣（代收）手续费，扣缴义务人必须按税法规定代扣（代收）税款，并按规定期限缴库，否则将依税法规定受到法律制裁。

（二）征税对象

征税对象也称课税对象，是指对什么征税，是税法规定的征税目的物，亦称课税客体。征税对象反映了一个税种征税的基本范围和界限。在现代社会，国家的征税对象主要包括所得、商品和财产三大类，国家的税制往往也是以对应这三类征税对象的所得税类、商品税类和财产税类为主体税类。

征税对象是一个税种区别于另一个税种的主要标志。

【注意】征税对象与税源紧密相关。税源，是指每一种税的具体经济来源，是各种税收收入的最终出处，或者说是税收负担的最终归宿。各税种因征税对象的不同，都有不同的经济来源。

征税对象是一个抽象的概念，只概括地表明了征税的标的物。具体的征税对象，需要通过规定计税依据和税目等方式，将其明确地表述出来。

1. 计税依据

计税依据是征税对象的计量单位和征收标准。计税依据按其性质可分为两大类：一类是以征税对象的实物形态为计税单位，即以征税对象的数量、重量、容积、体积等为计税依据，它适用于从量计征的税种，如我国目前征收的城镇土地使用税；另一类是以价值形态为计税依据，即以征税对象的价值为计税标准，它适用于从价计征的税种，如对销售货物、劳务、服务、无形资产和不动产征收的增值税。

2. 税目

税目是根据征税对象具体划分的项目，是税法规定的应当征税的具体物品、行业或项目，是征税对象的具体化。它规定了一个税种的征税范围，反映了征税的广度。由于同一税目通常适用同一税率，因此税目是确定适用税率的重要依据。

税目并不是每一税种都需具备的内容。有些税种的征税对象简单、明确，无进一步划分税目的必要，只有当某一税种的征税对象范围较广、内容较复杂时，才将其划分为若干税目加以明确界定。税目的制定方法有列举法和概括法两种。列举法是按照每一种商品或经营项目分别设计税目，必要时还可以在税目下划分若干细目，如我国现行的消费税；概括法是对同一征税对象用集中概括的方法将其分类归并，如我国现行的增值税对货物的表述。

（三）税率

税率，是指应纳税额与征税对象之间的比例，是计算应纳税额的尺度，体现着征税的深度。税率的设计直接反映国家的有关经济政策，直接关系到国家财政收入的多少和纳税人税收负担的大小，是税收制度的中心环节。我国现行税率大致可分为以下三种：

1. 比例税率

比例税率，是指对同一征税对象或同一税目，不论数额大小只规定一个比例，都按同一比例征税，税额和征税对象成正比例关系。比例税率的优点在于：同一征税对象的不同纳税人税收负担相同，能够鼓励先进、鞭策落后，有利于公平竞争；计算简便，有利于税收的征收管理。但是，比例税率不能体现量能负担的原则。

在实际运用中，比例税率主要分为统一比例税率和差别比例税率。统一比例税率，是指一个税种只设一个比例税率，所有纳税人都按照同一个税率纳税；差别比例税率，是指一个税种设有两个以上的比例税率，税率是根据不同的征税项目分别设计的，包括产品比例税率、行业比例税率、幅度比例税率。

2. **累进税率**

累进税率，是指将同一征税对象，按数额的大小划分为若干等级，每个等级由低到高规定相应的税率。累进税率的特点是征税比例随征税对象数额的大小而变化。征税对象数额越大，适用税率越高；征税对象数额越小，适用税率越低。

采用累进税率的例子见表1-1。

表1-1 个人所得税税率表

（非居民个人工资、薪金所得，劳务报酬所得，稿酬所得，特许权使用费所得适用）

级数	应纳税所得额	税率（%）	速算扣除数（元）
1	不超过3 000元的	3	0
2	超过3 000元至12 000元的部分	10	210
3	超过12 000元至25 000元的部分	20	1 410
4	超过25 000元至35 000元的部分	25	2 660
5	超过35 000元至55 000元的部分	30	4 410
6	超过55 000元至80 000元的部分	35	7 160
7	超过80 000元的部分	45	15 160

累进税率按照累进依据和累进方式的不同，可划分为以下四种形式：

（1）全额累进税率。即将征税对象的金额从小到大划分为若干不同的征税级距，分别制定从低到高不同等级的税率，当征税对象提高到一个级距时，对征税对象全部金额均按高一级的税率征税。

（2）全率累进税率。即按照征税对象的相对比例（如利润率、增长率、增值率等）分别制定从低到高不同的等级税率。以征税对象的绝对数额作为计税依据，当纳税人征税对象的相对比例达到某一等级时，征税对象全部数额均按这一等级的税率征税。全率累进税率与全额累进税率的原理相同，只是税率累进的依据不同。全额累进税率的依据是征税对象的数额，而全率累进税率的依据是征税对象的某种比率。

全额（全率）累进税率具有以下特点：第一，在按照征税对象数额的大小确定税率后，实际上等于按比例税率计税；第二，累进急剧，即全部征税对象都适用相应的最高税率；第三，累进的名义税率与实际税率一致；第四，在征税对象级距的分界点附近税负不合理，会出现税收增加额超过征税对象增加额的不合理现象。

【做中学1-1】甲、乙两人是我国个人所得税的非居民个人，某月来自我国工资应纳税所得额分别为3 000元、3 010元，假定个人所得税税率适用表1-1中的全额累进税率。甲、乙应缴纳的个人所得税税额计算如下：

甲的应纳税额＝3 000×3%＝90（元）

乙的应纳税额＝3 010×10%＝301（元）

乙的收入较甲多出10元，税款却多出211元，税收增加额远远超出计税依据增加额，所以全额（全率）累进税率一般不被世界各国所采用。

（3）超额累进税率。即把征税对象按数额大小划分为若干级距，每个等级由低到高规定相应的税率，征税对象金额每超过一个级距时，只对超过的部分按高一级的税率征税。我国目前对个人的综合所得征收的个人所得税即实行超额累进税率。

（4）超率累进税率。即把征税对象数额的相对率划分为若干级距，分别规定由低到高相应的差别税率，相对率每超过一个级距的，对超过的部分按高一级的税率征税。超率累进税率与超额累进税率的原理相同，只是税率累进的依据不是征税对象的数额，而是征税对象的某种比率。我国目前的土地增值税即适用超率累进税率。

超额（超率）累进税率具有以下特点：

第一，计算起来比较复杂，征税对象越大，包括的等级越多，计算就越复杂；

第二，累进幅度比较缓和，税收负担较为合理，特别是征税对象级次上下分界，只就超过部分按高一级税率计算，一般不会发生增加部分的应纳税额超过增加的征税对象数额的不合理现象。

【做中学1–2】承【做中学1–1】，甲、乙两人（我国个人所得税的非居民个人）月工资应纳税所得额适用的所得税税率为表1–1中的超额累进税率，甲、乙应缴纳的个人所得税税额计算如下：

甲的应纳税额 = 3 000 × 3% = 90（元）

乙的应纳税额 = 3 000 × 3% + 10 × 10% = 91（元）

乙的收入较甲多出10元，税款也只多出1元，这更好地体现了量能负担的原则，所以世界各国一般以超额累进税率为累进税率的主要形式。

在实际工作中，为了解决采用超额累进税率计算税款比较复杂的问题，人们采用了“速算扣除法”。

表1–1中所给的“速算扣除数”，是采用超额累进税率计税时，简化计算应纳税额的一个数据，是在级距和税率不变的条件下，用全额累进税率计算的应纳税额比用超额累进税率计算的应纳税额多出的一个常数。因此，在使用超额累进税率时，只要将用全额累进方法计算的应纳税额减去这个常数，就能得到用超额累进方法计算的应纳税额，故称“速算扣除数”。

速算扣除数的计算公式为：

本级速算扣除额 = 上一级最高所得额 ×（本级税率 − 上一级税率）+ 上一级速算扣除数

或　本级速算扣除额 = 按全额累进税率计算的应纳税额 − 按超额累进税率计算的应纳税额

【做中学1–3】承【做中学1–1】，乙纳税人的工资应纳税所得额适用的所得税税率为表1–1中的超额累进税率，其应缴纳的个人所得税税额的计算还可采用以下方法：

乙的应纳税额 = 3 010 × 10% − 210 = 91（元）

可见，在采用超额累进税率的情况下，应纳税额的计算可采用下列公式：

应纳税额 = 全部计税依据 × 税率 − 速算扣除数

3. 定额税率

定额税率，是指根据征税对象的计量单位直接规定固定的征税数额，是税率的一种特殊形式。由于定额税率不是按照征税对象的价值量规定征收比例，而是按照征税对象的计量单位规定固定税额，所以又称为固定税额。定额税率一般适用于从量计征的税种。

定额税率具有以下特点：第一，计算简单，征收方便。因为定额税率是从量计征，直接依据征税对象的自然单位（吨、升等）征收的固定税额，不需折算成价值后进行计税，可以减少征纳工作量。第二，定额税率基本不受价格波动的影响，可以保证财政收入的稳定。但是，由于固定税额的规定同价格的变化情况相脱离，在价格提高时，不能使国家财政收入随国民收入的增长而同步增长，在价格下降时，单位税额依然保持不变，从而增加了纳税人的税收负担，限制了纳税人的生产经营积极性。

二、税收实体法的其他要素

（一）纳税环节

纳税环节，是指税法规定的征税对象从生产到消费的流转过程中应当缴纳税款的环节。任何税种都要确定纳税环节，有的比较明确、固定，有的则需要在许多流转环节中选择确定。如对一种产品，在生产、批发、零售各环节中，可以选择只在生产环节征税，称为一次课征制；也可以选择在两个环节征税，称为两次课征制；还可以实行在所有流转环节征税，称为多次课征制。我国目前的增值税，即为多次课征的税种。

（二）纳税期限

纳税期限，是指负有纳税义务的纳税人向国家缴纳税款或者解缴税款的时间限度。它是税收强制性、固定性在时间上的体现。纳税期限要根据纳税人的生产、经营规模和应纳税额的大小以及各个税种的不同特点来确定。纳税期限包括纳税义务发生时间、纳税计算期和税款缴库期。

1.纳税义务发生时间

纳税义务发生时间是指纳税人依照税法规定负有纳税义务的时间，是纳税人具有纳税义务的起始时间，是一个时间点。如我国消费税暂行条例规定，采取预收货款方式结算的，其纳税义务发生时间是货物发出的当天。

规定纳税义务发生时间，一是为了明确纳税人承担纳税义务的具体日期；二是有利于税务机关实施税务管理，合理规定申报期限和纳税期限，监督纳税人依法履行纳税义务，保证国家财政收入。

2.纳税计算期

我国现行税制的纳税计算期限主要有三种形式：按期纳税；按次纳税；按年计征，分期预缴。

（1）按期纳税。即以纳税人发生纳税义务或者扣缴税款义务的一定期间作为纳税计算期。如我国现行的消费税暂行条例规定，消费税的纳税期限分别为1日、3日、5日、10日、15日、1个月或者1个季度，期限届满以后，纳税人应缴纳需缴的税款。

（2）按次纳税。即以纳税人从事生产、经营活动的次数作为纳税计算期，一般适用于对某些特定行为的征税或者对临时经营者的征税。如我国现行的印花税、契税等税种多在纳税人发生纳税义务以后，按次计算应纳税额。

（3）按年计征，分期预缴。即按规定的期限预缴税款，年度结束后汇算清缴，多退少补。对于按年度计算税款的税种，分期预缴是为了及时平衡地取得税收收入而采取的一种纳税期限。分期预缴一般是按月或按季预缴，如我国现行的企业所得税、房产税、城镇土地使用税等。

3.税款缴库期

由于纳税人对纳税计算期内所取得的应税收入、应纳税款需要一定的时间进行结算和办理缴税手续，所以税法规定了税款的入库期限，即税款缴库期。税款缴库期是纳税计算期届满以后，纳税人、扣缴义务人报缴税款的法定期限。如我国现行的消费税暂行条例规定，纳税人以1个月或1个季度为一期纳税的，应自期满之日起15日内申报纳税。

（三）减税、免税

减税、免税是对某些纳税人或课税对象的鼓励或照顾措施，是指税法对某些特定的纳税人给予减除部分或免除全部纳税义务的优惠，其实质内容是免除纳税人依法应当履行的纳税义务中的一部分。税收优惠按照优惠目的，通常可分为照顾性和鼓励性税收优惠两种。

税收优惠的类型包括以下三种：

1.法定减免

法定减免是由各种税的基本法规定的减税、免税，它体现了该种税减免的基本原则规定，具有长期的适用性。

法定减免必须在基本法规中明确列举减免税项目、减免税的范围和时间。

2.特定减免

特定减免是根据社会经济情况发展变化和发挥税收调节作用的需要而规定的减税、免税。主要有两种情况：

一是在税收的基本法规确定以后，随着国家政治经济情况的发展变化所作的新的减免税补充规定；

二是税收基本法规不能或不宜一一列举，而采用补充规定的减免税形式。

特定减免，通常是由国务院或作为国家主管业务部门的财政部、国家税务总局、海关总署做出规定。

特定减免可分为无限期的和有限期的两种。大多特定减免都是有限期的，减免税到了规定的期限，就应该按规定恢复征税。

3.临时减免

临时减免又称“困难减免”，是指除法定减免和特定减免以外的其他临时性减税、免税，主要是为了照顾纳税人的某些特殊的暂时的困难而临时批准的一些减税、免税。它通常是定期的减免税或一次性的减免税。

税收优惠的方式一般有以下三种：

1.税基式减免

税基式减免是通过直接缩小计税依据的方式实现的减税、免税，具体包括起征点、免征额、项目扣除以及跨期结转等。

（1）起征点，是指对征税对象达到一定数额后开始征税的起点。达到起征点，就要对全部征税对象数额征税。

(2) 免征额，是指在全部征税对象中免予征税的数额。设置免征额后，只对征税对象中超过免征额的部分征税。

(3) 项目扣除，是指在征税对象中扣除某些项目的一定数额，以其余额作为计税依据。

(4) 跨期结转，是指将以前纳税年度的经营亏损等在本纳税年度经营利润中扣除。

2.税率式减免

税率式减免是通过直接降低税率的方式实现的减税、免税。

3.税额式减免

税额式减免是通过直接减少应纳税额的方式实现的减税、免税。

与减免税相对应，税收附加和税收加成是加重纳税人负担的措施。税收附加也称地方附加，是指地方政府按照国家规定的比例随同正税一起征收的列入地方预算外收入的一种款项，如我国的教育费附加。税收附加的计算方法是以正税税款为依据，按规定的附加率计算附加额。税收加成，是指根据税法规定的税率征税以后，再以应纳税额为依据加征一定成数的税额。

(四) 纳税地点

纳税地点，是指纳税人应当缴纳税款的地点。一般来说，它和纳税义务发生地是一致的。但在某些情况下，纳税地点和纳税义务发生地是不一致的，如与总公司不在同一地点的分公司的所得在总公司汇总缴纳所得税。

(五) 违章处理

违章处理，是指对有违反税法行为的纳税人采取的惩罚措施，包括加收滞纳金、处以罚款、送交人民法院依法处理等。违章处理是税收强制性在税收制度中的体现，纳税人必须按期足额缴纳税款，凡有拖欠税款、逾期不缴税、偷税逃税等违反税法行为的，必须依法予以行政处罚，构成犯罪的，要由司法机关追究刑事责任。

任务三　应纳税种类及分类

一、应纳税种类

按照我国现行税制结构，纳税人应纳税种类包括增值税、消费税、企业所得税、个人所得税、资源税、城镇土地使用税、土地增值税、房产税、城市维护建设税、车辆购置税、车船税、印花税、契税、耕地占用税、烟叶税、环境保护税、关税、船舶吨税。

二、税收分类

根据不同的划分标准，纳税人应纳税种可以划分为不同类别：

（一）以税收的计税依据为标准划分

以税收的计税依据为标准划分，可以把税收分为从价税和从量税。

微课

我国现行税种及分类

1. 从价税

凡是以征税对象的价格和金额为计税依据课征的税，称为从价税，即从价计征的各种税。从价税的应纳税额随征税对象价格的变化而变化，如我国现行的增值税、房产税等。

2. 从量税

凡是以征税对象的自然计量单位为标准课征的税，称为从量税，即从量计征的各种税。自然计量单位可以是征税对象的件数、重量、容积、面积或长度，如我国现行的城镇土地使用税、耕地占用税，均是以占用地的平方米数作为计税依据的。从量税的应纳税额随征税对象数量的变化而变化。

（二）以税收与价格的关系为标准划分

以税收与价格的关系为标准划分，可以把税收分为价内税和价外税。

1. 价内税

凡是把税金作为征税对象价格组成因素的税种，称为价内税。我国现行的消费税就属于价内税。

2. 价外税

凡是税金不包括在征税对象价格之中的税种，称为价外税。我国现行的增值税就属于价外税。

（三）以征税对象性质为标准划分

以征税对象性质为标准划分，可以把税收分为流转税、所得税、资源与环境保护税、财产税、行为税和特定目的税。

1. 流转税

它是以商品流转额和非商品流转额为征税对象课征的税种。在我国目前的税制结构中，增值税、消费税、关税都属于流转税，也称作货物劳务税、商品税。

2. 所得税

它是以收入扣除支出后的所得额为征税对象课征的税种。在我国目前的税制结构中，企业所得税、个人所得税都属于所得税。

3. 资源与环境保护税

广义的资源与环境保护税是指以环境保护为目的开征的各个税种的总称，按内容主要包括四类：

一是对排放污染物行为征收的各种排污税，或称污染税；

二是对污染产品和资源产品征收的各种产品税，可以简称为环保型消费税或者绿色消费税；

三是对自然资源开采征收的资源税；

四是具有环保意义的其他税收，包括按环境影响程度设计税率的其他税种。

狭义的资源与环境保护税仅指我国目前税制结构中的资源税、环境保护税。

4.财产税

它是以纳税人的财产为征税对象课征的税种。我国目前税制结构中，房产税、城镇土地使用税、车船税、契税都属于财产税。

5.行为税

它是以各种特定行为为征税对象课征的税种。在我国目前的税制结构中，印花税、车辆购置税都属于行为税。

6.特定目的税

它是以特定对象为征税对象课征的税种。我国目前税制结构中，城市维护建设税、车辆购置税属于特定目的税。

以征税对象性质为标准划分，是税收分类的基本方法。

【注意】有些税种兼有不同类别税种的特点，如我国现行的资源税，即兼有资源与环境保护税、流转税的特点。

（四）以税收收入的归属权为标准划分

以税收收入归属权为标准划分，可以把税收分为中央税、地方税以及中央与地方共享税。

1.中央税

它是由一国的国家政府或中央一级政府使用的税，属于中央级政府的财政收入。如我国的消费税、关税等。

2.地方税

它是由一国的地方政府使用的税，属于地方政府的财政收入。一般是收入分散零星，与地方经济及利益关系密切，宜于由地方政府立法或自定办法征收管理的税。如我国的房产税等。

3.中央与地方共享税

它是中央和地方按一定比例分成，共享税收收入的税。如我国的增值税、企业所得税等。

（五）以税收的征管权限为标准划分

根据我国现行的分税制财政管理体制，税收分别由税务、海关等系统负责征收管理。

1.税务系统负责征收

税务系统负责征收管理的税种有：增值税、消费税、城市维护建设税、资源税、车辆购置税、企业所得税、个人所得税、印花税、城镇土地使用税、耕地占用税、土地增值税、房产税、车船税、契税、烟叶税、环境保护税，以及税收的滞纳金、补税、罚款。

2.海关系统负责征收

海关系统负责征收管理的税种有：关税、船舶吨税，进口环节增值税、消费税由海关代征。

（六）以税收负担是否可以转嫁为标准划分

以税收负担是否可以转嫁为标准划分，可以把税收分为直接税与间接税。

1. 直接税

直接税，是指纳税义务人同时是税收的实际负担人，纳税人不能或不便于把税收负担转嫁给别人的税种。直接税的纳税人，是税收的直接承担者，与负税人一致。一般来说，直接税以归属于私人的所得和财产为征税对象，如各种所得税、车船税等。

2. 间接税

间接税，是指纳税义务人不是税收的实际负担人，纳税人能够用提高价格或提高收费标准等方法把税收负担转嫁给别人的税种。间接税的纳税人，可以将自己的税款加于所销售商品的价格之上，由消费者负担或用其他方式转嫁给别人，从而导致纳税人与负税人不一致。一般来说，间接税以货物或劳务的流转额为征税对象，如关税、消费税、增值税等。

任务四 纳税基本程序

一、税务登记

微课

纳税申报基本流程

（一）登记信息确认

1. 一照一码户登记信息确认

已实行“多证合一、一照一码”登记模式的纳税人，首次办理涉税事宜时，对税务机关依据市场监督管理等部门共享信息制作的《“多证合一”登记信息确认表》进行确认，对其中不全的信息进行补充，对不准确的信息进行更正。

纳税人采用新办纳税人“套餐式”服务的，可一并办理以下涉税事项：电子税务局开户、登记信息确认、财务会计制度及核算软件备案、纳税人存款账户账号报告、增值税一般纳税人登记、发票票种核定、增值税专用发票最高开票限额审批、实名办税、增值税税控系统专用设备初始发行、发票领用。

新设立登记的企业、农民专业合作社完成一照一码户登记信息确认后，其加载统一社会信用代码的营业执照可代替税务登记证使用，不再另行发放税务登记证件。

税务部门与民政部门之间能够建立省级统一的信用信息共享交换平台、政务信息平台、部门间数据接口并实现登记信息实时传递的，已取得统一社会信用代码的社会组织纳税人（社会团体、基金会、民办非企业单位）完成一照一码户登记信息确认后，税务机关对标注统一社会信用代码的社会组织法人登记证赋予税务登记证的全部功能，不再另行发放税务登记证件。

2. 两证整合个体工商户登记信息确认

已实行“两证整合”登记模式的纳税人，首次办理涉税事宜时，对税务机关依据外部信息交换系统获取的登记表单信息及其他税务管理信息进行确认。

纳税人采用新办纳税人“套餐式”服务的，可一并办理以下涉税事项：电子税务局开户、登记信息确认、增值税一般纳税人登记、发票票种核定、增值税专用发票最高开票限额审批、实名办税、增值税税控系统专用设备初始发行、发票领用等。

3.纳税人（扣缴义务人）身份信息报告

不适用“一照一码”“两证整合”的纳税人，满足以下情形的应办理纳税人（扣缴义务人）身份信息报告：

（1）取得统一社会信用代码，但批准部门为除市场监督管理部门之外其他有关部门的（如社会团体、律师事务所等）。

（2）因经营地址变更等原因，注销后恢复开业的。

（3）有独立的生产经营权、在财务上独立核算并定期向发包人或者出租人上交承包费或租金的承包承租人。

（4）在中华人民共和国境内承包建筑、安装、装配、勘探工程和提供劳务的境外企业。

（5）从事生产、经营的纳税人，应经有关部门批准设立但未经有关部门批准的。

（6）非境内注册居民企业收到居民身份认定书的。

（7）对依法不需要经有关部门批准设立的，在申请办理代开发票等涉税业务，或者税务机关依职权对其发起稽查、法制等涉税业务的。

（8）根据税收法律、行政法规的规定负有扣缴税款义务的扣缴义务人，应当办理扣缴税款登记的。

（9）取得业主大会统一社会信用代码证书，待业主大会发生纳税义务（从事生产经营、领购发票等）的。

上述纳税人（扣缴义务人）身份信息发生变化的也通过本事项办理。

4.自然人自主报告身份信息

以自然人名义纳税的中国公民、华侨、外籍人员和我国港、澳、台地区人员，可以由本人自主向税务机关报告身份信息。

纳税人有中国公民身份号码的，首次报送信息并完成实名身份信息验证，以中国公民身份号码为纳税人识别号；没有中国公民身份号码的，首次报送信息并完成实名身份信息验证，由税务机关赋予纳税人识别号。

自然人可凭报送身份信息时提供的身份证件，向税务机关提出申请查询、打印纳税人识别号。

纳税人应及时进行身份信息报告或变更，未及时报告或变更将会影响个人所得税申报、中国居民纳税人身份确定和享受税收协定待遇等事项的办理。

（二）信息变更

1.一照一码户信息变更

一照一码户市场监管等部门登记信息发生变更的，向市场监管等部门申报办理变更登记。税务机关接收市场监管等部门变更信息，经纳税人确认后更新系统内的对应信息。

一照一码户生产经营地、财务负责人等非市场监管等部门登记信息发生变化时，向主管税务机关申报办理变更。

【提示】被调查企业在税务机关实施特别纳税调查调整期间，申请变更经营地址的，税务机关在调查结案前原则上不予办理变更手续。

2.两证整合个体工商户信息变更

两证整合个体工商户信息发生变化的，应向市场监督管理部门申报信息变更，税务机关接收市场监督管理部门变更信息，经纳税人确认后更新系统内的对应信息；经纳税人申请，也可由税务机关发起变更。但是纳税人名称、纳税人识别号、业主姓名、经营范围不能由税务机关发起变更。

3.解除相关人员关联关系

主张身份证件被冒用登记注册为法定代表人，根据登记机关登记信息的变化情况，更改该法定代表人与纳税人的关联关系。

主张身份证件被冒用登记为财务负责人和其他办税人员，根据其出具的个人声明、公安机关接报案回执等相关资料，解除其与纳税人的关联关系。

主张本人身份信息被其他单位或个人违法使用办理虚假纳税申报的自然人纳税人，可向税务机关进行检举。

（三）存款账户账号报告

从事生产、经营的纳税人在开立或者变更存款账户后，依照法律、行政法规规定，将全部账号向税务机关报告。

从事生产、经营的纳税人应当自开立基本存款账户或者其他存款账户之日起15日内，向主管税务机关书面报告其全部账号；发生变化的，应当自发生变化之日起15日内，向主管税务机关书面报告。

（四）跨区域涉税事项报验管理

报验管理，是指纳税人跨省（自治区、直辖市和计划单列市）临时从事生产经营活动的税务管理制度，是《中华人民共和国税收征收管理法实施细则》和《中华人民共和国增值税暂行条例》规定的法定事项，是解决跨区域经营纳税人的税收收入及征管职责在机构所在地与经营地之间划分问题的管理方式。纳税人在省（自治区、直辖市和计划单列市）内跨县（市）临时从事生产经营活动，是否实施跨区域涉税事项报验管理，由各省（自治区、直辖市和计划单列市）税务机关自行确定。报验管理的基本内容及程序如下：

1.报验管理的基本内容

纳税人跨省（自治区、直辖市和计划单列市）临时从事生产经营活动的，向机构所在地的税务机关填报《跨区域涉税事项报告表》。

税务机关将跨区域经营合同执行期限作为有效期限。纳税人跨区域经营合同延期的，可以选择在经营地或机构所在地的税务机关办理报验管理有效期限延期手续。

【提示】异地不动产转让和租赁业务不适用跨区域涉税事项管理相关制度规定。

2.报验登记的程序

（1）填报《跨区域涉税事项报告表》

具备网上办税条件的，纳税人可通过网上办税系统，自主填报《跨区域涉税事项报告表》。不具备网上办税条件的，纳税人向主管税务机关（办税服务厅）填报《跨区域涉税事项报告表》，并出示加载统一社会信用代码的营业执照副本（未换照的，出示税务登记证副本），或加盖纳税人公章的副本复印件（以下统称“税务登记证件”）；已实行实名办税的纳税人，只需填报《跨区域涉税事项报告表》。

（2）跨区域涉税事项报验

跨区域涉税事项由纳税人首次在经营地办理涉税事宜时，向经营地的税务机关报验跨区域涉税事项。纳税人报验跨区域涉税事项时，应当出示加载统一社会信用代码的营业执照（或税务登记证、组织机构代码证等）原件，或加盖纳税人公章的复印件。

（3）跨区域涉税事项信息反馈

纳税人跨区域经营活动结束后，应当结清经营地的税务机关的应纳税款以及其他涉税事项，向经营地的税务机关填报《经营地涉税事项反馈表》。

经营地的税务机关核对《经营地涉税事项反馈表》后，应及时将相关信息反馈给机构所在地的税务机关。纳税人不需要另行向机构所在地的税务机关反馈。

《跨区域涉税事项报告表》《经营地涉税事项反馈表》的示范格式分别见表1-2、表1-3。

表1-2 跨区域涉税事项报告表

<table>
<tr><td>纳税人名称</td><td colspan="2"></td><td colspan="2">纳税人识别号
（统一社会信用代码）</td><td></td></tr>
<tr><td>经办人</td><td></td><td>座机</td><td></td><td>手机</td><td></td></tr>
<tr><td>跨区域涉税事项联系人</td><td></td><td>座机</td><td></td><td>手机</td><td></td></tr>
<tr><td>跨区域经营地址</td><td colspan="5">____省（自治区/市）____市（地区/盟/自治州）____县（自治县/旗/自治旗/市/区）
____乡（民族乡/镇/街道）____村（路/社区）____号</td></tr>
<tr><td>经营方式</td><td colspan="5">建筑安装□　装饰修饰□　修理修配□　加工□
批发□　零售□　批零兼营□　零批兼营□　其他□</td></tr>
<tr><td>合同名称</td><td colspan="3"></td><td>合同编号</td><td></td></tr>
<tr><td>合同金额</td><td></td><td colspan="2">合同有效期限</td><td colspan="2">年　月　日至　年　月　日</td></tr>
<tr><td>合同相对方名称</td><td colspan="2"></td><td colspan="2">合同相对方纳税人识别号
（统一社会信用代码）</td><td></td></tr>
<tr><td rowspan="2">延长有效期</td><td colspan="2">跨区域涉税事项报验管理编号</td><td colspan="3">税跨报〔　〕　号</td></tr>
<tr><td colspan="2">最新有效期</td><td colspan="3">自　年　月　日起至　年　月　日</td></tr>
<tr><td colspan="6">纳税人声明：我承诺，上述填报内容是真实的、可靠的、完整的，并愿意承担相应法律责任。
经办人：　　纳税人（盖章）
年　月　日</td></tr>
<tr><td colspan="6">税务机关事项告知：纳税人应当在跨区域涉税事项报验管理有效期内在经营地从事经营活动，若合同延期，可向经营地或机构所在地的税务机关办理报验管理有效期的延期手续</td></tr>
<tr><td colspan="6">以下由税务机关填写</td></tr>
<tr><td colspan="6">跨区域涉税事项报验管理编号：　　税跨报〔　〕　号
经办人：　　负责人：
税务机关（盖章）
年　月　日
税务机关联系电话：</td></tr>
<tr><td colspan="3">跨区域涉税事项报验管理有效日期</td><td colspan="3">自　年　月　日起至　年　月　日</td></tr>
<tr><td colspan="3">延长后的跨区域涉税事项报验管理有效日期</td><td colspan="3">自　年　月　日起至　年　月　日</td></tr>
</table>

表1-3　　　　　　　　经营地涉税事项反馈表

<table>
<tr><td>纳税人名称</td><td colspan="5"></td></tr>
<tr><td>纳税人识别号
（统一社会信用代码）</td><td colspan="2"></td><td colspan="2">跨区域涉税事项
报验管理编号</td><td>税跨报〔　〕号</td></tr>
<tr><td>实际经营期间</td><td colspan="5">自　年　月　日起至　年　月　日</td></tr>
<tr><td>货物存放地点</td><td colspan="5"></td></tr>
<tr><td>合同包含的项目名称</td><td>预缴税款征收率</td><td>已预缴税款金额</td><td>实际合同执行金额</td><td>开具发票金额（含自开和代开）</td><td>应补预缴税款金额</td></tr>
<tr><td></td><td></td><td></td><td></td><td></td><td></td></tr>
<tr><td></td><td></td><td></td><td></td><td></td><td></td></tr>
<tr><td></td><td></td><td></td><td></td><td></td><td></td></tr>
<tr><td></td><td></td><td></td><td></td><td></td><td></td></tr>
<tr><td></td><td></td><td></td><td></td><td></td><td></td></tr>
<tr><td></td><td></td><td></td><td></td><td></td><td></td></tr>
<tr><td></td><td></td><td></td><td></td><td></td><td></td></tr>
<tr><td></td><td></td><td></td><td></td><td></td><td></td></tr>
<tr><td>合计金额</td><td></td><td></td><td></td><td></td><td></td></tr>
<tr><td colspan="3">经办人：
纳税人（盖章）：
年　月　日</td><td colspan="3">税务机关意见：
经办人：
税务机关（盖章）：
年　月　日</td></tr>
</table>

（五）停业、复业登记

1.停业登记

实行定期定额征收的个体工商户或比照定期定额户进行管理的个人独资企业发生停业的，应当在停业前向税务机关书面提出停业报告；纳税人停业期满不能及时恢复生产经营的，在停业期满前到主管税务机关申报办理延长停业报告。

纳税人在停业期间发生纳税义务的，应当按照税收法律、行政法规的规定申报缴纳税款。

纳税人在申报办理停业登记时，应如实填写停业复业报告书，说明停业理由、停业期限、停业前的纳税情况和发票的领、用、存情况，并结清应纳税款、滞纳金、罚款。

纳税人的停业期限不得超过一年。

2.复业登记

已办理停业登记的纳税人于恢复生产经营之前，向主管税务机关申报办理复业登记。

纳税人按申报停业登记时的停业期限准期复业的，应当在停业到期前向主管税务机关申报办理复业登记；纳税人提前复业的，应当在恢复生产经营之前向主管税务机关申报办理复业登记。

纳税人停业期满未按期复业又不申请延长停业的，视为已恢复生产经营，税务机关将纳入正常管理，并按核定税额按期征收税款。

（六）税务注销

在通常情况下，企业终止经营活动退出市场，需要经历决议解散、清算分配和注销登记三个主要过程。其流程包括普通注销流程、简易注销流程两种。

1.普通注销流程

普通注销流程适用于各类企业。企业在完成清算后，需要分别注销税务登记、企业登记、社会保险登记。涉及海关报关等相关业务的公司，还需要办理海关报关单位备案注销等事宜。

纳税人向税务部门申请注销税务登记时，税务部门需进行税务注销预检，检查纳税人是否存在未办结事项。

（1）未办理过涉税事宜的纳税人，主动到税务部门办理清税的，税务部门可根据纳税人提供的营业执照即时出具清税文书。

（2）符合承诺制容缺即时办理条件的纳税人，在办理税务注销时，资料齐全的，税务部门即时出具清税文书；若资料不齐，可在作出承诺后，税务部门即时出具清税文书。纳税人应按承诺的时限补齐资料并办结相关事项。具体容缺即时办理条件如下：

①办理过涉税事宜但未领用发票（含代开发票）、无欠税（滞纳金）及罚款的纳税人，主动到税务部门办理清税的。

②未处于税务检查状态、无欠税（滞纳金）及罚款、已缴销增值税专用发票及税控设备，且符合下列情形之一的纳税人：

a.纳税信用级别为A级和B级的纳税人；

b.控股母公司纳税信用级别为A级的M级纳税人；

c.省级人民政府引进人才或经省级以上行业协会等机构认定的行业领军人才等创办的企业；

d.未纳入纳税信用级别评价的定期定额个体工商户；

e.未达到增值税纳税起征点的纳税人。

（3）不符合承诺制容缺即时办理条件的（或虽符合承诺制容缺即时办理条件但纳税人不愿意承诺的），税务部门向纳税人出具《税务事项通知书》（告知未结事项），纳税人先行办理完毕各项未结事项后，方可申请办理税务注销。

（4）经人民法院裁定宣告破产的企业，管理人持人民法院终结破产程序裁定书申请税务注销的，税务部门即时出具清税文书。

（5）纳税人办理税务注销前，无须向税务机关提出终止“委托扣款协议书”申请。税务机关办结税务注销后，委托扣款协议自动终止。

2.简易注销流程

符合市场监督管理部门简易注销条件，未办理过涉税事宜，或办理过涉税事宜但未领用发票（含代开发票）、无欠税（滞纳金）及罚款且没有其他未办结涉税事项的纳税人，免予到税务部门办理清税证明，可直接向市场监督管理部门申请简易注销。

（1）适用对象

未发生债权债务或已将债权债务清偿完结的市场主体（上市股份有限公司除外）。市场主体在申请简易注销登记时，不应存在未结清清偿费用、职工工资、社会保险费用、法定补偿金、应缴纳税款（滞纳金、罚款）等债权债务。

企业有下列情形之一的，不适用简易注销程序：

①涉及国家规定实施准入特别管理措施的外商投资企业；

②被列入企业经营异常名录或严重违法失信企业名单的；

③存在股权（投资权益）被冻结、出质或动产抵押等情形；

④有正在被立案调查或采取行政强制、司法协助、被予以行政处罚等情形的；

⑤企业所属的非法人分支机构未办理注销登记的；

⑥曾被终止简易注销程序的；

⑦法律、行政法规或者国务院决定规定在注销登记前需经批准的；

⑧不适用企业简易注销登记的其他情形。

企业存在“被列入企业经营异常名录”“存在股权（投资权益）被冻结、出质或动产抵押等情形”“企业所属的非法人分支机构未办理注销登记的”等不适用简易注销登记程序的，无须撤销简易注销公示，待异常状态消失后可再次依程序公示申请简易注销登记。对于承诺书文字、形式填写不规范的，市场监督管理部门在市场主体补正后予以受理其简易注销申请，无须重新公示。

（2）办理流程

①符合适用条件的企业登录注销“一网服务”平台或国家企业信用信息公示系统“简易注销公告”专栏主动向社会公告拟申请简易注销登记及全体投资人承诺等信息，公示期为20日。

②公示期内，有关利害关系人及相关政府部门可以通过国家企业信用信息公示系统“简易注销公告”专栏“异议留言”功能提出异议并简要陈述理由。超过公示期，公示系统不再接受异议。

③税务部门通过信息共享获取市场监督管理部门推送的拟申请简易注销登记信息后，应按照规定的程序和要求，查询税务信息系统核实相关涉税情况，对经查询系统显示为以下情形的纳税人，税务部门不提出异议：一是未办理过涉税事宜的纳税人；二是办理过涉税事宜但未领用发票（含代开发票）、无欠税（滞纳金）及罚款且没有其他未办结涉税事项的纳税人；三是查询时已办结缴销发票、结清应纳税款等清税手续的纳税人。

④公示期届满后，在公示期内无异议的，企业应当在公示期满之日起20日内向登记机关办理简易注销登记。期满未办理的，登记机关可根据实际情况予以延长时限，宽展期最长不超过30日。企业在公示后，不得从事与注销无关的生产经营活动。

（3）个体工商户简易注销

营业执照和税务登记证“两证整合”改革实施后设立登记的个体工商户通过简易程

序办理注销登记的，无须提交承诺书，也无须公示。个体工商户在提交简易注销登记申请后，市场监督管理部门应当在1个工作日内将个体工商户拟申请简易注销登记的相关信息通过省级统一的信用信息共享交换平台、政务信息平台、部门间的数据接口（统称信息共享交换平台）推送给同级税务等部门，税务等部门于10日内反馈是否同意简易注销。对于税务等部门无异议的，市场监督管理部门应当及时办理简易注销登记。具体请参照《市场监管总局 国家税务总局关于进一步完善简易注销登记便捷中小微企业市场退出的通知》（国市监注发〔2021〕45号）办理。

二、账簿、凭证与发票管理

账簿，是指纳税人用来连续登记各种经济业务的账册或簿籍。凭证，是指记录经济业务、明确经济责任的书面证明，也是记账和查账的重要依据。从财务会计的角度讲，账簿、凭证主要用于核算企业的经济效益，反映企业的经济成果。从税收的角度讲，账簿、凭证是纳税人记载、核算应缴税额，填报纳税申报表的主要数据来源，是纳税人正确履行纳税义务的基础环节。

（一）账簿管理

从事生产经营的纳税人和扣缴义务人，除经税务机关批准可以不设账的以外，都必须根据有关法律、行政法规，以及国务院、财政部、国家税务总局的规定设置账簿。需要设置的账簿、会计凭证和会计报表应当使用中文，民族自治地方可以同时使用当地通用的一种民族文字，外商投资企业和外国企业可以同时使用一种外国文字。账簿管理的具体要求如下：

（1）从事生产、经营的纳税人，应当自领取税务登记证件（领取“一照一码”后等同于办理了税务登记证）起15日内，将其财务、会计制度或财务、会计处理办法等信息报送税务机关备案。

纳税人使用计算机记账的，还应在使用前将会计电算化系统的会计核算软件、使用说明书及有关资料报送主管税务机关备案。

（2）纳税人、扣缴义务人会计制度不健全，不能通过计算机正确、完整计算其收入和所得或代扣代缴、代收代缴税款情况的，应当建立总账及与纳税或代扣代缴、代收代缴税款有关的其他账簿。

（3）生产经营规模小又确无建账能力的纳税人，凡在税控装置推广使用范围内的，必须按照规定安装和使用税控装置。对暂不在税控装置推广使用范围内、未达到税法规定的建账标准而实行定期定额征收方式征收税款的个体工商户，均应建立收支凭证粘贴簿、进销货登记簿。所称税控装置，是指由国家法定机关依法指定企业生产、安装、维修，由国家法定机关依法实施监管，具有税收监控功能和严格的物理、电子保护的计税装置，如电子收款机、电子记程表、税控加油机等。

（4）扣缴义务人应当自税收法律、行政法规规定的扣缴义务发生之日起10日内，按照所代扣、代收的税种，分别设置代扣代缴、代收代缴税款账簿。

（二）凭证管理

纳税人需按照会计法和税法等的规定，取得、填制有关原始凭证和记账凭证，并根据合法、有效的凭证登记账簿。所谓合法、有效的凭证，是指填制内容、方式符合有关税收法规、财务会计制度规定的会计凭证（包括原始凭证和记账凭证），其具体形式如下：

（1）支付给境内单位或者个人的款项，且该单位或者个人发生的行为属于增值税征收范围，以该单位或者个人开具的发票为合法有效凭证；

（2）支付的行政事业性收费或者政府性基金，以开具的财政票据为合法有效凭证；

（3）支付给境外单位或者个人的款项，以该单位或者个人的签收单据为合法有效凭证，税务机关对签收单据有疑义的，可以要求其提供境外公证机构的确认证明；

（4）国家税务总局规定的其他合法有效凭证。

【提示】从事生产经营的纳税人、扣缴义务人应按有关规定妥善保管账簿、凭证，不得伪造、变造或者擅自损毁账簿、记账凭证、完税凭证及其他有关资料。除法律、行政法规另有规定的以外，账簿、会计凭证、会计报表、完税凭证及其他纳税资料应当保存10年。

（三）发票管理

发票，是指在购销商品、提供或者接受服务以及从事其他经营活动过程中，开具、收取的收款或付款凭证。发票管理，是指税务机关依法对发票的印制、领购、开具、取得、保管等一系列活动进行组织、协调和监督的总称。我国的发票一直由税务机关管理，其主要内容包括：

1.发票的印制

增值税专用发票由国务院税务主管部门确定的企业印制；其他发票，按照国务院税务主管部门的规定，由省、自治区、直辖市税务机关确定的企业印制。税务机关以招标方式确定印制发票的企业，并发给发票准印证。禁止私自印制、伪造、变造发票。

2.发票票种核定

纳税人办理税务登记后需领用发票的，向主管税务机关申请办理发票领用手续。主管税务机关根据纳税人的经营范围和规模，确认领用发票的种类、数量、开票限额等事宜。

已办理发票票种核定的纳税人，当前领用发票的种类、数量或者开票限额不能满足经营需要的，可以向主管税务机关提出调整。

【提示】新办纳税人首次申领增值税发票主要包括发票票种核定、增值税专用发票（增值税税控系统）最高开票限额审批、增值税税控系统专用设备初始发行、发票领用等涉税事项。

3.发票领用

纳税人在发票票种核定的范围（发票的种类、领用数量、开票限额）内领用发票。

（1）领用发票数量。

纳税信用A级的纳税人可一次领取不超过3个月的增值税发票用量，纳税信用B级的纳税人可一次领取不超过2个月的增值税发票用量。以上两类纳税人生产经营情况发生变化，需要调整增值税发票用量，手续齐全的，按照规定即时办理。

对于实行纳税辅导期管理的增值税一般纳税人，领用增值税专用发票实行按次限量控制，可以根据纳税人的经营情况核定每次专用发票的供应数量，但每次发放专用发票数量不得超过25份。对于实行纳税辅导期管理的增值税一般纳税人，一个月内多次领用专用发票的，应从当月第二次领用专用发票起，按照上一次已领用并开具的专用发票销售额的3%预缴增值税，未预缴增值税的，主管税务机关不得向其发放专用发票。

对于实行纳税辅导期管理的增值税一般纳税人领用的专用发票未使用完而再次领用的，主管税务机关发放专用发票的份数不得超过核定的每次领用专用发票份数与未使用完的专用发票份数的差额。

纳税信用D级的纳税人，增值税专用发票领用按辅导期一般纳税人政策办理，普通发票领用实行交（验）旧供新、严格限量供应。

（2）临时到外地从事经营活动发票的领用。临时到本省、自治区、直辖市以外从事经营活动的单位或者个人，凭所在地税务机关的证明，向经营地税务机关领用经营地的发票。

（3）领用发票的保全措施。税务机关对外省、自治区、直辖市来本辖区从事临时经营活动的单位和个人领用发票的，可以要求其提供保证人或者根据所领用发票的票面限额以及数量交纳不超过1万元的保证金，并限期缴销发票。按期缴销发票后，解除保证人的担保义务或者退还保证金。

提供保证人或者交纳保证金的具体范围由省税务机关规定。

【小知识】电子发票，是指单位和个人在购销商品或劳务，以及从事其他经营活动过程中，开具或取得的以电子方式存储的收付款凭证，是纸质发票的电子映像和电子记录。电子发票突破了传统纸质发票的概念，采取电子签章实现发票签名、电子盖章，实现电子发票唯一性、不可抵赖性和防篡改。使用电子发票的纳税人仍然按照“验旧购新”的原则验旧发票，只是验旧时只需要保证开具的发票数据已上传至电子底账系统即可。验旧后通过数字媒体形式传送与保存发票内容，通过网络、移动通信等方式传送给接收方。

取得增值税电子普通发票的单位和个人可以登录“国家税务总局12366纳税服务平台”，进行电子发票信息一致性查询。

受票方可以通过开票方使用的电子发票服务平台查询、下载电子发票的版式文件，或通过邮件、微信等其他途径获取电子发票版式文件。

电子发票的开票方和受票方需要纸质发票的，可以自行打印电子发票的版式文件（彩色或黑白均可），其法律效力、基本用途、基本使用规定等与税务机关监制的增值税普通发票相同。

4.发票的开具、使用

（1）销售商品、提供服务以及从事其他经营活动的单位和个人，对外发生经营业务收取款项的，收款方应当向付款方如实开具发票；在特殊情况下，由付款方向收款方开具发票。开具发票应当按照规定时限、顺序、逐栏全部联次一次性如实开具，并加盖发票专用章。

【小知识】发票专用章是指用票单位和个人在其开具发票时加盖的有其名称、纳税人识别号、发票专用章字样的印章。发票专用章式样由国家税务总局确定。

【思考】单位从农民个人手中收购农产品应如何开具发票？单位向消费者个人零售小额商品或者提供零星服务的，是否可免予逐笔开具发票？

（2）购买商品、接受服务以及从事其他经营活动的单位和个人，应向收款方如实取得发票，不得要求变更品名和金额。不符合规定的发票，即未经税务机关监制，填写项目不齐全、内容不真实、字迹不清楚，没有加盖发票专用章，伪造、作废以及其他不符合税务机关规定的发票，一律不得作为财务报销凭证。

（3）未发生的经营业务一律不得开具发票，任何单位和个人不得有下列虚开发票的行为：

①为他人、为自己开具与实际经营业务情况不符的发票；

②让他人为自己开具与实际经营业务情况不符的发票；

③介绍他人开具与实际经营业务情况不符的发票。

纳税人违反上述规定虚开或非法代开发票的，由税务机关没收违法所得；虚开金额在1万元以下的，并处5万元以下的罚款；虚开金额超过1万元的，并处5万元以上50万元以下的罚款；构成犯罪的，依法追究刑事责任。

（4）开具发票后，如发生销货退回、开票有误、应税服务终止等情形，但不符合发票作废条件或者销货部分退回及发生销售折让，需开红字发票的，可以在开票系统中直接开具红字发票。如果是增值税专用发票申请红字发票，需要开具《增值税专用发票红字信息表》，经校验通过后，可开具红字发票。

（5）开具发票的范围一般限定在本省、自治区、直辖市。对根据税收管理需要需跨省、自治区、直辖市开具发票的，由国家税务总局确定。任何单位和个人未经批准，不得跨规定的使用区域携带、邮寄、运输空白发票，禁止携带、邮寄、运输空白发票出入境。

5. 发票的保管、缴销

（1）发票的保管

开具发票的单位和个人应当按照税务机关的规定存放和保管发票，不得擅自损毁。已经开具的发票存根联和发票领用簿，应当保存5年。

（2）发票的缴销

纳税人因信息变更或清税注销，跨区域经营活动结束，发票换版、损毁等原因按规定需要缴销发票的，到税务机关进行缴销处理。税务机关对纳税人领用的空白发票做剪角处理。

【提示】注销前尚未使用完电子发票的纳税人需要缴销空白电子发票的，不做空白发票作废处理，应将电子发票的数据做退回税务机关处理。

三、纳税申报与税款缴纳

（一）纳税申报

纳税申报，是指纳税人、扣缴义务人在发生法定纳税义务或代扣代缴义务后，按照税法或税务机关相关行政法规所规定的内容，在申报期限内，以书面形式向主管税务机关提交有关纳税事项及应缴税款的法律行为。纳税申报是纳税人履行纳税义务、承担法律责任的主要依据，是税务机关税收管理信息的主要来源和税务管理的一项重要制度。

纳税人应于开立存款账户之日起15日内，向主管税务机关报告全部账号，签订“委托缴税协议书”，同时按照规定进行纳税申报。

纳税人需要使用电子缴税系统缴纳税费的，可以与税务机关、开户银行签署委托银行代缴税款三方协议或委托划转税款协议，实现使用电子缴税系统缴纳税费、滞纳金和罚款。

【提示】纳税人在办理“银税三方（委托）划缴协议”事项前，需先办理完成“存款账户账号报告”事项。

1.纳税申报的主体

（1）已依法办理设立登记的纳税人。其包括：各项收入均应当纳税的纳税人；全部或部分产品、项目或者税种享受减税、免税照顾的纳税人；当期营业额未达起征点或者没有营业收入的纳税人；实行定期定额纳税的纳税人。

【注意】纳税人在依法享受免税优惠政策期间，也应进行正常的纳税申报。

（2）按规定不需向税务机关办理税务登记，以及应当办理而未办理税务登记的纳税人。

（3）扣缴义务人和税务机关确定的委托代征人。

2.纳税申报的内容

纳税人办理纳税申报时，应当如实填写纳税申报表，并根据不同的情况相应报送有关证件、资料。

（1）纳税申报表的主要内容。纳税人、扣缴义务人的纳税申报表或者代扣代缴、代收代缴税款报告表的主要内容包括：税种，税目，应纳税项目或者应代扣代缴、代收代缴税款项目，适用税率或者单位税额，计税依据，扣除项目及标准，应纳税额或者应代扣代缴、代收代缴税额，税款所属期限，延期缴纳税款，欠税，滞纳金等。

（2）有关证件、资料。有关证件、资料的主要内容包括：财务会计报表及其说明材料，与纳税有关的合同、协议书及凭证，税控装置的电子报税资料，异地完税凭证，境内或者境外公证机构出具的有关证明文件，税务机关规定应当报送的其他有关证件、资料。

3.纳税申报的方式

（1）直接申报。直接申报是指纳税人自行到税务机关办理纳税申报。根据申报地点的不同，直接申报又可分为直接到办税服务厅申报、到巡回征收点申报和到代征点申报三种。

（2）邮寄申报。邮寄申报是指纳税人将纳税申报表及有关纳税资料以邮寄的方式送达税务机关办理纳税申报。其基本程序如下：纳税人自行或者委托税务代理人核算应纳税款，填写纳税申报表；在法定的申报纳税期限内使用国家税务总局和国家邮政局联合制定的专用信封将纳税申报表及有关资料送邮政部门交寄，或者由投递员上门收寄，以交寄或收寄时间为申报时间；邮政部门将邮寄申报信件以同城邮政特快的方式送交税务机关；税务机关打印完税凭证，以挂号信的形式寄回给纳税人（自核自缴纳税的除外）。

【注意】纳税人采取邮寄方式办理纳税申报的，应当使用统一的纳税申报专用信封，并以邮政部门收据作为申报凭据。邮寄申报以寄出的邮戳日期为实际申报日期。

（3）数据电文申报。数据电文申报是指通过税务机关确定的电话语音、电子数据交换和网络传输等电子方式办理纳税申报。纳税人采取电子方式办理纳税申报的，应当按照税务机关规定的期限和要求保存有关资料，并定期书面报送主管税务机关。

【提示】生产经营规模小又确无申报能力的纳税人，可委托经批准、具有税务代理资格的税务代理机构在规定的申报期限内代理纳税申报；经国家税务总局批准汇总缴纳企业所得税的企业，可于年度终了由汇总企业逐级汇总（合并）申报。

4.纳税申报期限

纳税申报期限，是指税收法律、法规规定或者税务机关依照税收法律、法规的规定确定的纳税人、扣缴义务人向税务机关办理申报和纳税的期限。我国法定的纳税申报期限有两种：一种是法律、行政法规规定的纳税申报期限；另一种是税务机关依据法律、行政法规的规定，结合纳税人应缴纳税种及其生产经营实际情况而确定的纳税申报期限。

在纳税申报期限内无法完成纳税申报的，区分不同情况，可以采用顺延与延期的管理办法。

（1）顺延。纳税人办理纳税申报的期限的最后一日如遇公休、节假日的，可以顺延，最后一日是法定休假日的，以休假日期满的次日为最后一日。在纳税期限内有连续3日以上法定休假日的，按休假日天数顺延。

（2）延期。纳税人、扣缴义务人、代征人按照规定的期限办理纳税申报或者报送代扣代缴、代收代缴税款报告表或委托代征税款报告表确有困难，需要延期的，应当在规定的申报期限内向主管税务机关提出书面延期申请，经主管税务机关核准，在核准的期限内办理。纳税人、扣缴义务人、代征人因不可抗力情形，不能按期办理纳税申报或者报送代扣代缴、代收代缴税款报告表或委托代征税款报告表的，可以延期办理。但是，应当在不可抗力情形消除后立即向主管税务机关报告。

【提示】延期申报还适用于税法进行重大调整导致纳税人按期申报困难的情形，如我国于2016年5月1日起全面实行“营改增”，新纳入“营改增”试点的纳税人的6月份纳税申报期即延长至6月27日。

（二）税款缴纳

纳税人、扣缴义务人应按税法规定的期限及时足额缴纳应纳税款，以完全彻底地履行应尽的纳税义务。

1.税款缴纳的方式

税款缴纳的方式主要有：自核自缴；申报核实缴纳；申报查定缴纳；定额申报缴纳；转账缴纳；银税一体化缴纳；现金缴纳；委托代征缴纳等。

2.延期缴纳

纳税人遇有特殊困难，不能按期缴纳税款的，经省、自治区、直辖市税务局批准，可以延期缴纳税款，但最长不得超过3个月。纳税人有下列情形之一的，属于特殊困难：

（1）发生水、火、风、雹、海潮、地震等人力不可抗拒的自然灾害；

（2）可供纳税的现金、支票以及其他财产等遭遇偷盗、抢劫等意外事故；

（3）国家调整经济政策的直接影响；

（4）短期贷款拖欠；

（5）其他经省、自治区、直辖市税务局明文列举的特殊困难。

纳税人因有特殊困难，需延期缴纳税款的，应在纳税期限内，向主管税务机关提出申请，并填写《延期缴纳税款申请审批表》，主管税务机关按税收管理权限上报审批，并将审批结果及时书面通知纳税人。获准的，制作“核准延期纳税通知书”，通知纳税人；未予批准的，纳税人仍按规定期限缴纳税款。

3.加收滞纳金

纳税人未按规定期限缴纳税款，扣缴义务人未按规定期限解缴税款的，税务机关除责令限期缴纳外，从滞纳税款之日起，按日加收滞纳税款万分之五的滞纳金。

纳税人延期缴纳税款到期后，应按时缴纳延期税款，缴纳时应携带原批准的申请表以备查验，超过批准期限缴纳税款的，按日加收滞纳税款万分之五的滞纳金。

【注意】滞纳天数从税款所属期次月申报期次日起计算；纳税人因有特殊困难，经批准延期缴纳税款的，在批准的期限内，不加收滞纳金。

4.退还与追征

（1）多缴税款的退还。纳税人超过应纳税额缴纳的税款，税务机关发现后应当立即退还；纳税人自结算缴纳税款之日起3年内发现的，可以向税务机关要求退还，税务机关查实后应当立即退还。纳税人要求退还多缴的税款时，应向税务机关填报“退税（抵缴）申请审批确认书”，经税务机关核实、批准后，属于自收税款的小额退税，即予办理有关退税手续；属于要通过国库办理的退税，由县级以上（含县级）税务机关填发“税收收入退还书”，到指定的国库办理退税手续。

【注意】对于纳税人多缴的税款，在办理退还多缴税款的同时要加算银行同期存款的利息，一并退还给纳税人。

（2）少缴税款的追征。因税务机关的责任，致使纳税人、扣缴义务人未缴或者少缴税款的，税务机关在3年内可以要求纳税人、扣缴义务人补缴税款，但是不得加收滞纳金。因纳税人、扣缴义务人计算错误等失误，未缴或者少缴税款的，税务机关在3年内可以追征；累计数额在10万元以上的，追征期可以延长到5年；纳税人与其关联企业未按照独立企业之间的业务往来支付价款、费用的，税务机关自该业务往来发生的纳税年度起3年内进行调整；有特殊情况的，可以自该业务往来发生的纳税年度起10年内进行调整；偷税、抗税、骗税的，税务机关追征其未缴或者少缴的税款、滞纳金或者所骗取的税款，不受前款规定期限的限制，可以无限期追征。在追征税款的同时，应加收滞纳金。

补缴和追征税款的期限，自纳税人、扣缴义务人应缴未缴或者少缴税款之日起计算。

【提示】所谓偷税，是指纳税人故意违反税收法规，采用欺骗、隐瞒等方式逃避纳税的违法行为，包括伪造、变造、隐匿、擅自销毁账簿、记账凭证，在账簿上多列支出或者不列、少列收入，采取各种不公开的手段或者虚假的纳税申报手段隐瞒真实情况不缴或者少缴税款。

思政园地

我国税收“以人民为中心”的本质属性

2020年，全国财政收入182 895亿元，其中税收收入为154 310亿元。全国一般公共预算支出245 588亿元，多项涉及民生支出增长。具体如下：(1) 教育支出36 337亿元，同比增长4.4%；(2) 科学技术支出9 009亿元，同比下降4.9%；(3) 文化旅游体育与传媒支出4 233亿元，同比增长3.6%；(4) 社会保障和就业支出32 581亿元，同比增长10.9%；(5) 卫生健康支出19 201亿元，同比增长15.2%；(6) 节能环保支出6 317亿元，同比下降14.1%；(7) 城乡社区支出19 917亿元，同比下降20%；(8) 农林水支出23 904亿元，同比增长4.4%；(9) 交通运输支出12 195亿元，同比增长3.2%；(10) 债务付息支出9 829亿元，同比增长16.4%。

资料来源：申铖. 2020年“国家账本”：多项民生支出呈现增长 [EB/OL]. [2021-01-28]. http: //news.china.com.cn/2021-01/28/content_77164894.htm.

【启示】我国税收“以人民为中心”的本质属性，用通俗、简要的语言来概括，就是“取之于民，用之于民”。国家通过税收对全体国民的收入进行扣除，从分散的、各种不同的纳税人手中，集中到国家财政，来满足全社会的共同需要。

国家通过预算支出的安排，把税收集中的资金，优先聚焦保障民生。2020—2021年，新冠肺炎疫情严重，经济形势严峻，虽然全国各地面对减税降费政策、经济下行压力，但财政预算仍然围绕“幼有所育、学有所教、劳有所得、病有所医、老有所养、住有所居、弱有所扶”等“七有”民生方面，加大资金投入，多项民生支出仍呈现增长，保障了全体人民在共建共享中有更多获得感、幸福感，真正体现了社会主义税收“以人民为中心”和“取之于民，用之于民”的本质属性与宗旨。

项目小结

本项目主要知识点归纳总结见表1-4。

表1-4　　本项目主要知识点归纳总结

<table>
<tr><th>主要知识点</th><th colspan="3">内容</th></tr>
<tr><td rowspan="6">税收与税法认知</td><td rowspan="2">税收</td><td>概念</td><td>税收分配的目的是满足社会公共需要；税收分配的主体是国家；税收分配的客体是社会产品；税收是政府财政收入的主要来源</td></tr>
<tr><td>特征</td><td>强制性、无偿性、固定性</td></tr>
<tr><td rowspan="4">税法</td><td>概念</td><td>调整税收分配过程中形成的征纳双方的权利与义务关系的法律规范</td></tr>
<tr><td>特征</td><td>税与法的共存性、税法关系中征纳主体的单方固定性、税法关系主体之间权利和义务的不对等性、税法结构的综合性、税收立法权限的多层次性和表现形式的多样性</td></tr>
<tr><td>核心内容</td><td>税收法律关系主体所享有的权利和承担的义务</td></tr>
<tr><td>分类</td><td>按不同的标准可进行不同的分类</td></tr>
<tr><td rowspan="2">税法构成要素</td><td colspan="3">基本要素：纳税人、征税对象、税率</td></tr>
<tr><td colspan="3">其他要素：纳税环节、纳税地点、纳税期限、减免税</td></tr>
</table>

续表

主要知识点			内容
应纳税种类及分类			增值税、消费税、企业所得税、个人所得税、资源税、城镇土地使用税、土地增值税、房产税、城市维护建设税、车辆购置税、车船税、印花税、契税、耕地占用税、烟叶税、环境保护税、关税、船舶吨税
纳税基本程序	税务登记	登记信息确认	新办纳税人登记信息确认
纳税基本程序	税务登记	信息变更	开业登记信息内容发生变化的，进行变更
纳税基本程序	税务登记	报验管理	企业外出经营的，进行报验管理
纳税基本程序	税务登记	停业、复业登记	停业登记、复业登记
纳税基本程序	税务登记	注销登记	企业终止经营、退出市场，适用普通注销的，在结清税款、注销税务登记后向市场监督管理部门申请注销；适用简易注销的，免于办理清税证明，直接向市场监督管理部门申请注销
纳税基本程序	账簿、凭证管理	备案管理	从事生产、经营的纳税人应当自领取税务登记证件起15日内，将其财务、会计制度或者财务、会计处理办法等信息报送税务机关备案。 使用计算机记账的，还应在使用前将会计电算化系统的会计核算软件、使用说明书及有关资料报送主管税务机关备案
纳税基本程序	账簿、凭证管理	账簿管理	设置总账、明细账、日记账及有关辅助账簿
纳税基本程序	账簿、凭证管理	凭证管理	审验原始凭证，编制记账凭证，根据合法、有效凭证登记账簿
纳税基本程序	发票办理	发票领购	持《纳税人领用发票票种核定表》、加载统一社会信用代码的营业执照或登记证件原件、经办人身份证明、发票专用章的印模，到主管税务机关进行发票票种核定，取得发票领用簿，在税务机关核定的范围内领用纸质或电子发票
纳税基本程序	发票办理	发票开具	销售商品、提供服务以及从事其他经营活动，收款方应当向付款方如实开具发票；在特殊情况下，由付款方向收款方开具发票。开具发票应当按照规定时限、顺序、逐栏全部联次一次性如实开具，并加盖发票专用章
纳税基本程序	发票办理	发票缴销	在办理变更或者注销税务登记的同时，办理发票和发票领用簿的变更、缴销手续，不得擅自损毁发票

续表

主要知识点	内容		
纳税基本程序	纳税申报	申报办理	开立存款账户之日起15日内，向主管税务机关报告全部账号，签订“委托缴税协议书”，同时按照规定进行申报纳税。 需要使用电子缴税系统缴纳税费的，可以与税务机关、开户银行签署委托银行代缴税款三方协议或委托划转税款协议，实现使用电子缴税系统缴纳税费、滞纳金和罚款
		申报资料	各税种纳税申报表、财务会计报表及其说明材料；与纳税有关的合同、协议书及凭证；税控装置的电子报税资料；异地完税凭证；境内或者境外公证机构出具的有关证明文件；税务机关规定应当报送的其他有关证件、资料
		申报方式	直接申报、邮寄申报、数据电文申报
	税款缴纳	缴纳方式	自核自缴、申报核实缴纳、申报查定缴纳、定额申报缴纳、转账缴纳、银税一体化缴纳、现金缴纳、委托代征缴纳等
		延期缴纳	因有特殊困难，需延期缴纳税款的，应在纳税期限内提出申请，填写《延期缴纳税款申请审批表》

阅读篇目

《关于纳税人权利与义务的公告》

《中华人民共和国税收征收管理法》

《中华人民共和国税收征收管理法实施细则》

《中华人民共和国发票管理办法》

《中华人民共和国发票管理办法实施细则》

《国务院关于修改〈中华人民共和国发票管理办法〉的决定》

《国家工商行政管理总局 国家税务总局 国家发展和改革委员会 国务院法制办公室关于实施个体工商户营业执照和税务登记证“两证整合”的意见》

《国务院办公厅关于加快推进“五证合一、一照一码”登记制度改革的通知》

《国务院办公厅印发关于加快推进“多证合一”改革的指导意见》

《市场监管总局等五部门关于发布〈企业注销指引（2021年修订）〉的公告》（市场监管总局 人力资源社会保障部 商务部 海关总署 税务总局公告2021年第48号）

项目二

增值税纳税实务

学习目标

知识目标

1. 掌握增值税的征税范围，掌握属于增值税征税范围的货物、劳务、服务、无形资产和不动产的内涵，准确选择适用税率或征收率。
2. 熟悉增值税一般纳税人和小规模纳税人的划分标准，了解一般纳税人资格登记的一般流程。
3. 掌握增值税一般纳税人的一般计税方法，熟悉增值税销项税额计算方法和当期允许抵扣的进项税额确定方法。
4. 掌握增值税一般纳税人简易计税方法的应用范围和计算方法，掌握小规模纳税人应纳税额的计算方法，对比增值税两种纳税人在应纳税额计算和发票使用方面的异同。

技能目标

1. 能够正确计算增值税应纳税额。
2. 能够准确填制增值税纳税申报表，并能准备纳税申报资料。

态度目标

1. 树立法律意识，明确依法纳税、建立良好的纳税信用等级是企业发展的重要前提。
2. 树立风险防范意识，明确税收违章应负担的法律责任。
3. 树立筹划意识，最大限度地维护纳税人的合法权益，实现企业财务利益最大化的目标。

思政目标

1. 通过学习小规模纳税人的减税政策，了解我国税收以民为本、扶持民营经济增长的政策导向，树立制度自信。
2. 通过学习对资源综合利用的减税政策，了解我国为实现绿色发展所做的努力，体现国家的担当精神。
3. 通过对增值税进项税额的学习，体会在纳税中践行诚信的社会主义核心价值观。

工作情境与工作任务

通过项目一的学习，我们知道从事生产经营活动的纳税人在规定时间内完成了“多证合一、证照联办”商事登记后，发生货物、劳务、服务、无形资产、不动产销售行为时，就会产生增值税纳税义务，你知道增值税凭票扣税的计税原理吗？

我国的增值税针对不同应税行为适用几档不同的比例税率，准确判断应税行为类型是增值税税额计算的关键。你知道纷繁复杂的经济活动属于哪种应税行为，该按哪个税率计算纳税吗？

为了方便增值税的征收管理，增值税纳税人区分为一般纳税人和小规模纳税人，你知道两种纳税人的划分方法吗？两种纳税人适用的计税方法又分别是怎样的呢？

准确计算出纳税人应纳增值税税额后，你会进行相应会计核算并准确填制增值税纳税申报表，顺利报送税务机关吗？

任务一 增值税基本要素

增值税，是指对在我国境内销售货物以及进口货物，提供加工、修理修配劳务，销售服务、无形资产或者不动产的单位和个人，对其取得的销售额中的增值额部分征收的一种税，属于流转税的范畴。我国现行增值税基本法律规范是1993年由国务院发布的《中华人民共和国增值税暂行条例》；2008年11月5日对《中华人民共和国增值税暂行条例》修订后，将进项税额抵扣范围扩大到外购除不动产外的固定资产。2017年11月19日《国务院关于废止〈中华人民共和国营业税暂行条例〉和修改〈中华人民共和国增值税暂行条例〉的决定》颁布，实现了全面营业税改征增值税（以下简称“营改增”），营业税完全被增值税所替代。

我国的营改增历程：从2013年8月1日起，在全国范围内进行交通运输业（除铁路运输外）和部分现代服务业营改增试点；自2014年1月1日起，在全国范围内开展铁路运输和邮政业营改增试点；自2014年6月1日起，在全国范围内开展电信业营改增试点；自2016年5月1日起，在全国范围内全部行业全面推开营改增试点，建筑业、房地产业、金融业、生活服务业等全部营业税征税范围，纳入试点范围，由缴纳营业税改为缴纳增值税。

一、增值税的征税范围

（一）增值税征税范围的一般规定

增值税征税范围包括在中华人民共和国境内销售货物以及进口货物，提供加工、修理修配劳务，销售服务，销售无形资产，销售不动产的经营活动。

1. 销售货物

销售货物，是指在我国境内有偿转让货物的所有权。货物，是指除土地、房屋和其他建筑物等一切不动产之外的有形动产，包括电力、热力和气体在内。境内销售货物，是指销售的货物的起运地或所在地在境内。

2.提供加工、修理修配劳务

提供加工、修理修配劳务，是指在我国境内有偿提供加工、修理修配劳务。加工，是指受托加工货物，即委托方提供原料及主要材料，受托方按照委托方的要求制造货物并收取加工费的业务。修理修配，是指受托对损伤和丧失功能的货物进行修复，使其恢复原状和功能的业务。

3.进口货物

进口货物，是指申报进入我国海关境内的货物。只要是报关进口的应税货物，均属于增值税的征税范围，除享受免税政策外，均在进口环节由海关代征增值税。

4.销售服务

销售服务，是指在我国境内有偿提供交通运输服务、邮政服务、电信服务、建筑服务、金融服务、现代服务和生活服务。

（1）交通运输服务。它是指利用运输工具将货物或者旅客送达目的地，使其空间位置得到转移的业务活动。其包括陆路运输服务、水路运输服务、航空运输服务和管道运输服务。

陆路运输服务，包括铁路运输、公路运输、缆车运输、索道运输、地铁运输、城市轻轨运输等服务。

水路运输服务，是指通过江、河、湖、川等天然、人工水道或者海洋航道运送货物或者旅客的运输业务活动，水路运输的程租、期租业务，属于水路运输服务。

程租业务，是指运输企业为租船人完成某一特定航次的运输任务并收取租赁费的业务。

期租业务，是指运输企业将配备有操作人员的船舶承租给他人使用一定期限，承租期内听候承租方调遣，不论是否经营，均按天向承租方收取租赁费，发生的固定费用均由船东负担的业务。

航空运输服务，是指通过空中航线运送货物或者旅客的运输业务活动，航空运输的湿租业务，属于航空运输服务。

湿租业务，是指航空运输企业将配备有机组人员的飞机承租给他人使用一定期限，承租期内听候承租方调遣，不论是否经营，均按一定标准向承租方收取租赁费，发生的固定费用均由承租方承担的业务。

【提示】航天运输服务，是利用火箭等载体将卫星、空间探测器等空间飞行器发射到空间轨道的业务活动，按照航空运输服务缴纳增值税；无运输工具承运业务，按照交通运输服务缴纳增值税。纳税人已售票但客户逾期未消费取得的运输逾期票证收入，按照交通运输服务缴纳增值税。

（2）邮政服务。它是指中国邮政集团公司及其所属邮政企业提供邮件寄递、邮政汇兑和机要通信等邮政基本服务的业务活动。其包括邮政普遍服务、邮政特殊服务和其他邮政服务。

（3）电信服务。它是指利用有线、无线的电磁系统或者光电系统等各种通信网络资源，提供语音通话服务，传送、发射、接收或者应用图像、短信等电子数据和信息的业务活动。其包括基础电信服务和增值电信服务。

(4) 建筑服务。它是指各类建筑物、构筑物及其附属设施的建造、修缮、装饰，线路、管道、设备、设施等的安装以及其他工程作业的业务活动。其包括工程服务、安装服务、修缮服务、装饰服务和其他建筑服务。

工程服务，是指新建、改建各种建筑物、构筑物的工程作业，包括与建筑物相连的各种设备或者支柱、操作平台的安装或者装设工程作业，以及各种窑炉和金属结构工程作业。

安装服务，是指生产设备、动力设备、起重设备、运输设备、传动设备、医疗实验设备以及其他各种设备、设施的装配、安置工程作业。固定电话、有线电视、宽带、水、电、燃气、暖气等经营者向用户收取的安装费、初装费、开户费、扩容费以及类似收费，按照安装服务缴纳增值税。

修缮服务，是指对建筑物、构筑物进行修补、加固、养护、改善，使之恢复原来的使用价值或者延长其使用期限的工程作业。

装饰服务，是指对建筑物、构筑物进行修饰装修，使之美观或者具有特定用途的工程作业。

其他建筑服务，是指上列工程作业之外的各种工程作业服务，如钻井（打井）、拆除建筑物或者构筑物、平整土地、园林绿化、疏浚（不包括航道疏浚）、建筑物平移、搭脚手架、爆破、矿山穿孔、表面附着物（包括岩层、土层、沙层等）剥离和清理等工程作业。

【提示】航道疏浚按现代服务中的物流辅助服务纳税。纳税人将建筑施工设备出租给他人使用并配备操作人员的，按照建筑服务缴纳增值税。

(5) 金融服务。它是指经营金融保险的业务活动，包括贷款服务、直接收费金融服务、保险服务和金融商品转让。

贷款服务，是指将资金贷给他人使用而取得利息收入的业务活动。贷款服务收入为各种占用、拆借资金取得的收入，包括金融商品持有期间（含到期）利息（保本收益、报酬、资金占用费、补偿金等）收入、信用卡透支利息收入、买入返售金融商品利息收入、融资融券收取的利息收入，以及融资性售后回租、押汇、罚息、票据贴现、转贷等业务取得的利息及利息性质的收入。其中，融资性售后回租，是指承租方以融资为目的，将资产出售给从事融资性售后回租业务的企业后，从事融资性售后回租业务的企业将该资产出租给承租方的业务活动。以货币资金投资收取的固定利润或者保底利润，按照贷款服务缴纳增值税。

【提示】金融商品持有期间（含到期）取得的非保本的上述收益，不属于利息或利息性质的收入，不征收增值税。

直接收费金融服务，是指为货币资金融通及其他金融业务提供相关服务并且收取费用的业务活动。其包括提供货币兑换、账户管理、电子银行、信用卡、信用证、财务担保、资产管理、信托管理、基金管理、金融交易场所（平台）管理、资金结算、资金清算、金融支付等服务。

保险服务，是指投保人根据合同约定，向保险人支付保险费，保险人对于合同约定的可能发生的事故因其发生所造成的财产损失承担赔偿保险金责任，或者当被保险人死亡、伤残、疾病或者达到合同约定的年龄、期限等条件时承担给付保险金责任的商业保险行为。其包括人身保险服务和财产保险服务。

金融商品转让，是指转让外汇、有价证券、非货物期货和其他金融商品所有权的业务活动。其他金融商品转让包括基金、信托、理财产品等各类资产管理产品和各种金融衍生品的转让。

（6）现代服务。它是指围绕制造业、文化产业、现代物流产业等提供技术性、知识性服务的业务活动。其包括研发和技术服务、信息技术服务、文化创意服务、物流辅助服务、租赁服务、鉴证咨询服务、广播影视服务、商务辅助服务和其他现代服务。

研发和技术服务，包括研发服务、合同能源管理服务、工程勘察勘探服务、专业技术服务。

信息技术服务，是指利用计算机、通信网络等技术对信息进行生产、收集、处理、加工、存储、运输、检索和利用，并提供信息服务的业务活动。其包括软件服务、电路设计及测试服务、信息系统服务、业务流程管理服务和信息系统增值服务。

文化创意服务，包括设计服务、知识产权服务、广告服务和会议展览服务。

【提示】宾馆、旅馆、旅社、度假村和其他经营性住宿场所提供会议场地及配套服务的活动，按照会议展览服务缴纳增值税。广告服务包括广告代理和广告发布、播映、宣传、展示等。

物流辅助服务，包括航空地面服务和通用航空服务、港口码头服务、货运客运场站服务、打捞救助服务、装卸搬运服务、仓储服务和收派服务。

租赁服务，包括融资租赁服务和经营租赁服务。按照标的物的不同，租赁服务可分为有形动产租赁服务和不动产租赁服务。将建筑物、构筑物等不动产或者飞机、车辆等有形动产的广告位出租给其他单位或者个人用于发布广告的，按照租赁服务缴纳增值税。车辆停放服务、道路通行服务（包括过路费、过桥费、过闸费）等，按照不动产租赁服务缴纳增值税。水路运输的光租业务、航空运输的干租业务，属于有形动产租赁服务。

【提示】光租业务，是指运输企业将船舶在约定的时间内出租给他人使用，不配备操作人员，不承担运输过程中发生的各项费用，只收取固定租赁费的业务活动。干租业务，是指航空运输企业将飞机在约定的时间内出租给他人使用，不配备机组人员，不承担运输过程中发生的各项费用，只收取固定租赁费的业务活动。

鉴证咨询服务，包括认证服务、鉴证服务和咨询服务。

【提示】翻译服务和市场调查服务按照咨询服务缴纳增值税。

广播影视服务，包括广播影视节目（作品）的制作服务、发行服务和播映（含放映）服务。

商务辅助服务，包括企业管理服务、经纪代理服务、人力资源服务、安全保护服务。拍卖行受托拍卖取得的手续费或佣金收入，按照经纪代理服务缴纳增值税。

其他现代服务，是指除研发和技术服务、信息技术服务、文化创意服务、物流辅助服务、租赁服务、鉴证咨询服务、广播影视服务和商务辅助服务以外的现代服务。

【提示】纳税人对安装运行后的电梯、机器设备提供的维护保养服务，按照其他现代服务缴纳增值税；纳税人为客户办理退票而向客户收取的退票费、手续费等收入，按照其他现代服务缴纳增值税。

(7) 生活服务。它是指为满足城乡居民日常生活需求提供的各类服务活动。其包括文化体育服务、教育医疗服务、旅游娱乐服务、餐饮住宿服务、居民日常服务和其他生活服务。

【提示】提供餐饮服务的纳税人销售的外卖食品，按照餐饮服务缴纳增值税。纳税人现场制作食品并直接销售给消费者，按照餐饮服务缴纳增值税。纳税人提供植物养护服务，按照其他生活服务缴纳增值税。纳税人在游览场所经营索道、摆渡车、电瓶车、游船等取得的收入，按照文化体育服务缴纳增值税。

5.销售无形资产

销售无形资产，是指有偿转让无形资产所有权或者使用权的业务活动。无形资产，是指不具实物形态，但能带来经济利益的资产，包括技术、商标、著作权、商誉、自然资源使用权和其他权益性无形资产。

技术，包括专利技术和非专利技术。

自然资源使用权，包括土地使用权、海域使用权、探矿权、采矿权、取水权和其他自然资源使用权。

其他权益性无形资产，包括基础设施资产经营权、公共事业特许权、配额、经营权（包括特许经营权、连锁经营权、其他经营权）、经销权、分销权、代理权、会员权、席位权、网络游戏虚拟道具、域名、名称权、肖像权、冠名权、转会费等。

【提示】纳税人通过省级土地行政主管部门设立的交易平台转让补充耕地指标，按照销售无形资产缴纳增值税，税率为6%。

6.销售不动产

销售不动产，是指有偿转让不动产所有权的业务活动。不动产，是指不能移动或者移动后会引起性质、形状改变的财产，包括建筑物、构筑物等。

建筑物，包括住宅、商业营业用房、办公楼等可供居住、工作或者进行其他活动的建造物。

构筑物，包括道路、桥梁、隧道、水坝等建造物。

转让建筑物有限产权或者永久使用权的，转让在建的建筑物或者构筑物所有权的，以及在转让建筑物或者构筑物时一并转让其所占土地使用权的，按照销售不动产缴纳增值税。

【提示】所谓有偿销售货物、劳务、服务，销售无形资产和转让不动产，是指从受让方或购买方取得货币、货物或者其他经济利益。

在境内销售服务、无形资产或者不动产，包括以下几种情形：服务（租赁不动产除外）或者无形资产（自然资源使用权除外）的销售方或者购买方在境内；所销售或者租赁的不动产在境内；所销售自然资源使用权的自然资源在境内；财政部和国家税务总局规定的其他情形。

【思考】会计师事务所审查企业财务报表、出具审计报告的服务属于哪种增值税应税行为？高速公路通行费收入按哪种增值税应税行为缴纳增值税？

（二）视同发生应税行为

1.视同销售货物

单位或者个体经营者的下列行为，视同销售货物：

（1）将货物交付他人代销。

（2）销售代销货物。

（3）设有两个以上机构并实行统一核算的纳税人，将货物从一个机构移送到其他机构用于销售，但相关机构设在同一县（市）的除外。

（4）将自产或委托加工的货物用于集体福利或个人消费。

（5）将自产或委托加工的货物用于非应税项目。

（6）将自产、委托加工或购进的货物作为投资，提供给其他单位或个体工商户。

（7）将自产、委托加工或购进的货物分配给股东或投资者。

（8）将自产、委托加工或购进的货物无偿赠送给其他单位或个人。

【思考】某汽车制造厂将自产汽车用于抵债，发生增值税纳税义务吗？将外购的汽车用于抵债呢？

2.视同销售服务、无形资产或不动产

下列情形视同销售服务、无形资产或者不动产：

（1）单位或者个体工商户向其他单位或者个人无偿提供服务，但用于公益事业或者以社会公众为对象的除外。

（2）单位或者个人向其他单位或者个人无偿转让无形资产或者不动产，但用于公益事业或者以社会公众为对象的除外。

（3）财政部和国家税务总局规定的其他情形。

【提示】纳税人出租不动产，租赁合同中约定免租期的，免租期内不属于视同销售服务。

【思考】个人驾驶私家车无偿送他人回家，需要缴纳增值税吗？重阳节，某餐饮企业为所处社区80岁以上孤寡人员提供免费爱心午餐，需要缴纳增值税吗？

现有甲家具厂和乙房地产开发公司两个纳税人，甲企业生产的家具和乙企业开发的商品房均通过民政部门捐赠给敬老院，两个企业的纳税义务一样吗？

【提示】货物无偿赠送他人，不论赠送对象，不论赠送目的，都属于视同销售行为；无偿提供服务、转让无形资产或者不动产以社会大众为对象，以公益为目的的，不属于视同销售行为。

（三）不属于应税行为的情形

1.行政单位收取的同时满足以下条件的政府性基金或者行政事业性收费：

（1）由国务院或者财政部批准设立的政府性基金，由国务院或者省级人民政府及其财政、价格主管部门批准设立的行政事业性收费；

（2）收取时开具省级以上（含省级）财政部门监（印）制的财政票据；

（3）所收款项全额上缴财政。

2.单位或者个体工商户聘用的员工为本单位或者雇主提供取得工资的服务。

3.单位或者个体工商户为聘用的员工提供服务。

【思考】单位食堂收取的餐饮工本费，需要缴纳增值税吗？若略有盈余呢？

4.财政部和国家税务总局规定的其他情形。

（四）不征收增值税的项目

1.根据国家指令无偿提供的铁路运输服务、航空运输服务，属于用于公益事业的服务。

2.存款利息。

3.被保险人获得的保险赔付。

4.房地产主管部门或者其指定机构、公积金管理中心、开发企业以及物业管理单位代收的住宅专项维修资金。

5.在资产重组过程中，通过合并、分立、出售、置换等方式，将全部或者部分实物资产以及与其相关联的债权、负债和劳动力一并转让给其他单位和个人，其中涉及的不动产、土地使用权转让行为。

6.各党派、共青团、工会、妇联、中科协、青联、台联、侨联收取党费、团费、会费，以及政府间国际组织收取会费，属于非经营活动，不征收增值税。

7.纳税人取得与其销售货物、劳务、服务、无形资产、不动产的收入或者数量不直接挂钩的财政补贴收入，不属于增值税应税收入，不征收增值税。

【思考】某市市场监督管理局收取的特种设备检验检测费，需要缴纳增值税吗？某市住房城乡建设局收取的污水处理费，需要缴纳增值税吗？

二、增值税的纳税人

（一）纳税人

增值税的纳税人，是指在我国境内销售货物或者提供加工、修理修配劳务，销售服务、无形资产或者不动产以及进口货物的单位和个人。

上述单位包括企业、行政单位、事业单位、军事单位、社会团体和其他组织。单位以承包、承租、挂靠方式经营的，承包人、承租人、挂靠人（以下称承包人）以发包人、出租人、被挂靠人（以下称发包人）名义对外经营并由发包人承担相关法律责任的，以该发包人为纳税人；否则，以承包人为纳税人。

上述“个人”是指个体工商户和其他个人。

（二）扣缴义务人

中华人民共和国境外单位或者个人在境内发生应税行为，在境内未设有经营机构的，以购买方为增值税扣缴义务人。财政部和国家税务总局另有规定的除外。

（三）纳税人的分类

增值税的纳税人根据其生产经营规模大小和会计核算健全与否两项标准，可以分为一般纳税人和小规模纳税人。

1.属于小规模纳税人的年销售额标准

增值税小规模纳税人标准为年应征增值税销售额500万元及以下。

年应税销售额是指纳税人在连续不超过12个月或4个季度的经营期内累计应征增值税销售额，包括纳税申报销售额（指纳税人自行申报的全部应征增值税销售额，其中包括税务机关代开发票销售额和免税销售额）、稽查查补销售额和纳税评估调整销售额（计入查补税款申报当月或当季的销售额，不计入税款所属期销售额）。销售服务、无形资产或者不动产有扣除项目的纳税人，其应税行为年应税销售额按未扣除之前的销售额计算。增值税小规模纳税人偶然发生的转让不动产的销售额，不计入应税行为年应税销售额。

2. 一般纳税人的资格登记

纳税人在年应税销售额超过规定标准的月份（或季度）的所属申报期结束后15日内向其机构所在地主管税务机关办理一般纳税人登记手续，包括向主管税务机关填报《增值税一般纳税人登记表》，如实填写固定生产经营场所等信息，并提供税务登记证件；未按规定时限办理的，主管税务机关应当在规定时限结束后5日内制作“税务事项通知书”，告知纳税人应当在5日内向主管税务机关办理相关手续；逾期仍不办理的，次月起按销售额依照增值税税率计算应纳税额，不得抵扣进项税额，直至纳税人办理相关手续为止。

年应税销售额未超过规定标准的纳税人，会计核算健全，能够提供准确税务资料的，可以向主管税务机关办理一般纳税人资格登记，成为一般纳税人。

会计核算健全，是指能够按照国家统一的会计制度规定设置账簿，根据合法、有效凭证核算。

纳税人自一般纳税人资格生效之日起，按照增值税一般计税方法计算应纳税额，并可以按照规定领用增值税专用发票，财政部、国家税务总局另有规定的除外。生效之日，是指纳税人办理一般纳税人资格登记的当月1日或者次月1日，由纳税人在办理登记手续时自行选择。

除国家税务总局另有规定外，一经登记为一般纳税人后，不得转为小规模纳税人。

3. 特殊情形

年应税销售额超过小规模纳税人标准的其他个人，按小规模纳税人纳税。

年应税销售额超过小规模纳税人标准的非企业性单位，不经常发生应税行为的企业，可选择按小规模纳税人纳税，但应当向主管税务机关提交书面说明。

【思考】某公司以货物销售为主，兼营运输服务，其货物年销售额可达450万元，年货物运输收入可达80万元，该纳税人能作为小规模纳税人吗？

【提示】一般纳税人与小规模纳税人的主要区别在于计税办法不同。一般纳税人按照一般计税办法（销售额×税率－进项税额）计算纳税；小规模纳税人按照简易计税方法（销售额×征收率）计算纳税。

三、增值税税率和征收率

（一）增值税税率

自2019年4月1日起，增值税适用税率有13%、9%、6%和零税率四档。

1. 税率13%的适用范围

增值税13%税率，适用于一般纳税人销售或者进口除低税率货物以外的其他货物，加工、修理修配劳务以及提供有形动产租赁服务。

2. 税率9%的适用范围

（1）纳税人销售或进口下列货物，增值税税率为9%：农产品（含粮食）、自来水、暖气、石油液化气、天然气、食用植物油、冷气、热水、煤气、居民用煤炭制品、食用盐、农机、饲料、农药、农膜、化肥、沼气、二甲醚、图书、报纸、杂志、音像制品、电子出版物。

（2）纳税人销售下列服务、无形资产、不动产，适用9%的增值税税率：提供交通运输服务、邮政服务、基础电信服务、建筑服务、不动产租赁服务、销售不动产和转让土地使用权。

3. 税率6%的适用范围

增值税6%税率适用于除有形动产租赁服务外的其他服务和转让除土地使用权外的无形资产。

4. 零税率的适用范围

适用零税率的包括：

（1）出口货物，国务院另有规定的除外；

（2）境内单位和个人发生的跨境应税行为。

境内单位和个人发生的跨境应税行为具体包括：国际运输服务，航天运输服务，向境外单位提供的完全在境外消费的研发服务、合同能源管理服务、设计服务、广播影视节目（作品）的制作和发行服务、软件服务、电路设计及测试服务、信息系统服务、业务流程管理服务、离岸服务外包业务以及转让技术，财政部和国家税务总局规定的其他服务。

（二）增值税征收率

增值税的征收率有3%和5%两档。

1. 征收率3%的适用范围

小规模纳税人和一般纳税人适用简易计税方法时适用3%的征收率。

2. 征收率5%的适用范围

适用5%征收率的包括：

（1）小规模纳税人销售不动产和一般纳税人销售不动产选择适用简易计税方法的；

（2）小规模纳税人不动产经营租赁服务和一般纳税人不动产租赁服务选择适用简易计税方法的；

（3）一般纳税人提供劳务派遣服务选择适用简易计税方法的；

（4）一般纳税人提供人力资源外包服务选择适用简易计税方法的。

（三）混合销售和兼营行为的税率、征收率选择

1. 混合销售

一项销售行为如果既涉及货物又涉及服务，为混合销售。从事货物的生产、批发或者零售的单位和个体工商户的混合销售行为，按照销售货物缴纳增值税；其他单位和个

体工商户的混合销售行为，按照销售服务缴纳增值税。

上述从事货物的生产、批发或者零售的单位和个体工商户，包括以从事货物的生产、批发或者零售为主，并兼营销售服务的单位和个体工商户在内。

纳税人提供电信业服务时，附带赠送用户识别卡、电信终端等货物或者电信业服务的，应将其取得的全部价款和价外费用进行分别核算，按各自适用的税率计算缴纳增值税。

【提示】纳税人销售活动板房、机器设备、钢结构件等自产货物的同时提供建筑、安装服务，不属于混合销售，应分别核算货物和建筑服务的销售额，分别适用不同的税率或者征收率。

【思考】某家具商场主营业务为家具销售，在销售家具时，为购买方提供有偿的安装和送货服务，收取的货物销售价款、送货费及安装费，应如何适用税率？

2. 兼营行为

纳税人销售货物、加工修理修配劳务、服务、无形资产或者不动产适用不同税率或者征收率的，应当分别核算适用不同税率或者征收率的销售额，分别适用税率或者征收率。未分别核算销售额的，按照以下方法适用税率或者征收率：

（1）兼有不同税率的销售货物、加工修理修配劳务、服务、无形资产或者不动产，从高适用税率；

（2）兼有不同征收率的销售货物、加工修理修配劳务、服务、无形资产或者不动产，从高适用征收率；

（3）兼有不同税率和征收率的销售货物、加工修理修配劳务、服务、无形资产或者不动产，从高适用税率。

【提示】餐饮企业销售的外卖食品，与堂食适用同样的增值税政策，统一按照提供餐饮服务缴纳增值税。以上“外卖食品”，仅指该餐饮企业参与了生产、加工过程的食品。对于餐饮企业将外购的酒水、农产品等货物，未进行后续加工而直接与外卖食品一同销售的，应根据该货物的适用税率，按照兼营的有关规定计算缴纳增值税。

任务二　一般计税方法应纳税额计算

一般计税方法适用于一般纳税人。增值税税额的计算公式为：

应纳税额 = 当期销项税额 − 当期进项税额

当期销项税额小于当期进项税额不足抵扣时，其不足部分可以结转下期继续抵扣。一般纳税人增值税需要通过“应交增值税”“未交增值税”“预交增值税”“待抵扣进项税额”“待认证进项税额”“待转销项税额”“增值税留抵税额”“简易计税”“转让金融商品应交增值税”“代扣代交增值税”等明细科目进行核算。

“应交税费——应交增值税”明细账核算的主要内容见表2-1。

表2-1　“应交税费——应交增值税”明细账核算的主要内容

摘要	借方						贷方				借或贷	余额
	进项税额	销项税额抵减	已交税金	转出未交增值税	减免税款	出口抵减内销产品应纳税额	销项税额	出口退税	进项税额转出	转出多交增值税		

一、增值税销项税额的计算

销项税额，是指纳税人发生应税行为按照销售额和增值税税率计算并收取的增值税税额。其计算公式为：

微课

销项税额的核算

销项税额 = 销售额 × 税率

（一）一般销售方式下销项税额的计算

1. 一般情况下销售额的确定

销售额，是指纳税人发生应税行为收取的全部价款和价外费用，但不包括收取的销项税额。其中：价外费用是指价外收取的手续费、补贴、基金、集资费、返还利润、奖励费、违约金、滞纳金、延期付款利息、包装费、储备费、优质费、包装物租金、运输装卸费、代垫款项、代收款项及其他各种性质的价外收费。

上述价外费用无论其会计制度如何核算，都应并入销售额计税，但下列项目不包括在内：

（1）向购买方收取的销项税额。如果纳税人发生增值税应税行为，价税合并收取销售款时，应将含税销售额换算为不含税销售额。不含税销售额的换算公式为：

不含税销售额 = 含税销售额 ÷（1 + 税率）

（2）受托加工应征消费税的消费品所代收代缴的消费税。

（3）同时符合以下条件的代垫运输费用：承运部门的运费发票开具给购买方；纳税人将该项发票转交给购买方。

（4）同时符合以下条件代为收取的政府性基金或者行政事业性收费：

①由国务院或者财政部批准设立的政府性基金，由国务院或省级人民政府及其财政、价格主管部门批准设立的行政事业性收费；

②收取时开具省级以上财政部门印制的财政票据；

③所收款项全额上缴财政。

（5）销售货物的同时代办保险而向购买方收取的保险费，以及向购买方收取的代购买方缴纳的车辆购置税、车辆牌照费。

（6）以委托方名义开具发票代委托方收取的款项。

（7）纳税人取得的财政补贴收入，与其销售货物、劳务、服务、无形资产、不动产的收入或者数量直接挂钩的，应按规定计算缴纳增值税。纳税人取得的其他情形的财政补贴收入，不属于增值税应税收入，不征收增值税。

【提示】税法规定各种性质的价外费用都要并入销售额计算征税，对增值税一般纳税人向购买方收取的价外费用和逾期包装物押金，应视为含税收入，在征税时换算为不含税收入再并入销售额。

【做中学2-1】A机械设备厂（一般纳税人）2023年3月份发生的经济业务如下：

（1）销售某设备一批，开具了增值税专用发票，收到价税合计货款339 000元，销售货物同时负责送货，收到价税合计运费款5 000元，款项已收到。

（2）提供产品维修服务，收到价税合计修理费22 600元，开具了增值税普通发票。

（3）出租一台自产设备，该设备市场含增值税售价为2 260元，当月取得含增值税租金收入500元，开具了增值税普通发票。

（4）从某联营企业取得商标使用权转让费，开具了增值税专用发票，注明价款230 000元，增值税13 800元。

（5）将闲置资金借给关系单位使用，当期收到含增值税利息1 500元，开具了增值税普通发票。

要求：分析上述业务应计算的增值税销项税额。

解答：各项业务的增值税销项税额计算如下：

（1）销售货物同时提供运输劳务，属于混合销售行为，应根据主营业务按销售货物纳税。含增值税的价款和运费需要换算为不含增值税的销售额：

不含税销售额 =（339 000 + 5 000）÷（1 + 13%）= 304 424.78（元）

销项税额 = 304 424.78 × 13% = 39 575.22（元）

（2）提供修理劳务，收取含增值税的销售额。

不含税销售额 = 22 600 ÷（1 + 13%）= 20 000（元）

销项税额 = 20 000 × 13% = 2 600（元）

（3）出租自产设备按现代服务中的有形动产租赁纳税。

销项税额 = 500÷（1 + 13%）× 13% = 57.52（元）

（4）转让商标使用权按销售无形资产缴纳增值税，发票注明的税额就是该业务的销项税额。

销项税额 = 13 800元

（5）收到的利息按金融服务中的贷款服务纳税。

销项税额 = 1 500 ÷（1 + 6%）× 6% = 84.91（元）

2.按差额征税情形下销售额的确定

（1）金融商品转让，按照卖出价扣除买入价后的余额为销售额。转让金融商品出现的正负差，按盈亏相抵后的余额为销售额。若相抵后出现负差，可结转下一纳税期与下期转让金融商品销售额相抵，但年末时仍出现负差的，不得转入下一会计年度。金融商品的买入价，可以选择按照加权平均法或者移动加权平均法进行核算，选择后36个月内不得变更。

（2）经纪代理服务，以取得的全部价款和价外费用扣除向委托方收取并代为支付的政府性基金或者行政事业性收费后的余额为销售额。向委托方收取的政府性基金或者行政事业性收费，不得开具增值税专用发票。

（3）融资租赁，经中国人民银行、银保监会或者商务部批准从事融资租赁业务的纳税人提供融资租赁服务，以取得的全部价款和价外费用扣除支付的借款利息（包括外汇借款和人民币借款利息）、发行债券利息和车辆购置税后的余额为销售额。

（4）经中国人民银行、银保监会或者商务部批准从事融资租赁业务的纳税人提供融资性售后回租服务，以取得的全部价款和价外费用（不含本金）扣除对外支付的借款利息（包括外汇借款和人民币借款利息）、发行债券利息后的余额为销售额。

【提示】融资租赁服务属于现代服务项目的租赁服务征税范围，融资性售后回租属于金融服务的贷款服务征税范围。

（5）航空运输企业的销售额，不包括代收的机场建设费和代售其他航空运输企业客票而代收转付的价款。

（6）一般纳税人提供客运场站服务，以其取得的全部价款和价外费用扣除支付给承运方运费后的余额为销售额。

（7）纳税人提供旅游服务，可以选择以取得的全部价款和价外费用扣除向旅游服务购买方收取并支付给其他单位或者个人的住宿费、餐饮费、交通费、签证费、门票费和支付给其他接团旅游企业的旅游费用后的余额为销售额。选择上述办法计算销售额的纳税人，向旅游服务购买方收取并支付的上述费用，不得开具增值税专用发票，可以开具普通发票。

（8）纳税人提供建筑服务适用简易计税方法的，以取得的全部价款和价外费用扣除支付的分包款后的余额为销售额。

（9）房地产开发企业中的一般纳税人销售其开发的房地产项目（选择简易计税方法的房地产老项目除外），以取得的全部价款和价外费用扣除受让土地时向政府部门支付的土地价款后的余额为销售额。

房地产老项目，是指“建筑工程施工许可证”注明的合同开工日期在2016年4月30日前的房地产项目；“建筑工程施工许可证”未注明合同开工日期或者未取得“建筑工程施工许可证”但建筑工程承包合同注明的开工日期在2016年4月30日前的建筑工程项目。

其销售额的计算公式为：

$$\text{销售额}=(\text{全部价款和价外费用}-\text{当期允许扣除的土地价款})\div(1+9\%)$$

$$\begin{matrix}\text{当期允许扣除的}\\\text{土地价款}\end{matrix}=\begin{matrix}\text{当期销售房地产}\\\text{项目建筑面积}\end{matrix}\div\begin{matrix}\text{房地产项目}\\\text{可供销售建筑面积}\end{matrix}\times\begin{matrix}\text{支付的}\\\text{土地价款}\end{matrix}$$

其中：当期销售房地产项目建筑面积，是指当期进行纳税申报的增值税销售额对应的建筑面积；房地产项目可供销售建筑面积，是指房地产项目可以出售的总建筑面积，不包括销售房地产项目时未单独作价结算的配套公共设施的建筑面积。

“向政府部门支付的土地价款”，包括土地受让人向政府部门支付的征地和拆迁补偿费用、土地前期开发费用和土地出让收益等，应当取得省级以上（含省级）财政部门监（印）制的财政票据。在取得土地时向其他单位或个人支付的拆迁补偿费用，也允许在计算销售额时扣除。应提供拆迁协议、拆迁双方支付和取得拆迁补偿费用凭证等能够证明拆迁补偿费用真实性的材料。

（10）纳税人转让2016年4月30日前取得的土地使用权，可以选择适用简易计税方法，以取得的全部价款和价外费用扣除取得该土地使用权原价后的余额为销售额。

（11）一般纳税人转让其2016年4月30日前取得（不含自建）的不动产，可以选择适用简易计税方法，以取得的全部价款和价外费用扣除不动产购置原价或者取得不动产时的作价后的余额为销售额。小规模纳税人转让其取得（不含自建）的不动产，以取得的全部价款和价外费用扣除不动产购置原价或者取得不动产时的作价后的余额为销售额。个人转让其购买的住房，按照有关规定差额缴纳增值税的，以取得的全部价款和价外费用扣除购买住房价款后的余额为销售额。

（12）一般纳税人提供劳务派遣服务，可以以取得的全部价款和价外费用为销售额，按照一般计税方法计算缴纳增值税；也可以选择差额纳税，以取得的全部价款和价外费用扣除代用工单位支付给劳务派遣员工的工资、福利和为其办理社会保险及住房公积金后的余额为销售额，按照简易计税方法依5%的征收率计算缴纳增值税。

选择差额纳税的纳税人，向用工单位收取用于支付劳务派遣员工的工资、福利和为其办理社会保险及住房公积金的费用，不得开具增值税专用发票，可以开具普通发票。

（13）纳税人提供人力资源外包服务，按照经纪代理服务缴纳增值税，其销售额不包括受客户单位委托代为向客户单位员工发放的工资和代理缴纳的社会保险、住房公积金。向委托方收取并代为发放的工资和代理缴纳的社会保险、住房公积金，不得开具增值税专用发票，可以开具增值税普通发票。

（14）纳税人提供物业管理服务，向服务接受方收取的自来水水费，以扣除其对外支付的自来水水费后的余额为销售额。

（15）航空运输销售代理企业提供境内机票代理服务，以取得的全部价款和价外费用，扣除向客户收取并支付给航空运输企业或其他航空运输销售代理企业的境内机票净结算款和相关费用后的余额为销售额。

纳税人按规定采用差额计税的，从全部价款和价外费用中扣除价款，除金融商品转让外，应当取得符合法律、行政法规和国家税务总局规定的有效凭证；否则，不得扣除。所谓有效凭证，是指：

①支付给境内单位或者个人的款项，以发票为合法有效凭证。

②支付给境外单位或者个人的款项，以该单位或者个人的签收单据为合法有效凭证，税务机关对签收单据有疑义的，可以要求其提供境外公证机构的确认证明。

③缴纳的税款，以完税凭证为合法有效凭证。

④融资性售后回租服务中向承租方收取的有形动产价款本金，以承租方开具的发票为合法有效凭证。

⑤扣除政府性基金或者行政事业性收费，以省级以上财政部门印制的财政票据为合法有效凭证。

⑥国家税务总局规定的其他凭证。

【注意】纳税人转让不动产，按照有关规定差额缴纳增值税的，如因丢失等原因无法提供取得不动产时的发票，可向税务机关提供其他能证明契税计税金额的完税凭证等资料，进行差额扣除。纳税人同时保留取得不动产时的发票和其他能证明契税计税金额的完税凭证等资料的，应当凭发票进行差额扣除。

【做中学2-2】某旅游公司是增值税一般纳税人，2023年3月份向某单位提供旅游服务，取得价税合计款20万元，为个别游客提供个性服务的旅游价税合计收入4万元。该旅游公司向第三方支付住宿费、餐饮费、交通费、门票费和支付给其他接团旅游企业的旅游费用价税合计10万元（已取得相应的有效凭证）。假定该纳税人选择差额计税。

要求：计算该旅游公司当月增值税销项税额。

解答：该旅游公司当月增值税销项税额计算如下：

当期销项税额 =（200 000 + 40 000 − 100 000）÷（1 + 6%）× 6% = 7 924.53（元）

具体处理如下：

（1）收到客户款时：

销项税额 = 240 000 ÷（1 + 6%）× 6% = 226 415.09 × 6% = 13 584.91（元）

借：银行存款	240 000	
贷：主营业务收入		226 415.09
应交税费——应交增值税（销项税额）		13 584.91

（2）收到符合条件允许扣除费用项目的有效凭证时：

可抵减的销项税额 = 100 000 ÷（1 + 6%）×6% = 94 339.62 × 6% = 5 660.38（元）

借：应交税费——应交增值税（销项税额抵减）	5 660.38	
主营业务成本	94 339.62	
贷：银行存款		100 000

（二）视同销售行为销项税额的计算

纳税人发生应税行为的价格明显偏低或偏高且不具有合理商业目的，或者纳税人发生了视同销售行为而无销售额的，主管税务机关有权核定其销售额。其确定顺序及方法如下：

（1）按纳税人最近时期同类应税行为的平均销售价格确定。

（2）按其他纳税人最近时期同类应税行为的平均销售价格确定。

（3）按组成计税价格确定销售额。其计算公式为：

组成计税价格 = 成本 ×（1 + 成本利润率）

属于应征消费税的货物，其组成计税价格中应加计消费税税额。其计算公式为：

组成计税价格 = 成本 ×（1 + 成本利润率）+ 消费税税额

上式中，成本分为三种情况：属于销售自产货物的，为实际生产成本；属于销售外购货物的，为实际采购成本；属于提供应税服务的，为营业成本。成本利润率一般情况下为10%，但属于从价定率征收消费税的货物，则按《消费税若干具体问题的规定》中规定的成本利润率计算。

【思考】某企业将新建房产用于对外投资，双方确认的投资金额为1 200万元，该房产在当地当时的市场价为1 800万元，此时，纳税人销售不动产的计税销售额是多少？

【做中学2-3】B建筑公司2023年3月份的经济业务如下：

（1）自建一栋写字楼，发生建造成本3 000万元，为该项目支付甲公司款项1 030万元，取得增值税专用发票注明价款1 000万元，增值税30万元。该写字楼一层准备用于出租，其他全部售出，取得不含增值税收入5 600万元。

（2）将一台施工机械无偿交付另一企业使用1个月，市场不含税租金为1.2万元。

（3）无偿为关联客户装修房屋并提供装修材料，无法确定该服务的市场价格，已知发生成本18万元，当地规定的成本利润率为10%。

要求：分析B建筑公司当期的增值税销项税额。

解答：B建筑公司上述业务的增值税销项税额计算如下：

（1）出售写字楼按照9%的税率计算缴纳增值税。

销项税额＝56 000 000×9%＝5 040 000（元）

其账务处理为：

借：银行存款　　61 040 000

　　贷：主营业务收入　　56 000 000

　　　　应交税费——应交增值税（销项税额）　　5 040 000

（2）无偿提供有形动产租赁服务属于视同销售行为，增值税税率为13%。

销项税额＝12 000×13%＝1 560（元）

其账务处理为：

借：营业外支出　　1 560

　　贷：应交税费——应交增值税（销项税额）　　1 560

（3）无偿为关联客户提供装修服务，属于视同销售行为，增值税税率为9%，由于没有市场价格，应按组成计税价格计税。

组成计税价格＝180 000×（1＋10%）＝198 000（元）

销项税额＝198 000×9%＝17 820（元）

其账务处理为：

借：管理费用——交际应酬费　　215 820

　　贷：主营业务收入　　198 000

　　　　应交税费——应交增值税（销项税额）　　17 820

【思考】上述建筑公司自建写字楼的行为，为什么不按照建筑服务缴纳增值税？

（三）销售货物同时收取包装物押金的销项税额的计算

纳税人为销售货物而出租出借包装物收取的押金，单独记账核算的，不并入销售额；但对逾期（合同约定期限超过1年的和无合同约定期限的以1年为限）未收回包装物而不再退还的押金，应当并入销售额征税。

对销售除啤酒、黄酒以外的其他酒类产品而收取的包装物押金，无论是否返还以及会计上如何核算，均应并入当期销售额征税。

【提示】包装物押金属于含税金额，计税时应先将其换算为不含税金额再并入销售额征税。

【做中学2-4】A机械设备厂2023年3月份出售一批设备，开具增值税专用发票，收到价款80 000元，税款10 400元，同时出租包装物10个，共收到含增值税租金500元，另收到押金2 000元，约定包装物3个月后归还，收取的包装物租金及押金均未开具增值税发票。全部款项已存入银行。

要求：（1）计算该厂3月份的增值税销项税额。

（2）假定6月份购买方未归还包装物，计算该厂没收包装物押金时的增值税销项税额。

解答：A机械设备厂有关计算如下：

（1）3月份，包装物出租属于以销售货物为主营业务的纳税人的混合销售行为，按销售货物适用税率计算增值税销项税额，押金尚未逾期，暂不作为计税销售额。

不含税销售额 = 80 000 + 500 ÷（1 + 13%）= 80 442.48（元）

销项税额 = 80 442.48 × 13% = 10 457.52（元）

其账务处理为：

借：银行存款	92 900	
贷：主营业务收入		80 442.48
应交税费——应交增值税（销项税额）		10 457.52
其他应付款		2 000

（2）6月份，包装物逾期没有收回，押金应在6月份计算增值税销项税额。

不含税销售额 = 2 000 ÷（1 + 13%）= 1 769.91（元）

销项税额 = 1 769.91 × 13% = 230.09（元）

其账务处理为：

借：其他应付款	2 000	
贷：其他业务收入		1 769.91
应交税费——应交增值税（销项税额）		230.09

（四）折扣方式销售销项税额的计算

1. 折扣销售时销项税额的计算

折扣销售，是指销售方在销售货物、劳务和发生应税行为时，因购买方需求量大等原因而给予购买方的价格优惠。按现行税法规定，纳税人采取折扣方式销售的，如果销售额和折扣额在同一张发票金额栏分别注明，可以按折扣后的余额作为销售额计算增值税销项税额。凡在发票备注栏注明折扣额或折扣额另开发票的，折扣额一律不得从销售额中减除。

2. 现金折扣时销项税额的计算

现金折扣又称销售折扣，是指为敦促顾客尽早付清货款而提供的一种价格优惠。现金折扣的表示方式为“2/10，1/20，N/30”。纳税人由于想及早取得款项，收到的款项就会由于现金折扣而减少，但是计算增值税销项税额的销售额应是该销售行为的应收不含增值税全部价款，纳税人负担的现金折扣不得从销售额中减除。

【思考】某企业销售产品一批，不含税售价为20 000元，应收价税合计款项22 600元，规定的现金折扣条件为“2/10，1/20，N/30”，增值税税率为13%，产品已发出并办妥托收手续。假定10天内收到款项，实际收款22 148元，该业务的销项税额是多少？

（五）以旧换新方式销售货物销项税额的计算

以旧换新销售，是指纳税人在销售货物时，有偿收回旧货物的行为。采取以旧换新方式销售货物的，应按新货物的同期销售价格确定销售额，不得扣减旧货物的收购价格。考虑到金银首饰以旧换新业务的特殊情况，对金银首饰以旧换新业务，可以按销售方实际收取的不含增值税的全部价款征收增值税。

【思考】某零售企业开展以旧换新业务，本期换出新洗衣机零售价2 260元，收回旧洗衣机折价565元，实收现金1 695元；同时换出新的金饰品零售价2 260元，收回旧的金饰品作价1 800元，实收现金460元。上述两种商品的以旧换新业务，增值税计税销售额一致吗？

（六）还本销售方式销售货物销项税额的计算

还本销售，指销售方将货物出售之后，按约定的时间，一次或分次将购货款部分或全部退还给购买方，退还的货款即为还本支出。纳税人采取还本销售方式销售货物的，不得从销售额中减除还本支出。

（七）以物易物方式销售货物销项税额的计算

以物易物是指销售双方不是以货币结算，而是以同等价款的货物相互结算，实现货物购销的一种方式。以物易物的双方都应作购销处理，以各自发出的货物核算销售额并计算销项税额，以各自收到的货物按规定核算购货金额并计算进项税额。在以物易物活动中，应分别开具增值税专用发票或其他合法票据，如果收到的货物不能取得相应的增值税专用发票或其他合法票据，不能抵扣进项税额。

（八）直销方式销售货物销项税额的计算

直销企业先将货物销售给直销员，直销员再将货物销售给消费者的，直销企业的销售额为其向直销员收取的全部价款和价外费用。直销员将货物销售给消费者时，应按照现行规定缴纳增值税。

直销企业通过直销员向消费者销售货物，直接向消费者收取货款，直销企业的销售额为其向消费者收取的全部价款和价外费用。

（九）销货退回的处理

纳税人发生应税行为，开具增值税专用发票后，发生开票有误或者销售折让、中止、退回等情形的，应当按照国家税务总局的规定开具红字增值税专用发票；未按照规定开具红字增值税专用发票的，不得扣减销项税额或者销售额。

（十）外汇结算销售额的确认

纳税人按人民币以外的货币结算销售额的，其销售额的人民币折合率可以选择销售额发生的当天或者当月1日的人民币汇率中间价。纳税人应在事先确定采用何种折合率，确定后1年内不得变更。

二、增值税进项税额的确定

进项税额是纳税人购进货物、劳务、服务、无形资产、不动产支付或者负担的增值税税额。

（一）准予从销项税额中抵扣的进项税额

微课

进项税额的核算

增值税进项税额实行凭票抵扣，纳税人在购进货物、加工修理修配劳务、服务、无形资产或者不动产的过程中，必须取得合法有效凭证，纳税人取得增值税专用发票、机动车销售统一发票、收费公路通行费增值税电子普通发票的，必须通过增值税综合服务平台进行申报抵扣增值税进项税额的发票用途确认，才允许抵扣进项税额。

合法有效凭证及允许抵扣的进项税额确定如下：

1. 从销售方取得的增值税专用发票（含税控机动车销售统一发票）上注明的增值税税额。

2. 纳税人进口货物从海关取得的海关进口增值税专用缴款书上注明的增值税税额。

3. 自2019年4月1日起，纳税人购进农产品，按以下规定确定允许抵扣的进项税额：

（1）从一般纳税人购进农产品取得增值税专用发票，以增值税专用发票注明的增值税税额为进项税额。

（2）从国外进口农产品取得海关进口增值税专用缴款书的，以海关进口增值税专用缴款书上注明的增值税税额为进项税额。

（3）从小规模纳税人购进农产品，取得按照简易计税方法依照3%征收率计算税额的增值税专用发票的，以增值税专用发票上注明的金额和9%的扣除率计算进项税额。

（4）从农业生产者购进免税农产品，取得（开具）农产品销售发票或收购发票的，以农产品销售发票或收购发票上注明的农产品买价和9%的扣除率计算进项税额。其计算公式为：

$$\text{进项税额}=\text{买价}\times\text{扣除率}$$

所谓销售发票，是指农业生产者销售自产农产品适用免征增值税政策而开具的普通发票。

买价，是指纳税人购进农产品在农产品收购发票或者销售发票上注明的价款和按照规定缴纳的烟叶税。烟叶收购单位收购烟叶时，按照国家有关规定以现金形式直接补贴烟农的生产投入补贴（即价外补贴），属于农产品买价。

（5）纳税人购进农产品用于生产销售或委托加工适用13%税率货物的，按照10%的扣除率计算进项税额。

具体处理方法是，纳税人购买的农产品（包括购买时取得增值税专用发票、海关进口增值税专用缴款书、农产品收购发票或者销售发票等情形）用于生产销售或委托受托加工13%税率货物，于生产领用当期按10%的扣除率与9%之间的差额计算当期可加计扣除的农产品进项税额。其计算公式为：

$$\begin{matrix}\text{加计扣除农产品}\\\text{进项税额}\end{matrix}=\frac{\text{当期生产领用农产品已按9\%}}{\text{税率(扣除率)抵扣的税额}}\div 9\%\times(10\%\text{扣除率}-9\%)$$

纳税人购进农产品既用于生产销售或委托受托加工13%税率货物又用于生产销售其他货物服务的，应当分别核算用于生产销售或委托受托加工13%税率货物和其他货物服务的农产品进项税额。未分别核算的，统一以增值税专用发票或海关进口增值税专用缴款书上注明的增值税税额为进项税额，或以农产品收购发票或销售发票上注明的农产品买价和9%的扣除率计算进项税额。

（6）从事蔬菜、部分鲜活肉蛋产品的批发、零售的纳税人享受免税政策后开具的普通发票，不得作为计算抵扣进项税额的凭证。

（7）以农产品为原料生产销售货物的纳税人发生虚开增值税专用发票或者其他增值税扣税凭证、骗取国家出口退税款行为的，自税务机关行政处罚决定生效的次月起，按50%的比例抵扣农产品进项税额；违法情形严重的，不得抵扣农产品进项税额。

【提示】自2012年7月1日起，我国对生产乳及乳制品、酒及酒精、植物油的一般纳税人企业，实行按照核定的农产品单耗率或耗用率计算抵扣进项税额的试点。

【做中学2-5】某食品厂是增值税一般纳税人，2023年3月为加工食品发生下列购进业务，从农民手中收购水果，收购发票注明买价50 000元；支付运费，取得增值税专用发票，注明运费金额2 000元；从小规模纳税人购入天然蜂蜜若干，取得小规模纳税人自开的增值税专用发票，注明买价3 500元，增值税105元；从面粉厂购入面粉一批，取得增值税专用发票，注明价款8 000元，增值税720元。假定上述购入农产品都在当月用于生产。

要求：计算该食品厂当月允许抵扣的增值税进项税额。

解答：该食品厂购进农产品用于生产13%税率货物，并于当月用于生产，进项税额扣除率为10%。

从农业生产者收购农产品凭收购发票计算进项税额＝50 000×10%＝5 000（元）

支付运费取得增值税专用发票，进项税额＝2 000×9%＝180（元）

从小规模纳税人购进农产品取得增值税专用发票，进项税额＝3 500×10%＝350（元）

买进面粉取得增值税专用发票，进项税额＝8 000×10%＝800（元）

当月允许抵扣的进项税额＝5 000＋180＋350＋800＝6 330（元）

4. 自境外单位或者个人购进劳务、服务、无形资产或者境内的不动产，从税务机关或者扣缴义务人取得的代扣代缴税款的完税凭证上注明的增值税税额。

纳税人凭完税凭证抵扣进项税额的，应当具备书面合同、付款证明和境外单位的对账单或者发票。资料不全的，其进项税额不得从销项税额中抵扣。

5. 2018年1月1日起，纳税人支付的道路通行费，按照收费公路通行费增值税电子普通发票上注明的增值税税额抵扣进项税额。

纳税人支付桥、闸通行费时，暂凭取得的通行费发票（不含财政票据）上注明的收费金额按照下列公式计算可抵扣的进项税额：

桥、闸通行费可抵扣进项税额＝桥、闸通行费发票上注明的金额÷（1＋5%）×5%

6. 纳税人购进国内旅客运输服务，其进项税额允许从销项税额中抵扣。

（1）纳税人取得增值税专用发票的，凭专用发票注明税额确定进项税额；

（2）取得增值税电子普通发票的，进项税额为发票上注明的税额；

（3）取得注明旅客身份信息的航空运输电子客票行程单的，按照下列公式计算进项税额：

航空旅客运输进项税额＝（票价＋燃油附加费）÷（1＋9%）×9%

（4）取得注明旅客身份信息的铁路车票的，按照下列公式计算进项税额：

铁路旅客运输进项税额＝票面金额÷（1＋9%）×9%

（5）取得注明旅客身份信息的公路、水路等其他客票的，按照下列公式计算进项税额：

公路、水路等其他旅客运输进项税额＝票面金额÷（1＋3%）×3%

【提示】①国内旅客运输服务限于与本单位签订了劳动合同的员工，以及本单位作为用工单位接受的劳务派遣员工发生的国内旅客运输服务。②纳税人购进国内旅客运输服务，以取得的增值税电子普通发票上注明的税额为进项税额的，增值税电子普通发票上注明的购买方“名称”“纳税人识别号”等信息，应当与实际抵扣税款的纳税人一致，否则不予抵扣。③纳税人允许抵扣的国内旅客运输服务进项税额，是指纳税人2019年4月1日及以后实际发生，并取得合法有效增值税扣税凭证注明的或依据其计算的增值税税额。以增值税专用发票或增值税电子普通发票为增值税扣税凭证的，为2019年4月1日及以后开具的增值税专用发票或增值税电子普通发票。

【做中学2-6】2023年3月，A机械设备厂职工报销差旅费，交回网约车增值税电子普通发票（购买方名称、纳税人识别号等信息符合要求）25份，注明价款2 000元，税款180元；航空运输电子客票行程单16张，注明票价5 000元、燃油附加费450元、民航发展基金500元；注明旅客身份信息的高铁票30张，注明票款6 540元；注明旅客身份信息的长途客车票24张，注明票款12 360元，高速公路通行费增值税电子发票8张，注明价款1 000元，税款30元。已按规定办理报销手续。

要求：分析允许抵扣的增值税进项税额。

解答：购进国内旅客运输服务，取得增值税电子普通发票：进项税额＝180元

取得航空运输电子客票行程单：进项税额＝5 450÷（1＋9%）×9%＝450（元）

取得铁路车票：进项税额＝6 540÷（1＋9%）×9%＝540（元）

取得公路客票：进项税额＝12 360÷（1＋3%）×3%＝360（元）

纳税人支付的道路通行费，按照增值税电子普通发票上注明的增值税税额抵扣进项税额：进项税额＝30元

当月允许抵扣的增值税进项税额＝180＋450＋540＋360＋30＝1 560（元）

7.其他有关可抵扣进项税额的规定。

（1）自2018年1月1日起，纳税人租入固定资产、不动产，既用于一般计税方法计税项目，又用于简易计税方法计税项目、免征增值税项目、集体福利或者个人消费的，其进项税额准予从销项税额中全额抵扣。

（2）海关代征进口环节增值税开具的增值税专用缴款书上标明有两个单位名称，既有代理进口单位名称，又有委托进口单位名称的，只准予其中取得专用缴款书原件的一个单位抵扣进项税额。申报抵扣税额的委托进口单位，必须提供相应海关代征增值税专用缴款书原件、委托代理合同及付款凭证；否则，不予抵扣进项税额。

（3）按照规定不得抵扣且未抵扣进项税额的固定资产、无形资产、不动产发生用途改变，用于允许抵扣进项税额的应税项目，可在用途改变的次月按照下列公式，依据合法有效的增值税扣税凭证计算可以抵扣的进项税额：

可以抵扣的进项税额＝固定资产、无形资产、不动产净值÷（1＋适用税率）×适用税率

特别注意的是，应在购置当时取得合法有效的增值税扣税凭证。

（4）按照规定不得抵扣进项税额的不动产，发生用途改变，用于允许抵扣进项税额项目的，按照下列公式在改变用途的次月计算可抵扣进项税额。

可抵扣进项税额＝增值税扣税凭证注明或计算的进项税额×不动产净值率

（5）提供保险服务的纳税人以实物赔付方式承担机动车辆保险责任的，自行向车辆修理劳务提供方购进的车辆修理劳务，其进项税额可以按规定从保险公司销项税额中抵扣。提供保险服务的纳税人以现金赔付方式承担机动车辆保险责任的，将应付给被保险人的赔偿金直接支付给车辆修理劳务提供方，不属于保险公司购进车辆修理劳务，其进项税额不得从保险公司销项税额中抵扣。纳税人提供的其他财产保险服务，比照上述规定执行。

【做中学2-7】A机械设备厂2023年3月份发生购进业务如下：

（1）购入办公用电脑10台，每台价款8 000元，价税共计90 400元，取得增值税专用发票，款项用转账支票付讫。

（2）购进生产某产品用竹木若干，收购凭证上注明价款50 000元，已验收入库并领用。

（3）支付广告宣传费，取得增值税专用发票，注明广告费2 500元，增值税150元。

（4）支付全年房租218 000元，取得增值税专用发票，注明租金200 000元，增值税18 000元。

上述增值税专用发票已经在增值税发票综合服务平台办理了申报抵扣增值税进项税额的用途确认。

要求：分析纳税人当期允许抵扣的进项税额。

解答：当期允许抵扣的进项税额计算分析如下：

（1）购进货物取得增值税专用发票，注明税额为进项税额，其账务处理为：

借：固定资产	80 000	
应交税费——应交增值税（进项税额）	10 400	
贷：银行存款		90 400

（2）收购农产品，按照农产品收购凭证注明的买价计算进项税额，其账务处理为：

购入时：

借：原材料	45 500	
应交税费——应交增值税（进项税额）	4 500	
贷：银行存款		50 000

生产领用时：

借：生产成本	45 000	
应交税费——应交增值税（进项税额）	500	
贷：原材料		45 500

（3）支付广告宣传费，凭取得的增值税专用发票确定进项税额，其账务处理为：

借：销售费用	2 500	
应交税费——应交增值税（进项税额）	150	

贷：库存现金　2 650

（4）支付不动产租赁费，凭增值税专用发票确定进项税额，其账务处理为：

借：预付账款——租金　200 000

应交税费——应交增值税（进项税额）　18 000

贷：银行存款　218 000

（二）不得从销项税额中抵扣的进项税额

1.纳税人取得的增值税扣税凭证不符合法律、行政法规或者国家税务总局有关规定的，其进项税额不得从销项税额中抵扣。

增值税扣税凭证，是指增值税专用发票、海关进口增值税专用缴款书、农产品收购发票、农产品销售发票和完税凭证。

【注意】自2018年3月1日起，销售汽油、柴油、航空煤油、石脑油、溶剂油、润滑油、燃料油等成品油，须通过增值税发票管理新系统中成品油发票开具模块开具发票。纳税人购进成品油需取得成品油专用发票才允许抵扣进项税额。

2.有下列情形之一的，应按销售额依照增值税税率计算应纳税额，不得抵扣进项税额，也不得使用增值税专用发票：

（1）一般纳税人会计核算不健全，或者不能够提供准确税务资料的；

（2）除另有规定外，纳税人销售额超过小规模纳税人标准，未申请办理一般纳税人认定手续的。

3.下列项目的进项税额不得从销项税额中抵扣：

（1）用于简易计税方法计税项目、免征增值税项目、集体福利或者个人消费的购进货物、加工修理修配劳务、服务、无形资产和不动产。其中涉及的固定资产、无形资产、不动产，仅指专用于上述项目的固定资产、无形资产（不包括其他权益性无形资产）、不动产。

纳税人的交际应酬消费属于个人消费。

（2）非正常损失的购进货物，以及相关的加工修理修配劳务和交通运输服务。

（3）非正常损失的在产品、产成品所耗用的购进货物（不包括固定资产）、加工修理修配劳务和交通运输服务。

（4）非正常损失的不动产，以及该不动产所耗用的购进货物、设计服务和建筑服务。

（5）非正常损失的不动产在建工程所耗用的购进货物、设计服务和建筑服务。

所谓非正常损失，是指因管理不善造成货物被盗、丢失、霉烂变质，以及因违反法律法规造成货物或者不动产被依法没收、销毁、拆除的情形。

纳税人新建、改建、扩建、修缮、装饰不动产，均属于不动产在建工程。

第（4）项、第（5）项所称货物，是指构成不动产实体的材料和设备，包括建筑装饰材料和给排水、采暖、卫生、通风、照明、通信、煤气、消防、中央空调、电梯、电气、智能化楼宇设备及配套设施。

（6）购进的贷款服务、餐饮服务、居民日常服务和娱乐服务。

（7）纳税人接受贷款服务向贷款方支付的与该笔贷款直接相关的投融资顾问费、手续费、咨询费等费用，其进项税额不得从销项税额中抵扣。

（8）财政部和国家税务总局规定的其他情形。

【注意】运输企业采取联运经营时，支付给其他合作运输的运输企业的旅客运输服务支出，可以作为进项税额抵扣。旅游服务、住宿服务支出用于生产经营的进项税额才能抵扣，用于集体福利和个人消费的不能抵扣。

（三）用于不得抵扣进项税额情形的税务处理

1.购进准备用于简易计税方法计税项目、免征增值税项目、集体福利或者个人消费的货物、加工修理修配劳务、服务、无形资产和不动产时，可以索取普通发票。此时，应将发票注明价税合计金额，全部计入成本或费用。

2.购进准备用于简易计税方法计税项目、免征增值税项目、集体福利或者个人消费的货物、加工修理修配劳务、服务、无形资产和不动产时，取得增值税专用发票的，先核算进项税额，然后在领用当期把已核算的进项税额从当月进项税额中扣减。

3.购进货物、劳务、服务，已抵扣进项税额后改变用途（简易计税方法计税项目、免征增值税项目除外）、发生非正常损失，在当期把已核算的进项税额从当月进项税额中扣减。无法确定该进项税额的，按照当期实际成本计算应扣减的进项税额。

4.对一般纳税人因兼营简易计税方法计税项目、免税项目而无法划分不得抵扣的进项税额的，按下列公式计算不得抵扣的进项税额：

$$\begin{matrix}\text{不得抵扣的}\\\text{进项税额}\end{matrix}=\begin{matrix}\text{当期无法划分的}\\\text{全部进项税额}\end{matrix}\times\left(\begin{matrix}\text{当期简易计税方法}\\\text{计税项目销售额}\end{matrix}+\begin{matrix}\text{免征增值税}\\\text{项目销售额}\end{matrix}\right)\div\begin{matrix}\text{当期全部}\\\text{销售额}\end{matrix}$$

主管税务机关可以按照上述公式依据年度数据对不得抵扣的进项税额进行清算。

5.纳税人已抵扣进项税额的固定资产、无形资产或者不动产改变用途专用于不得从销项税额中抵扣进项税额项目的，应在当月按下列公式计算不得抵扣的进项税额：

$$\text{不得抵扣的进项税额}=\text{固定资产、无形资产或者不动产净值}\times\text{适用税率}$$

所谓固定资产、无形资产或者不动产净值，是指纳税人根据财务会计制度计提折旧或摊销后的余额。

6.已抵扣进项税额的不动产，发生非正常损失，或者改变用途，专用于简易计税方法计税项目、免征增值税项目、集体福利或者个人消费的，按照下列公式计算不得抵扣的进项税额，并从当期进项税额中扣减：

$$\text{不得抵扣的进项税额}=\text{已抵扣进项税额}\times\text{不动产净值率}$$

$$\text{不动产净值率}=\text{不动产净值}\div\text{不动产原值}\times100\%$$

【做中学2-8】B建筑公司2023年3月份发生广告费、通信费等公用项目支出共计200万元，已核算增值税进项税额12万元，当月一般计税项目不含税销售额为800万元，简易计税项目不含税销售额为400万元。财产清查过程中发现上月一般计税方法纳税项目所用材料被盗，材料账面金额为3万元，需要进行盘亏处理。

要求：分析B建筑公司当月进项税额转出金额。

解答：B建筑公司需要转出的进项税额计算如下：

（1）公用项目进项税额无法准确划分一般计税项目和简易计税项目各自消耗情况，应在期末按照销售额比例进行划分。

不得抵扣的进项税额＝12×400÷（800＋400）＝4（万元）

月末账务处理为：

借：销售费用等　　40 000

　　贷：应交税费——应交增值税（进项税额转出）　　40 000

（2）装修材料被盗属于非正常损失，已抵扣进项税额需转出。进项税额转出为0.39万元（3×13%），其账务处理为：

借：管理费用　　33 900

　　贷：待处理财产损溢　　30 000

　　　　应交税费——应交增值税（进项税额转出）　　3 900

【思考】若该盘亏属于人为因素引起的火灾或地震等不可抗力造成，已抵扣进项税额需转出吗？

【做中学2-9】2023年4月，B建筑公司将上年购入的一辆总公司公务用车改用于职工通勤，该车账面原值为180 000元，已提折旧23 333.33元。

要求：分析该业务应转出的进项税额。

解答：B建筑公司的进项税额转出计算如下：

不得抵扣的进项税额＝（180 000－23 333.33）×13%＝20 366.67（元）

其账务处理为：

借：固定资产——职工通勤　　177 033.34

　　累计折旧——公务用车　　23 333.33

　　贷：固定资产——公务用车　　180 000

　　　　应交税费——应交增值税（进项税额转出）　　20 366.67

7.纳税人适用一般计税方法计税的，因销售折让、中止或者退回而收回的增值税税额，应当从当期的进项税额中扣减。

（四）增值税一般纳税人进项税额抵扣的确认

增值税一般纳税人取得增值税专用发票、海关进口增值税专用缴款书、机动车销售统一发票、收费公路通行费增值税电子普通发票，在进行增值税纳税申报时，应当通过本省（自治区、直辖市和计划单列市）增值税发票综合服务平台对上述扣税凭证信息进行申报抵扣增值税进项税额或申请出口退税、代办退税的用途确认。

纳税人应当按照发票用途确认结果申报抵扣增值税进项税额或申请出口退税、代办退税。纳税人已经申报抵扣的发票，如改用于出口退税或代办退税，应当向主管税务机关提出申请，由主管税务机关核实情况并调整用途。纳税人已经确认用途为申请出口退税或代办退税的发票，如改用于申报抵扣，应当向主管税务机关提出申请，经主管税务机关核实该发票尚未申报出口退税，并将发票电子信息退回后，由纳税人调整用途。

【做中学2-10】承【做中学2-1】【做中学2-4】【做中学2-6】【做中学2-7】，假定A机械设备厂2023年3月取得的扣税凭证已在当月进行申报抵扣进项税额用途确认，期初有留抵税额15 000元。

要求：分析A机械设备厂当月的应纳增值税税额。

解答：A机械设备厂当月的应纳增值税税额计算如下：

当期销售额＝304 424.78＋20 000＋442.48＋230 000＋1 415.09＋80 442.48
＝636 724.83（元）

销售货物销售额＝304 424.78＋80 442.48＝384 867.26（元）

劳务销售额＝20 000元

当期销项税额＝39 575.22＋2 600＋57.52＋13 800＋84.91＋10 457.52
＝66 575.17（元）

当期进项税额＝180＋450＋540＋360＋30＋10 400＋4 500＋500＋150＋18 000
＝35 110（元）

当期应纳税额＝66 575.17－35 110－15 000＝16 465.17（元）

（五）部分行业一般纳税人加计抵减政策

自2019年4月1日至2022年12月31日，允许生产性服务业纳税人按照当期可抵扣进项税额加计10%，抵减应纳税额。

生产性服务业纳税人，是指提供邮政服务、电信服务、现代服务取得的销售额占全部销售额的比重超过50%的纳税人。

自2019年10月1日至2022年12月31日，允许生活性服务业纳税人按照当期可抵扣进项税额加计15%，抵减应纳税额。生活性服务业纳税人，是指提供生活服务取得的销售额占全部销售额的比重超过50%的纳税人。

如果纳税人享受差额计税政策，纳税人应该以差额后的全部价款和价外费用参与计算。销售额中包括申报销售额（含免税销售额）、稽查查补销售额、纳税评估销售额。

1.当期可抵减加计抵减额的计算

（1）当期计提加计抵减额的计算

纳税人应按照当期可抵扣进项税额的15%（或10%，下同）计提当期加计抵减额。按照现行规定不得从销项税额中抵扣的进项税额，不得计提加计抵减额；已计提加计抵减额的进项税额，按规定作进项税额转出的，应在进项税额转出当期，相应调减加计抵减额。其计算公式如下：

当期计提加计抵减额＝当期可抵扣进项税额×15%

纳税人出口货物劳务、发生跨境应税行为不适用加计抵减政策，其对应的进项税额不得计提加计抵减额。

纳税人兼营出口货物劳务、发生跨境应税行为且无法划分不得计提加计抵减额的进项税额，按照以下公式计算：

$$\text{不得计提加计抵减额的进项税额}=\text{当期无法划分的全部进项税额}\times\text{当期出口货物劳务和发生跨境应税行为的销售额}\div\text{当期全部销售额}$$

$$\text{当期可抵扣进项税额}=\text{当期允许抵扣的进项税额}-\text{不得计提加计抵减额的进项税额}$$

（2）当期可抵减加计抵减额的计算

$$当期可抵减加计抵减额 = 上期末加计抵减额余额 + 当期计提加计抵减额 - 当期调减加计抵减额$$

$$当期调减加计抵减额 = 当期进项税额转出额 \times 15\%$$

2. 抵减应纳税额的方法

加计抵减额只能用于抵减一般计税方法计算的应纳税额。纳税人应按照现行规定计算一般计税方法下的应纳税额（以下称抵减前的应纳税额）后，区分以下情形加计抵减：

（1）抵减前的应纳税额等于零的，当期可抵减加计抵减额全部结转下期抵减。

（2）抵减前的应纳税额大于零，且大于当期可抵减加计抵减额的，当期可抵减加计抵减额全额从抵减前的应纳税额中抵减。

（3）抵减前的应纳税额大于零，且小于或等于当期可抵减加计抵减额的，以当期可抵减加计抵减额抵减应纳税额至零。未抵减完的当期可抵减加计抵减额，结转下期继续抵减。

3. 加计抵减政策的管理办法

适用加计抵减政策的生产、生活性服务业纳税人，应在年度首次确认适用加计抵减政策时，通过电子税务局（或前往办税服务厅）提交“适用加计抵减政策的声明”。

纳税人应单独核算加计抵减额的计提、抵减、调减、结余等变动情况。骗取适用加计抵减政策或虚增加计抵减额的，按照《中华人民共和国税收征收管理法》等有关规定处理。

实际缴纳增值税时，按应纳税额借记“应交税费——未交增值税”等科目，按实际纳税金额贷记“银行存款”科目，按加计抵减的金额贷记“其他收益”科目。

加计抵减政策执行到期后，纳税人不再计提加计抵减额，结余的加计抵减额停止抵减。

（六）留抵退税

根据《财政部税务总局关于进一步加大增值税期末留抵退税政策实施力度的公告》（财政部 税务总局公告2022年第14号），《国家税务总局关于进一步加大增值税期末留抵退税政策实施力度有关征管事项的公告》（国家税务总局公告2022年第4号），从2022年4月1日起，加大小微企业增值税期末留抵退税政策力度，将先进制造业按月全额退还增值税增量留抵税额政策范围扩大至符合条件的小微企业，并一次性退还其存量留抵税额。

1. 留抵退税政策的适用主体

可以适用留抵退税政策的纳税人是小型企业和微型企业（含个体工商户）以及制造业等行业纳税人。

小型企业和微型企业按照《中小企业划型标准规定》（工信部联企业〔2011〕300号）和《金融业企业划型标准规定》（银发〔2015〕309号）中的营业收入指标、资产总额指标确定。上述规定所列行业企业中未采用营业收入指标或资产总额指标的以及未列明的行业企业，微型企业标准为增值税销售额（年）100万元以下（不含100万元）；

小型企业标准为增值税销售额（年）2 000万元以下（不含2 000万元）。

制造业等行业纳税人，是指从事《国民经济行业分类》中“制造业”“科学研究和技术服务业”“电力、热力、燃气及水生产和供应业”“软件和信息技术服务业”“生态保护和环境治理业”“交通运输、仓储和邮政业”业务相应发生的增值税销售额占全部增值税销售额的比重超过50%的纳税人。如果一个纳税人从事上述多项业务，以相关业务增值税销售额加总计算销售额占比，从而确定是否属于制造业等行业纳税人。

2. 留抵退税需满足的条件

办理留抵退税的小微企业、制造业等行业纳税人，需同时符合以下4个条件：一是纳税信用等级为A级或者B级；二是申请退税前36个月未发生骗取留抵退税、骗取出口退税或虚开增值税专用发票情形；三是申请退税前36个月未因偷税被税务机关处罚两次及以上；四是2019年4月1日起未享受即征即退、先征后返（退）政策。

3. 存量留抵税额的确定

纳税人获得一次性存量留抵退税前，当期期末留抵税额大于或等于2019年3月31日期末留抵税额的，存量留抵税额为2019年3月31日期末留抵税额；当期期末留抵税额小于2019年3月31日期末留抵税额的，存量留抵税额为当期期末留抵税额。

纳税人获得一次性存量留抵退税后，存量留抵税额为零。

允许退还的存量留抵税额 = 存量留抵税额 × 进项构成比例 × 100%

计算允许退还的留抵税额涉及的进项构成比例，为2019年4月至申请退税前一税款所属期已抵扣的增值税专用发票（含带有“增值税专用发票”字样全面数字化的电子发票、税控机动车销售统一发票）、收费公路通行费增值税电子普通发票、海关进口增值税专用缴款书、解缴税款完税凭证注明的增值税额占同期全部已抵扣进项税额的比重。

为减轻纳税人退税核算负担，在计算进项构成比例时，纳税人在上述计算期间内发生的进项税额转出部分无须扣减。

4. 增量留抵税额的确定

纳税人获得一次性存量留抵退税前，增量留抵税额为当期期末留抵税额与2019年3月31日相比新增加的留抵税额。

纳税人获得一次性存量留抵退税后，增量留抵税额为当期期末留抵税额。

允许退还的增量留抵税额 = 增量留抵税额 × 进项构成比例 × 100%

5. 存量留抵税额、增量留抵税额办理退税的时间

微型企业可以自2022年4月纳税申报期起向主管税务机关申请一次性退还存量留抵税额；小型企业可以自2022年5月纳税申报期起向主管税务机关申请一次性退还存量留抵税额；制造业等行业中的中型企业，可以自2022年7月纳税申报期起向主管税务机关申请一次性退还存量留抵税额；制造业等行业中的大型企业，可以自2022年10月纳税申报期起向主管税务机关申请一次性退还存量留抵税额。

上述时间为申请一次性存量留抵退税的起始时间，当期未申请的，以后纳税申报期也可以按规定申请。

符合条件的小微企业和制造业等行业纳税人，均可以自2022年4月纳税申报期起向主管税务机关申请退还增量留抵税额。

纳税人可以选择向主管税务机关申请留抵退税，也可以选择结转下期继续抵扣。纳税人可以在规定期限内同时申请增量留抵退税和存量留抵退税。纳税人取得退还的留抵税额后，应相应调减当期留抵税额。

【做中学2-11】BD企业管理公司是增值税一般纳税人，适用加计抵减政策。有尚未抵减完的加计抵减额余额1 500元。2023年4月发生如下经济业务：

（1）公司业务扩大租入门店一处，支付本月房租，取得房东开具的增值税专用发票一张，注明租金50 000元，增值税2 500元。同时支付物业费，取得物业公司开具的增值税专用发票，注明物业费900元，增值税27元。

（2）支付一季度水费，取得增值税专用发票，注明水费500元，增值税15元；支付一季度电费，取得增值税专用发票，注明电费1 000元，增值税130元；购入办公室耗材若干，取得增值税专用发票，注明价款3 000元，增值税390元。

（3）为某企业提供会展服务，取得价税合计共190 800元，开具增值税专用发票，注明会议展览服务价款100 000元，增值税6 000元，经济代理费80 000元，增值税4 800元。

（4）支付某广告公司广告制作费，取得增值税专用发票，注明价款120 000元，增值税7 200元。

（5）员工报销差旅费，交回有乘客个人信息的航空运输电子行程单若干，注明机票款2 300元，民航发展基金90元，燃油附加费100元；交回有乘客个人信息的火车票若干，注明票款810元；交回住宿业增值税专用发票，注明住宿费650元，增值税39元，交回餐饮业增值税普通发票，注明餐饮费1 500元，增值税45元。

（6）企业库存的一批耗材因管理不善丢失，丢失部分账面价值2 000元。

（7）转让营改增前购入的办公设备一套，取得含税销售额4 500元，该设备原值210 000元，已提折旧200 000元，开出增值税普通发票。

该企业取得的增值税扣税凭证已于当月进行抵扣增值税进项税额用途确认，并在当月申报扣除。

要求：计算当月增值税应纳税额。

解答：销项税额 = 6 000 + 4 800 = 10 800（元）

$$进项税额 = 2\,500 + 27 + 15 + 130 + 390 + 7\,200 + \frac{2\,300+100}{1+9\%} \times 9\% + \frac{810}{1+9\%} \times 9\% + 39 = 10\,566.05（元）$$

进项税额转出 = 2 000×13% = 260（元）

当期计提加计抵减额 = 当期可抵扣进项税额 × 10% = 10 566.05 × 10% = 1 056.61（元）

当期调减加计抵减额 = 当期进项税额转出额 × 10% = 260 × 10% = 26（元）

$$\text{当期可抵减加计抵减额} = \text{上期末加计抵减额余额} + \text{当期计提加计抵减额} - \text{当期调减加计抵减额} = 1\,500 + 1\,056.61 - 26 = 2\,530.61（元）$$

抵减前一般计税项目应纳税额 = 10 800 − 10 566.05 + 260 = 493.95（元）

一般计税实际应纳税额 = 493.95 − 493.95 = 0

留待下期继续抵减的加计抵减额 = 2 530.61 − 493.95 = 2 036.66（元）

销售旧设备简易计税应纳税额 = 4 500 ÷（1 − 3%）× 2% = 92.78（元）

任务三　简易计税方法应纳税额计算

一、一般纳税人简易办法计税

一般纳税人采用简易计税方法计税时，计算的应纳税额直接记入“应交税费——简易计税”科目。

（一）一般纳税人可选择按简易办法适用3%征收率的销售货物行为

1. 寄售商店代销寄售物品。

2. 典当业销售死当物品。

3. 经国务院或国务院授权机关批准的从事免税品销售业务的专业公司，对其所属免税品商店批发、调拨进口免税货物，暂不征收增值税。上述免税品经营单位及所属免税品商店零售的进口免税品，实现的销售额按3%的征收率征收增值税。免税品，是指免征关税、进口环节增值税和消费税等进口环节中央税收的进口物品。销售地点为海关隔离区以外。

【思考】一般纳税人零售进口免税品采用简易计税方法的税法原理是什么？

（二）一般纳税人可选择按简易办法适用3%征收率的销售自产货物行为

1. 县级及县级以下小型水力发电单位生产的电力。

2. 建筑用和生产建筑材料所用的砂、土、石料。

3. 以自己采掘的砂、土、石料或者其他矿物连续生产的砖、瓦、石灰。

4. 用微生物、微生物代谢产物、动物毒素、人或动物的血液或者组织制成的生物制品。从2012年7月1日起，属于增值税一般纳税人的药品经营企业销售生物制品，可以选择简易办法按照生物制品销售额和3%的征收率计算缴纳增值税。药品经营企业，是指取得（食品）药品监督管理部门颁发的“药品经营许可证”，获准从事生物制品经营的药品批发企业和药品零售企业。

5. 自来水，对属于一般纳税人的自来水公司销售自来水按简易办法依照3%的征收率征收增值税，不得抵扣其购进自来水取得增值税扣税凭证上注明的增值税税款。

6. 商品混凝土（仅限于以水泥为原材料的水泥混凝土）。

（三）销售属于不得抵扣且未抵扣进项税额的固定资产

销售属于税法规定不得抵扣且未抵扣进项税额的固定资产，可以按简易征收办法依照3%的征收率，减按2%征收。享受减税的纳税人销售上述固定资产，只能开具普通发票，不得开具增值税专用发票；纳税人也可以选择放弃减税，按照简易办法依照3%的征收率缴纳增值税，并可以开具增值税专用发票。增值税应纳税额的计算公式为：

销售额 = 含税销售额 ÷（1 + 3%）

应纳税额 = 销售额 × 2%

税法规定不得抵扣进项税额的固定资产主要有：原增值税纳税人2009年1月1日以前购买的固定资产或者营改增纳税人销售营改增试点前购入的固定资产；原增值税纳税人2013年8月1日之前购入的应征消费税的小汽车、摩托车、游艇；购进的专用于简易计税项目、免税项目、职工福利项目的固定资产；购进固定资产时是小规模纳税人或虽是一般纳税人但选择简易征收办法的。

所谓已使用过的固定资产，是指纳税人根据财务会计制度已经计提折旧的固定资产。

【做中学2-12】2023年3月，B建筑公司销售使用过的施工机械一台，该施工机械系2015年购进，原值为125 000元，已提折旧70 000元，取得含增值税销售额45 000元，开出增值税普通发票。

要求：计算B建筑公司该业务应纳增值税税额。

解答：B建筑公司应纳增值税计算如下：

该施工机械是B建筑公司在营改增之前购买的，按规定在购进时并未核算进项税额，应按简易计税方法计税。

应纳税额 = 45 000 ÷（1 + 3%）× 2% = 43 689.32 × 2% = 873.79（元）

其账务处理为：

（1）借：固定资产清理	55 000	
累计折旧	70 000	
贷：固定资产		125 000
（2）借：银行存款	45 000	
贷：固定资产清理		43 689.32
应交税费——简易计税		1 310.68
（3）借：资产处置损益	11 310.68	
贷：固定资产清理		11 310.68
（4）借：应交税费——简易计税	1 310.68	
贷：银行存款		873.79
其他收益		436.89

（四）旧货经营单位销售旧货

旧货经营单位销售旧货，依照3%的征收率减按2%征收。所谓旧货，是指收购后简单整理销售的旧货，不包括自己使用过的物品。销售旧货应纳税额的计算公式为：

销售额 = 含税销售额 ÷（1 + 3%）

应纳税额 = 销售额 × 2%

旧货经营单位销售旧货，享受减税优惠的，应开具普通发票，不得自行开具或者由税务机关代开增值税专用发票。

自2020年5月1日至2023年12月31日，从事二手车经销的纳税人销售其收购的二手车，由原按照简易办法依3%征收率减按2%征收增值税，改为减按0.5%征收增值税。

按下列公式计算销售额：

$$销售额=含税销售额\div(1+0.5\%)$$

纳税人应当开具二手车销售统一发票。购买方索取增值税专用发票的，应当再开具征收率为0.5%的增值税专用发票。

（五）再生资源回收企业销售其收购的再生资源

自2022年3月1日起，从事再生资源回收的增值税一般纳税人销售其收购的再生资源，可以选择适用简易计税方法依照3%征收率计算缴纳增值税。

（六）销售应税服务可以选择简易计税方法的情形

一般纳税人发生下列应税行为可以选择适用简易计税方法计税，除特别应税项目外，征收率为3%：

1.公共交通运输服务，包括轮客渡、公交客运、地铁、城市轻轨、出租车、长途客运、班车。

所谓班车，是指按固定路线、固定时间运营并在固定站点停靠的运送旅客的陆路运输服务。

2.经认定的动漫企业为开发动漫产品提供的动漫脚本编撰、形象设计、背景设计、动画设计、分镜、动画制作、摄制、描线、上色、画面合成、配音、配乐、音效合成、剪辑、字幕制作、压缩转码（面向网络动漫、手机动漫格式适配）服务，以及在境内转让动漫版权（包括动漫品牌、形象或者内容的授权及再授权）。

3.电影放映服务、仓储服务、装卸搬运服务、收派服务和文化体育服务。

4.以纳入营改增试点之日前取得的有形动产为标的物提供的经营租赁服务。

5.在纳入营改增试点之日前签订的尚未执行完毕的有形动产租赁合同。

6.建筑服务适用简易计税方法的情形包括：

（1）一般纳税人以清包工方式提供的建筑服务，可以选择适用简易计税方法计税。

所谓以清包工方式提供建筑服务，是指施工方不采购建筑工程所需的材料或只采购辅助材料，并收取人工费、管理费或者其他费用的建筑服务。

（2）一般纳税人为甲供工程提供的建筑服务，可以选择适用简易计税方法计税。

所谓甲供工程，是指全部或部分设备、材料、动力由工程发包方自行采购的建筑工程。

（3）一般纳税人为建筑工程老项目提供的建筑服务，可以选择适用简易计税方法计税。

所谓建筑工程老项目，是指“建筑工程施工许可证”注明的合同开工日期在2016年4月30日前的建筑工程项目；未取得“建筑工程施工许可证”的，建筑工程承包合同注明的开工日期在2016年4月30日前的建筑工程项目。

（4）建筑工程总承包单位为房屋建筑的地基与基础、主体结构提供工程服务，建设单位自行采购全部或部分钢材、混凝土、砌体材料、预制构件的，直接适用简易计税方法计税。

（5）一般纳税人销售自产机器设备的同时提供安装服务，应分别核算机器设备和安装服务的销售额，安装服务可以按照甲供工程选择适用简易计税方法计税。

（6）一般纳税人销售外购机器设备的同时提供安装服务，如果已经按照兼营的有关规定，分别核算机器设备和安装服务的销售额，安装服务可以按照甲供工程选择适用简易计税方法计税。

（7）一般纳税人销售电梯的同时提供安装服务，其安装服务可以按照甲供工程选择适用简易计税方法计税。

【提示】纳税人提供建筑服务适用简易计税方法的，以取得的全部价款和价外费用扣除支付的分包款后的余额为销售额。其中允许扣除的分包款，是指支付给分包方的全部价款和价外费用。

【注意】提供建筑服务的一般纳税人按规定适用或选择适用简易计税方法计税的，下列资料需要自行留存备查：

（1）为建筑工程老项目提供的建筑服务，留存《建筑工程施工许可证》或建筑工程承包合同；

（2）为甲供工程提供的建筑服务、以清包工方式提供的建筑服务，留存建筑工程承包合同。

【做中学2-13】2022年3月，B建筑公司完成一项建筑服务，结算并收到工程款400 000元，该工程的建筑材料主材由建设单位提供，本公司部分工程分包给乙公司，支付乙公司分包款共计51 500元。取得乙公司开具的增值税专用发票，注明工程款50 000元，增值税1 500元。B建筑公司对该项目选择按简易计税方法纳税。

要求：计算B建筑公司该业务应纳增值税税额。

解答：B建筑公司的应纳增值税计算如下：

应纳税额＝（400 000－51 500）÷（1＋3%）×3%＝10 150.49（元）

7. 提供物业管理服务的纳税人，向服务接受方收取的自来水水费，以扣除其对外支付的自来水水费后的余额为销售额，按照简易计税方法依照3%的征收率计算缴纳增值税。

8. 非企业性单位中的一般纳税人提供的研发和技术服务、信息技术服务、鉴证咨询服务，以及销售技术、著作权等无形资产，可以选择简易计税方法按照3%的征收率计算缴纳增值税；非企业性单位中的一般纳税人提供的技术转让、技术开发和与之相关的技术咨询、技术服务，可以选择简易计税方法按照3%的征收率计算缴纳增值税。

9. 一般纳税人提供教育辅助服务、非学历教育服务，可以选择简易计税方法按照3%的征收率计算缴纳增值税。

（七）销售不动产可以选择简易计税方法的情形

1. 一般纳税人销售其2016年4月30日前取得（不含自建）的不动产，可以选择适用简易计税方法，以取得的全部价款和价外费用扣除该项不动产购置原价或者取得不动产时的作价后的余额为销售额，按照5%的征收率计算应纳税额。

【注意】纳税人因丢失等原因无法提供取得不动产时的发票，以契税计税金额进行差额扣除的，按照下列公式计算增值税应纳税额：

（1）2016年4月30日及以前缴纳契税的：

$$\text{增值税应纳税额}=\left(\begin{matrix}\text{全部交易价格}\\\text{（含增值税）}\end{matrix}-\begin{matrix}\text{契税计税金额}\\\text{（含增值税）}\end{matrix}\right)\div(1+5\%)\times5\%$$

（2）2016年5月1日及以后缴纳契税的：

$$\text{增值税应纳税额}=\left(\frac{\text{全部交易价格}}{\text{（含增值税）}}\div(1+5\%)-\frac{\text{契税计税金额}}{\text{（不含增值税）}}\right)\times 5\%$$

2. 一般纳税人销售其2016年4月30日前自建的不动产，可以选择适用简易计税方法，以取得的全部价款和价外费用为销售额，按照5%的征收率计算应纳税额。

3. 房地产开发企业中的一般纳税人，销售自行开发的房地产老项目，可以选择适用简易计税方法，按照5%的征收率计税。

（八）不动产经营租赁服务可以选择简易计税方法的情形

1. 一般纳税人出租其2016年4月30日前取得的不动产，可以选择适用简易计税方法，按照5%的征收率计算应纳税额。

2. 公路经营企业中的一般纳税人收取试点前开工的高速公路的车辆通行费，可以选择适用简易计税方法，减按3%的征收率计算应纳税额。所谓试点前开工的高速公路，是指相关施工许可证明上注明的合同开工日期在2016年4月30日前的高速公路。

（九）其他可以选择简易计税方法的情形

1. 一般纳税人提供劳务派遣服务，可以取得的全部价款和价外费用为销售额，按照一般计税方法计算缴纳增值税；也可以选择差额纳税，以取得的全部价款和价外费用扣除代用工单位支付给劳务派遣员工的工资、福利和为其办理社会保险及住房公积金后的余额为销售额，按照简易计税方法依照5%的征收率计算缴纳增值税。

选择差额纳税的纳税人，向用工单位收取用于支付给劳务派遣员工的工资、福利和为其办理社会保险及住房公积金的费用，不得开具增值税专用发票，可以开具增值税普通发票。

2. 纳税人提供人力资源外包服务，按照经纪代理服务缴纳增值税，其销售额不包括受客户单位委托代为向客户单位员工发放的工资和代理缴纳的社会保险、住房公积金。一般纳税人提供人力资源外包服务，可以选择适用简易计税方法，按照5%的征收率计算缴纳增值税。

向委托方收取并代为发放的工资和代理缴纳的社会保险、住房公积金，不得开具增值税专用发票，可以开具增值税普通发票。

3. 自2018年5月1日起，增值税一般纳税人生产销售和批发、零售抗癌药品，可选择按照简易办法依照3%的征收率计算缴纳增值税。

4. 自2019年3月1日起，增值税一般纳税人生产销售和批发、零售罕见病药品，可选择按照简易办法依照3%的征收率计算缴纳增值税。

【注意】一般纳税人选择采用简易办法征税，可以自行开具增值税专用发票。一般纳税人采用简易计税方法计算缴纳增值税后，36个月内不得变更。

二、小规模纳税人简易办法计税

小规模纳税人应纳增值税，通过“应交税费——应交增值税”科目核算，一般由税务机关代开增值税专用发票。为进一步优化营商环境，支持民营经济和小微企业发展，便利纳税人开具和使用增值税发票，自2020年2月1日起，增值税小规模纳税人（其他个人除外）发生增值税应税行为，需要开具增值税专用发票的，可以自愿使用增值税发票管理系统自行开具。选择自行开具增值税专用发票的小规模纳税人，税务机关不再为其代开增值税专用发票。

增值税小规模纳税人应当就开具增值税专用发票的销售额计算增值税应纳税额，并在规定的纳税申报期内向主管税务机关申报缴纳。在填写增值税纳税申报表时，应当将当期开具增值税专用发票的销售额，按照3%和5%的征收率，分别填写在《增值税纳税申报表》（小规模纳税人适用）第2栏和第5栏“税务机关代开的增值税专用发票不含税销售额”的“本期数”相应栏次中。

（一）一般情况下应纳税额的计算

小规模纳税人销售应税行为，实行简易办法计算应纳税额。其计算公式为：

应纳税额 = 销售额 × 征收率

小规模纳税人发生销售应税行为时，收到含税销售额的，必须将含税销售额换算为不含税销售额后才能计算应纳税额。其计算公式为：

不含税销售额 = 含税销售额 ÷（1 + 征收率）

【注意】从事金融商品转让、经纪代理服务、融资租赁、融资性售后回租、航空运输、旅游服务、建筑服务适用简易计税方法计税，可以采用差额计税办法。

（二）销售自己使用过的固定资产

小规模纳税人销售自己使用过的固定资产，减按2%征收的，应开具普通发票，不得由税务机关代开增值税专用发票；否则，按照3%的征收率征收。其计算公式为：

销售额 = 含税销售额 ÷（1 + 3%）

应纳税额 = 销售额 × 2%

（三）特殊情况下应纳税额的计算

1. 小规模纳税人提供建筑服务，应以取得的全部价款和价外费用扣除支付的分包款后的余额为销售额，按照3%的征收率计算应纳税额。

2. 小规模纳税人销售其取得（不含自建）的不动产（不含个体工商户销售购买的住房和其他个人销售不动产），应以取得的全部价款和价外费用扣除该项不动产购置原价或者取得不动产时的作价后的余额为销售额，按照5%的征收率计算应纳税额。

3. 小规模纳税人销售其自建的不动产，应以取得的全部价款和价外费用为销售额，按照5%的征收率计算应纳税额。

4. 房地产开发企业中的小规模纳税人，销售自行开发的房地产项目，按照5%的征收率计税。

5. 小规模纳税人出租其取得的不动产（不含个人出租住房），应按照5%的征收率计算应纳税额。

6. 其他个人出租其取得的不动产（不含住房），应按照5%的征收率计算应纳税额。

7. 个人出租住房，应按照5%的征收率，减按1.5%计算应纳税额。

8. 小规模纳税人提供劳务派遣服务，可以取得的全部价款和价外费用为销售额，按照简易计税方法依照3%的征收率计算缴纳增值税；也可以选择差额纳税，以取得的全部价款和价外费用扣除代用工单位支付给劳务派遣员工的工资、福利和为其办理社会保险及住房公积金后的余额为销售额，按照简易计税方法依照5%的征收率计算缴纳增值税。

任务四 其他事项增值税税额计算

一、进口货物增值税税额计算

纳税人进口货物，按照组成计税价格和规定的税率计算进口环节应缴纳的增值税税额，不得抵扣任何税额。组成计税价格和应纳税额的计算公式为：

组成计税价格＝关税完税价格＋关税税额

属于征收消费税的进口货物，还需在组成计税价格中加上消费税。其计算公式为：

组成计税价格＝关税完税价格＋关税税额＋消费税税额

消费税适用比例税率时，其计算公式为：

组成计税价格＝（关税完税价格＋关税税额）÷（1－消费税比例税率）

应纳税额＝组成计税价格×税率

【做中学2-14】某外贸企业2023年4月份进口500件高档化妆品，进口环节关税完税价为35 000元，支付关税3 500元；进口一批家电，共400台，进口环节关税完税价为42 000元，支付关税2 100元。在海关缴纳相应的增值税，取得海关进口增值税专用缴款书，并在当月进行申报抵扣进项税额用途确认。

当月高档化妆品售出300件，取得不含税销售收入45 000元；销售家电100台，取得不含税销售收入16 000元；另外，企业销售其他商品取得不含税销售收入共计85 000元。高档化妆品消费税税率为15%，家电不缴纳消费税。

要求：计算外贸公司进口货物环节应纳增值税、当月销售货物应纳增值税。

解答：当月应纳增值税税额计算如下：

进口化妆品缴纳增值税的组成计税价格 $=\frac{35\ 000+3\ 500}{1-15\%}=45\ 294.12$（元）

进口化妆品应缴纳的增值税＝45 294.12×13%＝5 888.24（元）

进口家电应缴纳的增值税＝（42 000＋2 100）×13%＝5 733（元）

当月增值税销项税额＝（45 000＋16 000＋85 000）×13%＝18 980（元）

进口环节缴纳的增值税可以凭海关开具的进口增值税专用缴款书作为进项税额抵扣凭证，在申报抵扣进项税额用途确认后抵扣。

当月进项税额＝5 888.24＋5 733＝11 621.24（元）

当月应纳税额＝18 980－11 621.24＝7 358.76（元）

二、应扣缴增值税的计算

境外单位或者个人在境内发生应税行为，在境内未设有经营机构的，由境内扣缴义务人按照下列公式计算应扣缴税额：

应扣缴税额 = 购买方支付的价款 ÷（1 + 税率）× 税率

【思考】如果境内扣缴义务人是小规模纳税人，应如何适用税率计算应扣缴增值税税款？

三、增值税应纳税额的抵减

增值税纳税人2011年12月1日以后初次购买增值税税控系统专用设备支付的费用，可凭购买增值税税控系统专用设备取得的增值税专用发票，在增值税应纳税额中全额抵减（抵减额为价税合计额），不足抵减的可结转下期继续抵减。

增值税纳税人2011年12月1日以后缴纳的技术维护费（不含补缴的2011年11月30日以前的技术维护费），可凭技术维护服务单位开具的技术维护费发票，在增值税应纳税额中全额抵减，不足抵减的可结转下期继续抵减。技术维护费按照价格主管部门核定的标准执行。抵减范围包括小规模纳税人。

【提示】增值税纳税人非初次购买增值税税控系统专用设备支付的费用，由其自行负担，不得在增值税应纳税额中抵减。

【思考】增值税专用电脑、打印机、扫描仪，是否属于增值税税控系统专用设备？

任务五　增值税出口退（免）税

出口退税，是指纳税人出口货物或发生跨境应税行为，向海关办理出口手续后，凭出口报关单等有关凭证，按月向税务机关申报办理该项业务的退税。出口货物退（免）税是国际贸易中通常采用并为各国接受的、目的在于鼓励各国出口货物公平竞争的一种退还或免征间接税的税收措施。

我国出口货物退（免）税的三种基本政策包括：出口免税并退税（采用“免、退税”或“免、抵、退税”）；出口免税不退税；出口不免税也不退税。

一、增值税出口退（免）税的主体

（1）增值税出口退（免）税的主体为出口货物或提供增值税零税率应税服务、销售无形资产并认定为增值税一般纳税人的单位和个人。

（2）出口货物免征增值税的主体主要是小规模纳税人。

二、增值税出口退（免）税适用范围

（一）出口免税并退税政策适用范围

1. 出口免税并退税的货物

（1）出口货物的条件：

①必须是属于增值税、消费税征税范围的货物；

②必须是报关离境的货物；

③必须是在财务上作销售处理的货物；

④必须是出口收汇并已核销的货物。

（2）出口企业的条件：

①生产企业自营出口或委托外贸企业代理出口的自产货物；

②有出口经营权的外贸企业收购后直接出口或委托其他外贸企业代理出口的货物。

（3）下列特定出口的货物，不同时具备上述出口退（免）税货物的四个条件，也可以享受出口货物退（免）税政策：

①对外承包工程公司运出境外用于对外承包项目的货物；

②对外承接修理修配业务的企业用于对外修理修配的货物；

③外轮供应公司、远洋运输供应公司销售给外轮、远洋国轮而收取外汇的货物；

④企业在国内采购并运往境外作为在国外投资的货物。

2. 出口免税并退税的劳务

出口企业对外提供加工修理修配劳务，是指对进境复出口货物或从事国际运输的运输工具进行的加工修理修配。

3. 出口免税并退税的服务、无形资产

中华人民共和国境内的单位和个人销售的下列服务和无形资产，适用增值税零税率：

（1）国际运输服务：在境内载运旅客或者货物出境；在境外载运旅客或者货物入境；在境外载运旅客或者货物。

（2）航天运输服务。

（3）向境外单位提供的完全在境外消费的下列服务：

①研发服务；

②合同能源管理服务；

③设计服务；

④广播影视节目（作品）的制作和发行服务；

⑤软件服务；

⑥电路设计及测试服务；

⑦信息系统服务；

⑧业务流程管理服务；

⑨离岸服务外包业务；

⑩转让技术。

（4）财政部和国家税务总局规定的其他服务。

【提示】向境外单位提供的完全在境外消费的服务是指：服务的实际接受方在境外，且与境内的货物和不动产无关；无形资产完全在境外使用，且与境内的货物和不动产无关；财政部和国家税务总局规定的其他情形。

（二）出口免税不退税政策适用范围

1. 出口免税不退税的货物

（1）出口企业或其他单位出口符合规定的免征增值税的货物；

（2）出口企业或其他单位视同出口符合规定的免征增值税的货物、劳务；

（3）出口企业或其他单位未按规定申报或未补齐增值税退（免）税凭证、免征增值税的出口货物。

【提示】适用增值税免税政策的出口货物、劳务，其进项税额不得抵扣和退税，应当转入成本。

2. 出口免税不退税的服务、无形资产

境内的单位和个人销售的下列服务和无形资产免征增值税，但财政部和国家税务总局规定适用增值税零税率的除外：

（1）在境外提供下列应税服务：

①工程项目在境外的建筑服务；

②工程项目在境外的工程监理服务；

③工程、矿产资源在境外的工程勘察勘探服务；

④会议展览地点在境外的会议展览服务；

⑤存储地点在境外的仓储服务；

⑥标的物在境外使用的有形动产租赁服务；

⑦在境外提供的广播影视节目（作品）的播映服务；

⑧在境外提供的文化体育服务、教育医疗服务、旅游服务。

（2）为出口货物提供的邮政服务、收派服务、保险服务（包括出口货物保险和出口信用保险）。

（3）向境外单位提供的完全在境外消费的下列服务和无形资产：

①电信服务；

②知识产权服务；

③物流辅助服务（仓储服务、收派服务除外）；

④鉴证咨询服务；

⑤专业技术服务；

⑥商务辅助服务；

⑦广告投放地在境外的广告服务；

⑧无形资产。

（4）以无运输工具承运方式提供的国际运输服务。

（5）为境外单位之间的货币资金融通及其他金融业务提供的直接收费金融服务，且该服务与境内的货物、无形资产和不动产无关。

（6）财政部和国家税务总局规定的其他服务。

（7）自2022年1月1日至2025年12月31日，对境内单位和个人发生以出口货物为保险标的的产品责任保险和产品质量保证保险免征增值税。

（三）出口不免税也不退税政策适用范围

出口不免税也不退税的政策只适用于下列出口货物：

1. 出口企业出口或视同出口财政部和国家税务总局根据国务院决定明确取消出口退（免）税的货物；

2. 出口企业或其他单位销售给特殊区域的生活消费用品和交通运输工具；

3. 出口企业或其他单位因骗取出口退税被税务机关勒令停止办理增值税退（免）税期间出口的货物；

4. 出口企业或其他单位提供虚假备案单证的货物；

5. 出口企业或其他单位增值税退（免）税凭证有伪造或内容不实的货物；

6. 出口企业或其他单位未在国家税务总局规定期限内申报免税核销以及经主管税务机关审核不予免税核销的出口卷烟；

7. 出口企业或其他单位具有其他特殊情形的出口货物、劳务。

三、出口退税率

出口货物的退税率，是指出口货物的实际退税额与退税计税依据的比例。

（一）出口货物退税率

不同的出口货物，国家规定的退税率亦不相同，但都在0～13%浮动，国家可根据国际经济环境、国内进出口情况等因素调整出口退税率。

出口企业应将有着不同税率的货物分开核算和申报，凡划分不清的，一律从低适用退税率计算退（免）税。

（二）出口加工修理修配劳务退税率

出口加工修理修配劳务的退税率，按照所加工货物的退税率执行。

（三）出口服务及无形资产退税率

出口应税服务、无形资产的退税率，按照适用的增值税税率执行。

四、增值税出口退（免）税的计算

境内的单位和个人提供适用增值税零税率的出口货物、服务或者无形资产，属于适用简易计税方法的，实行免征增值税办法；属于适用增值税一般计税方法的，采用下列办法计算应退（免）税额：

（1）生产企业实行免抵退税办法。

（2）外贸企业外购货物、服务或者无形资产出口实行免退税办法。

（3）外贸企业直接将服务或自行研发的无形资产出口，视同生产企业连同其出口货物统一实行免抵退税办法。

（一）采用“免、抵、退”办法应退税额的计算

“免、抵、退”的含义如下：

免，是指生产企业出口自产货物免征生产、销售环节的增值税；

抵，是指以本企业本期出口产品应退税额抵顶内销产品应纳税额；

退，是指按照上述过程确定的实际应退税额为负数时，即生产企业出口的自产货物在当月应抵顶的进项税额未能完全抵扣时，对未抵扣的部分予以全部或部分退还。

1. 出口货物采用“免、抵、退”办法应退税额的计算

出口货物采用“免、抵、退”税办法应退税额的计算可分为四个步骤：

（1）计算不得免征和抵扣税额

$$\text{免抵退税不得免征和抵扣税额}=\text{出口货物离岸价}\times\text{外汇牌价}\times(\text{增值税税率}-\text{出口退税率})-\text{免抵退税不得免征和抵扣税额抵减额}$$

$$\text{免抵退税不得免征和抵扣税额抵减额}=\text{免税购进原料价格}\times(\text{出口货物征收率}-\text{出口货物退税率})$$

（2）计算当期应纳税额

$$\text{当期应纳税额}=\text{当期内销货物的销项税额}-(\text{当期进项税额}-\text{当期免抵退税不得免征和抵扣税额})-\text{上期期末留抵税额}$$

若应纳税额为正数，即没有可退税额，仍应缴纳增值税；若应纳税额为负数，即期末有未抵扣税额，则纳税人可以申请退税。

（3）计算免抵退税额

$$\text{免抵退税额}=\text{出口货物离岸价}\times\text{外汇牌价}\times\text{出口货物退税率}-\text{免抵退税额抵减额}$$

$$\text{免抵退税额抵减额}=\text{免税购进原料价格}\times\text{出口货物退税率}$$

免税购进原料包括从国内购进免税原料和进料加工免税进口料件。其中，进料加工免税进口料件的组成计税价格计算公式为：

$$\text{进料加工免税进口料件的组成计税价格}=\text{货物关税完税价格}+\text{海关实征关税和消费税}$$

（4）确定应退税额和免抵税额

若期末未抵扣税额≤免抵退税额，则：当期应退税额＝期末未抵扣税额，当期免抵税额＝免抵退税额－期末未抵扣税额。

若期末未抵扣税额＞免抵退税额，则：当期应退税额＝免抵退税额，当期免抵税额＝出口抵减内销产品应纳税额＝0。

【做中学2-15】某自营出口生产企业为增值税一般纳税人，该企业2023年3月有关业务资料如下：

期初增值税留抵税额5万元；本月购进原材料等货物500万元，允许抵扣进项税额65万元；免税进口料件一批，支付国外买价300万元，运抵我国海关前的运输费、保管费和装卸费合计50万元，该料件适用的进口关税税率为20%，料件已验收入库；内销产品销售额300万元；出口货物离岸价折合人民币1 200万元。该企业适用的增值税税率为13%，退税率为11%。

要求：分析纳税人当期增值税免、抵、退税额。

解答：企业当期的“免、抵、退”税额计算及账务处理如下：

（1）外购原材料允许抵扣进项税额，其账务处理为：

借：原材料等　5 000 000

　　应交税费——应交增值税（进项税额）　650 000

　　贷：银行存款等　5 650 000

（2）免税进口料件进口环节免征增值税，不得抵扣进项税额。

组成计税价格＝（300＋50）×（1＋20%）＝420（万元）

其账务处理为：

借：原材料　4 200 000

贷：银行存款等 3 500 000

应交税费——应交关税 700 000

（3）计算当月出口货物不得免征和抵扣税额。

免抵退税不得免征和抵扣税额抵减额＝420×（13%－11%）＝8.4（万元）

免抵退税不得免征和抵扣税额＝1 200×（13%－11%）－8.4＝15.6（万元）

其账务处理为：

借：主营业务成本 156 000

贷：应交税费——应交增值税（进项税额转出） 156 000

（4）产品外销时实行零税率，不计算增值税销项税额，其账务处理为：

借：银行存款等 12 000 000

贷：主营业务收入 12 000 000

（5）内销产品应计算销项税额，账务处理为：

借：银行存款等 3 390 000

贷：主营业务收入 3 000 000

应交税费——应交增值税（销项税额） 390 000

（6）计算当期应纳税额。

应纳税额＝390 000－（650 000－156 000）－50 000＝－154 000（元）

（7）计算当期出口货物免抵退税额。

免抵退税额抵减额＝420×11%＝46.2（万元）

出口货物免抵退税额＝1 200×11%－46.2＝85.8（万元）>15.4万元

应退税额为15.4万元，当期免抵税额为70.4万元（85.8－15.4），其账务处理为：

借：其他应收款——应收出口退税款 154 000

应交税费——应交增值税（出口抵减内销产品应纳税额） 704 000

贷：应交税费——应交增值税（出口退税） 858 000

2.零税率应税服务采用“免、抵、退”办法应退税额的计算

（1）计算免抵退税额。

$$\text{当期零税率应税服务免抵退税额}=\text{当期零税率应税服务免抵退税计税价格}\times\text{人民币外汇牌价}\times\text{零税率应税服务退税率}$$

零税率应税服务免抵退税计税价格，为提供零税率应税服务取得的全部价款扣除支付给非试点纳税人价款后的余额。

（2）确定当期应退税额和免抵税额。

当期期末留抵税额≤当期免抵退税额时，当期应退税额＝当期期末留抵税额，当期免抵税额＝当期免抵退税额－当期应退税额。

当期期末留抵税额＞当期免抵退税额时，当期应退税额＝当期免抵退税额，当期免抵税额＝0。

当期期末留抵税额，为当期增值税纳税申报表中的“期末留抵税额”。

【做中学2-16】通达远洋运输有限公司为增值税一般纳税人，主要从事水路运输业务，具有国内运输经营许可证以及国际船舶运输经营许可证，并且经营范围中包括“国际运输”项目。该公司2023年3月向国外运输货物，取得国际运输收入2 000 000元（人民币，下同），取得国内运输收入6 000 000元，销项税额540 000元，以上均在当月计入内外销销售收入。该公司当月购进一艘小型货船，价值5 000 000元，进项税额为650 000元。

要求：分析当期纳税人增值税免、抵、退税额。

解答：该公司应退（免）税额计算及账务处理如下：

（1）实现的国内运输收入结转销项税额540 000元，其账务处理为：

借：银行存款 6 540 000

　贷：主营业务收入——国内运输业务收入 6 000 000

　　　应交税费——应交增值税（销项税额） 540 000

（2）购进小型货船，结转进项税额，其账务处理为：

借：固定资产 5 000 000

　应交税费——应交增值税（进项税额） 650 000

　贷：银行存款 5 650 000

（3）实现的国际运输收入免税：

借：银行存款 2 000 000

　贷：主营业务收入——国际运输业务收入 2 000 000

（4）当期应纳税额＝540 000－650 000＝－110 000（元）

（5）当期国际运输收入免抵退税额＝2 000 000×9%＝180 000（元）

（6）经比较，期末留抵税额110 000元小于免抵退税额180 000元，故：

应退税额＝期末留抵税额＝110 000元

当期免抵税额＝180 000－110 000＝70 000（元）

其账务处理为：

借：其他应收款——应收出口退税（增值税） 110 000

　应交税费——应交增值税（出口抵减内销产品应纳税额） 70 000

　贷：应交税费——应交增值税（出口退税） 180 000

收到退税款时，其账务处理为：

借：银行存款 110 000

　贷：其他应收款——应收出口退税（增值税） 110 000

【提示】在我国，出口货物增值税实行零税率，即相应的销项税额为零。正是由于销项税额为零，从而使得进项税额无法得到实际的抵扣，因此需要以退税的形式使得无法抵扣的进项税额得到实际的抵扣。所以，出口退税并不是退还销项税额，而是退还进项税额。

（二）采用“免、退”办法应退税额的计算

1.外贸企业出口货物应退税额的计算

出口退税额＝出口货物的应退税额－销售进口料件的应交税额

出口货物的应退税额＝出口货物数量×加权平均进价×退税率

$$\text{销售进口料件的应交税额}=\text{销售进口料件金额}\times\text{抵扣税率}-\text{海关已对进口料件实征的增值税税款}$$

其中：抵扣税率为进口料件作价销售的征税率与复出口货物退税率中的较小者。

如果外贸企业出口货物为一般贸易或者采用进料加工委托方式（海关实征增值税的除外），则上述公式可简化为：

出口退税额 = 出口货物的应退税额 = 出口货物数量 × 加权平均进价 × 退税率

2. 零税率应税服务增值税退（免）税的计算

（1）计税依据

①从境内单位或者个人购进出口零税率应税服务的，计税依据为取得提供方开具的增值税专用发票上注明的金额；

②从境外单位或者个人购进出口零税率应税服务的，计税依据为取得的解缴税款的“中华人民共和国税收缴款凭证”上注明的金额。

（2）应退税额的计算

外贸企业兼营的零税率应税服务增值税应退税额，依照下列公式计算：

$$\text{外贸企业兼营的零税率应税服务增值税应退税额}=\text{外贸企业兼营的零税率应税服务免退税计税依据}\times\text{零税率应税服务增值税退税率}$$

【注意】境内的单位和个人销售适用增值税零税率的服务或无形资产的，可以放弃适用增值税零税率，选择免税或按规定缴纳增值税。放弃适用增值税零税率后，36个月内不得再申请适用增值税零税率。

五、增值税出口退（免）税的管理

我国对已按规定办理出口退（免）税资格认定的出口企业和其他单位（以下简称“出口企业”），采用分类管理办法，具体规定如下：

（一）分类办法

1. 类别

出口企业管理类别分为一类、二类、三类、四类。

2. 分类办法

（1）上一年度内，同时具备下列条件的出口企业，管理类别可评定为一类：

①年末净资产大于当年已办理的出口退（免）税总额；

②纳税信用等级为B级以上；

③能主动配合税务机关实施出口退（免）税管理，能按规定收集、装订、存放出口退税凭证及备案单证；

④出口企业内部建立了较为完善的出口退（免）税风险控制体系；

⑤未发生违反出口退（免）税相关规定的情形；

⑥省税务局规定的其他风险可控的条件。

（2）符合下列条件之一的出口企业，管理类别应评定为三类：

①自首笔申报出口退（免）税之月起至评定当日未满12个月，或尚未申报过出口退（免）税；

②上一年度内，累计6个月以上未申报出口退（免）税；

③上一年度内，纳税信用等级为C级；

④上一年度内，发生过违反出口退（免）税有关规定的情形，但尚未达到税务机关或司法机关处理标准；

⑤存在省税务局规定的其他失信情形。

（3）上一年度内，符合下列条件之一的出口企业，管理类别应评定为四类：

①纳税信用等级为D级；

②发生过拒绝提供有关出口退（免）税账簿、凭证、资料等情形；

③因违反出口退（免）税有关规定，被税务机关或司法机关处理过；

④被海关信用管理类别认定为失信企业；

⑤外汇管理的分类管理等级为C级；

⑥存在省税务局规定的其他严重失信情形。

截至评定之日，出口企业因骗取出口退税被停止出口退税权期限届满后未满2年的，管理类别应评定为四类。

（4）被评定为一类、三类、四类以外管理类别的出口企业，其管理类别应评定为二类。

（二）分类管理办法

管理类别为一类的出口企业，在出口退（免）税申报的相关电子信息齐全并经预审通过后，即可进行正式申报，申报时不需要提供原始凭证，对应的原始凭证按规定留存企业备查；管理类别为二类、三类的出口企业，在申报出口退（免）税时，应按规定提供原始凭证、资料及正式申报电子数据；管理类别为四类的出口企业，在申报出口退（免）税时，除提供上述原始凭证、资料及正式申报电子数据外，还须同时按规定报送收汇凭证。

税务机关发现出口企业分类条件发生变化的，如纳税信用等级发生变化、因违反出口退（免）税有关规定被税务机关或司法机关处理等，应自发现之日起20个工作日内，按规定对出口企业管理类别实施动态管理，及时调整出口企业类别。

任务六　增值税减免税与征收管理

一、增值税的减免税规定

（一）《中华人民共和国增值税暂行条例》规定的免税项目

1.农业生产单位和个人销售的自产初级农业产品。农业包括种植业、养殖业、林业、牧业、水产业。免征增值税的农业产品必须符合两个条件：一是农业生产者自己生产的初级农业产品；二是农业生产者自己销售的初级农业产品。

2.避孕药品和用具。

3.古旧图书，是指向社会收购的古书和旧书。

4.直接用于科学研究、科学实验和教学的进口仪器、设备。

5.外国政府、国际组织无偿援助的进口物资和设备。

6.由残疾人组织直接进口供残疾人专用的物品。

7.销售的自己使用过的物品，是指其他个人自己使用过的物品。

8.纳税人销售额未达到国务院财政、税务主管部门规定的增值税起征点的，免征增值税；达到起征点的，全额计算缴纳增值税。为照顾一部分小型业户的生产经营，增值税对个人销售额未达到起征点的免征增值税。起征点的幅度规定如下：

（1）按期纳税的，为月销售额5 000～20 000元（含本数）；

（2）按次纳税的，为每次（日）销售额300～500元（含本数）。

增值税起征点不适用于被认定为一般纳税人的个体工商户。

起征点的调整由财政部和国家税务总局确定。省、自治区、直辖市财政厅（局）和税务局应当在规定的幅度内，根据实际情况确定本地区适用的起征点，并报财政部和国家税务总局备案。

9.纳税人生产销售和批发、零售有机肥产品免征增值税。

纳税人兼营免税、减税项目的，应当单独核算减税、免税项目的销售额；未单独核算销售额的，不得减税、免税。

纳税人销售货物或应税服务适用免税规定的，可以放弃免税，按规定缴纳增值税，但放弃后36个月之内不得再申请免税。

（二）其他减免税规定

1.自2012年1月1日起，对从事蔬菜批发、零售的纳税人销售的蔬菜免征增值税。自2012年10月1日起，对从事农产品批发、零售的纳税人销售的部分鲜活肉蛋产品免征增值税。批发、零售纳税人享受免税政策后开具的普通发票，不得作为计算抵扣进项税额的凭证。

2.自2021年4月1日至2022年12月31日，对月销售额15万元以下（含本数）（以1个季度为1个纳税期的，季度销售额未超过45万元）的增值税小规模纳税人，免征增值税。

小规模纳税人发生增值税应税销售行为，合计月销售额超过15万元，但扣除本期发生的销售不动产的销售额后未超过15万元的，其销售货物、劳务、服务、无形资产取得的销售额免征增值税。

适用增值税差额征税政策的小规模纳税人，以差额后的销售额确定是否可以享受免征增值税政策。

其他个人采取一次性收取租金形式出租不动产取得的租金收入，可在对应的租赁期内平均分摊，分摊后的月租金收入未超过15万元的，免征增值税。

3.自2022年4月1日至2022年12月31日，增值税小规模纳税人适用3%征收率的应税销售收入，免征增值税，此时应按规定开具免税普通发票；纳税人选择放弃免税并开具增值税专用发票的，应开具征收率为3%的增值税专用发票。适用3%预征率的预缴增值税项目，暂停预缴增值税。

4.自2021年1月1日至2023年12月31日，免征图书批发、零售环节增值税。

5. 自2019年1月1日至2023年供暖期结束，对供热企业向居民个人（以下简称“居民”）供热取得的采暖费收入免征增值税。

向居民供热取得的采暖费收入，包括供热企业直接向居民收取的、通过其他单位向居民收取的和由单位代居民缴纳的采暖费。

6. 自2019年1月1日至2022年12月31日，对单位或者个体工商户将自产、委托加工或购买的货物通过公益性社会组织、县级及以上人民政府及其组成部门和直属机构，或直接无偿捐赠给目标脱贫地区的单位和个人，免征增值税。在政策执行期限内，目标脱贫地区实现脱贫的，可继续适用上述政策。

7. 自2018年5月1日起，对进口抗癌药品，减按3%征收进口环节增值税。自2019年3月1日起，对进口罕见病药品，减按3%征收进口环节增值税。

8.2019年6月1日至2025年12月31日，为社区提供养老、托育、家政等服务的机构，提供社区养老、托育、家政服务取得的收入，免征增值税。

9. 自2021年1月1日起至2023年12月31日，对边销茶生产企业销售自产的边销茶及经销企业销售的边销茶继续免征增值税。

10. 增值税即征即退。

（1）纳税人销售自产的资源综合利用产品和提供资源综合利用劳务，可享受增值税即征即退政策。具体综合利用的资源名称、综合利用产品和劳务名称、技术标准和相关条件、退税比例等按照财政部、国家税务总局印发的《资源综合利用产品和劳务增值税优惠目录》执行。

（2）增值税一般纳税人销售其自行开发、生产的软件产品，将进口软件产品进行本地化改造后对外销售，按13%的税率征收增值税后，对其增值税实际税负超过3%的部分实行即征即退政策。

（3）一般纳税人提供管道运输服务，对其增值税实际税负超过3%的部分实行增值税即征即退政策。

（4）经中国人民银行、银保监会或者商务部批准从事融资租赁业务的一般纳税人，提供有形动产融资租赁服务和有形动产融资性售后回租服务，对其增值税实际税负超过3%的部分实行增值税即征即退政策。

（5）自2015年7月1日起，对纳税人销售自产的列入《享受增值税即征即退政策的新型墙体材料目录》的新型墙体材料，实行增值税即征即退50%的政策。

（6）自2015年7月1日起，对纳税人销售自产的利用风力生产的电力产品，实行增值税即征即退50%的政策。

（7）自2018年1月1日至2023年12月31日，对动漫企业增值税一般纳税人销售其自主开发生产的动漫软件，按照13%税率征收增值税后，对其增值税实际税负超过3%的部分，实行即征即退。

11. 增值税先征后退。

（1）特定图书、报纸和期刊名单的图书、报纸和期刊在出版环节执行增值税100%先征后退的政策。

（2）其他各类图书、期刊、音像制品、电子出版物在出版环节执行增值税先征后退

50%的政策。

（3）对少数民族文字出版物的印刷或制作业务执行增值税100%先征后退的政策。

上述有关出版物增值税先征后退政策执行日期为2021年1月1日至2023年12月31日。

（4）对煤层气抽采企业的增值税一般纳税人抽采销售煤层气实行增值税先征后退政策。先征后退税款由企业专项用于煤层气技术的研究和扩大再生产，不征收企业所得税。

12.为了鼓励科学研究和技术开发，促进科技进步，对内资研发机构和外资研发中心采购国产设备全额退还增值税。研发机构采购国产设备的应退税额，为增值税发票上注明的税额。研发机构采购国产设备取得的增值税专用发票，已用于进项税额抵扣的，不得申报退税；已用于退税的，不得用于进项税额抵扣。

13.自2019年1月1日至2023年12月31日，继续对国产抗艾滋病病毒药品免征生产环节和流通环节增值税。

（三）营改增纳税人的免税规定

1.托儿所、幼儿园提供的保育和教育服务。

2.养老机构提供的养老服务。

3.残疾人福利机构提供的育养服务。

4.婚姻介绍服务。

5.殡葬服务。

6.残疾人员本人为社会提供的服务。

7.医疗机构提供的医疗服务。

8.从事学历教育的学校提供的教育服务。

9.学生勤工俭学提供的服务。

10.农业机耕、排灌、病虫害防治、植物保护、农牧保险以及相关技术培训业务，家禽、牲畜、水生动物的配种和疾病防治。

11.纪念馆、博物馆、文化馆、文物保护单位管理机构、美术馆、展览馆、书画院、图书馆在自己的场所提供文化体育服务取得的第一道门票收入。

12.寺院、宫观、清真寺和教堂举办文化、宗教活动的门票收入。

13.行政单位之外的其他单位收取的符合规定条件的政府性基金和行政事业性收费。

14.个人转让著作权。

15.个人销售自建自用住房。

16.2019年1月1日至2023年12月31日，对经营公租房所取得的租金收入，免征增值税。

17.中国台湾航运公司、航空公司从事海峡两岸海上直航、空中直航业务在大陆取得的运输收入。

18.纳税人提供的直接或者间接的国际货物运输代理服务。

19.以下利息收入：

（1）自2018年9月1日至2023年12月31日，对金融机构向小型企业、微型企业和个体工商户发放小额贷款取得的利息收入，免征增值税。

（2）国家助学贷款利息收入。

（3）国债、地方政府债券利息收入。

（4）中国人民银行对金融机构的贷款利息收入。

（5）住房公积金管理中心用住房公积金在指定的委托银行发放的个人住房贷款利息收入。

（6）外汇管理部门在从事国家外汇储备经营过程中，委托金融机构发放的外汇贷款利息收入。

（7）统借统还业务中，企业集团或企业集团中的核心企业以及集团所属财务公司按不高于支付给金融机构的借款利率水平或者支付的债券票面利率水平，向企业集团或者集团内下属单位收取的利息收入。

【提示】统借方向资金使用单位收取的利息，高于支付给金融机构借款利率水平或者支付的债券票面利率水平的，应全额缴纳增值税。

20. 被撤销的金融机构以货物、不动产、无形资产、有价证券、票据等财产清偿债务。

21. 保险公司开办的1年期以上人身保险产品取得的保费收入。

22. 个人从事金融商品转让业务。

23. 金融同业往来利息收入。

24. 符合条件的担保机构从事中小企业信用担保或者再担保业务取得的收入（不含信用评级、咨询、培训等收入），3年内免征增值税。

25. 国家商品储备管理单位及其直属企业承担商品储备任务，从中央或者地方财政取得的利息补贴收入和价差补贴收入。

26. 纳税人提供技术转让、技术开发和与之相关的技术咨询、技术服务。

27. 自2019年1月1日至2023年12月31日，对国家级、省级科技企业孵化器、大学科技园向在孵对象提供孵化服务取得的收入，免征增值税。

28. 符合条件的合同能源管理服务。

29. 自2018年1月1日至2023年12月31日，对科普单位的门票收入，以及县级及以上党政部门和科协开展科普活动的门票收入，免征增值税。

30. 政府举办的从事学历教育的高等、中等和初等学校（不含下属单位），举办进修班、培训班取得的全部归该学校所有的收入。

31. 政府举办的职业学校设立的主要为在校学生提供实习场所，并由学校出资自办、由学校负责经营管理、经营收入归学校所有的企业，从事《销售服务、无形资产或者不动产注释》中的“现代服务”（不含融资租赁服务、广告服务和其他现代服务）、“生活服务”（不含文化体育服务、其他生活服务和桑拿、氧吧服务）业务活动取得的收入。

32. 家政服务企业由员工制家政服务人员提供家政服务取得的收入。

33. 福利彩票、体育彩票的发行收入。

34. 军队空余房产租赁收入。

35. 为了配合国家住房制度改革，企业、行政事业单位按房改成本价、标准价出售住房取得的收入。

36.将土地使用权转让给农业生产者用于农业生产。

37.纳税人将国有农用地出租给农业生产者用于农业生产，免征增值税。

38.涉及家庭财产分割的个人无偿转让不动产、土地使用权。家庭财产分割，包括下列情形：离婚财产分割；无偿赠与配偶、父母、子女、祖父母、外祖父母、孙子女、外孙子女、兄弟姐妹；无偿赠与对其承担直接抚养或者赡养义务的抚养人或者赡养人；房屋产权所有人死亡，法定继承人、遗嘱继承人或者受遗赠人依法取得房屋产权。

39.土地所有者出让土地使用权和土地使用者将土地使用权归还给土地所有者。

40.县级以上地方人民政府或自然资源行政主管部门出让、转让或收回自然资源使用权（不含土地使用权）。

41.自2019年1月1日至2023年12月31日，对电影主管部门（包括中央、省、地市及县级）按照各自职能权限批准从事电影制片、发行、放映的电影集团公司（含成员企业）、电影制片厂及其他电影企业取得的销售电影拷贝（含数字拷贝）收入、转让电影版权（包括转让和许可使用）收入、电影发行收入以及在农村取得的电影放映收入，免征增值税。

42.自2019年2月1日至2023年12月31日，对企业集团内单位（含企业集团）之间的资金无偿借贷行为，免征增值税。

43.对广播电视运营服务企业收取的有线数字电视基本收视维护费和农村有线电视基本收视费，免征增值税。

44.自2018年11月30日至2023年11月29日，对经国务院批准对外开放的货物期货品种保税交割业务，暂免征收增值税。

（四）鼓励就业创业的税收优惠

1.随军家属就业优惠

（1）为安置随军家属就业而新开办的企业，自领取税务登记证之日起，其提供的应税服务3年内免征增值税。享受税收优惠政策的企业，随军家属必须占企业总人数的60%（含）以上，并有军（含）以上政治和后勤机关出具的证明。

（2）从事个体经营的随军家属，自办理税务登记事项之日起，其提供的应税服务3年内免征增值税。随军家属必须有师以上政治机关出具的可以表明其身份的证明。

按照上述规定，每一名随军家属可以享受一次免税政策。

2.军队转业干部就业优惠

（1）从事个体经营的军队转业干部，自领取税务登记证之日起，其提供的应税服务3年内免征增值税。

（2）为安置自主择业的军队转业干部就业而新开办的企业，凡安置自主择业的军队转业干部占企业总人数60%（含）以上的，自领取税务登记证之日起，其提供的应税服务3年内免征增值税。

享受上述优惠政策的自主择业的军队转业干部必须持有师以上部队颁发的转业证件。

3.重点群体创业税收优惠

2019年1月1日至2023年12月31日，从事个体经营的，自办理个体工商户登记当月起，在3年（36个月，下同）内按每户每年12 000元为限额依次扣减其当年实际应缴纳的增值税、城市维护建设税、教育费附加、地方教育附加和个人所得税。限额标准最高可上浮20%，各省、自治区、直辖市人民政府可根据本地区实际情况在此幅度内确定具体限额标准。

纳税人年度应缴纳税款小于上述扣减限额的，减免税额以其实际缴纳的税款为限；大于上述扣减限额的，以上述扣减限额为限。

纳税人在2023年12月31日享受税收优惠政策未满3年的，可继续享受至3年期满为止。

4.重点群体就业税收优惠

2019年1月1日至2023年12月31日，企业招用建档立卡贫困人口，以及在人力资源社会保障部门公共就业服务机构登记失业半年以上且持《就业创业证》或《就业失业登记证》（注明“企业吸纳税收政策”）的人员，与其签订1年以上期限劳动合同并依法缴纳社会保险费的，自签订劳动合同并缴纳社会保险当月起，在3年内按实际招用人数予以定额依次扣减增值税、城市维护建设税、教育费附加、地方教育附加和企业所得税优惠。定额标准为每人每年6 000元，最高可上浮30%，各省、自治区、直辖市人民政府可根据本地区实际情况在此幅度内确定具体定额标准。城市维护建设税、教育费附加、地方教育附加的计税依据是享受本项税收优惠政策前的增值税应纳税额。

按上述标准计算的税收扣减额应在企业当年实际应缴纳的增值税、城市维护建设税、教育费附加、地方教育附加和企业所得税税额中扣减，当年扣减不完的，不得结转下年使用。

5.退役士兵自主创业税收优惠

2019年1月1日至2025年12月31日，自主就业退役士兵从事个体经营的，自办理个体工商户登记当月起，在3年（36个月，下同）内按每户每年12 000元为限额依次扣减其当年实际应缴纳的增值税、城市维护建设税、教育费附加、地方教育附加和个人所得税。限额标准最高可上浮20%，各省、自治区、直辖市人民政府可根据本地区实际情况在此幅度内确定具体限额标准。城市维护建设税、教育费附加、地方教育附加的计税依据是享受本项税收优惠政策前的增值税应纳税额。

纳税人年度应缴纳税款小于上述扣减限额的，减免税额以其实际缴纳的税款为限；大于上述扣减限额的，以上述扣减限额为限。纳税人的实际经营期不足1年的，应当按月换算其减免税限额。其换算公式为：

$$减免税限额 = 年度减免税限额 \div 12 \times 实际经营月数$$

6.吸纳退役士兵就业税收优惠

2019年1月1日至2025年12月31日，招用自主就业退役士兵，与其签订1年以上期限劳动合同并依法缴纳社会保险费的，在3年内按实际招用人数予以定额依次扣减增值税、城市维护建设税、教育费附加、地方教育附加和企业所得税优惠。定额标准为每人每年6 000元，最高可上浮50%，各省、自治区、直辖市人民政府可根据本地区实际情况在此幅度内确定具体定额标准。城市维护建设税、教育费附加、地方教育附加的计税依据是享受本项税收优惠政策前的增值税应纳税额。

自主就业退役士兵在企业工作不满1年的，应当按月换算减免税限额。其计算公式为：

$$减免税总额=\sum 每名自主就业退役士兵本年度在本单位工作月份\div 12\times 具体定额标准$$

7.安置残疾人就业的单位和个体工商户增值税即征即退

对安置残疾人的单位和个体工商户，实行由税务机关按纳税人安置残疾人的人数，限额即征即退增值税。每月可退还的增值税具体限额，由县级以上税务机关根据纳税人所在区县（含县级市、旗）适用的经省（含自治区、直辖市、计划单列市）人民政府批准的月最低工资标准的4倍确定。

一个纳税期已交增值税税额不足退还的，可在本纳税年度内以前纳税期已交增值税扣除已退增值税的余额中退还，仍不足退还的可结转本纳税年度内以后纳税期退还，但不得结转以后年度退还。纳税期限不为按月的，只能对其符合条件的月份退还增值税。

仅适用于生产销售货物，提供加工、修理修配劳务，以及提供现代服务和生活服务税目（不含文化体育服务和娱乐服务）范围的服务取得的收入之和，占其增值税收入的比例达到50%的纳税人，但不适用于上述纳税人直接销售外购货物（包括商品批发和零售）以及销售委托加工的货物取得的收入。

8.特殊教育学校举办的企业安置残疾人就业增值税即征即退

对安置残疾人的特殊教育学校举办的企业，实行由税务机关按纳税人安置残疾人的人数，限额即征即退增值税。

安置的每位残疾人每月可退还的增值税具体限额，由县级以上税务机关根据纳税人所在区县（含县级市、旗，下同）适用的经省（含自治区、直辖市、计划单列市，下同）人民政府批准的月最低工资标准的4倍确定。

在计算残疾人人数时可将在企业上岗工作的特殊教育学校的全日制在校学生计算在内，在计算企业在职职工人数时也要将上述学生计算在内。

（五）个人住房对外销售的增值税规定

个人将购买不足2年的住房对外销售的，按照5%的征收率全额缴纳增值税；个人将购买2年以上（含2年）的住房对外销售的，免征增值税。上述政策适用于北京市、上海市、广州市和深圳市之外的地区。

个人将购买不足2年的住房对外销售的，按照5%的征收率全额缴纳增值税；个人将购买2年以上（含2年）的非普通住房对外销售的，以销售收入减去购买住房价款后的差额按照5%的征收率缴纳增值税；个人将购买2年以上（含2年）的普通住房对外销售的，免征增值税。上述政策仅适用于北京市、上海市、广州市和深圳市。

二、增值税征收管理

（一）纳税期限

1.纳税义务发生时间

（1）销售货物。纳税人销售货物为收讫销售款项或者取得销售款项凭据的当天；先开具发票的，为开具发票的当天。纳税人销售货物，采用的结算方式不同，纳税义务发生时间的确认也不相同，具体规定如下：

①采取直接收款方式销售货物的，不论货物是否发出，均为收到销售款或者取得销售款凭据的当天。

②采取托收承付和委托银行收款方式销售货物的，为发出货物并办妥托收手续的当天。

③采取赊销和分期收款方式销售货物的，为书面合同约定的收款日期的当天，无书面合同或者书面合同没有约定收款日期的，为货物发出的当天。

④采取预收货款方式销售货物的，为货物发出的当天，但销售生产工期超过12个月的大型机械设备、船舶、飞机等货物，为收到预收款或者书面合同约定的收款日期的当天。

⑤委托其他纳税人代销货物的，为收到代销单位的代销清单或者收到全部或部分货款的当天。未收到代销清单及货款的，为发出代销货物满180天的当天。

（2）销售服务、无形资产、不动产。纳税人销售服务、无形资产、不动产的，纳税义务发生时间为收讫销售款项或者取得销售款项凭据的当天；先开具发票的，为开具发票的当天。收讫销售款项，是指纳税人在应税行为发生过程中或者完成后收到款项。取得销售款项凭据的当天，是指书面合同确定的付款日期；未签订书面合同或者书面合同未确定付款日期的，为服务、无形资产转让完成的当天或者不动产权属变更的当天。

（3）提供租赁服务采取预收款方式的。其纳税义务发生时间为收到预收款的当天。

【注意】2022年12月31日前，其他个人采取一次性收取租金的形式出租不动产，取得的租金收入可在租金对应的租赁期内平均分摊，分摊后的月租金收入不超过15万元的，可享受小微企业免征增值税优惠政策。

（4）从事金融商品转让的。其纳税义务发生时间为金融商品所有权转移的当天。

（5）发生视同销售情形的纳税义务发生时间为服务、无形资产转让完成的当天或者不动产权属变更的当天。视同销售货物行为，其纳税义务发生时间为货物移送的当天。

（6）金融企业发放贷款后，自结息日起90天内发生的应收未收利息按现行规定缴纳增值税，自结息日起90天后发生的应收未收利息暂不缴纳增值税，待实际收到利息时按规定缴纳增值税。

所谓金融企业，是指银行（包括国有、集体、股份制、合资、外资银行以及其他所有制形式的银行）、城市信用社、农村信用社、信托投资公司、财务公司。

（7）纳税人进口货物的。其纳税义务发生时间为报关进口的当天。

（8）发生扣缴义务的。其扣缴税款义务发生时间为纳税人增值税纳税义务发生的当天。

2.纳税期限

增值税的纳税期限分别为1日、3日、5日、10日、15日、1个月或者1个季度。以1个季度为纳税期限的规定仅适用于小规模纳税人、银行、财务公司、信托投资公司、信用社，以及财政部和国家税务总局规定的其他纳税人。纳税人的具体纳税期限，由主管税务机关根据纳税人应纳税额的大小分别核定；不能按照固定期限纳税的，可以按次纳税。

3.报缴税款期限

1.纳税人以1个月或者1个季度为一个纳税期的，自期满之日起15日内申报纳税；以1日、3日、5日、10日或者15日为一个纳税期的，自期满之日起5日内预缴税款，于次月1日起15日内申报纳税并结清上月应纳税款。

2.纳税人进口货物，应当自海关填发海关进口增值税专用缴款书之日起15日内缴纳税款。

（二）纳税地点

1.固定业户应当向其机构所在地主管税务机关申报纳税。总机构和分支机构不在同一县（市）的，应当分别向各自所在地主管税务机关申报纳税；经国务院财政、税务主管部门或者其授权的财政、税务机关批准，也可由总机构汇总向总机构所在地主管税务机关申报纳税。

2.纳税人跨省（自治区、直辖市和计划单列市）临时从事生产经营活动的，向机构所在地的税务机关填报《跨区域涉税事项报告表》，跨区域涉税事项由纳税人首次在经营地办理涉税事宜时，向经营地的税务机关报验，报验时应当出示税务登记证件。纳税人跨区域经营活动结束后，应当结清经营地的应纳税款以及其他涉税事项，再向经营地的税务机关填报《经营地涉税事项反馈表》。税务机关审核后同意办结的，经营地的税务机关应当及时将相关信息反馈给机构所在地的税务机关。纳税人不需要另行向机构所在地的税务机关反馈。

3.非固定业户应当向应税行为发生地主管税务机关申报纳税；未申报纳税的，由其机构所在地或者居住地主管税务机关补征税款。

4.进口货物应当由进口人或其代理人向报关地海关申报纳税。

5.扣缴义务人应当向其机构所在地或者居住地的主管税务机关申报缴纳其扣缴的税款。

6.其他个人提供建筑服务、销售或者租赁不动产、转让自然资源使用权，应向建筑服务发生地、不动产所在地、自然资源所在地主管税务机关申报纳税。

（三）预征增值税的征管规定

全面实行“营改增”后，为了平衡各地方财政收入，针对房地产和建筑业两个特殊行业，实行先在不动产所在地或者劳务发生地“预征”，再回机构所在地申报的特殊管理办法。“预征率”也随不同纳税项目设置了2%、3%、5%三档，具体规定如下：

1.提供建筑服务预征增值税的规定

建筑企业预征增值税款包含跨县（市、区）提供建筑服务和取得预收款两种情况。

纳税人跨县（市、区）提供建筑服务，要向建筑劳务发生地税务机关预缴税款。同一地级行政区范围内跨县（市、区）不属于跨县（市、区）提供建筑服务，只有跨越不同地级行政区提供建筑服务时，才需要预缴税款。

纳税人提供建筑服务取得预收款，应在收到预收款时，以取得的预收款扣除支付的分包款后的余额，按照规定的预征率预缴增值税。

纳税人提供建筑服务取得预收款，属于跨县（市、区）的建筑服务，应向建筑服务发生地税务机关预缴税款，不属于跨县（市、区）的建筑服务，应向机构所在地税务机关预缴税款。

（1）一般纳税人适用一般计税方法计税的，以取得的全部价款和价外费用扣除支付的分包款后的余额，按照2%的预征率计算应预缴税款，计算方法如下：

应预缴税款 =（全部价款和价外费用 − 支付的分包款）÷（1 + 9%）× 2%

（2）一般纳税人适用简易计税方法计税的，以取得的全部价款和价外费用扣除支付的分包款后的余额，按照3%的征收率计算应预缴税款，计算方法如下：

应预缴税款 =（全部价款和价外费用 − 支付的分包款）÷（1 + 3%）× 3%

（3）小规模纳税人提供建筑服务的，以取得的全部价款和价外费用扣除支付的分包款后的余额，按照3%的征收率计算应预缴税款，计算方法如下：

应预缴税款 =（全部价款和价外费用 − 支付的分包款）÷（1 + 3%）× 3%

纳税人取得的全部价款和价外费用扣除支付的分包款后的余额为负数的，可结转下次预缴税款时继续扣除。纳税人应按照工程项目分别计算应预缴税款，分别预缴。

【提示】纳税人跨县（市、区）提供建筑服务，向建筑服务发生地主管税务机关预缴增值税税款；纳税人非跨县（市、区）提供建筑服务，向机构所在地主管税务机关预缴增值税税款。纳税人在同一地级行政区范围内跨县（市、区）提供建筑服务的，不属于跨县（市、区）提供建筑服务。

【提示】纳税人预缴的增值税，可以在当期增值税应纳税额中抵减，抵减不完的，结转下期继续抵减。

纳税人以预缴税款抵减应纳税额，应以完税凭证作为合法有效凭证。

小规模纳税人跨县（市、区）提供建筑服务，不能自行开具增值税发票的，可向建筑服务发生地主管税务机关按照其取得的全部价款和价外费用申请代开增值税发票。

2.销售机构所在地以外的不动产预征规定

（1）一般纳税人销售其2016年4月30日前取得（不含自建）的不动产，可以选择适用简易计税方法，以取得的全部价款和价外费用扣除该项不动产购置原价或者取得不动产时的作价后的余额为销售额，按照5%的征收率计算应纳税额。纳税人应按照上述计税方法在不动产所在地预缴税款后，向机构所在地主管税务机关进行纳税申报。

（2）一般纳税人销售其2016年4月30日前自建的不动产，可以选择适用简易计税方法，以取得的全部价款和价外费用为销售额，按照5%的征收率计算应纳税额。纳税人应按照上述计税方法在不动产所在地预缴税款后，向机构所在地主管税务机关进行纳税申报。

（3）一般纳税人销售其2016年5月1日后取得（不含自建）的不动产，应适用一般计税方法，以取得的全部价款和价外费用为销售额计算应纳税额。纳税人应以取得的全部价款和价外费用扣除该项不动产购置原价或者取得不动产时的作价后的余额，按照5%的预征率在不动产所在地预缴税款后，向机构所在地主管税务机关进行纳税申报。

（4）一般纳税人销售其2016年5月1日后自建的不动产，应适用一般计税方法，以取得的全部价款和价外费用为销售额计算应纳税额。纳税人应以取得的全部价款和价外费用，按照5%的预征率在不动产所在地预缴税款后，向机构所在地主管税务机关进行纳税申报。

（5）小规模纳税人销售其取得（不含自建）的不动产（不含个体工商户销售购买的住房和其他个人销售不动产），应以取得的全部价款和价外费用扣除该项不动产购置原价或者取得不动产时的作价后的余额为销售额，按照5%的征收率计算应纳税额。纳税人应按照上述计税方法在不动产所在地预缴税款后，向机构所在地主管税务机关进行纳税申报。

（6）小规模纳税人销售其自建的不动产，应以取得的全部价款和价外费用为销售额，按照5%的征收率计算应纳税额。纳税人应按照上述计税方法在不动产所在地预缴税款后，向机构所在地主管税务机关进行纳税申报。

（7）房地产开发企业中的一般纳税人，销售自行开发的房地产老项目，适用一般计税方法计税的，应以取得的全部价款和价外费用，按照3%的预征率在不动产所在地预缴税款后，向机构所在地主管税务机关进行纳税申报。

（8）房地产开发企业采取预收款方式销售所开发的房地产项目，在收到预收款时按照3%的预征率预缴增值税。其计算公式为：

应预缴税款＝预收款÷（1＋适用税率或征收率）×3%

（9）个体工商户销售购买的住房，应在不动产所在地预缴税款后，向机构所在地主管税务机关进行纳税申报。

3.机构所在地以外不动产经营租赁服务的预征规定

（1）一般纳税人出租其2016年4月30日前取得的不动产，可以选择适用简易计税方法，按照5%的征收率计算应纳税额。纳税人出租其2016年4月30日前取得的与机构所在地不在同一县（市）的不动产，应按照上述计税方法在不动产所在地预缴税款后，向机构所在地主管税务机关进行纳税申报。

（2）一般纳税人出租其2016年5月1日后取得的与机构所在地不在同一县（市）的不动产，应按照3%的预征率在不动产所在地预缴税款后，向机构所在地主管税务机关进行纳税申报。

(3) 小规模纳税人出租其取得的不动产（不含个人出租住房），应按照5%的征收率计算应纳税额。纳税人出租其与机构所在地不在同一县（市）的不动产，应按照上述计税方法在不动产所在地预缴税款后，向机构所在地主管税务机关进行纳税申报。

(4) 一般纳税人出租其2016年4月30日前取得的不动产，适用一般计税方法计税的，应以取得的全部价款和价外费用，按照3%的预征率在不动产所在地预缴税款后，向机构所在地主管税务机关进行纳税申报。

【注意】一般纳税人跨省（自治区、直辖市或者计划单列市）提供建筑服务或者销售、出租取得的与机构所在地不在同一省（自治区、直辖市或者计划单列市）的不动产，在机构所在地申报纳税时，计算的应纳税额小于已预缴税额且差额较大的，由国家税务总局通知建筑服务发生地或者不动产所在地省级税务机关，在一定时期内暂停预缴增值税。

（四）增值税专用发票的管理

1. 增值税发票的分类

微课

防伪税控系统增值税专用发票开票

增值税发票分为增值税专用发票和增值税普通发票两种。

增值税专用发票，是指增值税纳税人销售货物、劳务、服务、无形资产、不动产开具的发票，是购买方支付增值税税额并可按照增值税有关规定据以抵扣增值税进项税额的凭证，增值税专用发票一般开给一般纳税人。

增值税普通发票，是指增值税纳税人销售货物、劳务、服务、无形资产、不动产开具的发票，增值税普通发票可以开给所有的单位和个人。购买方取得的增值税普通发票不作为抵扣增值税进项税额的凭证。

增值税专用发票由基本联次或者基本联次附加其他联次构成，基本联次为三联：发票联、抵扣联和记账联。发票联，作为购买方核算采购成本和增值税进项税额的记账凭证；抵扣联，作为购买方报送主管税务机关认证和留存备查的凭证；记账联，作为销售方核算销售收入和增值税销项税额的记账凭证。其他联次用途，由一般纳税人自行确定。

专用发票实行最高开票限额管理。最高开票限额，是指单份专用发票开具的销售额合计数不得达到的上限额度。由税务机关结合纳税人信用积分确定增值税专用发票最高开票限额和用票数量，完善最高开票限额管理，推动取消最高开票限额审批，便于纳税人生产经营。

增值税普通发票的格式、字体、栏次、内容与增值税专用发票完全一致，按发票联次分为两联票和五联票两种，基本联次为两联：第一联为记账联，销售方用作记账凭证；第二联为发票联，购买方用作记账凭证。此外，为满足部分纳税人的需要，在基本联次后添加了三联的附加联次，即五联票，供企业选择使用。

2. 增值税专用发票的开具范围

一般纳税人销售货物、提供应税劳务以及销售服务、无形资产和不动产的，应向购买方开具专用发票。纳税人发生的以下应税行为，不得开具增值税专用发票：

（1）向消费者个人销售货物、劳务、服务、无形资产或者不动产；

（2）适用免征增值税规定的应税行为；

（3）提供经纪代理服务向委托方收取的政府性基金或者行政事业性收费；

（4）提供旅游服务，选择差额扣除的住宿费、餐饮费、交通费、签证费、门票费和支付给其他接团旅游企业的旅游费部分；

（5）金融商品转让；

（6）有形动产融资性售后回租服务的老合同，选择扣除本金部分后的余额为销售额时，向承租方收取的有形动产价款本金，不能开具增值税专用发票，可以开具普通发票；

（7）销售劳务派遣服务，选择差额纳税的纳税人，向用工单位收取用于支付给劳务派遣员工的工资、福利和为其办理社会保险及住房公积金的费用，不得开具增值税专用发票，可以开具普通发票。

三、增值税纳税申报

（一）增值税扣税凭证的确认

一般纳税人取得增值税发票（包括增值税专用发票、机动车销售统一发票、收费公路通行费增值税电子普通发票）后，可以使用增值税综合服务平台查询、选择用于申报抵扣、出口退税或者代办退税的增值税发票信息。

（二）抄报税

抄报税，指的是将防伪税控系统开具发票的信息报送税务机关。这个过程分为两步：第一步是月底在税控系统进行抄税处理，将本月开具增值税专用发票的信息读入IC卡（抄税完成后本月不允许再开具发票）；第二步就是将IC卡报送税务机关，由税务人员将IC卡的信息读入税务机关的金税系统。

（三）纳税申报

纳税申报，是指增值税纳税人在规定的纳税期内将纳税申报资料报送税务机关。纳税申报资料包括纳税申报表及其附列资料和纳税申报其他资料。

1.增值税一般纳税人（以下简称一般纳税人）纳税申报表及其附列资料

自2021年8月1日起，增值税与城市维护建设税、教育费附加、地方教育附加申报表整合。启用增值税及附加税费申报表（一般纳税人适用）、增值税及附加税费申报表（小规模纳税人适用）、增值税及附加税费预缴表及其附列资料、消费税及附加税费申报表。

（1）增值税及附加税费申报表（一般纳税人适用）。

（2）增值税及附加税费申报表附列资料（一）（本期销售情况明细）。

（3）增值税及附加税费申报表附列资料（二）（本期进项税额明细）。

（4）增值税及附加税费申报表附列资料（三）（服务、不动产和无形资产扣除项目明细）。

一般纳税人销售服务、不动产和无形资产，在确定服务、不动产和无形资产销售额时，按照有关规定可以从取得的全部价款和价外费用中扣除价款的，需填报增值税及附加税费申报表附列资料（三）。其他情况不填写该附列资料。

（5）增值税及附加税费申报表附列资料（四）（税额抵减情况表）。

（6）增值税及附加税费申报表附列资料（五）（附加税费情况表）。

（7）增值税减免税申报明细表。

2.增值税小规模纳税人纳税申报表及其附列资料

（1）增值税及附加税费申报表（小规模纳税人适用）。

（2）增值税及附加税费申报表（小规模纳税人适用）附列资料。

小规模纳税人销售服务，在确定其服务销售额时，按照有关规定可以从取得的全部价款和价外费用中扣除价款的，需填报增值税及附加税费申报表（小规模纳税人适用）附列资料。其他情况不填写该附列资料。

（3）增值税减免税申报明细表。

3.纳税申报其他资料

（1）已开具的税控机动车销售统一发票和普通发票的存根联。

（2）符合抵扣条件且在本期申报抵扣的增值税专用发票（含税控机动车销售统一发票）的抵扣联。

（3）符合抵扣条件且在本期申报抵扣的海关进口增值税专用缴款书、购进农产品取得的普通发票的复印件。

（4）符合抵扣条件且在本期申报抵扣的税收完税凭证及其清单、书面合同、付款证明和境外单位的对账单或者发票。

（5）已开具的农产品收购凭证的存根联或报查联。

（6）纳税人销售服务、不动产和无形资产，在确定服务、不动产和无形资产销售额时，按照有关规定从取得的全部价款和价外费用中扣除价款的合法凭证及其清单。

（7）主管税务机关规定的其他资料。

4.纳税资料的报备

纳税申报表及其附列资料为必报资料。纳税申报其他资料的报备要求由各省、自治区、直辖市和计划单列市税务局确定。

5.其他

纳税人提供建筑服务（取得预收款）、跨县（市）提供建筑服务、房地产开发企业预售自行开发的房地产项目、纳税人出租其与机构所在地不在同一县（市）的不动产，按规定需要在机构所在地、项目所在地或不动产所在地主管税务机关预缴税款的，需填写增值税及附加税费预缴税款表。

6.增值税及附加税费申报表的填制

增值税及附加税费申报表及其附列资料的基本格式及填制见表2-2至表2-5。

表2-2　　　　　　　　增值税及附加税费申报表（一般纳税人适用）

根据国家税收法律法规及增值税相关规定制定本表。纳税人不论有无销售额，均应按税务机关核定的纳税期限填写本表，并向当地税务机关申报。

税款所属时间：自2023年3月1日至2023年3月31日

填表日期：2023年4月12日　　　　　　　　　　　　　　　　　　　　单位：元（列至角分）

纳税人识别号（统一社会信用代码）：□□□□□□□□□□□□□□□□□□□□□□　所属行业

纳税人名称	（公章）	法人代表人姓名	（略）	注册地址		生产经营地址	（略）
开户行及账号	（略）		登记注册类型		（略）	电话号码	（略）

项目		栏次	一般项目		即征即退项目	
			本月数	本年累计	本月数	本年累计
销售额	（一）按适用税率计税销售额	1	636 724.83			
	其中：应税货物销售额	2	384 867.26			
	应税劳务销售额	3	20 000.00			
	纳税检查调整的销售额	4				
	（二）按简易计税办法计税销售额	5				
	其中：纳税检查调整的销售额	6				
	（三）免、抵、退办法出口销售额	7			—	—
	（四）免税销售额	8			—	—
	其中：免税货物销售额	9			—	—
	免税劳务销售额	10			—	—
税款计算	销项税额	11	66 575.17			
	进项税额	12	35 110.00			
	上期留抵税额	13	15 000.00	—		—
	进项税额转出	14				
	免、抵、退应退税额	15			—	—
	按适用税率计算的纳税检查应补缴税额	16			—	—
	应抵扣税额合计	17＝12＋13－14－15＋16	50 110.00			—
	实际抵扣税额	18（如17<11，则为17，否则为11）	50 110.00			
	应纳税额	19＝11－18	16 465.17			
	期末留抵税额	20＝17－18	0.00			—
	简易计税办法计算的应纳税额	21				
	按简易计税办法计算的纳税检查应补缴税额	22			—	—
	应纳税额减征额	23				
	应纳税额合计	24＝19＋21－23	16 465.17			

续表

项目		栏次	一般项目		即征即退项目	
			本月数	本年累计	本月数	本年累计
税款缴纳	期初未缴税额（多缴为负数）	25				
	实收出口开具专用缴款书退税额	26			—	—
	本期已缴税额	27 = 28 + 29 + 30 + 31				
	(1) 分次预缴税额	28		—		—
	(2) 出口开具专用缴款书预缴税额	29		—	—	—
	(3) 本期缴纳上期应纳税额	30				
	(4) 本期缴纳欠缴税额	31				
	期末未缴税额（多缴为负数）	32 = 24 + 25 + 26 − 27				
	其中：欠缴税额（≥0）	33 = 25 + 26 − 27		—		—
	本期应补（退）税额	34 = 24 − 28 − 29	16 465.17	—		—
	即征即退实际退税额	35	—	—		
	期初未缴查补税额	36			—	—
	本期入库查补税额	37			—	—
	期末未缴查补税额	38 = 16 + 22 + 36 − 37			—	—
附加税费	城市维护建设税本期应补（退）税额	39	1 152.56		—	—
	教育费附加本期应补（退）费额	40	493.96		—	—
	地方教育附加本期应补（退）费额	41	329.30		—	—

声明：此表是根据国家税收法律法规及相关规定填写的，本人（单位）对填报内容（及附带资料）的真实性、可靠性、完整性负责。

纳税人（签章）：　　　　年　月　日

经办人：
经办人身份证号：
代理机构签章：
代理机构统一社会信用代码：

受理人：
受理税务机关（章）：
受理日期：　　年　月　日

注：根据【做中学2-1】【做中学2-4】【做中学2-6】【做中学2-7】【做中学2-10】填制。

表 2-3

增值税及附加税费申报表附列资料（一）

（本期销售情况明细）

税款所属时间：2023 年 3 月 1 日至 2023 年 3 月 31 日

纳税人名称：（公章）　　　　　　　　　　　　　　　　　　　　　　金额单位：元（列至角分）

项目及栏次				开具增值税专用发票		开具其他发票		未开具发票		纳税检查调整		合计			服务、不动产和无形资产扣除项目本期实际扣除金额	扣除后	
				销售额	销项（应纳）税额	销售额	销项（应纳）税额	销售额	销项（应纳）税额	销售额	销项（应纳）税额	销售额	销项（应纳）税额	价税合计		含税（免税）销售额	销项（应纳）税额
				1	2	3	4	5	6	7	8	9 = 1+3+5+7	10 = 2+4+6+8	11 = 9 + 10	12	13 = 11 − 12	14 = 13÷（100% + 税率或征收率）× 税率或征收率
一、一般计税方法计税	全部征税项目	13% 税率的货物及加工修理修配劳务	1	384 424.78	49 975.22	20 000.00	2 600.00	442.48	57.52			404 867.26	52 632.74	—	—	—	—
		13% 税率的服务、不动产和无形资产	2			442.48	57.52					442.48	57.52				
		9% 税率的货物及加工修理修配劳务	3														
		9% 税率的服务、不动产和无形资产	4														
		6% 税率	5	230 000.00	13 800.00	1 415.09	84.91					231 415.09	13 884.91				
	其中：即征即退项目	即征即退货物及加工修理修配劳务	6	—	—	—	—	—	—	—	—			—	—	—	—
		即征即退服务、不动产和无形资产	7	—	—	—	—	—	—	—	—						

续表

项目及栏次				开具增值税专用发票		开具其他发票		未开具发票		纳税检查调整		合计			服务、不动产和无形资产扣除项目本期实际扣除金额	扣除后	
				销售额	销项（应纳）税额	销售额	销项（应纳）税额	销售额	销项（应纳）税额	销售额	销项（应纳）税额	销售额	销项（应纳）税额	价税合计		含税（免税）销售额	销项（应纳）税额
				1	2	3	4	5	6	7	8	9=1+3+5+7	10=2+4+6+8	11=9+10	12	13=11-12	14=13÷（100%+税率或征收率）×税率或征收率
二、简易计税方法计税	全部征税项目	6%征收率	8							—	—			—	—	—	—
		5%征收率的货物及加工修理修配劳务	9a							—	—			—	—	—	—
		5%征收率的服务、不动产和无形资产	9b							—	—						
		4%征收率	10							—	—			—	—	—	—
		3%征收率的货物及加工修理修配劳务	11							—	—			—	—	—	—
		3%征收率的服务、不动产和无形资产	12							—	—						
		预征率　%	13a							—	—						
		预征率　%	13b							—	—						
		预征率　%	13c							—	—						
	其中：即征即退项目	即征即退货物及加工修理修配劳务	14	—	—	—	—	—	—	—	—			—	—	—	—
		即征即退服务、不动产和无形资产	15	—	—	—	—	—	—	—	—						

续表

项目及栏次			开具增值税专用发票		开具其他发票		未开具发票		纳税检查调整		合计			服务、不动产和无形资产扣除项目本期实际扣除金额	扣除后	
			销售额	销项（应纳）税额	销售额	销项（应纳）税额	销售额	销项（应纳）税额	销售额	销项（应纳）税额	销售额	销项（应纳）税额	价税合计		含税（免税）销售额	销项（应纳）税额
			1	2	3	4	5	6	7	8	9＝1＋3＋5＋7	10＝2＋4＋6＋8	11＝9＋10	12	13＝11－12	14＝13÷（100%＋税率或征收率）×税率或征收率
三、免抵退税	货物及加工修理修配劳务	16	—	—		—		—	—	—		—	—	—	—	—
	服务、不动产和无形资产	17	—	—		—		—	—	—		—				—
四、免税	货物及加工修理修配劳务	18				—		—	—	—		—	—	—	—	—
	服务、不动产和无形资产	19	—	—		—		—	—	—		—				—

注：根据【做中学2-1】【做中学2-4】【做中学2-6】【做中学2-7】【做中学2-10】填制。

表2-4 增值税及附加税费申报表附列资料（二）

（本期进项税额明细）

税款所属时间：2023年3月1日至2023年3月31日

纳税人名称：（公章） 金额单位：元（列至角分）

一、申报抵扣的进项税额				
项目	栏次	份数	金额	税额
（一）认证相符的增值税专用发票	1＝2＋3	2	282 500.00	28 550.00
其中：本期认证相符且本期申报抵扣	2	2	282 500.00	28 550.00
前期认证相符且本期申报抵扣	3			
（二）其他扣税凭证	4＝5＋6＋7＋8a＋8b	104	76 000.00	6 560.00
其中：海关进口增值税专用缴款书	5			
农产品收购发票或者销售发票	6	1	50 000.00	4 500.00
代扣代缴税收缴款凭证	7		—	
加计扣除农产品进项税额	8a	—	—	500.00
其他	8b	103	26 000.00	1 560.00
（三）本期用于购建不动产的扣税凭证	9			
（四）本期用于抵扣的旅客运输服务扣税凭证	10	95	25 000.00	1 530.00
（五）外贸企业进项税额抵扣证明	11	—	—	
当期申报抵扣进项税额合计	12＝1＋4＋11	106	358 500.00	35 110.00

二、进项税额转出额		
项目	栏次	税额
本期进项税额转出额	13＝14至23之和	
其中：免税项目用	14	
集体福利、个人消费	15	
非正常损失	16	
简易计税方法征税项目用	17	
免抵退税办法不得抵扣的进项税额	18	
纳税检查调减进项税额	19	

续表

项目	栏次	税额		
红字专用发票信息表注明的进项税额	20			
上期留抵税额抵减欠税	21			
上期留抵税额退税	22			
异常凭证转出进项税额	23a			
其他应作进项税额转出的情形	23b			
三、待抵扣进项税额				
项目	栏次	份数	金额	税额
（一）认证相符的增值税专用发票	24	—	—	—
期初已认证相符但未申报抵扣	25			
本期认证相符且本期未申报抵扣	26			
期末已认证相符但未申报抵扣	27			
其中：按照税法规定不允许抵扣	28			
（二）其他扣税凭证	29＝30至33之和			
其中：海关进口增值税专用缴款书	30			
农产品收购发票或者销售发票	31			
代扣代缴税收缴款凭证	32		—	
其他	33			
	34			
四、其他				
项目	栏次	份数	金额	税额
本期认证相符的增值税专用发票	35			
代扣代缴税额	36	—	—	

注：根据【做中学2–1】【做中学2–4】【做中学2–6】【做中学2–7】【做中学2–10】填制。

表2-5 增值税及附加税费申报表

（小规模纳税人适用）

纳税人识别号（统一社会信用代码）：□□□□□□□□□□□□□□□□□□□□

纳税人名称： 金额单位：元（列至角分）

税款所属期： 年 月 日至 年 月 日 填表日期： 年 月 日

	项目	栏次	本期数		本年累计	
			货物及劳务	服务、不动产和无形资产	货物及劳务	服务、不动产和无形资产
一、计税依据	（一）应征增值税不含税销售额（3%征收率）	1				
	增值税专用发票不含税销售额	2				
	其他增值税发票不含税销售额	3				
	（二）应征增值税不含税销售额（5%征收率）	4	—		—	
	增值税专用发票不含税销售额	5	—		—	
	其他增值税发票不含税销售额	6	—		—	
	（三）销售使用过的固定资产不含税销售额	7（7≥8）		—		—
	其中：其他增值税发票不含税销售额	8		—		—
	（四）免税销售额	9=10+11+12				
	其中：小微企业免税销售额	10				
	未达起征点销售额	11				
	其他免税销售额	12				
	（五）出口免税销售额	13（13≥14）				
	其中：其他增值税发票不含税销售额	14				
二、税款计算	本期应纳税额	15				
	本期应纳税额减征额	16				
	本期免税额	17				
	其中：小微企业免税额	18				
	未达起征点免税额	19				
	应纳税额合计	20=15－16				
	本期预缴税额	21			—	—
	本期应补（退）税额	22=20－21			—	—
三、附加税费	城市维护建设税本期应补（退）税额	23				
	教育费附加本期应补（退）费额	24				
	地方教育附加本期应补（退）费额	25				

声明：此表是根据国家税收法律法规及相详规定填写的，本人（单位）对填报内容（及附带资料）的真实性、可靠性、完整性负责。

纳税人（签章）： 年 月 日

经办人： 经办人身份证号： 代理机构签章： 代理机构统一社会信用代码：	受理人： 受理税务机关（章）： 受理日期： 年 月 日

思政园地

诚信纳税是企业发展的基石

深圳市某园林绿化工程有限公司取得深圳市A科技有限公司开具的3份增值税专用发票（金额299 979.48元，税额50 996.52元，价税合计350 976.00元），取得深圳市B科技有限公司开具的3份增值税专用发票（金额35 493.84元，税额6 033.96元，价税合计41 527.80元），上述6份发票已被认定为虚开发票，且已于2014年12月、2015年1月、2015年6月、2015年9月所属期认证抵扣税款。

深圳市某园林绿化工程有限公司取得虚开发票抵扣税款的行为，违反了《中华人民共和国增值税暂行条例》第九条的规定，相应的进项税额不得从销项税额中抵扣。根据《国家税务总局关于纳税人取得虚开的增值税专用发票处理问题的通知》（国税发〔1997〕134号）、《国家税务总局关于〈国家税务总局关于纳税人取得虚开的增值税专用发票处理问题的通知〉的补充通知》（国税发〔2000〕182号）的规定，该公司上述行为应按偷税处理。经计算，该公司上述违法行为造成2014年12月少缴增值税921.20元，少缴城市维护建设税64.48元，少缴教育费附加27.64元，少缴地方教育附加18.42元；造成2015年1月少缴增值税3 184.96元，少缴城市维护建设税222.95元，少缴教育费附加95.55元，少缴地方教育附加63.70元；造成2015年6月少缴增值税1 927.80元，少缴城市维护建设税134.95元，少缴教育费附加57.83元，少缴地方教育附加38.56元；造成2015年9月少缴增值税50 996.52元，少缴城市维护建设税3 569.76元，少缴教育费附加1 529.90元，少缴地方教育附加1 019.93元。

此外，该公司经核定应补缴2014年企业所得税1 485 052.48元；应补缴2015年企业所得税11 899 936.27元。

根据《中华人民共和国税收征收管理法》第六十三条第一款，拟对该公司的偷税行为，处以所偷税款百分之六十的罚款，即8 067 606.83元。

资料来源：华税. 接受虚开发票39万，因稽查应对不当竟招致补税罚款2 100余万［EB/OL］.［2021－10－13］. https：//www.shui5.cn/article/24/15185.html.有删改.

【启示】《论语·为政》有曰："人而无信，不知其可也。"诚信是中华民族的传统美德，诚信纳税是衡量企业商业信誉的标尺、是企业的金字招牌。

依据《中华人民共和国税收征收管理法》第六十三条第一款，对深圳市某园林绿化工程有限公司违反《中华人民共和国增值税暂行条例》第九条的规定虚开发票抵扣税款的行为进行处罚，捍卫了税法的尊严，维护了税收的公平，为企业营造了公平的竞争环境。对加强和创新社会管理，构建以信用为核心的新型市场监管体系，提高纳税人税法遵从度，促进企业依法诚信经营，营造诚信社会环境，具有积极的示范推动作用。

项目小结

本项目主要知识点归纳总结见表2-6。

表2-6　　　　本项目主要知识点归纳总结

<table>
<tr><th>主要知识点</th><th colspan="3">内容</th></tr>
<tr><td rowspan="3">增值税基本要素</td><td>征税范围</td><td colspan="2">在我国境内销售货物，进口货物，提供加工修理修配劳务，销售交通运输服务、建筑服务、金融保险服务、现代服务、生活服务、邮政电信服务，转让无形资产，销售不动产</td></tr>
<tr><td>纳税人</td><td colspan="2">在我国境内发生增值税应税行为的单位和个人，根据会计核算水平和经营规模分为增值税一般纳税人和小规模纳税人</td></tr>
<tr><td>税率和征收率</td><td colspan="2">税率有：销售、进口货物及有形动产租赁13%，销售、进口低税率货物9%，加工修理修配劳务13%，提供交通运输业服务、邮政业服务、基础电信服务、建筑服务、不动产租赁服务及销售不动产和转让土地使用权9%，除有形动产租赁服务外的其他服务和转让除土地使用权外的无形资产6%，出口货物、境内单位和个人发生的跨境应税行为零税率。
征收率一般为3%，销售不动产、不动产经营租赁征收率为5%</td></tr>
<tr><td rowspan="7">增值税应纳税额的计算</td><td>计税销售额</td><td colspan="2">纳税人销售货物或提供应税劳务（服务），销售无形资产、不动产收取的全部价款和价外费用，但不包括收取的销项税额。不包括以下项目：(1) 代为收取并符合规定的政府性基金或者行政事业性收费；(2) 以委托方名义开具发票代委托方收取的款项。
不含税销售额 = 含税销售额 ÷（1 + 税率）</td></tr>
<tr><td rowspan="3">一般计税方法
（应纳税额 = 销项税额 − 进项税额 + 进项税额转出）</td><td>销项税额</td><td>销项税额 = 计税销售额 × 税率</td></tr>
<tr><td>允许抵扣的进项税额</td><td>纳税人购进货物、劳务、服务、无形资产、不动产取得的增值税扣税凭证上注明的税额，购进农产品取得收购凭证或销售发票上注明的买价计算的进项税额；支付过路费取得的增值税电子发票注明的税额以及购进国内旅客运输服务凭相关运输凭证计算的进项税额</td></tr>
<tr><td>不允许抵扣的进项税额</td><td>适用于简易计税方法计税项目、免征增值税项目、集体福利或者个人消费的购进货物、加工修理修配劳务、服务、无形资产和不动产；购进的贷款服务、餐饮服务、居民日常服务和娱乐服务；非正常损失的外购货物及其相关劳务、非正常损失的在产品、产成品、不动产、不动产在建工程相关的货物、劳务</td></tr>
<tr><td rowspan="2">简易计税方法</td><td>一般情况</td><td>应纳税额 = 含税销售额÷（1 + 征收率）× 征收率</td></tr>
<tr><td>建筑服务</td><td>应纳税额 =（含税销售额 − 支付的分包款）÷（1 + 征收率）× 征收率</td></tr>
<tr><td>进口环节应纳税额</td><td colspan="2">应纳税额 =（关税完税价 + 关税 + 消费税）× 适用税率</td></tr>
<tr><td rowspan="2">征收管理</td><td>纳税义务发生时间</td><td colspan="2">结算方式不同，纳税义务发生的时间不同</td></tr>
<tr><td>纳税地点</td><td colspan="2">一般为机构所在地</td></tr>
</table>

阅读篇目

《中华人民共和国增值税暂行条例》

《中华人民共和国增值税暂行条例实施细则》

《关于全面推开营业税改征增值税试点的通知》

《关于发布〈房地产开发企业销售自行开发的房地产项目增值税征收管理暂行办法〉的公告》

《关于发布〈纳税人跨县（市、区）提供建筑服务增值税征收管理暂行办法〉的公告》

《关于发布〈纳税人提供不动产经营租赁服务增值税征收管理暂行办法〉的公告》

《关于发布〈不动产进项税额分期抵扣暂行办法〉的公告》

《关于发布〈纳税人转让不动产增值税征收管理暂行办法〉的公告》

《国家税务总局关于发布〈营业税改征增值税跨境应税行为增值税免税管理办法（试行）〉的公告》

《关于小规模纳税人免征增值税政策有关征管问题的公告》（国家税务总局公告2019年第4号）

《财政部 税务总局关于金融机构小微企业贷款利息收入免征增值税政策的通知》（财税〔2018〕91号）

《财政部　税务总局关于明确养老机构免征增值税等政策的通知》（财税〔2019〕20号）

《国家税务总局关于扩大小规模纳税人自行开具增值税专用发票试点范围等事项的公告》（国家税务总局公告2019年第8号）

《财政部　税务总局关于继续实施支持文化企业发展增值税政策的通知》（财税〔2019〕17号）

《财政部　税务总局　海关总署关于深化增值税改革有关政策的公告》（财政部 税务总局 海关总署公告2019年第39号）

《国家税务总局关于深化增值税改革有关事项的公告》（国家税务总局公告2019年第14号）

《国家税务总局关于办理增值税期末留抵税额退税有关事项的公告》（国家税务总局公告2019年第20号）

《财政部　税务总局关于调整增值税税率的通知》（财税〔2018〕32号）

《国家税务总局关于国内旅客运输服务进项税抵扣等增值税征管问题的公告》（国家税务总局公告2019年第31号）

《国家税务总局关于取消增值税扣税凭证认证确认期限等增值税征管问题的公告》（国家税务总局公告2019年第45号）

《财政部　税务总局关于对增值税小规模纳税人免征增值税的公告》（财政部 税务

总局公告2022年第15号）

《财政部　税务总局关于进一步加大增值税期末留抵退税政策实施力度的公告》（财政部 税务总局公告2022年第14号）

《财政部　税务总局关于完善资源综合利用增值税政策的公告》（财政部 税务总局公告2021年第40号）

《国家税务总局关于增值税 消费税与附加税费申报表整合有关事项的公告》（国家税务总局公告2021年第20号）

项目三

消费税纳税实务

学习目标

知识目标

1. 掌握消费税的征税范围，掌握特定应税消费品的内涵，从而准确判断具体货物是否缴纳消费税，由谁负责缴纳，在哪个环节缴纳。
2. 熟悉消费税的税额计算方法，注意区别不同应税消费品的不同计算方式。
3. 对比增值税的计算，明确增值税与消费税避免重复征收的方法的异同。

技能目标

1. 能够正确计算消费税应纳税额。
2. 能够准确填制消费税纳税申报表，并能准备纳税申报资料。

态度目标

1. 树立法律意识，明确依法纳税、建立良好的纳税信用等级是企业发展的重要前提。
2. 树立风险防范意识，明确税收违章应负担的法律责任。
3. 树立筹划意识，最大限度地维护纳税人的合法权益，实现企业财务利益最大化的目标。

思政目标

1. 把握消费税功能定位，体会我国在打造人类命运共同体中的大国担当。
2. 通过消费税税目税率的学习，体会消费税调节收入分配、体现社会公平的政策意图。

工作情境与工作任务

通过项目二关于增值税的学习，我们知道纳税人发生货物、劳务、服务、无形资产、不动产的销售行为要缴纳增值税。你知道在流转环节，纳税人还需要缴纳什么税吗？其征税范围、纳税环节与增值税有何区别？

在普遍征收增值税的基础上，纳税人生产并销售、委托加工、进口应税消费品时，还应缴纳消费税。你知道消费税的税目是如何列举的吗？不同应税消费品调节力度如何？

纳税人销售的应税消费品可能是卷烟，也可能是啤酒、高档化妆品等，不同税目、不同来源的应税消费品，其应纳税额的计算方法各不相同。你会选择相应的计算方法计算纳税人应缴纳的消费税税额吗？如果是用外购已税消费品或委托加工应税消费品连续生产应税消费品，你还能准确计算应纳税额吗？

准确计算出纳税人销售应税消费品应纳消费税税额后，你会准确填制消费税纳税申报表，顺利报送到税务机关吗？

任务一　消费税基本要素

消费税，是指对在我国境内生产、委托加工和进口应税消费品的单位和个人，就其销售额或销售数量征收的一种税。

消费税是在对货物销售普遍征收增值税的基础上，以特定消费品为课税对象再征收的一种税。其目的是调节产业结构，引导消费方向，保证国家财政收入。我国现行消费税以1993年12月13日颁布，2008年11月5日修订的《中华人民共和国消费税暂行条例》（以下简称《消费税暂行条例》）为基本法律规范。

微课

消费税基本要素及纳税环节

一、消费税的征税范围及征税对象

（一）消费税征税范围

基于我国的经济发展水平、人民的生活水平和消费水平及消费结构现状，同时考虑到保证国家财政收入的稳定增长、国家的消费政策和产业政策的贯彻实施，《消费税暂行条例》将消费税的征税范围限定为以下几类：

第一类，过度消费会对人身健康、社会秩序、生态环境等方面造成危害的特殊消费品，如烟、酒、鞭炮、焰火、电池等。

第二类，非生活必需品，如高档化妆品、贵重首饰、高尔夫球及球具、高档手表等。

第三类，高能耗及高档消费品，如摩托车、小汽车、游艇等。

第四类，不可再生和替代的稀缺资源消费品，如木制一次性筷子、成品油等。

第五类，具有特定财政意义的消费品，这类消费品的税基宽广、消费普遍，征税后不影响广大居民基本生活，还可以起到增加财政收入的作用，如原消费税税目中的护肤护发品、汽车轮胎等。

消费税的征税范围应根据我国经济发展情况及消费结构的变化作适当调整。

（二）消费税征税对象

消费税对在我国境内生产、委托加工和进口的应税消费品征收。

境内，是指生产、委托加工和进口属于应当缴纳消费税的消费品的起运地或者所在地在境内。

二、消费税的纳税人

消费税的纳税人是在中华人民共和国境内生产、委托加工和进口应税消费品的单位和个人。

单位，是指从事生产、委托加工和进口应税消费品的企业、行政单位、事业单位、军事单位、社会团体及其他组织。

个人，是指个体工商户及其他个人。

消费税的纳税人具体包括：

（一）生产并销售应税消费品的单位或个人

1.应税消费品生产单位和个人将自产应税消费品用于抵偿债务、对外投资、换取其他生产资料和生活资料，属于生产并销售应税消费品，该单位或个人也是消费税的纳税人。

2.工业企业以外的单位和个人的下列行为视为应税消费品的生产行为，按规定征收消费税：

（1）将外购的消费税非应税产品以消费税应税产品对外销售的；

（2）将外购的消费税低税率应税产品以高税率应税产品对外销售的。

【思考】啤酒属于应税消费品，饮食业、商业、娱乐业开办的啤酒屋（啤酒坊）利用啤酒生产设备生产并销售啤酒，应当缴纳消费税吗？

（二）生产并自用应税消费品的单位和个人

纳税人自产自用的应税消费品，用于连续生产应税消费品的，不纳税；用于其他方面的，于移送使用时纳税。

用于连续生产应税消费品，是指纳税人将自产自用的应税消费品作为直接材料生产最终应税消费品，自产自用应税消费品构成最终应税消费品的实体。

用于其他方面，是指纳税人将自产自用应税消费品用于生产非应税消费品、在建工程、管理部门、非生产机构、提供劳务、馈赠、赞助、集资、广告、样品、职工福利、奖励等方面。

因此，应税消费品生产单位或个人将自产应税消费品用于其他方面的，该单位或个人为消费税的纳税人。

【辨析】纳税人发生上述情形时，发生增值税纳税义务吗？

（三）委托加工应税消费品的单位或个人

委托加工，是指委托方提供原材料和主要原料，由受托方代垫部分辅助材料并按照委托方要求加工应税消费品，受托方收取加工费和代垫辅料价款的经营活动。

对于由受托方提供原材料生产的应税消费品，或者受托方先将原材料卖给委托方，然后再接受加工的应税消费品，以及由受托方以委托方名义购进原材料生产的应税消费品，不论在财务上是否作销售处理，都不得作为委托加工应税消费品，而应当按照销售自制应税消费品缴纳消费税。

在委托加工应税消费品的业务中，委托方是消费税的纳税人，应在委托加工完毕、收回应税消费品时缴纳消费税；受托方是消费税的代收代缴义务人，应于委托方提货时代收代缴消费税。

【思考】若受托方没有履行代收代缴消费税纳税义务，需要承担补税、支付滞纳金的法律义务与责任吗？

（四）进口应税消费品的单位和个人

进口应税消费品的单位和个人是消费税纳税人，应在应税消费品进口报关环节向海关缴纳消费税。

（五）金银首饰零售或视同零售的单位或个人

在我国境内从事金银首饰零售业务的单位和个人，为金银首饰消费税的纳税人。

委托加工、委托代销金银首饰的，受托方是纳税人。

（六）从事卷烟批发业务的单位和个人

在我国境内从事卷烟批发业务的单位和个人，是卷烟批发环节的纳税人。纳税人销售给纳税人以外的单位和个人的卷烟应于销售时纳税，纳税人之间销售的卷烟不缴纳消费税。

【辨析】卷烟二级批发站将卷烟销售给三级批发站，需要缴纳消费税吗？

（七）将超豪华小汽车销售给消费者的单位和个人

自2016年12月1日起，对超豪华小汽车，除在生产（进口）环节征收消费税外，在零售环节加征消费税。将超豪华小汽车销售给消费者的单位和个人，为超豪华小汽车零售环节的纳税人。

三、消费税的税目、税率

（一）消费税的税目

目前，我国消费税采用正列举的方法设置了15个税目，有些税目还规定了若干个子目。这些应税消费品一般在生产、委托加工和进口环节纳税，金银首饰和钻石及钻石饰品在零售环节纳税，卷烟在生产（委托加工、进口）、批发环节纳税，超豪华小汽车在生产（委托加工、进口）、零售环节纳税。

（二）消费税的税率

消费税采用比例税率和定额税率两种税率形式。有的应税消费品单纯适用比例税率，有的应税消费品单纯适用定额税率，也有的应税消费品同时适用比例税率和定额税率两种形式。

消费税具体税目税率情况见表3–1。

表3–1　消费税税目税率表

税目	税率
一、烟	
1.卷烟	
（1）甲类卷烟（调拨价70元（不含增值税）/条以上（含70元））	56%加0.003元/支
（2）乙类卷烟（调拨价70元（不含增值税）/条以下）	36%加0.003元/支
（3）商业批发	11%加0.005元/支
2.雪茄烟	36%
3.烟丝	30%
二、酒	
1.白酒	20%加0.5元/500克（或者500毫升）
2.黄酒	240元/吨
3.啤酒	
（1）每吨不含增值税售价3 000元（含）以上的啤酒	250元/吨
（2）每吨不含增值税售价3 000元以下的啤酒	220元/吨
4.其他酒	10%
三、高档化妆品	15%
四、贵重首饰及珠宝玉石	
1.金银首饰、铂金首饰和钻石及钻石饰品	5%
2.其他贵重首饰和珠宝玉石	10%
五、鞭炮、焰火	15%
六、成品油	
1.汽油	1.52元/升
2.柴油	1.20元/升
3.航空煤油	1.20元/升
4.石脑油	1.52元/升
5.溶剂油	1.52元/升

续表

税目	税率
6.润滑油	1.52元/升
7.燃料油	1.20元/升
七、摩托车	
1.气缸容量为250毫升的	3%
2.气缸容量为250毫升以上的	10%
八、小汽车	
1.乘用车	
（1）气缸容量（排气量，下同）在1.0升（含1.0升）以下的	1%
（2）气缸容量在1.0升以上至1.5升（含1.5升）的	3%
（3）气缸容量在1.5升以上至2.0升（含2.0升）的	5%
（4）气缸容量在2.0升以上至2.5升（含2.5升）的	9%
（5）气缸容量在2.5升以上至3.0升（含3.0升）的	12%
（6）气缸容量在3.0升以上至4.0升（含4.0升）的	25%
（7）气缸容量在4.0升以上的	40%
2.中轻型商用客车	5%
3.超豪华小汽车（每辆不含增值税零售价格130万元及以上的乘用车和中轻型商用客车）	10%
九、高尔夫球及球具	10%
十、高档手表（单位不含增值税价格10 000元及以上）	20%
十一、游艇	10%
十二、木制一次性筷子	5%
十三、实木地板	5%
十四、电池	4%
十五、涂料	4%

注：高档化妆品征收范围包括高档美容、修饰类化妆品，高档护肤类化妆品和成套化妆品。高档美容、修饰类化妆品和高档护肤类化妆品，是指生产（进口）环节销售（完税）价格（不含增值税）在10元/毫升（克）或15元/片（张）及以上的美容、修饰类化妆品和护肤类化妆品。其具体包括：香水及花露水、唇用化妆品、眼用化妆品、指（趾）甲化妆品、粉（不论是否压紧）及其他美容化妆品。

消费税的征税项目具有选择性，以税法规定的特定产品为征税对象，即国家可以根据宏观产业政策和消费政策的要求，有目的、有重点地选择一些消费品征收消费税，以适当地限制某些特殊消费品的消费需求。消费税按不同的产品设计不同的税率，一般来说，同一产品应当同等纳税，但是为了充分发挥特殊调节的作用，有的对同一税目的应税消费品规定了不同的税率。如卷烟，销售价格不同，税率也不相同；又如酒类消费品，材料、工艺不同，税率也不相同。

【小知识】葡萄酒是以葡萄为原料，经破碎（压榨）、发酵而成的酒精度在1度（含）以上的葡萄原酒和成品酒（不含以葡萄为原料的蒸馏酒），按“其他酒”适用税率；调味料酒是以白酒、黄酒或食用酒精为主要原料，添加食盐、植物香辛料等配制加工而成的调味品，不属于配置酒和泡制酒，不征收消费税。

（三）消费税适用税率的特殊规定

一般情况下，纳税人生产、委托加工和进口应税消费品，应根据消费税税目税率表直接确定适用税率，但对纳税人生产经营中的一些特殊情况，应按以下特殊规定确定适用税率。

1.兼营不同税率应税消费品适用税率的确定

纳税人兼营不同税率应税消费品，应分别核算不同税率应税消费品的销售额、销售数量，分别适用税率；未分别核算的，一律从高适用税率。

【注意】纳税人兼营卷烟批发和零售业务的，应当分别核算批发和零售环节的销售额、销售数量；未分别核算批发和零售环节销售额、销售数量的，按照全部销售额、销售数量计征卷烟批发环节消费税。

2.成套销售不同税率应税消费品和非应税消费品适用税率的确定

纳税人将自产的不同税率的应税消费品与外购或自产的非应税消费品组成成套消费品销售，无论是否分别核算，一律从高适用税率，征收消费税。

3.配制酒消费税适用税率的确定

（1）以蒸馏酒或食用酒精为酒基，同时符合以下条件的配制酒，按消费税税目税率表“其他酒”10%适用税率征收消费税：

①具有国家相关部门批准的国食健字或卫食健字文号；

②酒精度低于38度（含）。

（2）以发酵酒为酒基，酒精度低于20度（含）的配制酒，按消费税税目税率表的“其他酒”10%适用税率征收消费税。

（3）其他配制酒，按消费税税目税率表的“白酒”适用税率征收消费税。

【提示】配制酒适用税率的判定，不以酒基所用原材料为依据，而是以酒基的生产工艺及配置后的酒精度数为标准。

任务二　消费税应纳税额的计算

一、生产销售应税消费品消费税税额的计算

消费税应纳税额的计算方法有三种，分别是：从价定率征收办法，其计税依据为销售额，如其他酒消费税；从量定额征收办法，其计税依据为销售量，如啤酒消费税；从价定率和从量定额相结合的征收办法（又称复合计税办法），分别以销售额、销售量为计税依据，如粮食白酒消费税。

微课
酒类生产企业消费税计算

微课
卷烟生产企业消费税税额计算

（一）生产销售应税消费品的计税依据

1.一般销售情况下销售额的确定

应税消费品的销售额包括销售应税消费品从购买方取得的全部价款和价外费用。所称价外费用，是指价外向购买方收取的手续费、补贴、基金、集资费、返还利润、奖励费、违约金、滞纳金、延期付款利息、赔偿金、代收款项、代垫款项、包装费、包装物租金、储备费、运输装卸费以及其他各种性质的价外收费。但是，不包括收取的以下款项：

（1）向购买方收取的增值税税款。如果纳税人应税消费品的销售额中未扣除增值税税款，在确定销售额时应将含增值税的销售额换算为不含增值税的销售额。其换算公式为：

应税消费品的销售额 = 含增值税的销售额 ÷（1 + 增值税税率或征收率）

【提示】价外费用均为含税销售额，计算纳税时应换算为不含税销售额。

（2）同时符合以下条件的代垫运费：

①承运部门将运输发票开具给购买方；

②纳税人将该项发票转交给购买方。

（3）同时符合以下条件代为收取的政府性基金或者行政事业性收费：

①由国务院或者财政部批准设立的政府性基金，由国务院或者省级人民政府及其财政、价格主管部门批准设立的行政事业性收费；

②收取时开具省级以上财政部门印制的财政票据；

③所收款项全额上缴财政。

纳税人销售的应税消费品，以外汇结算销售额的，可选择销售额发生的当天或者当月1日的人民币汇率中间价换算，纳税人应事先确定采取何种折合率，确定后1年内不得变更。

【辨析】上述消费税计税依据的确定与增值税计税依据的确定一致吗？

2.特殊情况下销售额的确定

（1）应税消费品用于换取生产资料、生活资料、抵偿债务、投资入股的，按照同类消费品最高售价为计税销售额。

【思考】上述销售行为应如何确定增值税计税依据呢？

（2）纳税人通过自设非独立核算门市部销售自产应税消费品，应按照门市部对外销售价格或数量计算消费税。

（3）带包装销售销售额的确定。应税消费品连同包装物一起销售的，无论包装物是否单独计价以及在会计上如何核算，均应并入应税消费品的销售额中缴纳消费税。如果包装物不作价随同产品销售，而是收取押金，则此项押金暂不并入应税消费品的销售额中征税。但对因逾期未收回的包装物不再退还的或者已收取的时间超过12个月的押金，应并入应税消费品的销售额中，按照应税消费品的适用税率缴纳消费税。

对既作价随同应税消费品销售，又另外收取押金的包装物的押金，凡纳税人在规定的期限内没有退还的，均应并入应税消费品的销售额中，按照应税消费品的适用税率缴纳消费税。

对酒类产品生产企业销售酒类产品（除啤酒、黄酒外）而收取的包装物押金，无论押金是否退还以及在会计上如何核算，均应在收取时并入酒类产品销售额中，按照酒类产品的适用税率征收消费税。

【注意】纳税人收取的押金属于含税收入，在计税时应换算成不含增值税的押金收入。

3. 销售数量的确定

纳税人生产的应税消费品，实行从量定额计算应纳税额的，计税依据为应税消费品的销售数量。

为规范不同产品的计量单位，准确计算应纳税额，制定不同计量办法的换算标准见表3-2。

表3-2 不同计量办法的换算标准

项目	换算标准	项目	换算标准
啤酒	1吨 = 988升	黄酒	1吨 = 962升
汽油	1吨 = 1 388升	柴油	1吨 = 1 176升
石脑油	1吨 = 1 385升	溶剂油	1吨 = 1 282升
润滑油	1吨 = 1 126升	燃料油	1吨 = 1 015升
航空煤油	1吨 = 1 246升		

4. 计税价格的核定及适用

（1）计税价格明显偏低并无正当理由的核定。

纳税人应税消费品的计税价格明显偏低并无正当理由的，由以下部门核定其计税价格：卷烟、白酒和小汽车的计税价格，由国家税务总局核定，送财政部备案；其他应税消费品的计税价格，由省、自治区和直辖市税务局核定；进口的应税消费品的计税价格，由海关核定。

（2）卷烟计税价格的核定及适用。

卷烟计税价格由国家税务总局按照卷烟批发环节销售价格扣除卷烟批发环节批发毛利核定并发布。其计税价格的核定公式为：

某牌号、规格卷烟计税价格 = 批发环节销售价格 ×（1 – 适用批发毛利率）

当发生卷烟价格调整、卷烟批发毛利率调整、卷烟平均销售价格连续6个月无正当理由高于国家税务总局已核定计税价格10%等情形之一时，国家税务总局将重新核定计税价格。卷烟生产企业实际销售价格高于计税价格的，按实际销售价格确定适用税率，计算应纳税款并申报纳税；实际销售价格低于计税价格的，按计税价格确定适用税率，计算应纳税款并申报纳税。未经国家税务总局核定计税价格的新牌号、新规格卷烟，生产企业应按卷烟调拨价格申报纳税。卷烟调拨价格，是指卷烟生产企业向商业企业销售卷烟的不含税价格。

未按照《卷烟消费税计税价格信息采集和核定管理办法》规定报送信息资料的新牌号、新规格卷烟生产企业消费税纳税人，按照国家税务总局核定的计税价格计算缴纳消费税满1年后，可向主管税务机关提出调整计税价格的申请；对于因卷烟批发企业申报的《卷烟批发企业月份销售明细清单》中销售价格信息错误，造成纳税人对税务总局核定的计税价格有异议的，纳税人可自计税价格执行之日起向主管税务机关提出调整计税价格的申请。

对于纳税人套用其他牌号、规格卷烟计税价格，造成少缴消费税税款的，主管税务机关按照规定，调整纳税人应纳税收入时，应按照采集的该牌号、规格卷烟市场零售价格适用最低档批发毛利率确定计税价格，追缴纳税人少缴的消费税税款。

（3）白酒计税价格的核定及适用。

白酒生产企业应将各种白酒的消费税计税价格和销售单位销售价格，在规定的时限内，向主管税务机关申报。由国家税务总局核定部分白酒的消费税最低计税价格，其他白酒的最低计税价格由各省、自治区、直辖市和计划单列市税务局核定。白酒生产企业销售给销售单位的白酒，生产企业消费税计税价格低于销售单位对外销售价格（不含增值税）70%以下的，按税务机关核定消费税最低计税价格申报纳税。已核定最低计税价格的白酒，生产企业实际销售价格高于消费税最低计税价格的，按实际销售价格申报纳税；实际销售价格低于消费税最低计税价格的，按最低计税价格申报纳税。

（二）生产销售应税消费品应纳税额的计算

1. 从价定率征收应纳税额的计算

从价定率征收应纳税额的计算公式为：

应纳税额 = 计税销售额（或组成计税价格）× 适用比例税率

2. 从量定额征收应纳税额的计算

从量定额征收应纳税额的计算公式为：

应纳税额 = 计税数量 × 适用定额税率

3. 复合计税征收应纳税额的计算

复合计税征收应纳税额的计算公式为：

应纳税额 = 计税数量 × 适用定额税率 + 计税销售额（或组成计税价格）× 适用比例税率

【做中学3-1】A酒厂是增值税一般纳税人，主要生产葡萄酒、啤酒及粮食白酒，2023年1月份销售情况如下：

（1）销售葡萄酒1吨，收到价款20 000元，增值税税款2 600元，运输装卸费791元，货物已发出。

（2）用自制葡萄酒5吨抵偿债务，该葡萄酒当年销售情况见表3-3。

表3-3 葡萄酒当年销售情况

销售数量（吨）	销售单价（元，不含增值税）	销售金额（元）
100	18 000	1 800 000
120	20 000	2 400 000
60	22 000	1 320 000

（3）销售扎啤50 000升，每升不含增值税价格5元。

（4）销售自制粮食白酒2 000箱，每箱6瓶，每瓶500毫升，每箱不含增值税售价800元，另收取包装物押金2 260元。

A酒厂上述业务应缴纳的消费税计算如下：

（1）销售葡萄酒消费税计税销售额＝20 000＋791÷（1＋13%）＝20 700（元）

应纳税额＝20 700×10%＝2 070（元）

（2）抵债葡萄酒消费税计税销售额＝5×22 000＝110 000（元）

应纳税额＝110 000×10%＝11 000（元）

（3）啤酒消费税计税销售量＝50 000÷988＝50.61（吨）

每吨不含增值税价格为4 939.74元（50 000×5÷50.61），消费税单位税额为每吨250元。

应纳税额＝50.61×250＝12 652.50（元）

（4）粮食白酒消费税计税销售额＝2 000×800＋2 260÷（1＋13%）＝1 602 000（元）

计税销售量＝2 000×6＝12 000（瓶，每瓶500毫升）

应纳税额＝1 602 000×20%＋12 000×0.5＝326 400（元）

月底统一账务处理为：

借：税金及附加　　352 122.50

　　贷：应交税费——应交消费税　　352 122.50

二、自产自用应税消费品消费税税额的计算

（一）从价定率办法应纳税额的计算

纳税人自产自用的应税消费品应当纳税的，按下列顺序确定销售额：

1.按纳税人当月销售同类消费品的销售价格计算纳税，如果当月同类消费品售价高低不等，应按销售价格的加权平均数计算。

2.没有同类消费品销售价格的，按照组成计税价格计算纳税，其组成计税价格计算公式如下：

组成计税价格＝（成本＋利润）÷（1－消费税比例税率）

应纳税额＝组成计税价格×税率

（二）复合计税办法应纳税额的计算

实行复合计税办法，计税销售额确定顺序与上述规定一致，其组成计税价格计算公式为：

组成计税价格 =（成本 + 利润 + 自产自用数量 × 消费税定额税率）÷（1 - 消费税比例税率）

应纳税额 = 组成计税价格 × 消费税比例税率 + 自产自用数量 × 消费税定额税率

上述公式中，成本是应税消费品的生产成本；利润应根据应税消费品的全国平均成本利润率来计算。全国平均成本利润率由国家税务总局确定，具体见表3-4。

表3-4　应税消费品全国平均成本利润率

应税消费品	平均成本利润率	应税消费品	平均成本利润率
1.甲类卷烟	10%	11.摩托车	6%
2.乙类卷烟	5%	12.乘用车	8%
3.雪茄烟	5%	13.中轻型商用客车	5%
4.烟丝	5%	14.高尔夫球及球具	10%
5.粮食白酒	10%	15.高档手表	20%
6.薯类白酒	5%	16.游艇	10%
7.其他酒	5%	17.木制一次性筷子	5%
8.高档化妆品	5%	18.实木地板	5%
9.鞭炮、焰火	5%	19.电池	4%
10.贵重首饰及珠宝玉石	6%	20.涂料	7%

【做中学3-2】A酒厂是增值税一般纳税人，2023年1月将特制粮食白酒发给本厂职工，该批白酒共600箱（每箱10瓶，每瓶500毫升），实际成本为90 000元，无同类应税消费品的销售价格。

A酒厂上述业务应缴纳的消费税计算如下：

粮食白酒消费税计税销售额 =［90 000 ×（1 + 10%）+ 6 000 × 0.5］÷（1 - 20%）
= 127 500（元）

应纳税额 = 127 500 × 20% + 6 000 × 0.5 = 28 500（元）

（三）从量定额办法应纳税额的计算

自产自用按规定应当纳税的应税消费品，实行从量定额办法计算应纳税额的，应以应税消费品的移送使用数量为计税依据。

【做中学3-3】某啤酒厂自产啤酒10吨，无偿提供给某啤酒节，已知啤酒每吨成本1 000元，该企业同类啤酒售价为每吨2 800元。

该啤酒厂上述业务应缴纳的消费税计算如下：

应纳消费税 = 10 × 220 = 2 200（元）

三、进口应税消费品消费税税额的计算

（一）从价定率办法应纳税额的计算

进口的应税消费品，实行从价定率办法计算应纳税额的，以组成计税价格为计税依据，其计算公式如下：

$$组成计税价格=（关税完税价格+关税）÷（1-消费税比例税率）$$

$$应纳税额=组成计税价格×消费税比例税率$$

【做中学3-4】A酒厂2023年1月进口葡萄酒一批，共2吨，关税完税价格为人民币300 000元，关税税率为14%。

A酒厂上述业务应缴纳的消费税计算如下：

进口葡萄酒的计税依据=300 000×（1+14%）÷（1-10%）=380 000（元）

进口环节应缴纳的消费税=380 000×10%=38 000（元）

（二）复合计税办法应纳税额的计算

进口的应税消费品，实行从价定率与从量定额相结合办法计算应纳税额的，计算纳税的组成计税价格计算公式如下：

$$组成计税价格=（关税完税价格+关税+进口数量×消费税定额税率）÷（1-消费税比例税率）$$

$$应纳税额=组成计税价格×消费税比例税率+进口数量×消费税定额税率$$

（三）从量定额办法应纳税额的计算

进口的应税消费品，实行从量定额办法计算应纳税额的，以海关核定的应税消费品进口数量为计税依据。其计算公式如下：

$$应纳税额=进口数量×消费税定额税率$$

（四）进口卷烟消费税应纳税额的计算

1.进口卷烟适用税率的确定

$$每标准条卷烟确定消费税适用比例税率的价格=\frac{关税完税价格+关税+消费税定额税率}{1-消费税比例税率}$$

其中：关税完税价格和关税为每标准条的关税完税价格及关税税额；消费税定额税率为每标准条0.6元；消费税比例税率固定为36%。

每标准条进口卷烟确定消费税适用比例税率的价格≥70元人民币的，适用比例税率56%；每标准条进口卷烟确定消费税适用比例税率的价格<70元人民币的，适用比例税率36%。

2.进口卷烟组成计税价格

$$进口卷烟组成计税价格=\frac{关税完税价格+关税+消费税定额税率}{1-消费税比例税率}$$

3.进口卷烟应纳税额

$$进口卷烟应纳税额=组成计税价格×消费税比例税率+进口数量×消费税定额税率$$

【做中学3-5】T烟草公司2023年1月进口400标准箱卷烟，关税完税价格合计600万元，进口关税180万元。

该烟草公司当月应缴纳的进口消费税计算如下：

每标准条进口卷烟关税完税价格＝6 000 000÷400÷250＝60（元）

每标准条进口卷烟关税＝1 800 000÷400÷250＝18（元）

每标准条进口卷烟确定消费税适用比例税率的价格＝（60＋18＋0.6）÷（1－36%）＝122.81（元）＞70元，适用的比例税率为56%。

进口环节应缴纳消费税＝（6 000 000＋1 800 000＋400×150）÷（1－56%）×56%＋400×150

＝10 063 636.36（元）

其账务处理为：

借：库存商品　　10 063 636.36

　贷：应交税费——应交消费税　　10 063 636.36

四、外购已税消费品连续生产应税消费品应纳税额的计算

纳税人外购已缴纳消费税的应税消费品继续生产应税消费品的，对连续生产的应税消费品计算征税时，必然会存在消费税的重复征税问题。为避免这种情况，根据消费税暂行条例的规定，纳税人外购已缴纳消费税的应税消费品继续生产应税消费品的，对连续生产的应税消费品计算征税时，可以按照当期生产领用已税消费品数量，计算扣除外购应税消费品已经缴纳的消费税税款。本期消费税应纳税额不足抵扣的，余额留待下期抵扣。

（一）抵扣范围

1.外购已税烟丝生产的卷烟；

2.外购已税高档化妆品生产的高档化妆品；

3.外购已税金银首饰及珠宝玉石生产的金银首饰及珠宝玉石（在零售环节纳税的金银首饰除外）；

4.外购已税鞭炮、焰火生产的鞭炮、焰火；

5.外购已税杆头、杆身和握把生产的高尔夫球杆；

6.外购已税木制一次性筷子生产的木制一次性筷子；

7.外购已税实木地板生产的实木地板；

8.外购已税石脑油生产的应税消费品；

9.外购已税润滑油生产的润滑油；

10.外购已税汽油、柴油生产的汽油、柴油；

11.外购葡萄酒生产的应税葡萄酒；

12.外购啤酒液连续灌装生产并对外销售的啤酒。

【思考】纳税人将外购、进口和委托加工收回的高档化妆品用于连续生产非高档化妆品的，是否可以抵扣消费税。

（二）计算方法

1.从价定率、复合计税办法应纳税额的计算

当期准予扣除的外购应税消费品已纳税款＝当期准予扣除的外购应税消费品买价×外购应税消费品适用税率

$$\text{当期准予扣除的外购应税消费品买价}=\text{期初库存的外购应税消费品买价}+\text{当期购进的应税消费品买价}-\text{期末库存的外购应税消费品买价}$$

其中：外购应税消费品买价，是指购买方增值税专用发票（含销货清单）上注明的销售额（不含增值税）。

采用从价定率办法时，应纳税额的计算公式为：

$$\text{应纳税额}=\text{销售额}\times\text{消费税比例税率}-\text{当期准予扣除的外购应税消费品已纳税款}$$

采用复合计税办法时，应纳税额的计算公式为：

$$\text{应纳税额}=\text{销售额}\times\text{消费税比例税率}+\text{销售数量}\times\text{消费税定额税率}-\text{当期准予扣除的外购应税消费品已纳税款}$$

2. 从量定额办法应纳税额的计算

$$\text{应纳税额}=\text{销售数量}\times\text{消费税定额税率}-\text{当期准予扣除的外购应税消费品已纳税款}$$

$$\text{当期准予扣除的外购应税消费品已纳税款}=\text{当期准予扣除的外购应税消费品数量}\times\text{外购应税消费品消费税定额税率}$$

$$\text{当期准予扣除的外购应税消费品数量}=\text{期初库存的外购应税消费品数量}+\text{当期购进的应税消费品数量}-\text{期末库存的外购应税消费品数量}$$

其中：外购应税消费品数量，是指购买方增值税专用发票（含销货清单）上注明的应税消费品的销售数量。

3. 利用进口已税消费品连续生产应税消费品的抵扣税额的计算

$$\text{当期准予抵扣的进口应税消费品已纳税款}=\text{期初库存的进口应税消费品已纳税款}+\text{当期购进的进口应税消费品已纳税款}-\text{期末库存的进口应税消费品已纳税款}$$

进口应税消费品已纳税款为《海关进口消费税专用缴款书》上注明的进口环节消费税。

【思考】外购已税消费品连续生产应税消费品允许抵扣消费税税款与增值税允许抵扣进项税额的办法一样吗？

（三）抵扣条件

1. 从工业企业购进的应税消费品连续生产应税消费品的，准予扣除外购应税消费品已纳消费税税款；从商业企业购进应税消费品连续生产应税消费品，符合抵扣条件的，也准予扣除外购应税消费品已纳消费税税款。

2. 不适用于在零售环节纳税的贵重首饰及珠宝玉石。

3. 纳税人从增值税一般纳税人购进应税消费品，外购应税消费品的抵扣凭证为增值税专用发票（抵扣联）原件和复印件。如果外购应税消费品的增值税专用发票属于汇总填开的，除提供增值税专用发票（抵扣联）原件和复印件外，还应提供随同增值税专用发票取得的由销售方开具并加盖发票专用章的销货清单原件和复印件。纳税人未提供发票和销货清单的，不予扣除外购应税消费品已纳消费税税款。

4. 进口应税消费品的抵扣凭证为《海关进口消费税专用缴款书》，纳税人不提供《海关进口消费税专用缴款书》的，不予抵扣进口应税消费品已缴纳的消费税。

5. 葡萄酒生产企业之间销售葡萄酒，须就应税葡萄酒销售行为单独开具增值税专用发票。

6. 纳税人应建立“消费税抵扣税款台账”，作为申报扣除外购、进口应税消费品已纳消费税税款的备查资料。

【注意】外购的汽油、柴油、石脑油、燃料油、润滑油用于连续生产应税成品油的，应凭通过增值税发票选择确认平台确认的成品油专用发票，按规定计算扣除已纳消费税税款，其他凭证不得作为消费税扣除凭证。

【做中学3-6】承【做中学3-4】，假设A酒厂2023年1月用进口葡萄酒连续生产葡萄酒销售，取得不含增值税销售额500 000元，已知当月月末该酒厂进口葡萄酒库存0.5吨（无期初库存）。

A酒厂上述业务应缴纳的消费税计算如下：

当月准予扣除的葡萄酒已纳税款＝38 000×1.5÷2＝28 500（元）

当月进口葡萄酒连续生产葡萄酒销售应纳税额＝500 000×10%－28 500＝21 500（元）

五、委托加工应税消费品消费税税额的计算

委托加工应税消费品，委托方是纳税人，受托方是税法规定的代收代缴义务人，受托方应于委托方提货时代收代缴消费税，但受托方为个体工商户和个人的除外。

（一）受托方代收代缴消费税税额的计算

1. 从价定率办法代收代缴消费税的计算

受托方代收代缴消费税的计税销售额按下列顺序确定：

（1）按受托方当月同类消费品的加权平均销售价格计算纳税。

（2）没有同类消费品销售价格的，按照组成计税价格计算纳税，其计算公式为：

组成计税价格＝（材料成本＋加工费）÷（1－消费税比例税率）

应代收代缴消费税税额＝组成计税价格×消费税比例税率

其中：材料成本是指委托方所提供的加工材料的实际成本（不包括增值税税额）；加工费是指受托方加工应税消费品向委托方收取的全部费用（包括代垫辅助材料的实际成本，不包括增值税税额）。

【做中学3-7】B卷烟厂是增值税一般纳税人，2023年2月从农民手中收购烟叶，支付收购款50 000元，开具农产品收购凭证，同时支付价格补贴5 000元及相关烟叶税，当月将收购烟叶全部拨往C加工厂，委托加工成烟丝，支付加工费11 920元，增值税税额1 549.6元，取得增值税专用发票，加工的烟丝本月全部收回。假设C加工厂没有同类烟丝销售。

C加工厂上述业务应代收代缴的消费税计算如下：

（1）收购烟叶应缴纳的烟叶税＝（50 000＋5 000）×20%＝11 000（元）

收购烟叶允许抵扣的增值税进项税额＝（55 000＋11 000）×（9%＋1%）＝6 600（元）

收购烟叶的不含税成本＝50 000＋5 000＋11 000－6 600＝59 400（元）

其账务处理为：

借：在途物资	59 400	
应交税费——应交增值税（进项税额）	6 600	
贷：银行存款		55 000
应交税费——应交烟叶税		11 000

（2）烟丝消费税计税依据 =（59 400 + 11 920）÷（1 − 30%）= 101 885.71（元）

C加工厂应代收代缴消费税税额 = 101 885.71 × 30% = 30 565.71（元）

其账务处理为：

借：银行存款　　30 565.71

　　贷：应交税费——代收代缴消费税　　30 565.71

B卷烟厂收回后用于连续生产卷烟的账务处理为：

借：应交税费——应交消费税　　30 565.71

　　贷：银行存款　　30 565.71

B卷烟厂收回后直接出售的账务处理为：

借：委托加工物资　　30 565.71

　　贷：银行存款　　30 565.71

2.复合计税办法代收代缴消费税税额的计算

采用复合计税办法，在受托方没有同类消费品销售价格的情况下，按组成计税价格计算应代收代缴的消费税，计算公式为：

$$\text{组成计税价格} = (\text{材料成本} + \text{加工费} + \text{委托加工数量} \times \text{消费税定额税率}) \div (1 - \text{消费税比例税率})$$

$$\text{应代收代缴消费税税额} = \text{组成计税价格} \times \text{消费税比例税率} + \text{委托加工数量} \times \text{消费税定额税率}$$

【做中学3-8】A酒厂2023年1月委托B酒厂加工粮食散白酒一批，发出粮食类原料不含税成本50 000元，支付对方加工费及辅料款5 000元、增值税650元，收回粮食散白酒15吨。

B酒厂上述业务应代收代缴的消费税计算如下：

粮食散白酒消费税计税依据 =（50 000 + 5 000 + 15 × 2 000 × 0.5）÷（1 − 20%）
= 87 500（元）

B酒厂应代收代缴消费税税额 = 87 500 × 20% + 15×2 000 × 0.5 = 32 500（元）

3.从量定额办法代收代缴消费税税额的计算

委托加工的应税消费品，实行从量计征的，以纳税人收回的应税消费品数量为计税依据。

应代收代缴消费税税额 = 委托加工数量 × 消费税定额税率

【做中学3-9】A酒厂2023年1月委托B酒厂加工黄酒一批，发出粮食类原料成本20 000元，支付对方加工费及辅料款15 000元，增值税1 950元，收回黄酒10吨。

B酒厂上述业务应代收代缴的消费税计算如下：

黄酒消费税的计税依据是10吨。

B酒厂应代收代缴消费税税额 = 10 × 240 = 2 400（元）

（二）委托方应纳消费税税额的计算

1.受托方没有代收代缴消费税的情况下，委托方补缴消费税的计算

委托加工的应税消费品，若受托方没有代收代缴消费税，由委托方补缴税款，其计税依据确定方法如下：

（1）如果收回的应税消费品已直接销售，按销售额计算补缴税款；

（2）如果收回的应税消费品尚未销售或用于连续生产应税消费品，按组成计税价格计算补缴税款。

$$组成计税价格 = 生产成本 \times (1 + 成本利润率) \div (1 - 消费税比例税率)$$

或

$$\frac{组成计税}{价格} = \left[\frac{生产}{成本} \times \left(1 + \frac{成本}{利润率}\right) + \frac{委托加工}{收回数量} \times \frac{消费税}{定额税率}\right] \div \left(1 - \frac{消费税}{比例税率}\right)$$

【思考】如果委托方将收回的应税消费品用于连续生产非应税消费品，应如何进行税务处理？

2.受托方已代收代缴消费税情况下，委托方应纳税额的计算

委托加工的应税消费品，若受托方在交货时已代收代缴消费税，委托方将收回的应税消费品，以不高于受托方的计税价格出售的，不再缴纳消费税；委托方以高于受托方的计税价格出售的，需要按照规定申报缴纳消费税，但在计税时准予扣除受托方已代收代缴的消费税；委托方使用委托加工收回的已纳消费税的消费品连续加工应税消费品销售的，准予扣除委托加工收回的应税消费品已由受托方代收代缴的消费税税款，抵扣的相关规定如下：

（1）抵扣范围

①以委托加工收回的已税烟丝为原料生产的卷烟；

②以委托加工收回的已税高档化妆品为原料生产的高档化妆品；

③以委托加工收回的已税珠宝玉石为原料生产的贵重首饰及珠宝玉石；

④以委托加工收回的已税鞭炮、焰火为原料生产的鞭炮、焰火；

⑤以委托加工收回的已税杆头、杆身和握把为原料生产的高尔夫球杆；

⑥以委托加工收回的已税木制一次性筷子为原料生产的木制一次性筷子；

⑦以委托加工收回的已税实木地板为原料生产的实木地板；

⑧以委托加工收回的已税石脑油为原料生产的应税消费品；

⑨以委托加工收回的已税润滑油为原料生产的润滑油；

⑩以委托加工收回的汽油、柴油为原料生产的汽油、柴油；

⑪委托加工收回的电池、涂料，以高于受托方的计税价格出售的。

（2）准予扣除税额的计算

$$\frac{当期准予扣除的委托加工}{应税消费品已纳税款} = \frac{期初库存的委托加工}{应税消费品已纳税款} + \frac{当期收回的委托加工}{应税消费品已纳税款} - \frac{期末库存的委托加工}{应税消费品已纳税款}$$

委托加工应税消费品已纳税额为代扣代收税款凭证上注明的受托方代收代缴的消费税税额。

（3）抵扣条件

委托加工收回应税消费品连续生产应税消费品的，税款扣除凭证为《税收缴款书（代扣代收专用）》，纳税人应当将税款扣除凭证复印件按月装订备查。

【做中学3-10】承【做中学3-7】，B卷烟厂将加工收回的烟丝用于连续生产卷烟后出售（期初、期末均无库存），2023年2月共销售卷烟10标准箱，不含增值税售价为250 000元。

B卷烟厂上述业务应缴纳的消费税计算如下：

准予扣除的收回烟丝已纳消费税＝30 565.71元

当月销售卷烟应纳消费税 = 250 000 × 56% + 10 × 150 − 30 565.71
= 141 500 − 30 565.71
= 110 934.29（元）

其账务处理为：

借：银行存款　　282 500
　　贷：主营业务收入　　250 000
　　　　应交税费——应交增值税（销项税额）　　32 500
借：税金及附加　　141 500
　　贷：应交税费——应交消费税　　141 500

次月缴纳消费税时：

借：应交税费——应交消费税　　110 934.29
　　贷：银行存款　　110 934.29

六、零售金银首饰应纳税额的计算

（一）征税范围

零售环节征收消费税的金银首饰范围仅限于：金、银和金基、银基合金首饰，以及金、银和金基、银基合金的镶嵌首饰。不属于上述范围的应征消费税的首饰，如镀金（银）、包金（银）首饰，以及镀金（银）、包金（银）的镶嵌首饰，在生产销售环节征收消费税。金银首饰的零售业务，是指将金银首饰销售给中国人民银行批准的金银首饰生产、加工、批发、零售单位以外的单位和个人的业务。

纳税人下列行为视同零售金银首饰业务：

1. 为经营范围以外的单位和个人加工金银首饰。加工包括带料加工、翻新改制、以旧换新等业务，不包括修理、清洗业务。

2. 经营单位将金银首饰用于馈赠、赞助、集资、广告、样品、职工福利、奖励等方面。

3. 未经中国人民银行批准经营金银首饰批发业务的单位将金银首饰销售给经营单位。

对既销售金银首饰，又销售非金银首饰的生产、经营单位，应将两类商品划分清楚，分别核算销售额。凡划分不清楚或不能分别核算，在生产环节销售的，一律从高适用税率征收消费税；在零售环节销售的，一律按金银首饰征收消费税；金银首饰与其他产品组成成套消费品销售的，应按销售额全额征收消费税。

（二）税额计算

1. 纳税人销售金银首饰，计税依据为不含增值税的销售额。其计算公式为：

金银首饰的销售额 = 含增值税的销售额 ÷（1 + 增值税税率或征收率）

2. 金银首饰连同包装物一起销售的，无论包装物是否单独计价，也无论在会计上如何核算，均应并入金银首饰的销售额，计征消费税。

3. 带料加工的金银首饰，应按受托方销售同类金银首饰的销售价格确定计税依据征收消费税。没有同类金银首饰销售价格的，按照组成计税价格计算纳税。组成计税价格的计算公式为：

组成计税价格 =（材料成本 + 加工费）÷（1 – 零售金银首饰消费税税率）

4.纳税人采用以旧换新（含翻新改制）方式销售的金银首饰，应按实际收取的不含增值税的全部价款确定计税依据征收消费税。

【做中学3-11】某首饰店为增值税一般纳税人，主要从事金银首饰零售业务，2023年1月采取以旧换新方式销售收回的旧金饰品折价8 000元，出售新金饰品含增值税市场价值为10 000元，成本为9 000元，收取现金2 000元。

该首饰店上述业务应缴纳的消费税计算如下：

应纳消费税 = 2 000 ÷（1 + 13%）× 5% = 88.50（元）

其账务处理为：

借：库存现金	2 000	
库存商品	8 000	
贷：主营业务收入		9 769.91
应交税费——应交增值税（销项税额）		230.09
借：税金及附加	88.50	
贷：应交税费——应交消费税		88.50

5.生产、批发、零售单位用于馈赠、赞助、集资、广告、样品、职工福利、奖励等方面的金银首饰，应按纳税人销售同类金银首饰的销售价格确定计税依据征收消费税。没有同类金银首饰销售价格的，按照组成计税价格计算纳税。组成计税价格的计算公式为：

组成计税价格 = 购进原价 ×（1 + 成本利润率）÷（1 – 金银首饰消费税税率）

纳税人为生产企业时，公式中的“购进原价”为生产成本，“成本利润率”一律定为6%。

6.用已税珠宝玉石生产的镶嵌首饰，在计税时一律不得扣除已纳的消费税税款。

【做中学3-12】某商业企业（一般纳税人）2023年2月向消费者个人销售金银首饰取得收入58 950元，销售金银镶嵌首饰取得收入35 780元，销售镀金首饰取得收入32 898元，销售镀金镶嵌首饰取得收入12 378元，取得修理清洗收入780元。

该商业企业上述业务应缴纳的消费税计算如下：

应纳消费税 =（58 950 + 35 780）÷（1 + 13%）× 5% = 4 191.59（元）

七、零售超豪华小汽车应纳税额的计算

（一）经销商零售环节应纳税额的计算

经销商零售超豪华小汽车，其应纳消费税的计算公式如下：

应纳税额 – 零售环节销售额（不含增值税）× 零售环节税率

（二）国内汽车生产企业直接销售给消费者应纳税额的计算

汽车生产企业直接销售给消费者的超豪华小汽车，消费税税率按照生产环节税率和零售环节税率加总计算，其计算公式如下：

应纳税额 = 销售额 ×（生产环节税率 + 零售环节税率）

（三）驻外使领馆工作人员、外国驻华机构及人员、非居民常住人员、政府间协议规定等应税进口自用的超豪华小汽车应纳税额的计算

其应纳税额的计算公式如下：

应纳税额＝关税完税价格×（生产（进口）环节税率＋零售环节税率）

上述人员进口自用的超豪华小汽车应纳消费税，由海关代征，具体税目、税率执行小汽车进口环节消费税税目税率表。

八、批发卷烟应纳税额的计算

卷烟批发纳税人销售给纳税人以外的单位和个人的卷烟用于销售时，应缴纳消费税，其应纳税额的计算公式如下：

应纳税额＝销售额（不含增值税）×11%＋销售数量×250元/箱

【做中学3-13】某卷烟批发企业2023年2月批发销售卷烟500箱，其中批发给另一卷烟批发企业300箱、零售专卖店150箱、个体烟摊50箱。每箱不含增值税批发价格为13 000元。

该卷烟批发企业上述业务应缴纳的消费税计算如下：

应纳消费税＝13 000×（150＋50）×11%＋（150＋50）×250＝336 000（元）

任务三　消费税退（免）税

一、销货退回时的消费税退还

纳税人销售的应税消费品，因质量等原因发生退货的，其已缴纳的消费税税款可予以退还。

纳税人办理退税手续时，应将开具的红字增值税发票、退税证明等资料报主管税务机关备案。主管税务机关核对无误后办理退税。

二、出口应税消费品退（免）消费税

（一）出口应税消费品退（免）消费税的范围

1.具备出口条件，给予退税的应税消费品

这类消费品必须具备四个条件：

（1）属于消费税征税范围的消费品；

（2）取得税收（出口产品专用）缴款书、增值税专用发票（税款抵扣联）、出口货物报关单（出口退税联）、出口收汇单证；

（3）必须报关离境；

（4）在财务上作出口销售处理。

2.不具备出口条件，给予退税的应税消费品

对外承包工程公司运出境外用于对外承包项目的应税消费品，外轮供应公司、远洋

运输供应公司销售给外轮、远洋外轮的应税消费品等。

【注意】有些消费品虽具备出口条件，但不给予退税优惠，如禁止出口货物等。

（二）出口应税消费品退（免）消费税办法

我国在出口应税消费品退（免）消费税的政策上分为三种情况：

1.出口免税并退税

有出口经营权的外贸企业购进应税消费品直接出口，以及外贸企业受其他外贸企业委托代理出口应税消费品，产品出口后退还（免征）产品在生产和流通环节缴纳的消费税税款。

【辨析】外贸企业受其他企业（主要是非生产性的商贸企业）委托，代理出口应税消费品适用上述退（免）消费税政策吗？

2.出口免税但不退税

有出口经营权的生产性企业自营出口或者生产企业委托外贸企业代理出口自产的应税消费品，依据其实际出口数量免征消费税，不予办理退还消费税。

3.出口不免税也不退税

除生产企业、外贸企业外的其他企业委托外贸企业代理出口应税消费品，一律不予退（免）消费税。

【注意】委托其他企业加工再收回后出口的应税消费品，可比照《财政部 国家税务总局关于列名生产企业出口外购产品试行免抵退税办法的通知》（财税〔2004〕125号）的有关规定，办理消费税退税手续。生产企业在申报消费税退税时，需要附送征税部门出具的出口货物已纳消费税未抵扣证明。对已在内销应税消费品应纳消费税中抵扣的，不能办理消费税退税。

【做中学3-14】有出口经营权的A企业属于生产企业，2023年2月发生如下经济业务：2月3日，A企业委托B公司加工应税消费品，A企业提供材料成本5 000元，不含增值税加工费2 250元，消费税税率3%，本月货物加工完毕收回后直接出口，FOB价格为人民币11 000元。

上述业务B公司应代收代缴消费税＝（5 000＋2 250）÷（1－3%）×3%
＝224.23（元）

A企业将上述应税消费品出口，税务机关应退还委托加工环节缴纳的消费税为224.23元。

（三）出口退税率的规定

计算出口应税消费品应退消费税的税率或单位税额，应按照《消费税暂行条例》所附《消费税税目税率表》以及相关的消费税文件执行。

企业应将不同消费税税率的出口应税消费品分开核算和申报，凡划分不清适用税率的，一律从低适用税率计算应退消费税。

（四）出口货物应退税额的计算

出口货物的消费税应退税额的计税依据，按购进出口货物的消费税专用缴款书和海关进口消费税专用缴款书确定。

1.属于从价定率计征消费税的，应退税额的计税依据为已征且未在内销应税消费品应纳税额中抵扣的购进出口货物金额，其计算公式为：

应退消费税税额 = 出口货物的工厂销售额 × 消费税比例税率

2.属于从量定额计征消费税的，应退税额的计税依据为已征且未在内销应税消费品应纳税额中抵扣的购进出口货物数量，其计算公式为：

应退消费税税额 = 出口数量 × 消费税定额税率

3.属于复合方式计征消费税的，按从价定率和从量定额的计税依据分别确定，其计算公式为：

$$\text{应退消费税税额} = \text{从价定率计征消费税的退税计税依据} \times \text{消费税比例税率} + \text{从量定额计征消费税的退税计税依据} \times \text{消费税定额税率}$$

【做中学3-15】某外贸企业为增值税一般纳税人，2023年2月从国外进口100辆小轿车，关税完税价格为每辆20万元，关税税率为100%，消费税税率为5%，当月售出60辆，每辆不含税售价为80万元。当月从国内一生产厂家（增值税一般纳税人）购进小轿车200辆全部出口，每辆车出厂价为15万元（不含税），出口FOB价格为每辆25万元，消费税税率为5%。

该外贸企业当月应缴、应退的消费税计算如下：

纳税人进口应税消费品应纳消费税：

组成计税价格 =（2 000 + 2 000）÷（1 − 5%）= 4 210.53（万元）

应纳消费税税额 = 4 210.53 × 5% = 210.53（万元）

出口应税消费品应退消费税：

应退消费税税额 = 15 × 200 × 5% = 150（万元）

（五）出口应税消费品办理退（免）税后的管理

纳税人直接出口的应税消费品办理免税后发生退关或国外退货，进口时已予以免税的，经所在地主管税务机关批准，可暂不办理补税，待其转为国内销售时，再向其主管税务机关申报补缴消费税。

任务四　消费税减免税与征收管理

一、消费税的减免税

第一，航空煤油暂缓征收消费税。

第二，自2011年10月1日起，生产企业自产石脑油、燃料油用于生产乙烯、芳烃类化工产品的，按实际耗用数量暂免征收消费税。

自2011年10月1日起，企业购进并用于生产乙烯、芳烃类化工产品的石脑油、燃料油，按实际耗用数量暂退还所含消费税。

退还石脑油、燃料油所含消费税的计算公式为：

$$\text{应退还消费税税额} = \text{石脑油、燃料油实际耗用数量} \times \text{石脑油、燃料油消费税定额税率}$$

上述规定适用于利用石脑油、燃料油生产乙烯、芳烃类化工产品的产量占本企业用石脑油、燃料油生产产品总量的50%以上（含50%）的企业。

外购石脑油、燃料油用于生产乙烯、芳烃类化工产品的，应凭取得的成品油专用发票所载明的石脑油、燃料油的数量，按规定计算退还消费税，其他发票或凭证不得作为计算退还消费税的凭证。

第三，用外购或委托加工收回的已税汽油生产的乙醇汽油免税。

第四，从2009年1月1日起，对同时符合下列条件的纯生物柴油免征消费税：

（1）生产原料中废弃的动物油和植物油用量所占比重不低于70%；

（2）生产的纯生物柴油符合国家《柴油机燃料调合用生物柴油（BD100）》标准。

第五，从2009年1月1日起，对成品油生产企业在生产成品油过程中，作为燃料、动力及原料消耗掉的自产成品油免征消费税。

第六，自2018年11月1日至2023年10月31日止，对以回收的废矿物油为原料生产的润滑油基础油、汽油、柴油等工业油料免征消费税。

第七，对无汞原电池、金属氢化物镍蓄电池、锂原电池、锂离子蓄电池、太阳能电池、燃料电池和全钒液流电池免税。

第八，对施工状态下挥发性有机物（volatile organic compounds，VOC）含量低于420克/升（含）的涂料免税。

二、消费税的征收管理

（一）消费税的纳税期限

1.纳税义务发生时间

（1）生产销售应税消费品纳税义务发生时间。

纳税人生产销售应税消费品的纳税义务发生时间为纳税人收讫销售款或者取得索取销售款凭据的当天。按销售结算方式的不同，对消费税纳税义务发生时间做出如下具体规定：

①采取赊销和分期收款结算方式的，为书面合同约定的收款日期的当天，书面合同没有约定收款日期或者无书面合同的，为发出应税消费品的当天；

②采取预收货款结算方式的，为发出应税消费品的当天；

③采取托收承付和委托银行收款方式的，为发出应税消费品并办妥托收手续的当天；

④采取其他结算方式的，为收讫销售款或者取得索取销售款凭据的当天。

（2）纳税人自产自用应税消费品的，纳税义务发生时间为应税消费品移送使用的当天。

（3）纳税人委托加工应税消费品的，纳税义务发生时间为纳税人提货的当天。

（4）纳税人进口应税消费品的，纳税义务发生时间为报关进口的当天。

2.纳税期限

消费税的纳税期限分别为1日、3日、5日、10日、15日、1个月或者1个季度。纳税人的具体纳税期限，由主管税务机关根据纳税人应纳税额的大小分别核定；不能按照固定期限纳税的，可以按次纳税。

3.报缴期限

纳税人以1个月或者1个季度为一个纳税期的，自期满之日起15日内申报纳税；以1日、3日、5日、10日或者15日为一个纳税期的，自期满之日起5日内预缴税款，于次月1日起15日内申报纳税并结清上月应纳税款。

纳税人进口应税消费品，应当自海关填发海关进口消费税专用缴款书之日起15日内缴纳税款。

（二）消费税纳税申报地点

纳税人销售的应税消费品，以及自产自用的应税消费品，除国务院财政、税务主管部门另有规定外，应当向纳税人机构所在地或者居住地的主管税务机关申报纳税。

纳税人到外县（市）销售或者委托外县（市）代销自产应税消费品的，于应税消费品销售后，向机构所在地或者居住地主管税务机关申报纳税。

纳税人的总机构与分支机构不在同一县（市）的，应当分别向各自机构所在地的主管税务机关申报纳税；经财政部、国家税务总局或者其授权的财政、税务机关批准，可以由总机构汇总向总机构所在地的主管税务机关申报纳税。

委托加工的应税消费品，除受托方为个人外，由受托方向其机构所在地或者居住地的主管税务机关解缴消费税税款。委托个人加工的应税消费品，由委托方向其机构所在地或者居住地主管税务机关申报纳税。

进口的应税消费品，由进口人或者其代理人向报关地海关申报纳税。

三、消费税纳税申报

（一）纳税申报资料

1.纳税申报表

自2021年8月1日起，增值税、消费税分别与城市维护建设税、教育费附加、地方教育附加申报表整合，启用《消费税及附加税费申报表》。

2.附列申报资料

消费税附列申报资料主要包括：本期准予扣除税额计算表、本期准予扣除税额计算表（成品油消费税纳税人适用）、本期减（免）税额明细表、本期委托加工收回情况报告表、卷烟批发企业月份销售明细清单（卷烟批发环节消费税纳税人适用）、卷烟生产企业合作生产卷烟消费税情况报告表（卷烟生产环节消费税纳税人适用）、消费税附加税费计算表。

消费税及附加税费申报表的填制见表3-5至表3-7。

（二）税款报缴流程

消费税网上报缴流程基本如下：登录网上申报系统；打开《消费税及附加税费申报表》，填写完成本期申报数据；点击保存；进行校验；校验通过后，点击提交，确认税款；进行申报；网上缴税。

表3-5　　消费税及附加税费申报表

税款所属期：自2023年1月1日至2023年1月31日

纳税人识别号（统一社会信用代码）：□□□□□□□□□□□□□□□□□□□□□□□□□□

纳税人名称：A酒厂　　金额单位：人民币元（列至角分）

项目 应税消费品名称	适用税率		计量单位	本期销售数量	本期销售额	本期应纳税额
	定额税率	比例税率				
	1	2	3	4	5	6=1×4+2×5
白酒	0.5元/500毫升	20%	500克（毫升）	18 000.00	1 729 500.00	354 900.00
啤酒	250元/吨	—	吨	50.61	250 000.00	12 652.50
其他酒	—	10%	吨	（略）	630 700.00	63 070.00
合计	—	—	—	—	—	430 622.50

	栏次	本期税费额
本期减（免）税额	7	
期初留抵税额	8	
本期准予扣除税额	9	28 500.00
本期应扣除税额	10=8+9	28 500.00
本期实际扣除税额	11［10<（6-7），则为10，否则为6-7］	28 500.00
期末留抵税额	12=10-11	
本期预缴税额	13	
本期应补（退）税额	14=6-7-11-13	402 122.50
城市维护建设税本期应补（退）税额	15	（略）
教育费附加本期应补（退）费额	16	（略）
地方教育附加本期应补（退）费额	17	（略）

声明：此表是根据国家税收法律法规及相关规定填写的，本人（单位）对填报内容（及附带资料）的真实性、可靠性、完整性负责。

纳税人（签章）：　　年　月　日

经办人： 经办人身份证号： 代理机构签章： 代理机构统一社会信用代码：	受理人： 受理税务机关（章）： 受理日期：　年　月　日

注：根据【做中学3-1】【做中学3-2】【做中学3-4】【做中学3-6】填制。

表3-6　　　　　　　　　　本期准予扣除税额计算表　　　　　　　　金额单位：元（列至角分）

准予扣除项目 \ 应税消费品名称				其他酒	合计
一、本期准予扣除的委托加工应税消费品已纳税款计算		期初库存委托加工应税消费品已纳税款	1		
		本期收回委托加工应税消费品已纳税款	2		
		期末库存委托加工应税消费品已纳税款	3		
		本期领用不准予扣除委托加工 应税消费品已纳税款	4		
		本期准予扣除委托加工应税消费品已纳税款	5＝1＋2－3－4		
二、本期准予扣除的外购应税消费品已纳税款计算	（一）从价计税	期初库存外购应税消费品买价	6		
		本期购进应税消费品买价	7	380 000.00	
		期末库存外购应税消费品买价	8	95 000.00	
		本期领用不准予扣除外购应税消费品买价	9		
		适用税率	10	10%	
		本期准予扣除外购应税消费品已纳税款	11＝（6＋7－8－9）×10	28 500.00	
	（二）从量计税	期初库存外购应税消费品数量	12		
		本期外购应税消费品数量	13		
		期末库存外购应税消费品数量	14		
		本期领用不准予扣除外购应税消费品数量	15		
		适用税率	16		
		计量单位	17		
		本期准予扣除的外购应税消费品已纳税款	18＝（12＋13－14－15）×16		
三、本期准予扣除税款合计			19＝5＋11＋18	28 500.00	

注：根据【做中学3-4】【做中学3-6】填制。

表3-7 本期委托加工收回情况报告表 金额单位：元（列至角分）

一、委托加工收回应税消费品代收代缴税款情况

应税消费品名称	商品和服务税收分类编码	委托加工收回应税消费品数量	委托加工收回应税消费品计税价格	适用税率		受托方已代收代缴的税款	受托方（扣缴义务人）名称	受托方（扣缴义务人）识别号	税收缴款书（代扣代收专用）号码	税收缴款书（代扣代收专用）开具日期
				定额税率	比例税率					
1	2	3	4	5	6	7 = 3×5 + 4 × 6	8	9	10	11
黄酒		10吨		240元/吨		2 400.00	（略）	（略）	（略）	（略）
白酒		30 000.00	87 500.00	0.5元/500毫升	20%	32 500.00	（略）	（略）	（略）	（略）

二、委托加工收回应税消费品领用存情况

应税消费品名称	商品和服务税收分类编码	上期库存数量	本期委托加工收回入库数量	本期委托加工收回直接销售数量	本期委托加工收回用于连续生产数量	本期结存数量
1	2	3	4	5	6	7 = 3 + 4 − 5 − 6
黄酒			10吨			10吨
白酒			30 000毫升			30 000毫升

注：根据【做中学3-8】【做中学3-9】填制。

思政园地

遏制奢侈消费，调节收入水平，体现社会公平

伴随着中国经济奇迹般速度的增长，新富阶层迅速崛起。开展高尔夫运动，购买游艇、大排量豪华型轿车和高档名表成为中国少数迅速崛起的富裕人群热衷的消费活动。根据贝恩数据，2011—2016年，我国境内奢侈品市场年复合增速仅为2%，2016年起我国内地奢侈品市场开始快速发展，2016—2019年市场规模年复合增速约为26%，2020年受消费回流趋势加剧的影响，全年实现约48%的增长，境内个人奢侈品消费市场规模达到3 460亿元人民币。

资料来源：黄思倩 2022年中国奢侈品行业市场规模及消费者画像分析 90后消费者正在成为市场主力［EB/OL］.［2022－01－24］. https：//stock.stockstar.com/IG2022012400003189.shtml.

【启示】我国现阶段，一方面是新富阶层崛起，奢侈品消费快速增长，另一方面是社会贫富差距扩大，社会矛盾加剧。2021年，全国居民人均可支配收入35 128元，其中农村居民人均可支配收入只有18 931元。一块名表的价格可能是一名普通农村居民几

十年甚至一辈子的收入。

将游艇、高尔夫球及球具、高档手表纳入消费税征收范围，对超豪华小汽车实行高税率，可以遏制奢侈消费，调节收入水平，使得高收入阶层在有能力享受高消费的同时，也依法负担更多的税收，体现了社会公平。

消费税体现了我国政府通过税收手段，间接调节收入分配，缩小日益严重的贫富差距问题的政策导向，体现出政府的价值取向和执政理念，也代表了全社会的利益诉求。

项目小结

本项目主要知识点归纳总结见表3-8。

表3-8　　本项目主要知识点归纳总结

主要知识点	内容		
消费税基本要素	征税范围	采用正列举法列举五大类共15种应税消费品进行特殊调节	
	纳税人	生产销售、进口、委托加工应税消费品及批发卷烟、零售金银首饰、零售豪华小汽车的单位及个人	
	税目税率	按不同应税消费品设计比例税率及定额税率	
消费税应纳税额的计算	生产销售应税消费品	从价定率征收	应纳税额＝计税销售额×消费税比例税率－当期准予扣除的消费税税款
		从量定额征收	应纳税额＝销售数量×消费税定额税率－当期准予扣除的消费税税款
		从价定率与从量定额相结合办法征收	应纳税额＝计税销售额×消费税比例税率＋销售数量×消费税定额税率－当期准予扣除的消费税税款
	自产自用应税消费品	从价定率征收	应纳税额＝计税销售额或组成计税价格×消费税比例税率 组成计税价格＝成本×（1＋成本利润率）÷（1－消费税比例税率）
		从量定额征收	应纳税额＝移送使用数量×消费税定额税率
		从价定率与从量定额相结合办法征收	应纳税额＝计税销售额或组成计税价格×消费税比例税率＋移送使用数量×消费税定额税率 组成计税价格＝［成本×（1＋成本利润率）＋移送使用数量×消费税定额税率］÷（1－消费税比例税率）
	进口应税消费品	从价定率征收	应纳税额＝（关税完税价格＋关税）÷（1－消费税比例税率）×消费税比例税率
		从量定额征收	应纳税额＝进口数量×消费税定额税率
		从价定率与从量定额相结合的办法征收	应纳税额＝（关税完税价格＋关税＋进口数量×消费税定额税率）÷（1－消费税比例税率）×消费税比例税率＋进口数量×消费税定额税率

续表

主要知识点	内容		
消费税应纳税额的计算	委托加工应税消费品受托方代收代缴消费税	从价定率征收	应纳税额 = 计税销售额或组成计税价格 × 消费税比例税率 组成计税价格 = （材料成本 + 加工费）÷（1 − 消费税比例税率）
		从量定额征收	应纳税额 = 委托方提货数量 × 消费税定额税率
		从价定率与从量定额相结合的办法征收	应纳税额 = 计税销售额或组成计税价格 × 消费税比例税率 + 委托方提货数量 × 消费税定额税率 组成计税价格 = （材料成本 + 加工费 + 委托方提货数量 × 消费税定额税率）÷（1 − 消费税比例税率）
	委托加工应税消费品委托方应纳税额	直接出售的	不再缴纳消费税
		连续生产应税消费品后出售的	在法定范围内可以按实际消耗抵扣已经由受托方代收代缴的消费税
	外购已税消费品连续生产应税消费品	在法定范围内可以按实际消耗抵扣外购已税消费品已经缴纳的消费税税款	
消费税减免税与征收管理	减免税	基于消费税的特殊调节作用，只对个别应税消费品予以减免税优惠	
	纳税义务发生时间	结算方式不同，纳税义务发生时间不同	
	纳税地点	一般为机构所在地	
	纳税申报	与城市维护建设税、教育费附加、地方教育附加申报表整合，启用《消费税及附加税费申报表》及6个附表	

阅读篇目

《中华人民共和国消费税暂行条例》

《中华人民共和国消费税暂行条例实施细则》

《国家税务总局关于卷烟消费税政策调整有关问题的通知》

《财政部 国家税务总局关于调整小汽车进口环节消费税的通知》

《财政部 国家税务总局关于对超豪华小汽车加征消费税有关事项的通知》

《财政部 国家税务总局关于调整化妆品消费税政策的通知》

《国家税务总局关于高档化妆品消费税征收管理事项的公告》

《国家税务总局关于增值税 消费税与附加税费申报表整合有关事项的公告》（国家税务总局公告2021年第20号）

项目四

关税与船舶吨税纳税实务

学习目标

知识目标

1. 掌握关税、船舶吨税的征税对象、税目和税率。
2. 掌握关税、船舶吨税的计税依据和应纳税额计算方法。
3. 熟悉关税的减免税优惠。

技能目标

1. 能够正确计算关税、船舶吨税的应纳税额。
2. 能够准确填制进出口货物报关单，并能准备报关资料。
3. 能够准确填写“船舶吨税执照申请书”，及时申报船舶吨税。

态度目标

1. 树立主权意识，明确关税、船舶吨税对维护国家主权的意义。
2. 树立风险防范意识，明确税收违章应负担的法律责任。
3. 树立筹划意识，最大限度地维护纳税人的合法权益，实现企业财务利益最大化的目标。

思政目标

1. 树立正确消费观、培养民族自信心，摒弃盲目崇洋媚外思想。
2. 诚信缴纳关税、船舶吨税，严守国门，维护国家和产业利益，保护民族品牌。

工作情境与工作任务

为执行国家对外经济政策，维护国家主权和尊严，保护本国各项产业健康发展，建立与各国家平等进行经济和技术交流的对外平台，各国都会开征关税、船舶吨税。

关税是由海关对进出国境或者关境的货物和物品所征收的一种流转税；船舶吨税是由海关对自我国境外港口进入境内港口的船舶征收的一种税。关税、船舶吨税的征税主体是国家，由海关代表国家征税。

在我国，海关在征收进出口货物关税、进口物品关税的同时，还代征进口环节增值税和消费税。

任务一　关税纳税实务

一、关税的基本要素

（一）关税的征税对象和税目

1.征税对象

现行《中华人民共和国进出口关税条例》中明确规定，中华人民共和国准许进出口的货物、进境物品，除法律、行政法规另有规定外，海关依照本条例规定征收进出口关税。

所谓货物，是指对外贸易进出口的商品。

所谓物品，是指非贸易性物品，主要包括入境旅客随身携带的行李物品、个人邮递物品、各种运输工具上的服务人员携带进口的自用物品、馈赠物品以及以其他方式进入关境的个人用品。

2.税目

我国现行关税税则的商品分类目录，目前执行的是《中华人民共和国进出口税则》(2022年版)、2022年版的《商品名称及编码协调制度》，将商品分为21大类。21大类下面又分为97章，各章再分别根据成分、性质、结构、功能、用途、制造方法分类列目为8 930个税目。

（二）关税的纳税人

关税的纳税人包括进口货物的收货人、出口货物的发货人、进出境物品的所有人。

其中：进出口货物的收、发货人，是指依法取得对外贸易经营权，并进口或者出口货物的法人或者其他社会团体。其具体包括：依法取得对外贸易经营权的外贸进出口公司、工贸或农贸结合的进出口公司和其他经营进出口商品的企业。

进出境物品的所有人按下列方法确定：一般情况下，对于携带进境的物品，推定其携带人为所有人；对分离运输的行李，推定相应的进出境旅客为所有人；对以邮递方式进境的物品，推定其收件人为所有人；以邮递或其他运输方式出境的物品，推定其寄件人或托运人为所有人。

（三）关税的税率

关税税率分为贸易性商品的进口关税税率、出口关税税率以及非贸易性进口物品关税税率。

1. 进口关税税率

（1）进口关税税率的种类及适用范围

自2004年1月1日起施行，于2017年修订的《中华人民共和国进出口关税条例》规定，我国进口税依据进口货物的原产地不同分别设有最惠国税率、协定税率、特惠税率、普通税率、关税配额税率等税率形式。

①最惠国税率，是指某国的来自于其最惠国的进口产品享受的关税税率。最惠国税率一般不得高于现在或将来来自于第三国同类产品所享受的关税税率，原产于共同适用最惠国待遇条款的世界贸易组织成员的进口货物，原产于与中华人民共和国签订含有相互给予最惠国待遇条款的双边贸易协定的国家或者地区的进口货物，以及原产于中华人民共和国境内的进口货物，适用最惠国税率。

②协定税率，是指一国根据其与别国签订的贸易条约或协定而制定的关税税率。原产于与中华人民共和国签订含有关税优惠条款的区域性贸易协定的国家或者地区的进口货物，适用协定税率。

③特惠税率，是指进口国对从特定的国家或者地区进口的全部或部分商品，给予特别优惠的低税或减免税待遇。特惠税率一般低于最惠国税率和协定税率，原产于与中华人民共和国签订含有特殊关税优惠条款的贸易协定的国家或者地区的进口货物，适用特惠税率。

④普通税率，适用于原产于上述三种所列以外国家或者地区的进口货物，以及原产地不明的进口货物。

（2）实行关税配额管理关税税率的确定

关税配额，是指把征收关税和进口配额相结合的一种限制进口的措施。实行关税配额管理，对进口商品的绝对数额不加限制，而是对在一定时间内、在规定的关税配额以内的进口商品给予低税、减税或免税的待遇；对超过配额的进口商品则征收较高的关税、附加税或罚款。

我国目前对实行关税配额管理的进口货物，其关税税率的适用原则如下：在关税配额以内的，适用关税配额税率；在关税配额以外的，其税率的适用按照上述最惠国税率、协定税率、特惠税率、普通税率的规定执行。

目前对小麦、玉米、稻谷和大米、糖、羊毛、毛条、棉花等和化肥实施关税配额管理，对关税配额外进口一定数量的棉花实施滑准税。

滑准税亦称滑动税，是指对进出口税则中的同一种商品按其市场价格标准分别制定不同价格档次的税率而征收的一种关税。

对进口货物在一定期限内可以实行暂定税率。适用最惠国税率的进口货物有暂定税率的，应当适用暂定税率；适用协定税率、特惠税率的进口货物有暂定税率的，应当从低适用税率；适用普通税率的进口货物，不适用暂定税率。适用出口税率的出口货物有暂定税率的，应当适用暂定税率。

（3）关税税率适用的时间

进出口货物应当适用海关接受该货物申报进口或者出口之日实施的税率。

进口货物到达前，经海关核准先行申报的，应当适用装载该货物的运输工具申报进境之日实施的税率。

有下列情形之一，需缴纳税款的，应当适用海关接受申报办理纳税手续之日实施的税率：

①保税货物经批准不复运出境的；

②减免税货物经批准转让或者移作他用的；

③暂时进境货物经批准不复运出境，以及暂时出境货物经批准不复运进境的；

④租赁进口货物，分期缴纳税款的。

因纳税义务人违反规定需要追征税款的，应当适用该行为发生之日实施的税率；行为发生之日不能确定的，适用海关发现该行为之日实施的税率。

2. 出口关税税率

我国对出口商品一般不征收关税，但由于经济方面的原因，也对部分商品征收出口关税，目前对鳗鱼苗、铬铁等102项商品征收出口关税。

目前，我国出口关税税率为一栏税率，没有普通税率和优惠税率之分。

3. 进口物品关税税率

进境物品的关税以及进口环节海关代征税合并为进口税，也称行邮税。具体税率见表4-1。

表4-1　　中华人民共和国进境物品进口税率表

税目序号	物品名称	税率（%）
1	书报、刊物、教育用影视资料；计算机、视频摄录一体机、数字照相机等信息技术产品；食品、饮料；金银；家具；玩具，游戏品、节日或其他娱乐用品；药品	13
2	运动用品（不含高尔夫球及球具）、钓鱼用品；纺织品及其制成品；电视摄像机及其他电器用具；自行车；税目1、3中未包含的其他商品	20
3	烟、酒；贵重首饰及珠宝玉石；高尔夫球及球具；高档手表；高档化妆品	50

【思考】入境普通化妆品需要缴纳关税吗？

二、关税应纳税额的计算

（一）关税的计税依据

关税的计税依据也称关税完税价格，是指由海关以进出口货物的实际成交价格为基础，经调整确定的计征关税的价格。关税完税价格分为进口货物完税价格、出口货物完税价格、进口物品完税价格三种。

1. 进口货物完税价格

进口货物完税价格主要以进口货物的成交价格为基础确定，其确定方法包括以下几种。

（1）以成交价格为基础确定的完税价格

进口货物的完税价格由海关以符合条件的成交价格以及该货物运抵中华人民共和国境内输入地点起卸前的运输及其相关费用、保险费为基础审查确定。

进口货物的成交价格，是指卖方向中华人民共和国境内销售该货物时买方为进口该货物向卖方实付、应付的，并按规定调整后的价款总额，包括直接支付的价款和间接支付的价款。

①应计入完税价格的费用或价值。

第一，由买方负担的除购货佣金以外的佣金和经纪费。购货佣金，是指买方为购买进口货物向自己的采购代理人支付的劳务费用。经纪费，是指买方为购买进口货物向代表买卖双方利益的经纪人支付的劳务费用。

第二，由买方负担的与该货物视为一体的容器费用。

第三，由买方负担的包装劳务费用。

第四，可以按照适当比例分摊的，由买方直接或间接免费提供或以低于成本价方式销售给卖方或有关方的货物或服务的价值。

第五，与该货物有关并作为卖方向我国销售该货物的一个条件，应当由买方直接或间接支付的特许权使用费。

第六，卖方直接或间接从买方对该货物进口后转售、处置或使用所得中获得的收益。

②不得计入完税价格的费用。

第一，厂房、机械、设备等货物进口后的基建、安装、装配、维修和技术服务的费用;

第二，货物运抵境内输入地点之后的运输费用;

第三，进口关税及其他国内税。

（2）海关依法估定的完税价格

进口货物的成交价格不能确定的，海关经了解有关情况，并与纳税义务人进行价格磋商后，依次以下列价格估定该货物的完税价格：

①与该货物同时或者大约同时向中华人民共和国境内销售的相同货物的成交价格。

②与该货物同时或者大约同时向中华人民共和国境内销售的类似货物的成交价格。

③与该货物进口的同时或者大约同时，将该进口货物、相同或者类似进口货物在第一级销售环节销售给无特殊关系买方最大销售总量的单位价格，但应当扣除同等级或者同种类货物在中华人民共和国境内第一级销售环节销售时通常的利润和一般费用以及通常支付的佣金，进口货物运抵境内输入地点起卸后的运输及其相关费用、保险费、进口关税及国内税收。

④按照下列各项总和计算的价格：生产该货物所使用的料件成本和加工费用，向中华人民共和国境内销售同等级或者同种类货物通常的利润和一般费用，该货物运抵境内输入地点起卸前的运输及其相关费用、保险费。

⑤以合理方法估定的价格。

【提示】进口货物成交价格常用表示方法有两种，分别是FOB出口港和CIF进口港，如某商贸公司从美国进口一批电器，成交价格可以是FOB纽约港或者是CIF上海港，两种成交价格包括的内容不一样。在成交价格基础上确定关税完税价格的方法也不一样。

当成交价格为CIF进口国时，关税完税价格 = CIF + 应计入完税价格的费用或价值;

当成交价格为FOB出口国时，关税完税价格 = FOB + 运抵境内输入地点起卸前运费、保险费 + 应计入完税价格的费用或价值。

（3）特殊进口货物的完税价格

①运往境外修理的货物。运往境外修理的机械器具、运输工具或者其他货物，出境

时已向海关报明并在海关规定的期限内复运进境的，应当以境外修理费和料件费审查确定完税价格。

②运往境外加工的货物，出境时已向海关报明并在海关规定的期限内复运进境的，应当以境外加工费和料件费以及复运进境的运输及其相关费用和保险费审查确定完税价格。

③以租赁方式进口货物。以租赁方式进口的货物，以海关审查确定的该货物的租金作为完税价格。

（4）进口货物完税价格中的运输及其相关费用、保险费的计算

①进口货物的运输及其相关费用，应当按照由买方实际支付或者应当支付的费用计算。如果进口货物的运输及其相关费用无法确定的，海关应当按照该货物进口同期的正常运输成本审查确定。

运输工具作为进口货物，利用自身动力进境的，海关在审查确定完税价格时，不再另行计入运输及其相关费用。

②进口货物的保险费，应当按照实际支付的费用计算。如果进口货物的保险费无法确定或者未实际发生，海关应当按照“货价加运费”两者总额的3‰计算保险费，其计算公式如下：

$$保险费=（货价+运费）\times 3‰$$

邮运进口的货物，应当以邮费作为运输及其相关费用、保险费。

2.出口货物完税价格

（1）以成交价格为基础确定的完税价格

出口货物的完税价格由海关以该货物的成交价格以及该货物运至中华人民共和国境内输出地点装载前的运输及其相关费用、保险费为基础审查确定。出口货物的成交价格，是指该货物出口时卖方为出口该货物应当向买方直接收取和间接收取的价款总额。出口关税不计入完税价格。

不计入出口货物完税价格的税收、费用包括：

①出口关税；

②在货物价款中单独列明的货物运至中华人民共和国境内输出地点装载后的运输及其相关费用、保险费。

【提示】当成交价格为CIF进口国时，出口关税完税价格=（CIF－装运港至进口国输入地点起卸前运费、保险费）÷（1+出口关税税率）。

当成交价格为FOB出口国时，出口关税完税价格=FOB÷（1+出口关税税率）。

（2）海关依法估定的完税价格

出口货物的成交价格不能确定的，海关经了解有关情况，并与纳税义务人进行价格磋商后，依次以下列价格估定该货物的完税价格：

①与该货物同时或者大约同时向同一国家或者地区出口的相同货物的成交价格。

②与该货物同时或者大约同时向同一国家或者地区出口的类似货物的成交价格。

③按照下列各项总和计算的价格：境内生产相同或者类似货物的料件成本、加工费用，通常的利润和一般费用，境内发生的运输及其相关费用、保险费。

④以合理方法估定的价格。

3. 进口物品的完税价格

规定数额以内的个人自用进境物品，免征进口税。超过规定数额但仍在合理数量以内的个人自用进境物品，由进境物品的纳税义务人在进境物品放行前按照规定缴纳进口税。超过合理、自用数量的进境物品应当按照进口货物依法办理相关手续。

对国家规定减按3%征收进口环节增值税的进口药品，按照货物税率征税。

进口物品实行从价计征，其完税价格由海关参照该项物品的境外正常零售平均价格确定，目前执行的是2019年4月9日起执行的《中华人民共和国进境物品完税价格表》。

（二）关税应纳税额的计算

1. 从价税应纳税额的计算

关税从价税应纳税额的计算公式为：

$$关税税额=应税进（出）口货物数量\times单位完税价格\times税率$$

或
$$关税税额=完税价格\times税率$$

2. 从量税应纳税额的计算

关税从量税应纳税额的计算公式为：

$$关税税额=应税进（出）口货物数量\times单位货物税额$$

3. 复合税应纳税额的计算

关税复合税应纳税额的计算公式为：

$$\frac{关税}{税额}=\frac{应税进（出）口}{货物数量}\times\frac{单位}{货物税额}+\frac{应税进（出）口}{货物数量}\times\frac{单位}{完税价格}\times税率$$

4. 滑准税应纳税额的计算

关税滑准税应纳税额的计算公式为：

$$关税税额=应税进（出）口货物数量\times单位完税价格\times滑准税税率$$

【做中学4-1】2023年5月，某化工进出口公司从与我国有关税互惠协定的国家进口某批货物，向国外支付的购买价为300 000元，运抵我国输入地点前的包装费为20 000元，运费及保险费为15 000元，该进口货物的关税适用特惠税率5%。

要求：计算该公司进口货物应纳关税、增值税税额。

解答：进口货物应以海关审定的成交价格为基础确定计税依据。该公司进口环节应纳关税及增值税计算如下：

关税完税价格＝货价＋包装、运输、保险等费用

＝300 000＋20 000＋15 000＝335 000（元）

应纳关税＝335 000×5%＝16 750（元）

应纳增值税＝（335 000＋16 750）×13%＝45 727.50（元）

支付国外买价及各项杂费时：

借：库存商品　　335 000

　　贷：银行存款　　335 000

缴纳增值税时：

借：应交税费——应交增值税（进项税额）　　45 727.50

贷：银行存款 45 727.50

申报应纳关税时：

借：库存商品 16 750

贷：应交税费——应交关税 16 750

缴纳关税时：

借：应交税费——应交关税 16 750

贷：银行存款 16 750

【做中学4-2】2023年4月，XY外贸公司出口铅矿砂一批，FOB广州港356 000元，其中运至我国境内广州港装载前的运输及其相关费用为2 300元、保险费为500元。从广州港至维多利亚港运费及保险费为9 800元。出口关税税率为30%。

要求：计算该公司出口货物应纳关税税额。

解答：出口货物应以海关审定的成交价格为基础确定完税价格，计算如下：

关税完税价格 = 356 000 ÷（1 + 30%）= 273 846.15（元）

应纳税额 = 273 846.15 × 30% = 82 153.85（元）

其账务处理如下：

借：税金及附加 82 153.85

贷：应交税费——应交关税 82 153.85

三、关税的税收优惠与征收管理

（一）关税的减税免税

关税减免可以分为法定减免、特定减免、临时减免。我国海关法规定，除法定减免税外，其他进出口关税的减免权归国务院所有。

1. 法定减免税

法定减免税，是指《中华人民共和国进出口关税条例》等相关法律规定的减免税。其包括：

（1）关税税额在人民币50元以下的一票货物，可免征关税。

（2）无商业价值的广告品和货样，可免征关税。

（3）国际组织、外国政府无偿赠送的物资，可免征关税。

（4）进出境运输工具装载的途中必需的燃料、物料和饮食用品，可免征关税。

（5）经海关核准暂时进境或者暂时出境并在6个月内复运出境或者复运进境的货样、展览品、施工机械、工程车辆、工程船舶、供安装设备时使用的仪器和工具、电视或者电影摄制器械、盛装货物的容器以及剧团服装道具，在货物收发货人向海关缴纳相当于税款的保证金或者提供担保后，可予暂时免征关税。

（6）为境外厂商加工、装配成品和为制造外销产品而进口的原材料、辅料、零件、部件、配套件和包装物料，海关按照实际加工出口成品数量免征进口关税；或者对进口料、进口件先征进口关税，再按照实际加工出口的成品数量予以退税。

（7）因故退还的境外进口货物，由原收货人或者他们的代理人申报出境，并提供原进口单证，经海关审查核实，可以免征出口关税。但是，已征收的进口关税，不予退还。

（8）因故退还的我国出口货物，由原发货人或者他们的代理人申报进境，并提供原出口单证，经海关审查核实，可以免征进口关税。但是，已征收的出口关税，不予退还。

（9）有下列情形之一的进口货物，经海关查明属实，可以酌情减免关税：

①在境外运输途中或者在起卸时，遭受损坏或者损失的；

②起卸后海关放行前，因不可抗力遭受损坏或者损失的；

③海关查验时已经破漏、损坏或者腐烂，经证明不是保管不慎造成的。

（10）我国缔结或者参加的国际条约规定减征、免征关税的货物、物品，海关按照规定予以减免关税。

（11）进境居民旅客携带在境外获取的个人自用进境物品，总值在5 000元人民币以内（含5 000元）的；非居民旅客携带拟留在中国境内的个人自用进境物品，总值在2 000元人民币以内（含2 000元）的，海关予以免税放行，单一品种限自用、合理数量，但烟草制品、酒精制品以及国家规定应当征税的20种商品等另按有关规定办理。进境居民旅客携带超出5 000元人民币的个人自用进境物品，经海关审核确属自用的；进境非居民旅客携带拟留在中国境内的个人自用进境物品，超出人民币2 000元的，海关仅对超出部分的个人自用进境物品征税，对不可分割的单件物品，全额征税。

（12）法律规定减征、免征的其他货物。

2.特定减免税

特定减免税，是指在法定减免之外，根据国务院批准的有关进出口货品减免关税办法实行的减免税。其包括：

（1）对实行保税制度区域之内的减免税。

（2）对慈善、福利性用品和捐赠的减免税。

（3）对直接用于科研、教育用品的减免税。

（4）对小额边民互惠贸易的减免税。

（5）对符合政策的外商投资项目的先进进口设备的减免税。

3.临时减免税

临时减免税，是指国务院出于某一项目、某类物品的特殊原因需要进行照顾而特批的减免税。它由国务院专门下达文件做出批示，任何单位、项目进口任何物品不得比照。纳税人要求办理减免税时，应向进口海关提出申请并附书面说明书和证明材料，说明理由。由海关总署会同国务院财政部门按规定审查批准。

（二）关税的征收管理

1.关税的纳税期限

进出口货物的纳税人，应于进口货物申报入境之日起14日内，出口货物在货物运抵海关监管区后、装货的24小时以前，向货物进（出）口地海关申报纳税。海关根据税则归类和完税价格计算应缴纳的关税和进出口环节应缴纳的代征的增值税和消费税，填发缴款书。自填发缴款书15日内，纳税人应向海关指定银行缴纳税款。纳税义务人因不可抗力等特殊原因不能按期缴纳税款的，经海关总署批准，可以延期缴纳税款，但最长不得超过6个月。

2. 关税的强制执行

纳税义务人不能按期缴纳税款又未经海关批准的，属于滞纳关税行为。海关对滞纳关税的行为人有强制执行的权力。强制执行的方法主要有以下两种：

（1）强制征收。纳税义务人自填发缴款书之日起3个月内未能缴纳税款的，经海关关长批准，海关可以从纳税义务人开户银行的存款中实行强制扣缴税款或将进出口货物依法变卖，以充抵税款。

（2）征收关税滞纳金。自关税缴纳期限届满之日起，至纳税人缴纳税款之日止，按日征收所滞纳税款万分之五的滞纳金。

3. 关税的退补

多征关税的退还。多征关税，是指因某种原因海关超出应征关税数额而超征的关税。海关发现超征后，应立即退还多征关税。进出口货物的纳税义务人发现多征关税，可自缴纳税款1年内书面声明退还税款理由，逾期海关不予受理。

对已征收进出口关税后，因货物品种或规格原因原状复运进境或出境的，经海关查验属实，也应退还已征税款。

4. 关税的补征、追征

与纳税人无关而造成海关少征税款时，海关责令纳税义务人补缴所少税款的行政行为，称为关税的补征。补征的时限为1年。

由于纳税人违反海关规定而造成少征税款时，海关责令纳税义务人补缴所少税款的行政行为，称为关税的追征。追征的时限为3年，并可征收关税滞纳金。

（三）关税的纳税申报

进出口货物通关的一般程序包括申报、查验、征税、放行。

进出口货物的收、发货人或者他们的代理人，在货物进出口时，应在海关规定的期限内，按海关规定的格式填写进出口货物报关单，随附有关的货运、商业单据，同时提供批准货物进出口的证件，向海关申报。

报关的主要单证有以下几种：

1. 进口货物报关单

进口货物报关单填写要求如下：

（1）一般填写一式两份或三份；

（2）报关单填报项目要准确、齐全、字迹清楚，不能用铅笔；

（3）报关单内各栏目，凡海关规定有统计代号的，以及税则号列及税率一项，由报关员用红笔填写；

（4）每份报关单限填报四项货物；

（5）如发现情况有误或其他情况需变更填报内容的，应主动、及时向海关递交更改单。

2. 出口货物报关单

出口货物报关单填写要求如下：

（1）一般填写一式两份或三份；

（2）填单要求与进口货物报关单基本相同。如因填报有误或需变更填报内容而未主动、及时更改，出口报关后发生退关情况的，报关单位应在3日内向海关办理更正手续。

3.随报关单交验的货运、商业单据

任何进出口货物通过海关，都必须在向海关递交已填好的报关单的同时，交验有关的货运和商业单据，接受海关审核，并由海关审核后加盖印章，作为提取或发运货物的凭证。

4.进（出）口货物许可证

凡按国家规定应申领进（出）口货物许可证的商品，报关时都必须交验由对外贸易管理部门签发的进（出）口货物许可证，并经海关查验合格无误后方能放行。

报关单主要内容见表4-2和表4-3。

表4-2　　中华人民共和国海关进口货物报关单

预录入编号：　　海关编号：

进口口岸	备案号	进口日期	申报日期	
经营单位	运输方式	运输工具名称	提运单号	
收货单位	贸易方式	征免性质	征税比例	
许可证号	起运国（地区）	装货港	境内目的地	
批准文号	成交方式	运费	保费	杂费
合同协议号	件数	包装种类	毛重（千克）	净重（千克）
集装箱号	随附单据	用途		
标记唛码及备注				
项号　商品编码　商品名称、规格型号　数量及单位　原产国（地区）单价　总价　币制　征免				
税费征收情况				
录入员 录入单位	兹声明以上申报无讹并承担法律责任	海关审单批注及放行日期（签章）		
报关员		审单　审价		
单位地址	申报单位（签章）	征税　统计		
邮编　电话	填制日期	查验　放行		

表4-3　　　　　　　　　中华人民共和国海关出口货物报关单

预录入编号：　　　　　　　　　　　　　　　　　　　　　　　　　海关编号：

<table>
<tr><td colspan="2">出口口岸</td><td>备案号</td><td>出口日期</td><td colspan="2">申报日期</td></tr>
<tr><td colspan="2">经营单位</td><td>运输方式</td><td>运输工具名称</td><td colspan="2">提运单号</td></tr>
<tr><td colspan="2">发货单位</td><td>贸易方式</td><td>征免性质</td><td colspan="2">结汇方式</td></tr>
<tr><td>许可证号</td><td colspan="2">运抵国（地区）</td><td>指运港</td><td colspan="2">境内货源地</td></tr>
<tr><td>批准文号</td><td colspan="2">成交方式</td><td>运费</td><td>保费</td><td>杂费</td></tr>
<tr><td>合同协议号</td><td>件数</td><td>包装种类</td><td>毛重（千克）</td><td colspan="2">净重（千克）</td></tr>
<tr><td>集装箱号</td><td colspan="3">随附单据</td><td colspan="2">生产厂家</td></tr>
<tr><td colspan="6">标记唛码及备注</td></tr>
<tr><td colspan="6">项号　商品编号　商品名称、规格型号　数量及单位　最终目的国（地区）　单价　总价　币制　征免</td></tr>
<tr><td colspan="6"></td></tr>
<tr><td colspan="6"></td></tr>
<tr><td colspan="6"></td></tr>
<tr><td colspan="6"></td></tr>
<tr><td colspan="6">税费征收情况</td></tr>
</table>

<table>
<tr><td>录入员
录入单位</td><td rowspan="2">兹声明以上申报无讹并承担法律责任</td><td>海关审单批注及放行日期（签章）</td></tr>
<tr><td>报关员</td><td>审单　　审价</td></tr>
<tr><td>单位地址</td><td>申报单位（签章）</td><td>征税　　统计</td></tr>
<tr><td>邮编　　电话</td><td>填制日期</td><td>查验　　放行</td></tr>
</table>

任务二　船舶吨税纳税实务

船舶吨税，简称“吨税”，是对自我国境外港口进入境内港口的船舶征收的一种税，是针对船舶使用海上航标等助航设施的行为设置的税种，税款专项用于海上航标的维护、建设和管理。

我国目前征收的船舶吨税以2017年12月27日第十二届全国人民代表大会常务委员会第三十一次会议通过的《中华人民共和国船舶吨税法》为基本法律规范，自2018年7月1日起施行。

一、船舶吨税的基本要素

（一）船舶吨税的征税对象

船舶吨税的征税对象为自我国境外港口进入境内港口的船舶（以下称“应税船舶”）。

（二）船舶吨税纳税人

船舶吨税纳税人为应税船舶负责人。

（三）船舶吨税税目、税率

1.采用分类分级定额税率

船舶吨税采用分类分级定额税率，按“船舶净吨位”的大小分等级设置单位税额，具体规定见表4-4。

表4-4 吨税税目税率表

税目（按船舶净吨位划分）	税率（元/净吨）						备注
	普通税率（按执照期限划分）			优惠税率（按执照期限划分）			
	1年	90日	30日	1年	90日	30日	
不超过2 000净吨	12.6	4.2	2.1	9.0	3.0	1.5	1.拖船按照发动机功率每千瓦折合净吨位0.67吨 2.无法提供净吨位证明文件的游艇，按发动机功率每千瓦折合净吨位0.05吨 3.拖船和非机动驳船分别按相同净吨位船舶税率的50%计征
超过2 000净吨，但不超过10 000净吨	24	8	4	17.4	5.8	2.9	
超过10 000净吨，但不超过50 000净吨	27.6	9.2	4.6	19.8	6.6	3.3	
超过50 000净吨	31.8	10.6	5.3	22.8	7.6	3.8	

注：（1）净吨位，是指由船籍国（地区）政府签发或者授权签发的船舶吨位证明书上标明的净吨位。

（2）非机动驳船，是指在船舶登记机关登记为驳船的非机动船舶。

（3）非机动船舶，是指自身没有动力装置，依靠外力驱动的船舶。

（4）拖船，是指专门用于拖（推）动运输船舶的专业作业船舶。

2.船舶吨税的税率设有普通税率和优惠税率

适用优惠税率的情形有：

（1）我国国籍的应税船舶；

（2）船籍国（地区）与我国签订含有互相给予船舶税费最惠国待遇条款的条约或者协定的应税船舶。

其他应税船舶，适用普通税率。

二、船舶吨税计税依据及应纳税额的计算

（一）船舶吨税的计税依据

船舶吨税按照船舶净吨位和吨税执照期限征收，应税船舶负责人在每次申报纳税时，可以按照《吨税税目、税率表》选择申领一种期限的吨税执照。

所称船舶吨税执照期限，是指按照公历年、日计算的期间。

（二）船舶吨税应纳税额的计算

船舶吨税采用从量计征方法，按照船舶净吨位乘以适用税率计算应纳税额。其应纳税额的计算公式为：

应纳税额＝应税船舶净吨位×适用税率

【做中学4-3】某国某运输公司的一艘拖船驶入我国某港口，该拖船发动机功率为44 776.12千瓦，拖船负责人已向我国海关领取了吨税执照，在港口停留期限为30日。假定该船籍国与我国签订了含有互相给予船舶税费最惠国待遇条款的条约。

该拖船按照发动机功率每千瓦折合净吨位0.67吨；且拖船按相同净吨位船舶税率的50%计征。

该拖船净吨位＝44 776.12×0.67＝30 000（吨）

应纳船舶吨税＝30 000×3.3×50%＝49 500（元）

三、船舶吨税的税收优惠与征收管理

（一）船舶吨税的税收优惠

1. 下列船舶免征船舶吨税

（1）应纳税额在人民币50元以下的船舶。

（2）自境外以购买、受赠、继承等方式取得船舶所有权的初次进口到港的空载船舶。

（3）吨税执照期满后24小时内不上下客货的船舶。

（4）非机动船舶（不包括非机动驳船）。

（5）捕捞、养殖渔船。

（6）避难、防疫隔离、修理、改造、终止运营或者拆解，并不上下客货的船舶。

（7）军队、武装警察部队专用或者征用的船舶。

（8）警用船舶。

（9）依照法律规定应当予以免税的外国驻华使领馆、国际组织驻华代表机构及其有关人员的船舶。

（10）国务院规定的其他船舶。

国务院规定的其他船舶，由国务院报全国人民代表大会常务委员会备案。

2.延期优惠

在吨税执照期限内，应税船舶发生下列情形之一的，海关按照实际发生的天数批注延长吨税执照期限：

（1）避难、防疫隔离、修理、改造，并不上下客货；

（2）军队、武装警察部队征用。

应税船舶负责人应在延期事项发生地海关办理船舶吨税执照延期的海关手续，同时应提交延期申请。

（二）船舶吨税征收管理

船舶吨税由海关负责征收。海关征收船舶吨税应当制发缴款凭证。

1.纳税期限

（1）纳税义务发生时间

船舶吨税纳税义务发生时间为应税船舶进入港口的当日。应税船舶在吨税执照期满后尚未离开港口的，应当申领新的吨税执照，自上一次执照期满的次日起续缴吨税。

（2）纳税期限

船舶吨税分1年期缴纳、90天期缴纳与30天期缴纳三种。缴纳期限由应税船舶负责人自行选择。

（3）缴款期限

应税船舶负责人应当自海关填发吨税缴款凭证之日起15日内缴清税款。

2.纳税地点

各口岸海关负责对进出本口岸的船舶征收船舶吨税。

3.纳税申报程序

（1）应税船舶在进入港口办理入境手续时，应及时申报纳税，如实填写“船舶吨税执照申请书”（见表4-5），向海关申报纳税，领取船舶吨税执照，或者交验船舶吨税执照（或者申请核验船舶吨税执照电子信息）。

应税船舶在办理出入境手续时，选择是否向海关申请核验船舶吨税执照电子信息。自2018年7月1日起签发的船舶吨税执照电子信息由海关系统自动比对。应税船舶负责人应通过“互联网+海关”、国际贸易“单一窗口”等关企事务平台登录“海关船舶吨税执照申请系统”，录入并向海关发送船舶吨税执照申请信息。

应税船舶负责人申领吨税执照时，应当向海关提供下列文件：

①船舶国籍证书或者海事部门签发的船舶国籍证书收存证明；

②船舶吨位证明。

应税船舶为拖船或无法提供净吨位证明文件的游艇的，应税船舶负责人还应提供发动机功率（千瓦）等相关材料。

【提示】对于符合上述免税优惠第（2）项至第（4）项规定的应税船舶，应税船舶负责人应当向海关提供书面免税申请，申明免税的依据和理由；符合第（5）项至第（9）项及延期优惠规定的应税船舶，还应当提供海事部门、渔业船舶管理部门或者出入境检验检疫部门等部门、机构出具的具有法律效力的证明文件或者使用关系证明文件，申明免税或者延长吨税执照期限的依据和理由。

表4-5　　船舶吨税执照申请书

船舶吨税执照申请书

Application for Tonnage Dues Certificate

按照《中华人民共和国船舶吨税暂行条例》的规定，检同有关证件（包括国籍证书、吨位证书或相关部门证明文件），开具下列事项，请予完纳船舶吨税，并发给船舶吨税执照。

In compliance with the provisions of the Provisional Regulations Governing the Collection of Tonnage Dues of the People's Republic of China, I hereby submit the following particulars together with the relevant documents (including the Certificate of Nationality, the Tonnage Certificate or supporting documents issued by the relevant departments) with the request for the issue of a Tonnage Dues Certificate upon payment of Tonnage Dues.

1.船名 Ship's Name	2.船舶编号（IMO编号（优先）/呼号/其他） Ship's Number（IMO No.（priority）/call sign/others）
3.船舶类型 Ship's Description	4.国籍 Nationality
5.净吨位 Net Tonnage	6.进港时间 Arrival Time

7.按一年期、九十日期或三十日期（由申请人选定一种）

Tonnage Dues Certificate valid for one year/90 days/30 days（Applicant required the words）

兹声明上列各项申报正确无讹承担法律责任　　此致

中华人民共和国　　　　　海关

I hereby declare that all the particulars given in this Application are true and correct. I will take the relevant responsibility.

To________Customs of the People's Republic of China

船长（签名盖章） Ship's Captain （signature and stamp）	船舶代理（签名盖章） Ship's Agent （signature and stamp）
日期20　年　月　日 Date	日期20　年　月　日 Date

应税船舶因不可抗力在未设立海关地点停泊的，船舶负责人应当立即向附近海关报告，并在不可抗力原因消除后，依照规定向海关申报纳税。

（2）应税船舶到达港口后，依照规定向海关申报纳税。

应税船舶负责人选择柜台支付方式缴纳船舶吨税的，应将加盖银行已收讫税款业务印章的缴款书第一联交海关。应税船舶负责人选择电子支付方式缴纳船舶吨税的，应根据要求完成船舶吨税电子支付备案。

（3）应税船舶负责人缴纳吨税或者提供担保后，海关按照其申领的执照期限填发船舶吨税执照。

发生下列情况，原填发的船舶吨税执照继续有效：

①应税船舶在吨税执照期限内，因修理、改造导致净吨位变化的，船舶吨税执照继续有效。应税船舶办理出入境手续时，应当提供船舶经过修理、改造的证明文件。

②应税船舶在吨税执照期限内，因税目、税率调整或者船籍改变而导致适用税率变

化的，船舶吨税执照继续有效。因船籍改变而导致适用税率变化的，应税船舶在办理出入境手续时，应当提供船籍改变的证明文件。

③船舶吨税执照在期满前毁损或者遗失的，应当向原发照海关书面申请核发吨税执照副本，不再补税。

（4）应税船舶在离开港口办理出境手续时，应当交验船舶吨税执照（或者申请核验船舶吨税执照电子信息）。

4.纳税担保

应税船舶负责人在缴纳船舶吨税前申请先行签发船舶吨税执照的，应当向海关提供与其依法履行吨税缴纳义务相适应的担保。

下列财产、权利可以用于担保：

（1）人民币、可自由兑换货币；

（2）汇票、本票、支票、债券、存单；

（3）银行、非银行金融机构的保函；

（4）海关依法认可的其他财产、权利。

5.税款补征与退还

（1）税款补征

海关发现少征或者漏征税款的，应当自应税船舶应当缴纳税款之日起1年内，补征税款。

因应税船舶违反规定造成少征或者漏征税款的，海关可以自应当缴纳税款之日起3年内追征税款，并自应当缴纳税款之日起按日加征少征或者漏征税款万分之五的税款滞纳金。

（2）税款的退还

海关发现多征税款的，应当在24小时内通知应税船舶办理退还手续，并加算银行同期活期存款利息。

应税船舶发现多缴税款的，可以自缴纳税款之日起3年内以书面形式要求海关退还多缴的税款并加算银行同期活期存款利息；海关应当自受理退税申请之日起30日内查实并通知应税船舶办理退还手续。应税船舶应当自收到通知之日起3个月内办理有关退还手续。

6.处罚规定

（1）未按期缴清税款的，自滞纳税款之日起至缴清税款之日止，按日加收滞纳税款万分之五的税款滞纳金。

（2）应税船舶有下列行为之一的，由海关责令限期改正，处2 000元以上30 000元以下的罚款；不缴或者少缴应纳税款的，处不缴或者少缴税款50%以上5倍以下的罚款，但罚款不得低于2 000元：

①未按照规定申报纳税、领取吨税执照；

②未按照规定交验吨税执照（或者申请核验吨税执照电子信息）以及提供其他证明文件。

【提示】船舶吨税税款、税款滞纳金、罚款以人民币计算。

思政园地

中国有信心打赢贸易战

自2018年开始，美国时任总统特朗普发起了对华贸易战，以“保护美国产业”为口号，不断地对中国商品加征关税，甚至还利用政治手段对中国一些科技公司进行打压。在5G等前沿科技上，特朗普眼看中国要实现弯道超车，就颁布一系列禁令禁止使用中国生产的科技产品，阻止中国留学生赴美学习。中国面对美国的挑衅，自然也发起反击，一方面宣布对美国的部分产品加征关税，另一方面组织两国进行谈判协商。然而美国一顿操作猛如虎，并没有得到什么甜头，反而拖垮了美国经济。美国财政部部长耶伦直言，因为特朗普以及拜登政府任上持续的贸易战，至少让美国各界损失了约1 000多亿美元。因为贸易战，中国减少了自美进口的玉米、大豆等农产品，转而向巴西等国购买，导致美国农业损失惨重。三年的贸易战是白打了，中国经济相比美国仍旧充满活力，这一轮较量中方拿下一局。

美国国会众议院民主、共和两党140余名议员于2022年1月20日向美国贸易代表办公室致联名信，认为对中国输美商品加征的关税对美国制造业、农业、渔业、零售业、能源、技术和服务业企业造成了广泛影响，对消化关税成本能力较弱的中小企业的打击尤为严重。呼吁扩大对中国输美商品的加征关税豁免范围，以帮助美国企业从新冠肺炎疫情导致的供应链中断等风险中复苏。

资料来源：资讯看客．贸易战要结束了？希拉里放话取消对华关税，中方再次拿下一局［EB/OL］．［2021－11－29］．https：//page.om.qq.com/page/OkbljGXuVNV_argh_wUD1DaQ0.

环球参考．美国终于顶不住了，140余名议员联名要求取消对华商品加征关税［EB/OL］．［2022－01－23］．https：//www.163.com/dy/article/GUDB2MFI0552FDOB.html.

【启示】面对美国挑起的贸易战，中国政府运用“关税”这一税法武器，有理有节，依法捍卫了国家的利益和尊严，捍卫了我国企业的正当权益。“关税”成为国际贸易中，抵制强权霸凌、捍卫我国企业正当权益的强大盾牌。

项目小结

本项目主要知识点归纳总结见表4-6。

表4-6　本项目主要知识点归纳总结

税种	关税	船舶吨税
征税范围	中华人民共和国准许进出口的货物、进境物品。货物，是指对外贸易进出口的商品；物品，是指非贸易性物品	自我国境外港口进入境内港口的船舶（应税船舶）

续表

<table>
<tr><th>税种</th><th colspan="3">关税</th><th>船舶吨税</th></tr>
<tr><td>纳税人</td><td colspan="3">进口货物的收货人
出口货物的发货人
进出境物品的所有人</td><td>应税船舶负责人</td></tr>
<tr><td rowspan="2">计税依据</td><td rowspan="2">进口货物完税价格（以进口货物的成交价格为基础）</td><td>以成交价格为基础确定的完税价格</td><td>（1）由买方负担的除购货佣金以外的佣金和经纪费；
（2）由买方负担的与该货物视为一体的容器费用；
（3）由买方负担的包装劳务费用；
（4）可以按照适当比例分摊的，由买方直接或间接免费提供或以低于成本价方式销售给卖方或有关方的货物或服务的价值；
（5）与该货物有关并作为卖方向我国销售该货物的一个条件，应当由买方直接或间接支付的特许权使用费；
（6）卖方直接或间接从买方对该货物进口后转售、处置或使用所得中获得的收益</td><td rowspan="2">船舶净吨位和吨税执照期限</td></tr>
<tr><td>海关依法估定的完税价格</td><td>（1）与该货物同时或者大约同时向境内销售的相同货物的成交价格；
（2）与该货物同时或者大约同时向境内销售的类似货物的成交价格；
（3）与该货物进口的同时或者大约同时，将该进口货物、相同或者类似进口货物在第一级销售环节销售给无特殊关系买方最大销售总量的单位价格，但应当扣除境内第一级销售环节销售时通常的利润和一般费用以及通常支付的佣金，运输及其相关费用、保险费，进口关税及国内税收；
（4）生产该货物所使用的料件成本和加工费用，境内销售同等级或者同种类货物通常的利润和一般费用，运输及其相关费用、保险费；
（5）以合理方法估定的价格</td></tr>
</table>

续表

税种	关税			船舶吨税
计税依据	进口货物完税价格（以进口货物的成交价格为基础）	特殊进口货物的完税价格	（1）运往境外修理，以海关审定的境外修理费和料件费以及该货物复运进境的运输及其相关费用、保险费估定完税价格； （2）运往境外加工的货物，应当以海关审定的境外加工费和料件费以及该货物复运进境的运输及其相关费用、保险费估定完税价格； （3）以租赁方式进口的货物，以海关审定的租金为完税价格	
	出口货物完税价格	以成交价格为基础确定完税价格	出口货物完税价格 = FOB ÷（1 + 出口关税税率）	
		海关依法估定的完税价格		
	进口物品完税价格	由海关参照该项物品的境外正常零售平均价格确定		
税率	进口货物根据原产地不同分别设有最惠国税率、协定税率、特惠税率、普通税率、关税配额税率等税率形式。 出口关税税率为一栏税率，没有普通税率和优惠税率之分。 进境物品的关税以及进口环节海关代征税合并为进口税			分类分级定额税率
应纳税额的计算	从价税应纳税额的计算	关税税额 = 应税进（出）口货物数量 × 单位完税价格 × 税率 或 关税税额 = 完税价格 × 税率		应纳税额 = 应税船舶净吨位 × 适用税率
	从量税应纳税额的计算	关税税额 = 应税进（出）口货物数量 × 单位货物税额		
	复合税应纳税额的计算	关税税额 = 应税进（出）口货物数量 × 单位货物税额 + 应税进（出）口货物数量 × 单位完税价格 × 税率		
	滑准税应纳税额的计算	关税税额 = 应税进（出）口货物数量 × 单位完税价格 × 滑准税税率		
征收管理	纳税期限	进出口货物的纳税人，应于进口货物申报入境之日起 14 日内，出口货物在货物运抵海关监管区后、装货的 24 小时以前，向货物进（出）口地海关申报纳税		应税船舶进入港口的当日。 分 1 年期、90 天期与 30 天期缴纳三种，自海关填发吨税缴款凭证之日起 15 日内缴清税款
	纳税地点	向报关地海关缴纳		向进出口岸海关缴纳

阅读篇目

《中华人民共和国海关法》

《中华人民共和国进出口关税条例》

《中华人民共和国进出口税则》

《中华人民共和国海关关于入境旅客行李物品和个人邮递物品征收进口税办法》

《中华人民共和国船舶吨税法》

《关于〈中华人民共和国船舶吨税法〉实施有关事项的公告》(海关总署公告2018年第77号)

项目五

资源与环保税纳税实务

学习目标

知识目标

1. 掌握资源与环保税的征税范围，了解具体应税项目。
2. 熟悉资源与环保税纳税环节，了解各资源与环保税纳税的具体规定。
3. 掌握资源与环保税计税依据的确定方法。
4. 掌握纳税人销售和自用环节资源税和增值税的协调。

技能目标

1. 能够正确计算资源与环保税应纳税额。
2. 能够准确填制各资源与环保税纳税申报表，并能准备纳税申报资料。

态度目标

1. 树立法律意识，明确依法纳税、建立良好的纳税信用等级是企业发展的重要前提。
2. 树立风险防范意识，明确税收违章应负担的法律责任。
3. 树立筹划意识，最大限度地维护纳税人的合法权益，实现企业财务利益最大化的目标。

思政目标

1. 了解通过征收资源与环保税对促进我国绿色发展的政策意图。
2. 通过学习资源与环保税减免税，体会促进资源节约利用、加强污染治理的政策意图。
3. 通过学习水资源税，了解促进节约用水的政策意图。

工作情境与工作任务

“十四五”时期是我国由全面建成小康社会向基本实现社会主义现代化迈进的关键时期，是积极应对国内社会主要矛盾转变和国际经济政治格局深刻变化的战略机遇期，也是加快推进生态文明建设和经济高质量发展的攻坚期，“坚持生态优先、绿色发展”已是社会共识。税务部门也充分发挥了税收在推进生态文明建设方面的职能作用，积极参与构建和落实落细以资源税、环境保护税、耕地占用税等“多税共治”、以系统性税收优惠政策“多策组合”的绿色税收体系，助力经济社会发展全面绿色转型。

资源与环保税有广义与狭义之分，狭义的资源与环保税只针对特定资源开采、污染排放、占用耕地征收。你能准确判断单位与个人的具体经济业务，哪些应该缴纳资源税、环境保护税和耕地占用税吗？不同应税情形应如何适用税目税率？

资源与环境保护税采用从量定额与从价定率征收办法，有的税种同时适用两种征收办法，有的税种只适用其中一种征收办法。你了解各资源与环保税的计税依据是如何确定的吗?当资源税规定的应税资源为原矿，纳税人销售选矿时，该如何计算应纳税额呢?环境保护税的污染物排放量如何折合为污染当量数？

准确计算各资源与环保税后，你能在规定期限内正确填制财产与行为税纳税申报表，顺利申报纳税吗？

任务一 资源税纳税实务

我国目前执行的资源税法是2019年8月26日第十三届全国人民代表大会常务委员会第十二次会议通过的《中华人民共和国资源税法》，从2020年9月1日起施行。1984年9月18日，国务院颁布《资源税条例（草案）》，决定从当年10月1日起开征资源税，当时的征税范围仅限于原油、天然气、煤炭，采用多级次的超率累进税率。1993年12月25日国务院发布了《中华人民共和国资源税暂行条例》，将征税范围扩大至盐、黑色金属矿原矿、有色金属矿原矿和其他非金属矿原矿，对所有资源税目实行从量征收。自2010年6月1日起，资源税开始从价计征改革，2016年7月1日起，资源税全面实施清费立税、从价计征。

一、资源税基本要素

（一）资源税征税范围

1.开采并销售应税矿产品

广义的资源税应对一切可以开发和利用的国有资源征收。但由于我国征收资源税还缺乏经验，目前资源税只将不可再生的资源列入征税范围，包括矿产品、盐。

矿产品包括能源矿产、金属矿产、非金属矿产、水气矿产。

应税产品为矿产品的，包括原矿和选矿产品。

2.视同销售矿产品

纳税人自用应税产品应当缴纳资源税的情形，包括纳税人以应税产品用于非货币性资产交换、捐赠、偿债、赞助、集资、投资、广告、样品、职工福利、利润分配或者连续生产非应税产品等。

自用于连续生产应税产品的，不缴纳资源税。

【注意】纳税人以自采原煤直接或者经洗选加工后连续生产焦炭、煤气、煤化工、电力及其他煤炭深加工产品的，属于以应税产品连续生产非应税产品，应视同销售，计算缴纳资源税。

（二）资源税的纳税人

在中华人民共和国领域和中华人民共和国管辖的其他海域开发应税资源的单位和个人，为资源税的纳税人。单位，是指国有企业、集体企业、私有企业、股份制企业、外商投资企业、外国企业、其他企业和行政单位、事业单位、军事单位、社会团体及其他组织。

个人，是指个体经营者和其他个人。

中外合作开采陆上、海上石油资源的企业依法缴纳资源税。

2011年11月1日前已依法订立中外合作开采陆上、海上石油资源合同的，在该合同有效期内，继续依照国家有关规定缴纳矿区使用费，不缴纳资源税；合同期满后，依法缴纳资源税。

（三）资源税征税对象及税目税率

1.资源税各税目征税对象及税率

《中华人民共和国资源税法》规定，资源税的税目、税率依照《税目税率表》执行。具体税目税率见表5-1。

表5-1　资源税税目税率表

税目		征税对象	税率
能源矿产	原油	原矿	6%
	天然气、页岩气、天然气水合物	原矿	6%
	煤	原矿或者选矿	2%～10%
	煤成（层）气	原矿	1%～2%
	铀、钍	原矿	4%
	油页岩、油砂、天然沥青、石煤	原矿或者选矿	1%～4%
	地热	原矿	1%～20%或者每立方米1～30元

续表

税目			征税对象	税率
金属矿产	黑色金属	铁、锰、铬、钒、钛	原矿或者选矿	1%～9%
	有色金属	铜、铅、锌、锡、镍、锑、镁、钴、铋、汞	原矿或者选矿	2%～10%
		铝土矿	原矿或者选矿	2%～9%
		钨	选矿	6.5%
		钼	选矿	8%
		金、银	原矿或者选矿	2%～6%
		铂、钯、钌、锇、铱、铑	原矿或者选矿	5%～10%
		轻稀土	选矿	7%～12%
		中重稀土	选矿	20%
		铍、锂、锆、锶、铷、铯、铌、钽、锗、镓、铟、铊、铪、铼、镉、硒、碲	原矿或者选矿	2%～10%
非金属矿产	矿物类	高岭土	原矿或者选矿	1%～6%
		石灰岩	原矿或者选矿	1%～6%或者每吨（或者每立方米）1～10元
		磷	原矿或者选矿	3%～8%
		石墨	原矿或者选矿	3%～12%
		萤石、硫铁矿、自然硫	原矿或者选矿	1%～8%
		天然石英砂、脉石英、粉石英、水晶、工业用金刚石、冰洲石、蓝晶石、硅线石（矽线石）、长石、滑石、刚玉、菱镁矿、颜料矿物、天然碱、芒硝、钠硝石、明矾石、砷、硼、碘、溴、膨润土、硅藻土、陶瓷土、耐火粘土、铁矾土、凹凸棒石粘土、海泡石粘土、伊利石粘土、累托石粘土	原矿或者选矿	1%～12%

续表

税目			征税对象	税率
非金属矿产	矿物类	叶蜡石、硅灰石、透辉石、珍珠岩、云母、沸石、重晶石、毒重石、方解石、蛭石、透闪石、工业用电气石、白垩、石棉、蓝石棉、红柱石、石榴子石、石膏	原矿或者选矿	2%～12%
		其他粘土（铸型用粘土、砖瓦用粘土、陶粒用粘土、水泥配料用粘土、水泥配料用红土、水泥配料用黄土、水泥配料用泥岩、保温材料用粘土）	原矿或者选矿	1%～5%或者每吨（或者每立方米）0.1～5元
	岩石类	大理岩、花岗岩、白云岩、石英岩、砂岩、辉绿岩、安山岩、闪长岩、板岩、玄武岩、片麻岩、角闪岩、页岩、浮石、凝灰岩、黑曜石、霞石正长岩、蛇纹岩、麦饭石、泥灰岩、含钾岩石、含钾砂页岩、天然油石、橄榄岩、松脂岩、粗面岩、辉长岩、辉石岩、正长岩、火山灰、火山渣、泥炭	原矿或者选矿	1%～10%
		砂石（天然砂、卵石、机制砂石）	原矿或者选矿	1%～5%或者每吨（或者每立方米）0.1～5元
	宝玉石类	宝石、玉石、宝石级金刚石、玛瑙、黄玉、碧玺	原矿或者选矿	4%～20%
水气矿产	二氧化碳气、硫化氢气、氦气、氡气		原矿	2%～5%
	矿泉水		原矿	1%～20%或者每立方米1～30元
盐	钠盐、钾盐、镁盐、锂盐		选矿	3%～15%
	天然卤水		原矿	3%～15%或者每吨（或者每立方米）1～10元
	海盐			2%～5%

《税目税率表》中规定实行幅度税率的，其具体适用税率由省、自治区、直辖市人民政府统筹考虑该应税资源的品位、开采条件以及对生态环境的影响等情况，在《税目税率表》规定的税率幅度内提出，报同级人民代表大会常务委员会决定，并报全国人民代表大会常务委员会和国务院备案。《税目税率表》中规定征税对象为原矿或者选矿的，应当分别确定具体适用税率。

2.开采或者生产不同税目应税产品适用税目税率

纳税人开采或者生产不同税目应税产品的，应当分别核算不同税目应税产品的销售额或者销售数量；未分别核算或者不能准确提供不同税目应税产品的销售额或者销售数量的，从高适用税率。

3.开采或生产既有原矿也有选矿时的税率选择

纳税人以自采原矿（经过采矿过程采出后未进行选矿或者加工的矿石）直接销售，或者自用于应当缴纳资源税情形的，按照原矿计征资源税。

纳税人以自采原矿洗选加工为选矿产品（通过破碎、切割、洗选、筛分、磨矿、分级、提纯、脱水、干燥等过程形成的产品，包括富集的精矿和研磨成粉、粒级成型、切割成型的原矿加工品）销售，或者将选矿产品自用于应当缴纳资源税情形的，按照选矿产品计征资源税，在原矿移送环节不缴纳资源税。

对于无法区分原生岩石矿种的粒级成型砂石颗粒，按照砂石税目征收资源税。

二、资源税应纳税额的计算

（一）资源税的计税依据

资源税按照《税目税率表》实行从价计征或者从量计征。

《税目税率表》中规定可以选择实行从价计征或者从量计征的，具体计征方式由省、自治区、直辖市人民政府提出，报同级人民代表大会常务委员会决定，并报全国人民代表大会常务委员会和国务院备案。

1.从价计征时的计税销售额

资源税应税产品的销售额，按照纳税人销售应税产品向购买方收取的全部价款确定，不包括增值税税款。

同时符合以下条件的运杂费用，可以从计税销售额中予以扣减：

（1）包含在应税产品销售额中；

（2）属于纳税人销售应税产品环节发生的运杂费用，具体是指运送应税产品从坑口或者洗选（加工）地到车站、码头或者购买方指定地点的运输费用、建设基金以及随运销产生的装卸、仓储、港杂费用；

（3）取得增值税发票或其他合法有效凭据。

【注意】纳税人扣减的运杂费用明显偏高导致应税产品价格偏低且无正当理由的，主管税务机关可以合理调整计税价格。

2.视同销售情形下的计税销售额

纳税人申报的应税产品销售额明显偏低且无正当理由的，或者有自用应税产品行为而无销售额的，主管税务机关可以按下列方法和顺序确定其应税产品销售额：

（1）按纳税人最近时期同类产品的平均销售价格确定。

（2）按其他纳税人最近时期同类产品的平均销售价格确定。

（3）按后续加工非应税产品销售价格，减去后续加工环节的成本利润后确定。

（4）按应税产品组成计税价格确定。

组成计税价格 = 成本 ×（1 + 成本利润率）÷（1 − 资源税税率）

上述公式中的成本利润率由省、自治区、直辖市税务机关确定。

（5）按其他合理方法确定。

【思考】通过学习资源税组成计税价格的计算方法，你知道资源税是价内税还是价外税吗？

3. 计税销售量

应税产品的销售数量，包括纳税人开采或者生产应税产品的实际销售数量和自用于应当缴纳资源税情形的应税产品数量。

（二）资源税应纳税额的计算

1. 资源税应纳税额计算

微课

煤炭生产企业资源税税额计算

实行从价计征的，应纳税额按照应税资源产品的销售额乘以具体适用税率计算。

其计算公式为：

应纳税额 = 应税资源产品计税销售额 × 适用税率

实行从量计征的，应纳税额按照应税资源产品的销售数量乘以具体适用税率计算。

应纳税额 = 应税资源产品征税对象销售数量 × 单位税额

2. 从计税依据中扣减购进金额或购进数量的规定

资源税实行一次征收制，纳税人外购已税资源产品再混合销售，或者利用外购已税资源继续加工成应税资源产品销售，都会造成资源税的重复征收，为了避免资源税重复征收，纳税人外购应税产品与自采应税产品混合销售或者混合加工为应税产品销售的，在计算应税产品销售额或者销售数量时，准予扣减外购应税产品的购进金额或者购进数量；当期不足扣减的，可结转下期扣减。

纳税人以外购原矿与自采原矿混合为原矿销售，或者以外购选矿产品与自产选矿产品混合为选矿产品销售的，在计算应税产品销售额或者销售数量时，直接扣减外购原矿或者外购选矿产品的购进金额或者购进数量。

纳税人以外购原矿与自采原矿混合洗选加工为选矿产品销售的，在计算应税产品销售额或者销售数量时，按照下列方法进行扣减：

准予扣减的外购应税产品购进金额（数量）= 外购原矿购进金额（数量）× 本地区原矿适用税率 ÷ 本地区选矿产品适用税率

不能按照上述方法计算扣减的，按照主管税务机关确定的其他合理方法进行扣减。

纳税人应当准确核算外购应税产品的购进金额或者购进数量，未准确核算的，一并计算缴纳资源税。

纳税人核算并扣减当期外购应税产品购进金额、购进数量，应当依据外购应税产品的增值税发票、海关进口增值税专用缴款书或者其他合法有效凭据。

【做中学5-1】某煤炭企业2023年3月份业务处理如下：

（1）借：银行存款　　56 500

　　贷：主营业务收入——自采原煤　　50 000

　　　　应交税费——应交增值税（销项税额）　　6 500

附原始凭证：银行进账单、增值税专用发票，销售量100吨，注明价款50 000元，增值税6 500元。

（2）借：生产成本——洗煤　　30 000

　　贷：库存商品——自采原煤　　18 000

　　　　　　　　——外购原煤　　12 000

附原始凭证：原煤出库单，注明洗煤生产使用原煤30 000元（其中12 000元的外购原煤，有购进发票，购进量40吨）。

（3）借：银行存款　　67 800

　　贷：主营业务收入——自产洗煤　　60 000

　　　　应交税费——应交增值税（销项税额）　　7 800

附原始凭证：银行进账单、增值税专用发票，注明销售洗煤510吨，总价款60 000元，税款7 800元。

（4）借：应付账款——乙公司　　36 000

　　贷：库存商品——自产洗煤　　24 000

　　　　应交税费——应交增值税（销项税额）　　3 900

　　　　其他收益——债务重组收益　　8 100

附原始凭证：债务抵偿协议，用自产洗煤（255吨，账面价值24 000元，市场价值30 000元）抵偿欠乙公司的货款36 000元；出库单，注明成本24 000元。

（5）借：生产成本——焦炭　　80 000

　　贷：库存商品——自产洗煤　　80 000

附原始凭证：商品出库单，生产焦炭领用账面价值80 000元的自产洗煤765吨，市场价值90 000元。

（6）借：银行存款　　226 000

　　贷：主营业务收入——焦炭　　200 000

　　　　应交税费——应交增值税（销项税额）　　26 000

附原始凭证：银行进账单、增值税专用发票，注明销售焦炭100吨，总价款200 000元，税款26 000元。

假定该企业原煤资源税税率为8%、洗煤资源税税率为6.5%。

该企业应纳资源税的计算及会计核算如下：

业务（1）：自采原煤销售，直接计算应纳资源税，计税销售额是50 000元。

业务（2）：自采原煤用于生产洗煤，使用环节不缴纳资源税；外购原煤已纳税，可以在计算洗煤资源税时从销售额中扣减购进金额。

允许扣减的购进金额＝12 000×8%÷6.5%＝14 769.23（元）

业务（3）：销售洗煤应按销售额适用洗煤资源税税率计算纳税。

业务（4）：自产洗煤用于抵债应视同销售，计算纳税。

业务（5）：自产洗煤用于生产焦炭，在移送使用环节对洗煤征税，按洗煤销售额和洗煤资源税税率计算纳税。

业务（6）：焦炭销售不缴纳资源税。

其计算过程如下：

原煤应纳资源税＝50 000×8%＝4 000（元）

洗煤应纳资源税＝（30 000＋60 000＋90 000－14 769.23）×6.5%＝10 740（元）

其账务处理如下：

借：税金及附加　14 740

　贷：应交税费——应交资源税　14 740

【提示】纳税人同时销售（包括视同销售）应税原煤和选煤的，应当分别核算原煤和选煤的销售额；未分别核算或者不能准确提供原煤和选煤销售额的，一律从高适用税率计算缴纳资源税。

纳税人同时以自采未税原煤和外购已税原煤加工选煤的，应当分别核算；未分别核算的，一并计算缴纳增值税，不得扣减购进金额。

三、资源税减免税与征收管理

（一）资源税的减免税

1. 有下列情形之一的，免征资源税

（1）开采原油以及在油田范围内运输原油过程中用于加热的原油、天然气；

（2）煤炭开采企业因安全生产需要抽采的煤成（层）气。

2. 有下列情形之一的，减征资源税

（1）从低丰度油气田开采的原油、天然气，减征20%资源税；

（2）高含硫天然气、三次采油和从深水油气田开采的原油、天然气，减征30%资源税；

（3）稠油、高凝油减征40%资源税；

（4）从衰竭期矿山开采的矿产品，减征30%资源税。

根据国民经济和社会发展需要，国务院对有利于促进资源节约集约利用、保护环境等情形可以规定免征或者减征资源税，报全国人民代表大会常务委员会备案。

3. 有下列情形之一的，省、自治区、直辖市可以决定免征或者减征资源税

（1）纳税人开采或者生产应税产品过程中，因意外事故或者自然灾害等原因遭受重大损失；

（2）纳税人开采共伴生矿、低品位矿、尾矿。

免征或者减征资源税的具体办法，由省、自治区、直辖市人民政府提出，报同级人民代表大会常务委员会决定，并报全国人民代表大会常务委员会和国务院备案。

4.其他减免税规定

(1)自2014年12月1日至2023年8月31日,对充填开采置换出来的煤炭,资源税减征50%。

(2)自2022年1月1日至2024年12月31日,由省、自治区、直辖市人民政府根据本地区实际情况,以及宏观调控需要确定,对增值税小规模纳税人可以在50%的税额幅度内减征资源税。

纳税人享受资源税优惠政策,实行"自行判别、申报享受、有关资料留存备查"的办理方式,另有规定的除外。纳税人对资源税优惠事项留存材料的真实性和合法性承担法律责任。

【注意】纳税人的减税、免税项目,应当单独核算销售额或者销售数量;未单独核算或者不能准确提供销售额或者销售数量的,不予减税或者免税。纳税人开采或者生产同一应税产品,其中既有享受减免税政策的,又有不享受减免税政策的,按照免税、减税项目的产量占比等方法分别核算确定免税、减税项目的销售额或者销售数量。

纳税人开采或者生产同一应税产品同时符合两项或者两项以上减征资源税优惠政策的,除另有规定外,只能选择其中一项执行。

(二)资源税征收管理

资源税由税务机关依照《中华人民共和国资源税法》和《中华人民共和国税收征收管理法》的规定征收管理。税务机关与自然资源等相关部门应当建立工作配合机制,加强资源税征收管理。

1.资源税纳税期限

(1)纳税义务发生时间

①纳税人销售应税产品,纳税义务发生时间为收讫销售款或者取得索取销售款凭据的当天,具体规定如下:

第一,纳税人采取分期收款结算方式销售应税产品的,其纳税义务发生时间为销售合同规定的收款日期的当天;

第二,纳税人采取预收货款结算方式销售应税产品的,其纳税义务发生时间为发出应税商品的当天;

第三,纳税人采取其他结算方式的,其纳税义务发生时间为收讫销售款或者取得销售款凭据的当天。

②纳税人自用应税产品的,纳税义务发生时间为移送应税产品的当天。

(2)报缴期限

资源税按月或者按季申报缴纳;不能按固定期限计算缴纳的,可以按次申报缴纳。

纳税人按月或者按季申报缴纳的,应当自月度或者季度终了之日起15日内,向税务机关办理纳税申报并缴纳税款;按次申报缴纳的,应当自纳税义务发生之日起15日内,向税务机关办理纳税申报并缴纳税款。

2.资源税的纳税地点

纳税人应当向应税产品开采地或者生产地的税务机关申报缴纳资源税。纳税人应当在矿产品的开采地或者海盐的生产地缴纳资源税。

海上开采的原油和天然气资源税由海洋石油税务管理机构征收管理。

（三）资源税纳税申报

自2021年6月1日起，在全国范围内推行财产和行为税合并申报，纳税人申报缴纳城镇土地使用税、房产税、车船税、印花税、耕地占用税、资源税、土地增值税、契税、环境保护税、烟叶税中一个或多个税种时，使用《财产和行为税纳税申报表》合并申报，利用信息化手段，实现税额自动计算、数据关联比对、申报异常提示等，将有效避免漏报、错报，确保申报质量，同时也有利于优惠政策及时落实到位。

资源税纳税人需报送下列资料：

（1）《财产和行为税纳税申报表》及其附表《财产和行为税减免税明细申报附表》；

（2）《资源税税源明细表》。

《财产和行为税纳税申报表》中的资源税申报内容见表5-2、《资源税税源明细表》见表5-3。

四、水资源税

为推进资源全面节约和循环利用，推动形成绿色发展方式和生活方式，自2017年12月1日起，在北京、天津、山西、内蒙古、山东、河南、四川、陕西、宁夏等9个省（自治区、直辖市）扩大水资源税改革试点。

（一）水资源税基本要素

1.水资源税征税范围

（1）水资源税的征税对象为地表水和地下水。

地表水是陆地表面上动态水和静态水的总称，包括江、河、湖泊（含水库）、雪山融水等水资源。地下水是埋藏在地表以下各种形式的水资源。

（2）下列情形，不征收水资源税：

①农村集体经济组织及其成员从本集体经济组织的水塘、水库中取用水的；

②家庭生活和零星散养、圈养畜禽饮用等少量取用水的；

③水利工程管理单位为配置或者调度水资源取水的；

④为保障矿井等地下工程施工安全和生产安全必须进行临时应急取用（排）水的；

⑤为消除对公共安全或者公共利益的危害临时应急取水的；

⑥为农业抗旱和维护生态与环境必须临时应急取水的。

2.水资源税纳税人

除上述不缴纳水资源税规定的情形外，其他直接取用地表水、地下水的单位和个人，为水资源税纳税人，应当按照规定缴纳水资源税。

相关纳税人应当按照《中华人民共和国水法》《取水许可和水资源费征收管理条例》等的规定申领取水许可证。

表5-2　　财产和行为税纳税申报表

纳税人识别号（统一社会信用代码）：□□□□□□□□□□□□□□□□□□

纳税人名称：　　　　　　　　　　　　　　　　　　金额单位：人民币元（列至角分）

序号	税种	税目	税款所属期起	税款所属期止	计税依据	税率	应纳税额	减免税额	已缴税额	应补（退）税额
1	资源税	煤（原煤）	2023年3月1日	2023年3月31日	50 000.00	8%	4 000.00			
2	资源税	煤（洗煤）	2023年3月1日	2023年3月31日	165 230.77	6.5%	10 740.00			
3										
4	合计	—	—	—	—	—	14 740.00			
声明：此表是根据国家税收法律法规及相关规定填写的，本人（单位）对填报内容（及附带资料）的真实性、可靠性、完整性负责。 纳税人（签章）：　　年　月　日										
经办人： 经办人身份证号： 代理机构签章： 代理机构统一社会信用代码：					受理人： 受理税务机关（章）： 受理日期：　年　月　日					

注：本表根据【做中学5-1】填列。

表 5-3 资源税税源明细表

税款所属期限：自 年 月 日至 年 月 日

纳税人识别号（统一社会信用代码）：□□□□□□□□□□□□□□□□□□□□□□

纳税人名称： 金额单位：人民币元（列至角分）

申报计算明细										
序号	税目	子目	计量单位	销售数量	准予扣减的外购应税产品购进数量	计税销售数量	销售额	准予扣除的运杂费	准予扣减的外购应税产品购进金额	计税销售额
	1	2	3	4	5	6=4−5	7	8	9	10=7−8−9
1	煤	原煤	吨	100	0	100	50 000	0	0	50 000
2	煤	洗煤	吨	1 530	40	1 490	180 000	0	14 769.23	165 230.77
合计										

减免税计算明细									
序号	税目	子目	减免性质代码和项目名称	计量单位	减免税销售数量	减免税销售额	适用税率	减征比例	本期减免税额
	1	2	3	4	5	6	7	8	9①=5×7×8 9②=6×7×8
1									
2									
合计									

3.水资源税适用税率

（1）试点省份水资源税最低平均税额见表5-4。

表5-4　　试点省份水资源税最低平均税额表　　单位：元/立方米

省（区、市）	地表水最低平均税额	地下水最低平均税额
北京	1.6	4
天津	0.8	4
山西	0.5	2
内蒙古	0.5	2
山东	0.4	1.5
河南	0.4	1.5
四川	0.1	0.2
陕西	0.3	0.7
宁夏	0.3	0.7

（2）试点省份水资源税税额确定原则。除中央直属和跨省（区、市）水力发电取用水外，由试点省（区、市）人民政府统筹考虑本地区水资源状况、经济社会发展水平和水资源节约保护要求，在上述《试点省份水资源税最低平均税额表》规定的最低平均税额基础上，分类确定具体适用税额，原则如下：

①试点省份的中央直属和跨省（区、市）水力发电取用水税额为每千瓦时0.005元。跨省（区、市）界河水电站水力发电取用水水资源税税额，与涉及的非试点省份水资源费征收标准不一致的，按较高一方标准执行。

②严格控制地下水过量开采。对取用地下水从高确定税额，同一类型取用水，地下水税额要高于地表水，水资源紧缺地区地下水税额要大幅高于地表水。

③超采地区的地下水税额要高于非超采地区，严重超采地区的地下水税额要大幅高于非超采地区。在超采地区和严重超采地区取用地下水的具体适用税额，由试点省份省级人民政府按照非超采地区税额的2～5倍确定。

④在城镇公共供水管网覆盖地区取用地下水的，其税额要高于城镇公共供水管网未覆盖地区，原则上要高于当地同类用途的城镇公共供水价格。

⑤除特种行业和农业生产取用水外，对其他取用地下水的纳税人，原则上应当统一税额。试点省份可根据实际情况分步实施到位。

⑥对特种行业取用水，从高确定税额。特种行业取用水，是指洗车、洗浴、高尔夫球场、滑雪场等取用水。

⑦对超计划（定额）取用水，从高确定税额。

纳税人使用超过水行政主管部门规定的计划（定额）取用水量，在原税额基础上加征1～3倍税款，具体办法由试点省份省级人民政府确定。

⑧对超过规定限额的农业生产取用水，以及主要供农村人口生活用水的集中式饮水

工程取用水，从低确定税额。

农业生产取用水，是指种植业、畜牧业、水产养殖业、林业等取用水。

供农村人口生活用水的集中式饮水工程，是指供水规模在1 000立方米/天或者供水对象在1万人以上，并由企事业单位运营的农村人口生活用水供水工程。

⑨对回收利用的疏干排水和地源热泵取用水，从低确定税额。

（二）水资源税计税依据及应纳税额的计算

1.一般取用水资源计税依据及应纳税额的计算

水资源税实行从量计征，其计税依据一般为实际取用水量，应纳税额计算公式如下：

应纳税额＝实际取用水量×适用税额

确定实际取用水量时应注意：

（1）城镇公共供水企业实际取用水量应当考虑合理损耗因素；

（2）疏干排水的实际取用水量按照排水量确定。疏干排水是指在采矿和工程建设过程中破坏地下水层、发生地下涌水的活动。

（3）纳税人应当安装取用水计量设施。纳税人未按规定安装取用水计量设施或者计量设施不能准确计量取用水量的，按照最大取水（排水）能力或者省级财政、税务、水行政主管部门确定的其他方法核定取用水量。

2.水力发电和火力发电贯流式（不含循环式）冷却取用水计税依据及应纳税额的计算

火力发电贯流式冷却取用水，是指火力发电企业从江河、湖泊（含水库）等水源取水，并在机组冷却后将水直接排入水源的取用水方式。火力发电循环式冷却取用水，是指火力发电企业从江河、湖泊（含水库）、地下等水源取水并引入自建冷却水塔，对机组冷却后返回冷却水塔循环利用的取用水方式。

水力发电和火力发电贯流式（不含循环式）冷却取用水以实际发电量为计税依据，其应纳税额计算公式如下：

应纳税额＝实际发电量×适用税额

所称适用税额，是指取水口所在地的适用税额。

（三）水资源税减免税与征收管理

1.水资源税的减免税

下列情形，予以免征或者减征水资源税：

（1）规定限额内的农业生产取用水，免征水资源税；

（2）取用污水处理再生水，免征水资源税；

（3）除接入城镇公共供水管网以外，军队、武警部队通过其他方式取用水的，免征水资源税；

（4）抽水蓄能发电取用水，免征水资源税；

（5）采油排水经分离净化后在封闭管道回注的，免征水资源税；

（6）财政部、国家税务总局规定的其他免征或者减征水资源税的情形。

2.水资源税征收管理

（1）水资源税纳税期限

①纳税义务发生时间

水资源税的纳税义务发生时间为纳税人取用水资源的当日。

②纳税期限

除农业生产取用水外，水资源税按季或者按月征收，由主管税务机关根据实际情况确定。对超过规定限额的农业生产取用水水资源税可按年征收。不能按固定期限计算纳税的，可以按次申报纳税。

③报缴税款期限

纳税人应当自纳税期满或者纳税义务发生之日起15日内申报纳税。

（2）水资源税纳税地点

①一般规定

纳税人应当向生产经营所在地的税务机关申报缴纳水资源税。在试点省份内取用水，其纳税地点需要调整的，由省级财政、税务部门决定。

跨省（区、市）调度的水资源，由调入区域所在地的税务机关征收水资源税。

②特殊规定

跨省（区、市）水力发电取用水的水资源税在相关省份之间的分配比例，比照《财政部关于跨省区水电项目税收分配的指导意见》（财预〔2008〕84号）明确的增值税、企业所得税等税收分配办法确定。

试点省份主管税务机关应当按照前款规定比例分配的水力发电量和税额，分别向跨省（区、市）水电站征收水资源税。

跨省（区、市）水力发电取用水涉及非试点省份水资源费征收和分配的，比照试点省份水资源税管理办法执行。

（3）水资源税申报管理

水行政主管部门应当将取用水单位和个人的取水许可、实际取用水量、超计划（定额）取用水量、违法取水处罚等水资源管理相关信息，定期送交税务机关。

纳税人根据水行政主管部门核定的实际取用水量向税务机关申报纳税。税务机关应当按照核定的实际取用水量征收水资源税，并将纳税人的申报纳税等信息定期送交水行政主管部门。

税务机关定期将纳税人申报信息与水行政主管部门送交的信息进行分析比对。征管过程中发现问题的，由税务机关与水行政主管部门联合进行核查。

纳税人和税务机关、水行政主管部门及其工作人员违反规定的，依照《中华人民共和国税收征收管理法》《中华人民共和国水法》等有关法律法规的规定追究法律责任。

任务二　耕地占用税纳税实务

耕地占用税对占用耕地建设建筑物、构筑物或者从事非农业建设的行为征税，是以实际占用耕地面积为计税依据征收的一种税。耕地占用税只在占用耕地时一次性征收，旨在促进纳税人合理利用耕地、加强土地管理、保护耕地。耕地占用税收入专款专用于耕地的开发与改良。

我国目前执行的耕地占用税的基本法律规范是2018年12月29日第十三届全国人民代表大会常务委员会第七次会议通过，并自2019年9月1日起实施的《中华人民共和国耕地占用税法》。

一、耕地占用税的基本要素

（一）耕地占用税的征税对象

耕地占用税的征税对象是占用耕地建设建筑物、构筑物或者从事非农业建设的行为。

1. 属于耕地占用税征税范围的土地（以下简称“应税土地”）

（1）耕地，是指用于种植农作物的土地。

（2）园地，包括果园、茶园、橡胶园、其他园地。其中，其他园地包括种植桑树、可可、咖啡、油棕、胡椒、药材等其他多年生作物的园地。

（3）林地、草地、农田水利用地、养殖水面以及渔业水域滩涂等其他农用地。

纳税人临时占用应税土地，应当依法缴纳耕地占用税。

临时占用应税土地，是指纳税人因建设项目施工、地质勘查等需要，一般在不超过2年的时间内临时使用应税土地并且没有修建永久性建筑物的行为。

2. 以下占用土地行为不征收耕地占用税

（1）农田水利占用耕地的；

（2）建设直接为农业生产服务的生产设施占用园地、林地、草地、农田水利用地、养殖水面以及渔业水域滩涂等其他农用地的。

符合上述规定的单位或者个人，应当在收到土地管理部门办理占地手续通知之日起30日内，将相关资料报备主管税务机关，主管税务机关查验相关资料后出具相关证明材料。

（二）耕地占用税的纳税人

在中华人民共和国境内占用耕地建设建筑物、构筑物或者从事非农业建设的单位和个人，为耕地占用税的纳税人。

单位，包括企业、事业单位、社会团体、国家机关、部队以及其他组织；个人，包括个体工商户以及其他个人。

经批准占用耕地的，纳税人为农用地转用审批文件中标明的建设用地人；农用地转用审批文件中未标明建设用地人的，纳税人为用地申请人，其中用地申请人为各级人民政府的，由同级土地储备中心、自然资源主管部门或政府委托的其他部门、单位履行耕地占用税申报纳税义务。

未经批准占用耕地的，纳税人为实际用地人。

城市和村庄、集镇建设用地审批中，按土地利用年度计划分批次批准的农用地转用审批，批准文件中未标明建设用地人且用地申请人为各级人民政府的，由同级土地储备中心履行耕地占用税申报纳税义务；没有设立土地储备中心的，由国土资源管理部门或政府委托的其他部门履行耕地占用税申报纳税义务。

（三）耕地占用税的税率

耕地占用税适用定额税率，以县为单位根据人均占有耕地面积确定每平方米的单位税额。

国家统一规定的税额为：①人均耕地不超过1亩的地区（以县、自治县、不设区的市、市辖区为单位，下同），每平方米为10元至50元；②人均耕地超过1亩但不超过2亩的地区，每平方米为8元至40元；③人均耕地超过2亩但不超过3亩的地区，每平方米为6元至30元；④人均耕地超过3亩的地区，每平方米为5元至25元。

国务院财政、税务主管部门根据人均耕地面积和经济发展情况确定各省、自治区、直辖市的平均税额。

各地区耕地占用税的适用税额，由省、自治区、直辖市人民政府根据人均耕地面积和经济发展等情况，在规定的税额幅度内提出，报同级人民代表大会常务委员会决定，并报全国人民代表大会常务委员会和国务院备案。各省、自治区、直辖市耕地占用税适用税额的平均水平，不得低于《各省、自治区、直辖市耕地占用税平均税额表》（见表5-5）规定的平均税额。

表5-5　各省、自治区、直辖市耕地占用税平均税额表

省、自治区、直辖市	平均税额（元/平方米）
上海	45
北京	40
天津	35
江苏、浙江、福建、广东	30
辽宁、湖北、湖南	25
河北、安徽、江西、山东、河南、重庆、四川	22.5
广西、海南、贵州、云南、陕西	20
山西、吉林、黑龙江	17.5
内蒙古、西藏、甘肃、青海、宁夏、新疆	12.5

在人均耕地低于0.5亩的地区，省、自治区、直辖市可以根据当地经济发展情况，适当提高耕地占用税的适用税额。但是提高的部分最高不得超过当地适用税额的50%。占用基本农田的，应当按照当地适用税额，加按150%征收。

加按150%征收耕地占用税的计算公式为：

$$应纳税额 = 应税土地面积 \times 适用税额 \times 150\%$$

占用园地、林地、草地、农田水利用地、养殖水面以及渔业水域滩涂等其他农用地建设建筑物、构筑物或者从事非农业建设的，适用税额可以适当低于当地占用耕地的适用税额，但降低的部分不得超过50%。具体适用税额由省、自治区、直辖市人民政府提出，报

同级人民代表大会常务委员会决定，并报全国人民代表大会常务委员会和国务院备案。

二、耕地占用税应纳税额的计算

（一）耕地占用税的计税依据

耕地占用税的计税依据是实际占用应税土地的面积。纳税人未经批准占用应税土地，应税面积不能及时准确确定的，主管税务机关可根据实际占地情况核定征收耕地占用税，待应税面积准确确定后结清税款，结算补税不加收滞纳金。

（二）耕地占用税的税额计算

耕地占用税以纳税人实际占用的属于耕地占用税征税范围的土地（以下简称“应税土地”）面积为计税依据，按应税土地当地适用税额计税，实行一次性征收。应税土地面积包括经批准占用面积和未经批准占用面积，以平方米为单位。

耕地占用税应纳税额的计算公式为：

应纳税额＝应税土地面积×适用税额

当地适用税额是指省、自治区、直辖市人民代表大会常务委员会决定的应税土地所在地县级行政区的现行适用税额。

如果审批用地通知书是以市亩为计量单位的，在计税时应将市亩换算成统一的计量单位，即平方米，然后再乘以适用税率。市亩和平方米的换算关系为：

1市亩＝666.67平方米

【做中学5-2】某工厂2023年1月占用土地面积23 000平方米，其中20 000平方米在当地二等土地区域，3 000平方米在当地三等土地区域。3月8日，收到当地土地管理部门通知，获准占用耕地（非基本农田）12 000平方米，耕地在当地三等土地区域。当地城镇土地使用税税额标准为二等地12元/平方米、三等地8元/平方米，耕地占用税税额标准为23元/平方米。

该工厂当年应纳城镇土地使用税税额、耕地占用税税额计算如下：

应纳城镇土地使用税税额＝20 000×12＋3 000×8＝264 000（元）

应纳耕地占用税税额＝12 000×23＝276 000（元）

三、耕地占用税减免税与征收管理

（一）耕地占用税的减免税

下列情形免征或减征耕地占用税：

（1）对军事设施占用耕地，免征耕地占用税。

（2）对学校、幼儿园、社会福利机构、医疗机构占用耕地，免征耕地占用税。

（3）对铁路线路、公路线路、飞机场跑道、停机坪、港口、航道、水利工程占用耕地，减按每平方米2元的税额征收耕地占用税。

（4）对农村居民占用耕地新建住宅，按照当地适用税额减半征收耕地占用税。农村居民经批准搬迁，新建自用住宅占用耕地不超过原宅基地面积的部分，免征耕地占用税。农村居民经批准搬迁，原宅基地恢复耕种，新建住宅占用应税土地超过原宅基地面积的，对超过部分按照当地适用税额减半征收耕地占用税。

（5）对农村烈士遗属、因公牺牲军人遗属、残疾军人以及符合农村最低生活保障条件的农村居民，在规定用地标准以内新建自用住宅，免征耕地占用税。

（6）根据国民经济和社会发展的需要，国务院可以规定免征或者减征耕地占用税的其他情形，报全国人民代表大会常务委员会备案。

（7）自2022年1月1日至2024年12月31日，由省、自治区、直辖市人民政府根据本地区实际情况，以及宏观调控需要确定，对增值税小规模纳税人、小型微利企业和个体工商户可以在50%的税额幅度内减征耕地占用税。

（二）耕地占用税的征收管理

1.纳税义务发生时间与纳税期限

经批准占用应税土地的，耕地占用税纳税义务发生时间为纳税人收到自然资源主管部门办理占用耕地手续的书面通知的当天；未经批准占用应税土地的纳税人，其纳税义务发生时间为自然资源主管部门认定其实际占地的当日。因挖损、采矿塌陷、压占、污染等损毁耕地的纳税义务发生时间为自然资源、农业农村等相关部门认定损毁耕地的当日。

已享受减免税的应税土地改变用途，不再属于减免税范围的，耕地占用税纳税义务发生时间为纳税人改变土地用途的当天。具体为：经批准改变用途的，纳税义务发生时间为纳税人收到批准文件的当日；未经批准改变用途的，纳税义务发生时间为自然资源主管部门认定纳税人改变原占地用途的当日。纳税人改变原占地用途，不再属于免征或减征情形的，应自改变用途之日起30日内申报补缴税款，补缴税款按改变用途的实际占用耕地面积和改变用途时当地适用税额计算。

耕地占用税纳税人应在获准占用应税土地收到自然资源主管部门的通知之日起30日内向主管税务机关申报缴纳耕地占用税；未经批准占用应税土地的纳税人，应在实际占地之日起30日内申报缴纳耕地占用税。上述所称“之日”包含本数。

纳税人因有特殊困难，不能按期缴纳耕地占用税税款的，按照《中华人民共和国税收征收管理法》及其实施细则的规定，经省税务机关批准，可以延期缴纳税款，但是最长不得超过3个月。

特殊困难是指以下情形之一：

（1）因不可抗力，导致纳税人发生较大损失，正常生产经营活动受到较大影响的；

（2）当期货币资金在扣除应付职工工资、社会保险费后，不足以缴纳税款的。

2.纳税地点

耕地占用税原则上在应税土地所在地进行申报纳税。涉及集中征收、跨地区占地需要调整纳税地点的，由省级税务机关确定。

耕地占用税实行“先税后证”源头控管模式，其中“证”是指“建设用地批准书”。自然资源主管部门凭耕地占用税完税凭证或者免税凭证和其他有关文件发放建设用地批准书。

3.纳税申报

耕地占用税申报前需填写《耕地占用税税源明细表》，由《耕地占用税税源明细表》采集信息自动生成《财产和行为税纳税申报表》显示耕地占用税相关信息，《耕地占用税税源明细表》具体见表5-6。纳税人有减免耕地占用税的，填报《财产和行为税减免税明细申报附表》。

表5-6　　耕地占用税税源明细表

纳税人识别号（统一社会信用代码）：□□□□□□□□□□□□□□□□□□□□□□□

纳税人名称：　　　　面积单位：平方米；金额单位：人民币元（列至角分）

<table>
<tr><td rowspan="4">占地方式</td><td rowspan="3">1. 经批准按批次转用□
2. 经批准单独选址转用☑
3. 经批准临时占用☑</td><td>项目（批次）名称</td><td colspan="2"></td><td>批准占地文号</td><td colspan="2"></td></tr>
<tr><td>批准占地部门</td><td colspan="2"></td><td>经批准占地面积</td><td colspan="2">12 000.00</td></tr>
<tr><td>收到书面通知日期（或收到经批准改变原占地用途日期）</td><td colspan="2">2023年3月8日</td><td>批准时间</td><td colspan="2">2023年3月8日</td></tr>
<tr><td>4. 未批先占□</td><td>认定的实际占地日期（或认定的未经批准改变原占地用途日期）</td><td colspan="3">2023年3月8日</td><td>认定的实际占地面积</td><td>12 000.00</td></tr>
<tr><td>损毁耕地</td><td colspan="2">挖损□　采矿塌陷□　压占□　污染□</td><td colspan="2">认定的损毁耕地日期</td><td>年　月　日</td><td>认定的损毁耕地面积</td><td></td></tr>
<tr><td>税源编号</td><td>占地位置</td><td>占地用途</td><td>征收品目</td><td>适用税额</td><td>计税面积</td><td>减免性质代码和项目名称</td><td>减免税面积</td></tr>
<tr><td>系统自动生成</td><td>（略）</td><td>工业建设</td><td>耕地_非基本农田</td><td>23.00</td><td>12 000.00</td><td></td><td></td></tr>
<tr><td></td><td></td><td></td><td></td><td></td><td></td><td></td><td></td></tr>
<tr><td></td><td></td><td></td><td></td><td></td><td></td><td></td><td></td></tr>
<tr><td></td><td></td><td></td><td></td><td></td><td></td><td></td><td></td></tr>
</table>

注：根据【做中学5-2】相关数据填制。

纳税人确有困难，不能按期办理耕地占用税纳税申报的，依法应当在规定的期限内提出书面延期申请，经主管税务机关核准，可以在核准的期限内延期申报。经核准延期办理申报的，应当在纳税期内按照主管税务机关核定的税额预缴耕地占用税税款，并在核准的延期内办理税款结算。

纳税人因不可抗力，不能按期办理耕地占用税纳税申报的，依法可以延期办理，但是，应当在不可抗力情形消除后立即向主管税务机关报告。主管税务机关应当查明事实，予以核准。

4.补缴与退还

（1）依法免征或者减征耕地占用税后，纳税人改变原占地用途，不再属于免征或者减征耕地占用税情形的，应当按照当地适用税额补缴耕地占用税。

（2）符合以下情形的，纳税人可以申请退还已缴纳的耕地占用税：

①在批准临时占用耕地期满之日起1年内依法复垦，恢复种植条件的；

②因挖损、采矿塌陷、压占、污染等损毁耕地的，在3年内恢复土地原状的；

③税收法律、法规规定的其他情形。

任务三 环境保护税纳税实务

微课

环境保护税计税依据的确认办法

环境保护税是对在我国领域和我国管辖的其他海域排放污水、废气、噪声和废弃物等突出的“显性污染”强制征收的一种税，开征环境保护税的目的在于保护和改善环境，减少污染物排放，推进生态文明建设。

我国环境保护税以排污费制度为基础进行税制设计，属于“费改税”，现行环境保护税的基本法律规范是2016年12月25日第十二届全国人民代表大会常务委员会第二十五次会议通过，自2018年1月1日起施行的《中华人民共和国环境保护税法》及《中华人民共和国环境保护税法实施条例》。

一、环境保护税的基本要素

（一）环境保护税的征税范围及征税对象

1.环境保护税的征税对象为在中华人民共和国领域和中华人民共和国管辖的其他海域，直接向环境排放的应税污染物，包括：大气污染物、水污染物、固体废物和噪声四类。

【提示】在中华人民共和国内水、领海、毗连区、专属经济区、大陆架以及中华人民共和国管辖的其他海域内从事海洋石油、天然气勘探开发生产等作业活动，并向海洋环境排放应税污染物的，属于环境保护税征税范围，应当依法缴纳海洋工程环境保护税。

2.达到省级人民政府确定的规模标准并且有污染物排放口的畜禽养殖，属于环境保护税征税范围。

3.依法设立的城乡污水集中处理、生活垃圾集中处理场所超过国家和地方规定的排放标准向环境排放应税污染物的，应当缴纳环境保护税。

所称城乡污水集中处理场所，是指为社会公众提供生活污水处理服务的场所，不包括为工业园区、开发区等工业聚集区域内的企业事业单位和其他生产经营者提供污水处理服务的场所，以及企业事业单位和其他生产经营者自建自用的污水处理场所。

4.企业事业单位和其他生产经营者贮存或者处置固体废物不符合国家和地方环境保护标准的，应当缴纳环境保护税。

5.纳税人有下列情形之一的，不属于直接向环境排放污染物，不缴纳相应污染物的环境保护税：

（1）企业事业单位和其他生产经营者向依法设立的污水集中处理、生活垃圾集中处理场所排放应税污染物的。

（2）企业事业单位和其他生产经营者在符合国家和地方环境保护标准的设施、场所贮存或者处置固体废物的。

（3）依法对畜禽养殖废弃物进行综合利用和无害化处理的。

（二）环境保护税的纳税人

在中华人民共和国领域和中华人民共和国管辖的其他海域，直接向环境排放应税污染物的企业事业单位和其他生产经营者为环境保护税的纳税人。

其他生产经营者是指个体工商户和其他组织，不包括其他个人。

达到省级人民政府确定的规模标准并且有污染物排放口的畜禽养殖场，是环境保护税的纳税人，应当依法缴纳环境保护税。

（三）环境保护税的税目、税额

环境保护税实行幅度定额税，其税目、税额的具体规定见表5-7。

表5-7　环境保护税税目、税额表

<table>
<tr><th colspan="2">税目</th><th>计税单位</th><th>税额</th><th>备注</th></tr>
<tr><td colspan="2">大气污染物</td><td>每污染当量</td><td>1.2～12元</td><td></td></tr>
<tr><td colspan="2">水污染物</td><td>每污染当量</td><td>1.4～14元</td><td></td></tr>
<tr><td rowspan="4">固体废物</td><td>煤矸石</td><td>每吨</td><td>5元</td><td></td></tr>
<tr><td>尾矿</td><td>每吨</td><td>15元</td><td></td></tr>
<tr><td>危险废物</td><td>每吨</td><td>1 000元</td><td></td></tr>
<tr><td>冶炼渣、粉煤灰、炉渣、其他固体废物（含半固态、液态废物）</td><td>每吨</td><td>25元</td><td></td></tr>
</table>

续表

<table>
<tr><th colspan="2">税目</th><th>计税单位</th><th>税额</th><th>备注</th></tr>
<tr><td rowspan="6">噪声</td><td rowspan="6">工业噪声</td><td>超标1～3分贝</td><td>每月350元</td><td rowspan="6">1.一个单位边界上有多处噪声超标，根据最高一处超标声级计算应纳税额；当沿边界长度超过100米有两处以上噪声超标，按照两个单位计算应纳税额。
2.一个单位有不同地点作业场所的，应当分别计算应纳税额，合并计征。
3.昼、夜均超标的环境噪声，昼、夜分别计算应纳税额，累计计征。
4.声源一个月内超标不足15天的，减半计算应纳税额。
5.夜间频繁突发和夜间偶然突发厂界超标噪声，按等效声级和峰值噪声两种指标中超标分贝值高的一项计算应纳税额</td></tr>
<tr><td>超标4～6分贝</td><td>每月700元</td></tr>
<tr><td>超标7～9分贝</td><td>每月1 400元</td></tr>
<tr><td>超标10～12分贝</td><td>每月2 800元</td></tr>
<tr><td>超标13～15分贝</td><td>每月5 600元</td></tr>
<tr><td>超标16分贝以上</td><td>每月11 200元</td></tr>
</table>

应税大气污染物和水污染物具体适用税额的确定和调整，由省、自治区、直辖市人民政府统筹考虑本地区环境承载能力、污染物排放现状和经济社会生态发展目标要求，在《环境保护税税目、税额表》规定的税额幅度内提出，报同级人民代表大会常务委员会决定，并报全国人民代表大会常务委员会和国务院备案。

二、环境保护税计税依据及应纳税额的计算

（一）应税污染物计税依据

应税污染物的计税依据，按照下列方法确定：

1.应税大气污染物按照污染物排放量折合的污染当量数确定；

2.应税水污染物按照污染物排放量折合的污染当量数确定；

3.应税固体废物按照固体废物的排放量确定；

4.应税噪声按照超过国家规定标准的分贝数确定。

其中，应税大气污染物、水污染物的污染当量数，以该污染物的排放量除以该污染物的污染当量值计算。每种应税大气污染物、水污染物的具体污染当量值，依照《应税污染物和当量值表》执行。

每一排放口或者没有排放口的应税大气污染物，按照污染当量数从大到小排序，对前三项污染物征收环境保护税。

每一排放口的应税水污染物，按照《应税污染物和当量值表》，区分第一类水污染物和其他类水污染物，按照污染当量数从大到小排序，对第一类水污染物按照前五项征收环境保护税，对其他类水污染物按照前三项征收环境保护税。

应税污染物和当量值表见表5-8。

表5-8　应税污染物和当量值表

一、第一类水污染物污染当量值

污染物	污染当量值（千克）
1.总汞	0.0005
2.总镉	0.005
3.总铬	0.04
4.六价铬	0.02
5.总砷	0.02
6.总铅	0.025
7.总镍	0.025
8.苯并（a）芘	0.0000003
9.总铍	0.01
10.总银	0.02

二、第二类水污染物污染当量值

污染物	污染当量值（千克）	备注
11.悬浮物（SS）	4	
12.生化需氧量（BOD_5）	0.5	同一排放口中的化学需氧量、生化需氧量和总有机碳，只征收一项
13.化学需氧量（CODcr）	1	
14.总有机碳（TOC）	0.49	
15.石油类	0.1	
16.动植物油	0.16	
17.挥发酚	0.08	
18.总氰化物	0.05	
19.硫化物	0.125	
20.氨氮	0.8	
21.氟化物	0.5	
22.甲醛	0.125	
23.苯胺类	0.2	
24.硝基苯类	0.2	
25.阴离子表面活性剂（LAS）	0.2	
26.总铜	0.1	
27.总锌	0.2	
28.总锰	0.2	
29.彩色显影剂（CD-2）	0.2	
30.总磷	0.25	
31.单质磷（以P计）	0.05	
32.有机磷农药（以P计）	0.05	
33.乐果	0.05	
34.甲基对硫磷	0.05	
35.马拉硫磷	0.05	
36.对硫磷	0.05	
37.五氯酚及五氯酚钠（以五氯酚计）	0.25	
38.三氯甲烷	0.04	
39.可吸附有机卤化物（AOX）（以Cl计）	0.25	

续表

污 染 物	污染当量值（千克）	备注
40.四氯化碳	0.04	
41.三氯乙烯	0.04	
42.四氯乙烯	0.04	
43.苯	0.02	
44.甲苯	0.02	
45.乙苯	0.02	
46.邻－二甲苯	0.02	
47.对－二甲苯	0.02	
48.间－二甲苯	0.02	
49.氯苯	0.02	
50.邻二氯苯	0.02	
51.对二氯苯	0.02	
52.对硝基氯苯	0.02	
53.2，4－二硝基氯苯	0.02	
54.苯酚	0.02	
55.间－甲酚	0.02	
56.2，4－二氯酚	0.02	
57.2，4，6－三氯酚	0.02	
58.邻苯二甲酸二丁酯	0.02	
59.邻苯二甲酸二辛酯	0.02	
60.丙烯腈	0.125	
61.总硒	0.02	

说明：第一类、第二类污染物的分类依据为《污水综合排放标准》(GB 8978—1996)。

三、PH值、色度、大肠菌群数、余氯量水污染物污染当量值

污染物		污染当量值	备注
1.pH值	（1）0~1，13~14	0.06吨污水	pH值5~6，指大于等于5，小于6；pH值9~10，指大于9，小于等于10；其余类推
	（2）1~2，12~13	0.125吨污水	
	（3）2~3，11~12	0.25吨污水	
	（4）3~4，10~11	0.5吨污水	
	（5）4~5，9~10	1吨污水	
	（6）5~6	5吨污水	
2.色度		5吨水·倍	
3.大肠菌群数（超标）		3.3吨污水	大肠菌群数和余氯量只征收一项
4.余氯量（用氯消毒的医院废水）		3.3吨污水	

续表

四、禽畜养殖业、小型企业和第三产业水污染物污染当量值

（本表仅适用于计算无法进行实际监测或者物料衡算的禽畜养殖业、小型企业和第三产业等小型排污者的水污染物污染当量数）

<table>
<tr><th colspan="2">类型</th><th>污染当量值</th><th>备注</th></tr>
<tr><td rowspan="3">1. 禽畜养殖场</td><td>牛</td><td>0.1头</td><td rowspan="3">仅对存栏规模大于50头牛、500头猪、5 000羽鸡、鸭等的禽畜养殖场征收</td></tr>
<tr><td>猪</td><td>1头</td></tr>
<tr><td>鸡、鸭等家禽</td><td>30羽</td></tr>
<tr><td colspan="2">2. 小型企业</td><td>1.8吨污水</td><td></td></tr>
<tr><td colspan="2">3. 饮食娱乐服务业</td><td>0.5吨污水</td><td></td></tr>
<tr><td rowspan="4">4. 医院</td><td rowspan="2">消毒</td><td>0.14床</td><td rowspan="4">医院病床数大于20张的按照本表计算污染当量</td></tr>
<tr><td>2.8吨污水</td></tr>
<tr><td rowspan="2">不消毒</td><td>0.07床</td></tr>
<tr><td>1.4吨污水</td></tr>
</table>

五、大气污染物污染当量值

污染物	污染当量值（千克）
1. 二氧化硫	0.95
2. 氮氧化物	0.95
3. 一氧化碳	16.7
4. 氯气	0.34
5. 氯化氢	10.75
6. 氟化物	0.87
7. 氰化氢	0.005
8. 硫酸雾	0.6
9. 铬酸雾	0.0007
10. 汞及其化合物	0.0001
11. 一般性粉尘	4
12. 石棉尘	0.53
13. 玻璃棉尘	2.13
14. 碳黑尘	0.59
15. 铅及其化合物	0.02
16. 镉及其化合物	0.03
17. 铍及其化合物	0.0004

续表

污染物	污染当量值（千克）
18.镍及其化合物	0.13
19.锡及其化合物	0.27
20.烟尘	2.18
21.苯	0.05
22.甲苯	0.18
23.二甲苯	0.27
24.苯并（a）芘	0.000002
25.甲醛	0.09
26.乙醛	0.45
27.丙烯醛	0.06
28.甲醇	0.67
29.酚类	0.35
30.沥青烟	0.19
31.苯胺类	0.21
32.氯苯类	0.72
33.硝基苯	0.17
34.丙烯腈	0.22
35.氯乙烯	0.55
36.光气	0.04
37.硫化氢	0.29
38.氨	9.09
39.三甲胺	0.32
40.甲硫醇	0.04
41.甲硫醚	0.28
42.二甲二硫	0.28
43.苯乙烯	25
44.二硫化碳	20

各省、自治区、直辖市人民政府根据本地区污染物减排的特殊需要，可以增加同一排放口征收环境保护税的应税污染物项目数，报同级人民代表大会常务委员会决定，并报全国人民代表大会常务委员会和国务院备案。

【提示】燃烧产生废气中的颗粒物，按照烟尘征收环境保护税。排放的扬尘、工业粉尘等颗粒物，除可以确定为烟尘、石棉尘、玻璃棉尘、炭黑尘的外，按照一般性粉尘征收环境保护税。

应税大气污染物、水污染物、固体废物的排放量和噪声的分贝数，按照下列方法和顺序计算：

（1）纳税人安装使用符合国家规定和监测规范的污染物自动监测设备的，按照污染物自动监测数据计算。

纳税人按照规定须安装污染物自动监测设备并与生态环境主管部门联网的，当自动监测设备发生故障、设备维护、启停炉、停运等状态时，应当按照相关法律法规和《固定污染源烟气（SO_2、NO_x、颗粒物）排放连续监测技术规范》（HJ75排放连续）、《水污染源在线监测系统数据有效性判别技术规范》（HJ/T356在线监测系统）等规定，对数据状态进行标记，以及对数据缺失、无效时段的污染物排放量进行修约和替代处理，并按标记、处理后的自动监测数据计算应税污染物排放量。相关纳税人当月不能提供符合国家规定和监测规范的自动监测数据的，应当按照排污系数、物料衡算方法计算应税污染物排放量。纳入排污许可管理行业的纳税人，其应税污染物排放量的监测计算方法按照排污许可管理要求执行。

纳税人主动安装使用符合国家规定和监测规范的污染物自动监测设备，但未与生态环境主管部门联网的，可以按照自动监测数据计算应税污染物排放量；不能提供符合国家规定和监测规范的自动监测数据的，应当按照监测机构出具的符合监测规范的监测数据或者排污系数、物料衡算方法计算应税污染物排放量。

（2）纳税人未安装使用污染物自动监测设备的，按照监测机构出具的符合国家有关规定和监测规范的监测数据计算。

纳税人自行对污染物进行监测所获取的监测数据，符合国家有关规定和监测规范的，视同监测机构出具的监测数据。

（3）纳税人委托监测机构对应税大气污染物和水污染物排放量进行监测时，其当月同一个排放口排放的同一种污染物有多个监测数据的，应税大气污染物按照监测数据的平均值计算应税污染物的排放量；应税水污染物按照监测数据以流量为权重的加权平均值计算应税污染物的排放量。在生态环境主管部门规定的监测时限内当月无监测数据的，可以跨月沿用最近一次的监测数据计算应税污染物排放量，但不得跨季度沿用监测数据。纳税人采用监测机构出具的监测数据申报减免环境保护税的，应当取得申报当月的监测数据；当月无监测数据的，不予减免环境保护税。有关污染物监测浓度值低于生态环境主管部门规定的污染物检出限的，除有特殊管理要求外，视同该污染物排放量为零。生态环境主管部门、计量主管部门发现委托监测数据失真或者弄虚作假的，税务机关应当按照同一纳税期内的监督性监测数据或者排污系数、物料衡算方法计算应税污染物排放量。

纳税人委托监测机构监测应税污染物排放量的，应当按照国家有关规定制定监测方案，并将监测数据资料及时报送生态环境主管部门。监测机构实施的监测项目、方法、时限和频次应当符合国家有关规定和监测规范要求。监测机构出具的监测报告应当包括应税水污染物种类、浓度值和污水流量；应税大气污染物种类、浓度值、排放速率和烟气量；执行的污染物排放标准和排放浓度限值等信息。监测机构对监测数据的真实性、合法性负责，凡发现监测数据弄虚作假的，依照相关法律法规的规定追究法律责任。

(4) 因排放污染物种类多等原因不具备监测条件的，应税污染物排放量计算如下：

①属于排污许可管理的排污单位，按照生态环境部发布的排污许可证申请与核发技术规范中规定的排（产）污系数、物料衡算方法计算应税污染物排放量；排污许可证申请与核发技术规范未规定相关排（产）污系数的，按生态环境部发布的排放源统计调查制度规定的排（产）污系数方法计算应税污染物排放量。

②不属于排污许可管理的排污单位，按生态环境部发布的排放源统计调查制度规定的排（产）污系数方法计算应税污染物排放量。

③上述情形中仍无相关计算方法的，由各省、自治区、直辖市生态环境主管部门结合本地实际情况，科学合理制定抽样测算方法。

(5) 在建筑施工、货物装卸和堆存过程中无组织排放应税大气污染物的，按照生态环境部规定的排污系数、物料衡算方法计算应税污染物排放量；不能按照生态环境部规定的排污系数、物料衡算方法计算的，按照省、自治区、直辖市生态环境主管部门规定的抽样测算的方法核定计算应税污染物排放量。

(6) 纳税人因环境违法行为受到行政处罚的，应当依据相关法律法规和处罚信息计算违法行为所属期的应税污染物排放量。生态环境主管部门发现纳税人申报信息有误的，应当通知税务机关处理。

【注意】纳税人申报的污染物排放数据与生态环境主管部门送交的相关数据不一致的，按照生态环境主管部门送交的数据确定应税污染物的计税依据。

纳税人从两个以上排放口排放应税污染物的，对每一排放口排放的应税污染物分别计算征收环境保护税；纳税人持有排污许可证的，其污染物排放口按照排污许可证载明的污染物排放口确定。

【小知识】污染当量，是指根据污染物或者污染排放活动对环境的有害程度以及处理的技术经济性，衡量不同污染物对环境污染的综合性指标或者计量单位。同一介质相同污染当量的不同污染物，其污染程度基本相当。

排污系数，是指在正常技术经济和管理条件下，生产单位产品所应排放的污染物量的统计平均值。

物料衡算，是指根据物质质量守恒原理对生产过程中使用的原料、生产的产品和产生的废物等进行测算的一种方法。

(二) 环境保护税应纳税额的计算

环境保护税应纳税额按照下列方法计算：

1. 应税大气污染物应纳税额的计算

应税大气污染物的应纳税额 = 污染当量数 × 适用税额

2. 应税水污染物应纳税额的计算

应税水污染物的应纳税额 = 污染当量数 × 适用税额

应税大气污染物、水污染物的污染当量数 = 该污染物的排放量÷该污染物的污染当量值

纳税人有下列情形之一的，以其当期应税大气污染物、水污染物的产生量作为污染物的排放量：

（1）未依法安装使用污染物自动监测设备或者未将污染物自动监测设备与生态环境主管部门的监控设备联网；

（2）损毁或者擅自移动、改变污染物自动监测设备；

（3）篡改、伪造污染物监测数据；

（4）通过暗管、渗井、渗坑、灌注或者稀释排放以及不正常运行防治污染设施等方式违法排放应税污染物；

（5）进行虚假纳税申报。

【做中学5-3】W集团2023年第一季度大气排放口1监测到向大气直接排放二氧化硫、氟化物各10千克，一氧化碳、氯化氢各100千克，假设大气污染物每污染当量税额按《环境保护税税目、税额表》最低标准1.2元计算，该企业只有一个排放口。

W集团2023年第一季度大气污染物应缴纳的环境保护税计算如下：

第一步，计算各污染物的污染当量数：

二氧化硫：10 ÷ 0.95 = 10.53

氟化物：10 ÷ 0.87 = 11.49

一氧化碳：100 ÷ 16.7 = 5.99

氯化氢：100 ÷ 10.75 = 9.30

第二步，按污染物的污染当量数排序：氟化物（11.49）＞二氧化硫（10.53）＞氯化氢（9.30）＞一氧化碳（5.99），选取前三项污染物。

第三步，计算应纳税额：

氟化物：11.49 × 1.2 = 13.79（元）

二氧化硫：10.53 × 1.2 = 12.64（元）

氯化氢：9.30 × 1.2 = 11.16（元）

【做中学5-4】W集团2023年第一季度污水排放口监测数据表明向水体直接排放第一类水污染物总汞、总镉、总铬、总砷、总铅、总银各10千克。排放第二类水污染物悬浮物（SS）、总有机碳（TOC）、挥发酚、氨氮各10千克。假设水污染物每污染当量税额按1.4元计算。

W集团2023年第一季度水污染物应缴纳的环境保护税计算如下：

第一步，计算第一类水污染物的污染当量数：

总汞：10 ÷ 0.0005 = 20 000

总镉：10 ÷ 0.005 = 2 000

总铬：10 ÷ 0.04 = 250

总砷：10 ÷ 0.02 = 500

总铅：10 ÷ 0.025 = 400

总银：10 ÷ 0.02 = 500

第二步，对第一类水污染物污染当量数排序：总汞（20 000）> 总镉（2 000）> 总砷（500）= 总银（500）> 总铅（400）> 总铬（250），选取前五项污染物。

第三步，计算第一类水污染物应纳税额：

总汞：20 000 × 1.4 = 28 000（元）

总镉：2 000 × 1.4 = 2 800（元）

总砷：500 × 1.4 = 700（元）

总银：500 × 1.4 = 700（元）

总铅：400 × 1.4 = 560（元）

第四步，计算第二类水污染物的污染当量数：

悬浮物（SS）：10 ÷ 4 = 2.50

总有机碳（TOC）：10 ÷ 0.49 = 20.41

挥发酚：10 ÷ 0.08 = 125

氨氮：10 ÷ 0.8 = 12.50

第五步，对第二类水污染物污染当量数排序：挥发酚（125）> 总有机碳（TOC）（20.41）> 氨氮（12.50）> 悬浮物（SS）（2.50），选取前三项。

第六步，计算第二类水污染物应纳税额：

挥发酚：125 × 1.4 = 175（元）

总有机碳（TOC）：20.41 × 1.4 = 28.57（元）

氨氮：12.50 × 1.4 = 17.50（元）

3. 应税固体废物应纳税额的计算

$$\text{应税固体废物的应纳税额} = \text{固体废物排放量} \times \text{适用税额}$$

$$\begin{matrix}\text{应税固体废物}\\ \text{排放量}\end{matrix} = \text{产生量} - \begin{matrix}\text{综合利用量}\\ \text{(免征)}\end{matrix} - \begin{matrix}\text{贮存量和处置量}\\ \text{(不属于直接向环境排放污染物)}\end{matrix}$$

固体废物的综合利用量，是指按照国务院发展改革、工业和信息化主管部门关于资源综合利用要求以及国家和地方环境保护标准进行综合利用的固体废物数量。

纳税人未准确计量应税固体废物的贮存量、处置量和综合利用量的，不得从其应税固体废物的产生量中减去。

纳税人依法将应税固体废物转移至其他单位和个人进行贮存、处置或者综合利用的，固体废物的转移量相应计入其当期应税固体废物的贮存量、处置量或者综合利用量。

纳税人接收的应税固体废物转移量，不计入其当期应税固体废物的产生量。

纳税人有下列情形之一的，以其当期应税固体废物的产生量作为固体废物的排放量：

（1）非法倾倒应税固体废物；

（2）进行虚假纳税申报。

【做中学5-5】W集团2023年第一季度产生尾矿1 000吨，其中综合利用的尾矿300吨（符合国家和地方环境保护标准），在符合国家和地方环境保护标准的设施内贮存200吨。

W集团2023年第一季度尾矿应缴纳的环境保护税计算如下：

应纳税额 =（1 000 − 300 − 200）× 15 = 7 500（元）

4.应税噪声应纳税额的计算

应税噪声的应纳税额 = 超过国家规定标准的分贝数对应的适用税额

应税噪声应纳税额的计算应注意以下几点：

（1）一个单位边界上有多处噪声超标，根据最高一处超标声级计算应纳税额；当沿边界长度超过100米有两处以上噪声超标时，按照两个单位计算应纳税额。

（2）一个单位有不同地点作业场所的，应当分别计算应纳税额，合并计征。

（3）昼、夜均超标的环境噪声，昼、夜分别计算应纳税额，累计计征。

（4）夜间频繁突发和夜间偶然突发厂界超标噪声，按等效声级和峰值噪声两种指标中超标分贝值高的一项计算应纳税额。

（5）噪声超标分贝数不是整数值的，按四舍五入取整。

（6）一个单位的同一监测点当月有多个监测数据超标的，以最高一次超标声级计算应纳税额。

三、环境保护税减免税与征收管理

（一）环境保护税的减免税

1.暂予免征环境保护税的情形

（1）农业生产（不包括规模化养殖）排放应税污染物的。

（2）机动车、铁路机车、非道路移动机械、船舶和航空器等流动污染源排放应税污染物的。

（3）依法设立的城乡污水集中处理、生活垃圾集中处理场所排放相应应税污染物，不超过国家和地方规定的排放标准的。

（4）纳税人综合利用的固体废物，符合国家和地方环境保护标准的。

（5）依法设立的生活垃圾焚烧发电厂、生活垃圾填埋场、生活垃圾堆肥厂，属于生活垃圾集中处理场所，其排放应税污染物不超过国家和地方规定的排放标准的。

【注意】纳税人任何一个排放口排放应税大气污染物、水污染物的浓度值，以及没有排放口排放应税大气污染物的浓度值，超过国家和地方规定的污染物排放标准的，依法不予减征环境保护税。

（6）国务院批准免税的其他情形。

2.减征环境保护税的情形

（1）纳税人排放应税大气污染物或者水污染物的浓度值低于国家和地方规定的污染物排放标准30%的，减按75%征收环境保护税。

（2）纳税人排放应税大气污染物或者水污染物的浓度值低于国家和地方规定的污染

物排放标准50%的，减按50%征收环境保护税。

依法减征环境保护税的，应税大气污染物浓度值的小时平均值或者应税水污染物浓度值的日平均值，以及监测机构当月每次监测的应税大气污染物、水污染物的浓度值，均不得超过国家和地方规定的污染物排放标准。

依法减征环境保护税的，应当对每一个排放口排放的不同应税污染物分别进行计算。

（3）声源一个月内累计昼间超标不足15昼或者累计夜间超标不足15夜的，分别减半计算应纳税额。

（二）环境保护税的征收管理

1.纳税期限

（1）纳税义务发生时间

环境保护税纳税义务发生时间为纳税人排放应税污染物的当日。

（2）报缴期限

环境保护税按月计算，按季申报缴纳。不能按固定期限计算缴纳的，可以按次申报缴纳，纳税人按季申报缴纳的，应当自季度终了之日起15日内，向税务机关办理纳税申报并缴纳税款。纳税人按次申报缴纳的，应当自纳税义务发生之日起15日内，向税务机关办理纳税申报并缴纳税款。

2.纳税地点

环境保护税的纳税地点为应税污染物排放地。

所称应税污染物排放地是指：

（1）应税大气污染物、水污染物排放口所在地；

（2）应税固体废物产生地；

（3）应税噪声产生地。

纳税人跨区域排放应税污染物，税务机关对税收征收管辖有争议的，由争议各方按照有利于征收管理的原则协商解决；不能协商一致的，报请共同的上级税务机关决定。

（三）环境保护税的纳税申报

1.环境保护税报表

环境保护税申报前需填写《环境保护税税源明细表》，由《环境保护税税源明细表》采集信息自动生成《财产和行为税纳税申报表》显示环境保护税相关信息，具体见表5-9。

纳税人有减免环境保护税情形的，填报《财产和行为税减免税明细申报附表》。

2.纳税申报管理

生态环境主管部门依法负责应税污染物的监测管理，及制定和完善污染物监测规范。税务机关依法履行环境保护税纳税申报受理、涉税信息比对、组织税款入库等职责。

表5-9　　财产和行为税纳税申报表

纳税人识别号（统一社会信用代码）：□□□□□□□□□□□□□□□□□□□□□□

纳税人名称：　　　　　　　　　　　　　　　　　　金额单位：人民币元（列至角分）

序号	税种	税目	税款所属期起	税款所属期止	计税依据	税率	应纳税额	减免税额	已缴税额	应补（退）税额
1	环境保护税	氟化物（气）	2023年1月1日	2023年3月31日	11.49	1.2	13.79	0.00	0.00	13.79
2	环境保护税	二氧化硫（气）	2023年1月1日	2023年3月31日	10.53	1.2	12.64	0.00	0.00	12.64
3	环境保护税	氯化氢（气）	2023年1月1日	2023年3月31日	9.30	1.2	11.16	0.00	0.00	11.16
4	环境保护税	总汞（水）	2023年1月1日	2023年3月31日	20 000	1.4	28 000.00	0.00	0.00	28 000.00
5	环境保护税	总镉（水）	2023年1月1日	2023年3月31日	2 000	1.4	2 800.00	0.00	0.00	2 800.00
6	环境保护税	总砷（水）	2023年1月1日	2023年3月31日	500	1.4	700.00	0.00	0.00	700.00
7	环境保护税	总银（水）	2023年1月1日	2023年3月31日	500	1.4	700.00	0.00	0.00	700.00
8	环境保护税	总铅（水）	2023年1月1日	2023年3月31日	400	1.4	560.00	0.00	0.00	560.00
9	环境保护税	挥发酚（水）	2023年1月1日	2023年3月31日	125	1.4	175.00	0.00	0.00	175.00
10	环境保护税	总有机碳（TOC）（水）	2023年1月1日	2023年3月31日	20.41	1.4	28.57	0.00	0.00	28.57
11	环境保护税	氨氮（水）	2023年1月1日	2023年3月31日	12.50	1.4	17.50	0.00	0.00	17.50
12	环境保护税	尾矿（固）	2023年1月1日	2023年3月31日	800	15	12 000.00	4 500.00	0.00	7 500.00
13	合计	—		—	—	—	45 018.66	4 500.00	0.00	40 518.66

声明：此表是根据国家税收法律法规及相关规定填写的，本人（单位）对填报内容（及附带资料）的真实性、可靠性、完整性负责。

纳税人（签章）：　　　　年　月　日

经办人： 经办人身份证号： 代理机构签章： 代理机构统一社会信用代码：	受理人： 受理税务机关（章）： 受理日期：　年　月　日

注：本表根据【做中学5-3】【做中学5-4】【做中学5-5】相关数据填制。

思政园地

绿色税制促进绿色发展

山东省作为国家最严格水资源管理制度建设首个试点省，通过落实最严格水资源管理制度、全面提升水资源公共服务职能、推动水资源开发利用、节约保护法治化等措施，在加强水资源管理方面取得一系列进展。山东晨鸣纸业集团股份有限公司是以造林、制浆、造纸为主业的大型企业集团。实施水资源税改革试点后，该公司在当地税务部门税收政策辅导下，测算出其用中水替代部分地下水后每年可少缴纳水资源税1 100万元。为此，该公司研究编制了年度用水定额控制计划，2018年，该公司同比水资源税改革试点前减少使用地下水1 598万立方米，年平均下降60%。

据有关部门统计，山东省缴税（费）地下水取用量占全部缴税（费）水量的比例，由改革前的38.1%下降到2021年的29.03%。2020年，北京等10个水资源税试点省份取用地下水水量占征税范围内总用水量的比例为33.5%，比改革前的2016年下降8%。水资源税倒逼企业加大水资源综合利用力度，在促进节水的同时，减轻了企业税收负担，推动用水方式实现明显转变。

资料来源：中国税务报. 发挥税收职能作用　推动黄河流域生态环境高水平保护——习近平总书记视察山东的重要讲话在山东省税务系统引发强烈反响［EB/OL］.［2021 - 11 - 02］. http: //www.chinatax.gov.cn/chinatax/n810219/n810724/c5170215/content.html.

【启示】《中华人民共和国资源税法》在保持现行税制框架和税负水平总体不变的基础上，进一步增强了资源税这一税种在促进资源节约集约利用、加强生态环境保护方面的功能。通过实行鼓励与约束“双向驱动”，既引导企业加大技术研发投入，走绿色发展、安全生产之路，又促进资源型地区经济转型升级，蹚全方位推进高质量发展之路，实践证明，资源税法已成为中国推行绿色税制体系的一张靓丽“名片”。

项目小结

本项目主要知识点归纳总结见表5-10。

表5-10　本项目主要知识点归纳总结

税种	资源税	耕地占用税	环境保护税
征税范围	在我国境内开采的矿产品和生产的盐。矿产品包括能源矿产、金属矿产、非金属矿产、水气矿产。应税产品为矿产品的，包括原矿和选矿产品	在我国境内占用应税土地建设建筑物、构筑物或者从事非农业建设的行为	在我国领域、海域排放大气、水、固体污染物及噪声
纳税人	在中华人民共和国领域和中华人民共和国管辖的其他海域开发应税资源的单位和个人	占用应税土地建设建筑物、构筑物或者从事非农业建设的单位或者个人	在我国领域、海域，直接向环境排放应税污染物的企业事业单位和其他生产经营者

续表

税种	资源税		耕地占用税	环境保护税
税率	大部分为比例税率，部分为比例税率或者定额税率。征税对象为原矿或者选矿的，应当分别确定具体适用税率		以县为单位根据人均占用耕地及经济发展情况规定的地区差别定额税率	幅度定额税率
计税依据	资源税的计税依据为应税产品的销售额或销售量。 销售额，是指纳税人销售应税产品向购买方收取的全部价款和价外费用，不包括增值税销项税额和运杂费用		占用应税土地面积	大气、水污染当量 固体废物排放量 超过标准的噪声
应纳税额计算	销售应税资源	应纳税额＝计税销售额（计税销售量）×税率	应纳税额＝实际占用应税土地面积×适用定额税率	应税大气污染物的应纳税额＝污染当量数×适用税额
	原矿用于连续加工选矿	移送环节不纳税		应税水污染物的应纳税额＝污染当量数×适用税额
	应税资源用于视同销售行为	应纳税额＝应税资源视同销售额（量）×税率		应税固体废物的应纳税额＝固体废物排放量×适用税额；
	纳税人外购应税产品与自采应税产品混合销售或者混合加工为应税产品销售的	在计算应税产品销售额或者销售数量时，准予扣减外购应税产品的购进金额或者购进数量；当期不足扣减的，可结转下期扣减		应税噪声的应纳税额＝超过国家规定标准的分贝数对应的适用税额
征收管理　纳税义务发生时间	纳税人销售应税产品，纳税义务发生时间为收讫销售款或者取得索取销售款凭据的当日；纳税人自用应税产品的，纳税义务发生时间为移送应税产品的当日		经批准占用应税土地的，耕地占用税纳税义务发生时间为纳税人收到自然资源主管部门办理占用耕地手续的书面通知的当天；未经批准占用应税土地的纳税人，其纳税义务发生时间为自然资源主管部门认定其实际占地的当日。因挖损、采矿塌陷、压占、污染等损毁耕地的纳税义务发生时间为自然资源、农业农村等相关部门认定损毁耕地的当日	纳税人排放应税污染物的当日

续表

税种		资源税	耕地占用税	环境保护税
征收管理	纳税地点	向应税产品的开采或生产所在地税务机关缴纳	原则上在应税土地所在地进行申报纳税。涉及集中征收、跨地区占地需要调整纳税地点的，由省税务机关确定	应税污染物排放地。跨区域排放应税污染物，税务机关对税收征收管辖有争议的，由争议各方按照有利于征收管理的原则协商解决；不能协商一致的，报请共同的上级税务机关决定

阅读篇目

《中华人民共和国资源税法》（2019年8月26日第十三届全国人民代表大会常务委员会第十二次会议通过）

《财政部　税务总局关于继续执行的资源税优惠政策的公告》（财政部　税务总局公告2020年第32号）

《财政部　税务总局关于资源税有关问题执行口径的公告》（财政部　税务总局公告2020年第34号）

《国家税务总局关于简并税费申报有关事项的公告》（国家税务总局公告2021年第9号）

《中华人民共和国耕地占用税法》

《中华人民共和国耕地占用税法实施办法》

《国家税务总局关于发布〈耕地占用税管理规程（试行）〉的公告》（国家税务总局公告2016年第2号）

《中华人民共和国环境保护税法》

《中华人民共和国环境保护税法实施条例》

《国家税务总局关于简并税费申报有关事项的公告》（国家税务总局公告2021年第9号）

项目六

财产税纳税实务

学习目标

知识目标

1. 掌握财产税各税种的征税对象及征税范围，从而准确判断是否缴纳财产税，由谁负责缴纳，在哪个环节缴纳。
2. 熟悉财产税的税额计算方法，注意区分财产税不同税种的不同计算方式。

技能目标

1. 能够正确计算财产税各税种应纳税额。
2. 能够准确填制财产税各税种纳税申报表，并能准备纳税申报资料。

态度目标

1. 树立法律意识，明确依法纳税、建立良好的纳税信用等级是企业发展的重要前提。
2. 树立风险防范意识，明确税收违章应负担的法律责任。
3. 树立筹划意识，最大限度地维护纳税人的合法权益，以实现企业财务利益最大化的目标。

思政目标

1. 通过财产税各税种优惠政策的学习，深入领会税收在我国社会经济发展中所发挥的保障功能，增强“四个自信”，培养爱国情怀。
2. 了解财产税历史发展的演变，领会国家治理现代化进程。
3. 通过土地增值税清算等政策法规的学习，强化税收法治教育，不断提升对税收制度的认可、敬畏、遵从。

工作情境与工作任务

通过货物与劳务税的学习，我们知道国家对法人、自然人和其他经济组织取得的货物与劳务的销售额要征收货物与劳务税。你知道在财产交易环节和财产持有环节，纳税人还需要缴纳什么税吗?其征税范围、纳税环节、计税方法与流转税有何区别?

在财产交易环节和财产持有环节，纳税人还需要缴纳财产税。财产税是对纳税人占有财产的调节。财产税一般是以纳税人所有或属其支配的财产为征税对象而征收的一种税。你知道企业拥有的哪些财产需要缴纳财产税吗?

我国的财产税包括在财产交易环节征收的契税、土地增值税，在财产保有环节征收的房产税、城镇土地使用税和车船税。开征财产税可以起到调节财富分配的作用，并能为国家组织到稳定的财政收入。

纳税人占有或者支配的财产可能是不动产、土地，也可能是车船。征税对象不同，其应纳税额的计算方法各不相同。你会选择相应的计算办法计算纳税人应缴纳的各种财产税税额吗?

准确计算出纳税人应纳财产税税额后，你会进行相应的会计核算、准确填制各税种纳税申报表，并且顺利报送税务机关吗?

任务一　土地增值税纳税实务

土地增值税，是指对有偿转让国有土地使用权及地上建筑物和其他附着物产权并取得增值额的单位和个人征收的一种税。目前，我国执行的土地增值税基本法律规范是于1993年12月13日由国务院颁布、自1994年1月1日起执行的《中华人民共和国土地增值税暂行条例》。

一、土地增值税的基本要素

（一）土地增值税的征税范围

1.征税范围的一般规定

土地增值税对出售或者以其他方式有偿转让房地产的行为征收，以转让国有土地使用权及地上建筑物和其他附着物产权过程中取得的增值额为征税对象。确定土地增值税的征税范围，应把握以下三点：

（1）土地增值税只对转让国有土地使用权的行为征收。

所称国有土地，是指按国家法律规定属于国家所有的土地。

【思考】转让集体土地使用权、出让国有土地使用权，缴纳土地增值税吗?

（2）土地增值税既对转让土地使用权征收，也对转让地上建筑物和其他附着物的产权征收。

所称地上建筑物，是指建于土地上的一切建筑物，包括地上、地下的各种附属设施，如厂房、仓库、商店、医院、住宅、地下室、围墙、电梯、中央空调等。所称附着物，是指附着于土地上的不能移动或一经移动即遭损坏的种植物、养殖物及其他物品。

（3）土地增值税只对有偿转让的房地产征税。对以继承、赠与等方式无偿转让的房地产，不予征税。

所称继承，是指转让给直系亲属确属无偿的转让行为。

所称赠与，是指如下情况：

①房产所有人、土地使用权人将房屋产权、土地使用权赠与直系亲属或承担直接赡养义务的人。

②房产所有人、土地使用权人通过中国境内非营利的社会团体、国家机关将房屋产权、土地使用权赠与用于发展教育、民政和其他社会福利、公益事业。

【思考】以继承赠与方式转让的房地产，都不缴纳土地增值税吗？

2.征税范围的特殊规定

（1）以房地产作价入股，凡所投资、联营的企业从事房地产开发的，或者房地产开发企业以其建造的商品房进行投资和联营的，或是投资、联营企业将上述房地产再转让的，属于征收土地增值税的范围。

【思考】将房产以股权形式投资入股，是否一律缴纳土地增值税？

（2）合作建房建成后转让的，属于征收土地增值税的范围。

（3）交换房地产。交换房地产行为导致发生了房产产权、土地使用权的转移，交换双方取得了实物形态的收入，属于征收土地增值税的范围。

（4）将房地产用于抵押，在抵押期间不征收土地增值税。待抵押期满后，以房地产抵债的，属于房地产产权转让行为，征收土地增值税。

（5）房地产开发企业将开发产品用于职工福利、奖励、对外投资、分配给股东或投资人、抵偿债务、换取其他单位和个人的非货币性资产等，发生所有权转移时应视同销售房地产，征收土地增值税。

【注意】新建或外购的房产用于安置回迁户时，安置用房应视同销售，缴纳土地增值税。

【提示】房地产出租、房地产重新评估增值、房地产开发企业的代建房行为，不属于征收土地增值税的范围。

（二）土地增值税的纳税人

土地增值税的纳税人，是指转让国有土地使用权及地上建筑物和其他附着物产权，并取得收入的单位和个人。

所称单位，是指各类企业单位、事业单位、国家机关、社会团体及其他组织。所称个人，包括个体经营者。

（三）土地增值税的税率

土地增值税采用四级超率累进税率，是我国唯一采用超率累进税率的税种，具体税率见表6-1。

表6-1　　　　土地增值税四级超率累进税率

级次	增值额与扣除项目金额的比率	税率	速算扣除系数
1	不超过50%的部分	30%	0
2	超过50%～100%的部分	40%	5%
3	超过100%～200%的部分	50%	15%
4	超过200%的部分	60%	35%

二、土地增值税应纳税额的计算

微课 房地产开发企业土地增值税应纳税额的计算

土地增值税以房地产转让过程中取得的增值额为计税依据，适用超率累进税率。土地增值税应纳税额的计算公式为：

土地增值税税额＝增值额×适用税率－扣除项目金额×速算扣除系数

增值额＝房地产转让收入额－扣除项目金额

土地增值税的计算应分以下几个步骤：

（1）确定房地产转让收入；

（2）确定允许扣除项目金额；

（3）计算增值额；

（4）计算增值额与扣除项目金额的比率；

（5）根据税率表确定税率及速算扣除系数；

（6）计算应纳税额。

【注意】土地增值税的计算关键在于扣除项目金额的确定。

（一）应税收入的确定

转让房地产所取得的收入，包括转让房地产的全部价款及有关的经济收益，其形式有货币收入、实物收入和其他收入。确定土地增值税应税收入，应注意以下四个方面：

1.纳税人转让房地产的土地增值税应税收入不含增值税。适用增值税一般计税方法的纳税人，其转让房地产的土地增值税应税收入不含增值税销项税额；适用简易计税方法的纳税人，其转让房地产的土地增值税应税收入不含增值税应纳税额；纳税人免征增值税的，其转让房地产的土地增值税应税收入不扣减增值税税额。

2.对于县级及县级以上人民政府要求房地产开发企业在售房时代收的各项费用，如果代收费用计入房价向购买方一并收取，应作为转让房地产所取得的收入计税；如果代收费用未计入房价，而是在房价之外单独收取，不作为收入缴纳土地增值税。

3.转让房地产换取实物形态资产的，应以换入实物资产公允价值作为应税收入；转让房地产取得的无形资产收入，应以评估价格作为收入。

4.对于房地产开发企业视同销售房地产行为，其收入按下列方法和顺序确认：

（1）按本企业在同一地区、同一年度销售的同类房地产的平均价格确定；

（2）由主管税务机关参照当地当年同类房地产的市场价格或评估价值确定。

（二）扣除项目及其金额的确认

1.建造房地产并转让时允许扣除项目及其金额

（1）取得土地使用权所支付的金额。取得土地使用权所支付的金额，是指纳税人为取得土地使用权所支付的地价款和按国家统一规定缴纳的有关费用之和。

①地价款的确定。以出让方式取得土地使用权的，为支付的土地出让金；以行政划拨方式取得土地使用权的，为按规定补缴的土地出让金；以转让方式取得土地使用权的，为支付的地价款。

②按国家统一规定缴纳的有关费用。这主要是指纳税人在取得土地使用权过程中为办理有关手续，按照国家统一规定缴纳的有关登记、过户的手续费。

房地产开发企业为取得土地使用权所支付的契税，应视同“按国家统一规定缴纳的有关费用”，计入“取得土地使用权所支付的金额”中予以扣除。

如在同一宗土地上，纳税人开发的房地产为分体式，即住宅、非住宅分别独立建于土地上，可考虑按住宅、非住宅占地面积进行分摊。

（2）房地产开发成本。房地产开发成本，是指纳税人房地产开发项目实际发生的成本，主要包括土地征用及拆迁补偿费、前期工程费、建筑安装工程费、基础设施费、公共配套设施费、开发间接费用等。

①土地征用及拆迁补偿费，包括土地征用费，耕地占用税，劳动力安置费及有关地上、地下附着物拆迁补偿的净支出，安置动迁用房支出等。

【注意】因逾期开发缴纳的土地闲置费，不得作为房地产开发成本，不得税前扣除。

【提示】将企业开发的产品用于安置回迁户的，应以开发产品的市场价格作为拆迁补偿支出，同时支付回迁户差价款的，增加拆迁补偿支出；收到回迁户补偿价款的，抵减拆迁补偿支出。将外购的房产用于安置回迁户的，将实际支付的购房支出计入拆迁补偿支出。

货币安置拆迁的，房地产开发企业凭合法有效凭据将相关费用计入拆迁补偿费。

②前期工程费，包括规划、设计、项目可行性研究和水文、地质、勘察、测绘、“三通一平”等支出。

③建筑安装工程费，是指以出包方式支付给承包单位的建筑安装工程费，以自营方式发生的建筑工程安装费。房地产开发企业销售已装修的房屋，其装修费用可计入房地产开发成本。

④基础设施费，包括开发小区内的道路、供水、供电、供气、排污、通信、照明、环卫、绿化等工程发生的支出。

⑤公共配套设施费，包括开发不能有偿转让的小区内公共配套设施发生的支出。

房地产开发企业开发建造的与应税开发项目配套的居委会和派出所用房、会所、停车场（库）、物业管理场所、变电站、热力站、水厂、文体场馆、学校、幼儿园、托儿所、医院、邮电通信等公共设施，按以下原则处理：建成后产权属于全体业主所有的，其成本、费用可以扣除；建成后无偿移交给政府、公用事业单位用于非营利性社会公共事业的，其成本、费用可以扣除；建成后有偿转让的，应计算收入，并准予扣除成本、费用。

如房地产开发企业或物业管理部门实际享有占有、使用、获取收益或处置该房产、设施的权利，不允许将其计入公共配套设施；在对整个项目计算应缴纳的土地增值税税额时，其分摊的土地成本、各项开发成本、费用、税金等，不得作为房地产开发成本予以扣除。

⑥开发间接费用，是指直接组织、管理开发项目所发生的费用，包括工资、职工福利费、折旧费、修理费、办公费、水电费、劳动保护费、周转房摊销等。

【注意】土地增值税纳税人接受建筑安装服务取得的增值税发票，应在发票的备注栏内注明建筑服务发生地县（市、区）名称及项目名称；否则，其所注明的金额不得计入土地增值税扣除项目金额。

房地产开发企业在工程竣工验收后，根据合同约定，扣留建筑安装施工企业一定比例的工程款，作为开发项目的质量保证金，在计算土地增值税时，建筑安装施工企业就质量保证金对房地产开发企业开具发票的，按发票所载金额予以扣除；未开具发票的，扣留的质保金不得计算扣除。

（3）房地产开发费用。房地产开发费用，是指与房地产开发项目有关的销售费用、管理费用、财务费用。

作为土地增值税扣除项目的房地产开发费用，不应按纳税人房地产开发项目实际发生的费用进行扣除，而应按《中华人民共和国土地增值税暂行条例实施细则》规定的标准进行扣除。

①凡能按转让房地产项目计算分摊利息并提供金融机构证明的，允许据实扣除，但最高不能超过按商业银行同类同期贷款利率计算的金额，超过贷款期限的利息部分和加罚的利息不允许扣除；其他房地产开发费用，在取得土地使用权支付的金额和房地产开发成本两项金额之和的5%以内计算扣除。

②凡不能按转让房地产项目计算分摊利息支出或不能提供金融机构证明的，利息支出不能单独计算，而应并入房地产开发费用中一并计算扣除。其计算方法是：在取得土地使用权支付的金额和房地产开发成本的金额之和的10%以内计算扣除。

上述费用计算扣除的具体比例，由省、自治区、直辖市人民政府确定。

【提示】开发项目建造期间发生的金融机构借款利息已被资本化处理，计入开发项目成本，在计算应纳土地增值税时，应从开发成本中剔除利息支出，将利息支出作为开发费用的一部分予以扣除。

房地产开发企业既向金融机构借款，又有其他借款的，其房地产开发费用计算扣除时不能同时适用上述①、②项所述两种办法。

（4）房地产转让环节税金。房地产转让环节税金，是指纳税人在转让房地产时缴纳的印花税、城市维护建设税，因转让房地产缴纳的教育费附加、地方教育附加也可视同税金扣除。其中：允许扣除的印花税，是指纳税人在转让房地产时缴纳的印花税（按产权转移书据所载金额的0.5‰计算）。房地产开发企业缴纳的印花税，已列入管理费用的，印花税不再单独扣除。

【注意】计算土地增值税增值额的扣除项目金额时，“与转让房地产有关的税金”不包括增值税。

营改增后，房地产开发企业实际缴纳的城市维护建设税、教育费附加、地方教育附加，凡能够按清算项目准确计算的，允许据实扣除；凡不能按清算项目准确计算的，则按该清算项目预缴增值税时实际缴纳的城市维护建设税、教育费附加、地方教育附加扣除。

（5）加计扣除费用。对从事房地产开发的纳税人，可按取得土地使用权所支付的金额和房地产开发成本之和加计20%扣除。

【注意】土地增值税扣除项目涉及的增值税进项税额，允许在销项税额中计算抵扣的，不计入扣除项目；不允许在销项税额中计算抵扣的，可以计入扣除项目。

代收费用作为转让收入计税的，在计算扣除项目金额时，可予以扣除，但不允许作为加计20%扣除的基数；代收费用未作为转让房地产的收入计税的，在计算增值额时，不允许扣除代收费用。

2. 直接转让未经开发土地使用权时的扣除项目及其金额

对取得土地使用权后，未进行开发即转让的，在计算应缴纳的土地增值税时，只允许扣除取得土地使用权时支付的地价款、缴纳的有关费用，以及在转让环节缴纳的税金。

3. 转让旧房的扣除项目及其金额

转让旧房的，应将房屋及建筑的评估价格、取得土地使用权所支付的地价款、按国家统一规定缴纳的有关费用以及在转让环节缴纳的税金作为扣除项目金额计征土地增值税。

（1）能提供评估价格时的允许扣除项目及其金额。

①取得土地使用权所支付的地价款和按国家统一规定缴纳的有关费用。

②旧房及建筑物的评估价格。这是指在转让已使用的房屋及建筑物时，由政府批准设立的房地产评估机构评定的重置成本价乘以成新度折扣率后的价格。

③转让环节缴纳的税金及评估费用。税金包括转让环节缴纳的城市维护建设税、印花税和教育费附加、地方教育附加。

（2）不能提供评估价格但能提供购房发票时的允许扣除项目及其金额。

①购房发票所载金额。购房发票所载金额按取得发票的不同分别作如下处理：

第一，提供的购房凭据为营改增前取得的营业税发票的，按照发票所载金额（不扣减营业税）确定；

第二，提供的购房凭据为营改增后取得的增值税普通发票的，按照发票所载价税合计金额确定；

第三，提供的购房发票为营改增后取得的增值税专用发票的，按照发票所载不含增值税金额加上不允许抵扣的增值税进项税额之和确定。

②加计扣除金额。加计扣除金额按从购买年度起至转让年度止每年加计5%计算，公式如下：

加计扣除金额 = 购房发票所载金额 × 5% × 购买年度起至转让年度止的年数

计算扣除项目时，“每年”按购房发票所载日期起至售房发票开具之日止，每满12

个月计1年；超过1年，未满12个月但超过6个月的，可以视同1年。如2017年10月购置、2022年6月出售的房产，可按5年计算加计扣除。

③转让旧房时缴纳的城市维护建设税、印花税、教育费附加、地方教育附加以及购房时缴纳的契税。

上述项目的扣除要求纳税人提供合法、有效票据，如购房发票、完税凭证等。

（3）既没有评估价格，又不能提供购房发票的扣除办法。

对于转让旧房及建筑物，既没有评估价格，又不能提供购房发票的，税务机关可以根据《中华人民共和国税收征收管理法》的规定，实行核定征收。

4.企业改制重组后再转让国有土地使用权允许扣除项目金额的确定

改制重组后再转让房地产并申报缴纳土地增值税时，对“取得土地使用权所支付的金额”，按照改制重组前取得该宗国有土地使用权所支付的地价款和按国家统一规定缴纳的有关费用确定；经批准以国有土地使用权作价出资入股的，为作价入股时县级及以上自然资源部门批准的评估价格。按购房发票确定扣除项目金额的，按照改制重组前购房发票所载金额并从购买年度起至本次转让年度止每年加计5%计算扣除项目金额，购买年度是指购房发票所载日期的当年。

5.申报数据不实情形下收入及允许扣除项目金额的确定

纳税人有下列情况之一的，需要对房地产进行评估，并以房地产的评估价格来确定转让房地产收入、扣除项目的金额：

（1）隐瞒、虚报房地产成交价格的。这是指纳税人不报或者有意低报转让土地使用权、地上建筑物及其附着物价款的行为。

（2）提供扣除项目金额不实的。这是指纳税人不据实提供扣除项目的内容，而是虚增转让房地产的扣除项目的内容或金额，使税务机关无法从纳税人处了解计征土地增值税所需要的准确的扣除项目金额。

（3）转让房地产的成交价格低于房地产评估价格又无正当理由的。这是指纳税人申报的转让房地产的成交价低于房地产评估机构通过市场比较法进行房地产评估时所确定的正常市场交易价，对此，纳税人又不能提供有效凭据或又无正当理由进行解释。

【做中学6-1】AB集团公司为房地产开发企业，兼营建筑装修材料的生产。2023年3月出售房地产老项目A（增值税采取简易计税方法），取得销售收入（不含税）3 000万元。已知A项目于2019年5月7日开始预缴土地增值税，截至2023年土地增值税清算，企业已预缴土地增值税共计60万元。该房地产项目为取得土地使用权支付250万元；取得土地使用权时支付契税7.5万元；开发成本共计1 020万元；销售楼房时签订相关合同，并按规定缴纳了有关税金；该房地产开发企业为该工程从银行贷款，发生利息支出28.75万元（包括贷款逾期加收的罚息0.75万元），可按项目分摊并能够提供符合规定的凭证。已知当地人民政府确定的房地产开发费用扣除比例按上限执行。

该房地产开发企业应缴纳的土地增值税计算如下：

销售收入＝3 000万元

扣除项目包括：

取得土地使用权支付的金额 = 257.5 万元

开发成本 = 1 020 万元

开发费用 = 28.75 − 0.75 + （257.5 + 1 020）× 5% = 91.875（万元）

税金及附加 = 3 000 × 5% ×（7% + 3% + 2%）= 18（万元）

加计扣除金额 =（257.5 + 1 020）× 20% = 255.5（万元）

扣除项目金额合计 = 257.5 + 1 020 + 91.875 + 18 + 255.5 = 1 642.875（万元）

增值额 = 3 000 − 1 642.875 = 1 357.125（万元）

增值额与扣除项目金额之比 = 1 357.125÷1 642.875 × 100% = 82.61%

适用 40% 的税率，速算扣除系数为 5%。

应纳税额 = 1 357.125 × 40% − 1 642.875 × 5% = 542.85 − 82.14375

　　　　= 460.70625（万元）= 4 607 062.50（元）

【做中学 6–2】AB 集团公司 2023 年 3 月以 6 800 万元的含增值税价格转让部分闲置厂房（增值税采取简易计税方法），该厂房账面价值为 1 500 万元，已提取折旧 800 万元。经房地产评估机构评定，该厂房的重置成本为 3 000 万元，七成新。转让前补交土地出让金和按规定缴纳的有关费用 1 200 万元（可提供支付凭证），取得转让收入，已按规定缴纳转让环节的有关税金（已纳税金均能提供完税凭证）。另外，该公司将闲置的部分厂房通过中华慈善总会捐赠给当地养老院，厂房市场评估价格为 1 300 万元。

该公司应缴纳的土地增值税计算如下：

捐赠给当地养老院房产属于无偿转让房地产，不缴纳土地增值税。

（1）转让房地产收入 = 6 800 ÷（1 + 5%）= 6 476.190476（万元）

（2）准予扣除的项目金额：

取得土地使用权支付的金额 = 1 200 万元

房地产的评估价格 = 3 000 × 70% = 2 100（万元）

与转让房地产有关的税金：

增值税 = 6 800÷（1 + 5%）× 5% = 323.809524（万元）

其他税金 = 323.809524 ×（7% + 3% + 2%）+ 6 800 × 0.5‰（印花税）

　　　　= 42.257143（万元）

扣除项目金额合计 = 1 200 + 2 100 + 42.257143 = 3 342.257143（万元）

（3）土地增值额 = 6 476.190476 − 3 342.257143 = 3 133.933333（万元）

（4）土地增值率 = 3 133.933333÷3 342.257143 × 100% = 93.77%

适用 40% 的税率，速算扣除系数为 5%。

（5）应纳税额 = 3 133.933333 × 40% − 3 342.257143 × 5% = 1 253.573333 − 167.112857

　　　　= 1 086.460476（万元）=10 864 604.76（元）

三、土地增值税减免税与征收管理

（一）土地增值税的减免税

按照现行政策的规定，土地增值税的减免税规定主要有：

1. 投资、联营的一方以土地（房地产）作价入股进行投资或作为联营条件且投资双方都不从事房地产开发业务的，暂免征收土地增值税。

2. 对于一方出地，一方出资金，双方合作建房，建成后分房自用的，暂免征收土地增值税。

3. 在企业兼并中，对被兼并企业将房地产转让到兼并企业中的，暂免征收土地增值税。

4. 个人之间互换自有居住用房地产的，经当地税务机关核实，可以免征土地增值税。

5. 国家收回国有土地使用权、征用地上建筑物及附着物，对原房地产所有人取得的收入，免征土地增值税。

6. 因国家建设需要，被政府依法征用、收回的房地产取得的补偿收入免征土地增值税；因城市实施规划、国家建设的需要而搬迁，由纳税人自行转让原房地产的，免征土地增值税。

7. 纳税人建造普通标准住宅出售，增值额未超过扣除项目金额20%的，免征土地增值税；增值额超过扣除项目金额20%的，应就其全部增值额按规定计税。

普通标准住宅，一律按各省、自治区、直辖市人民政府根据《国务院办公厅转发建设部等部门关于做好稳定住房价格工作意见的通知》制定并对社会公布的“中小套型、中低价位普通住房”的标准执行。

对于纳税人既建造普通标准住宅又建造其他商品房的，应分别核算土地增值额。

8. 自2008年11月1日起，对居民个人转让住房一律免征土地增值税。

9. 自2019年1月1日至2023年12月31日，企事业单位、社会团体以及其他组织转让旧房作为公租房房源且增值率未超过20%的；企事业单位、社会团体以及其他组织转让旧房作为改造安置住房房源且增值额未超过扣除项目金额20%的，免征土地增值税。

10.2021年1月1日至2023年12月31日，企业在改制重组过程中涉及的土地增值税优惠政策包括以下几个方面：

①企业按照《中华人民共和国公司法》有关规定整体改制，对改制前的企业将国有土地使用权、地上的建筑物及其附着物（以下称房地产）转移、变更到改制后的企业，暂不征土地增值税。

②按照法律规定或者合同约定，两个或两个以上企业合并为一个企业，且原企业投资主体存续，对原企业将房地产转移、变更到合并后的企业的，暂不征土地增值税。

③按照法律规定或者合同约定，企业分设为两个或两个以上与原企业投资主体相同的企业，对原企业将房地产转移、变更到分立后的企业的，暂不征土地增值税。

④单位、个人在改制重组时以房地产作价入股进行投资，对其将房地产转移、变更到被投资的企业，暂不征土地增值税。

【提示】上述与改制重组有关的土地增值税政策不适用于房地产转移任意一方为房地产开发企业的情形。

【提示】土地增值税免税事项办理，由事前备案改为纳税人“自行判别、自主申报享受、相关资料留存备查”。

（二）土地增值税的征收管理

1.土地增值税纳税期限

（1）纳税义务发生时间

①以一次交割、付清价款方式转让房地产的，在办理过户、登记手续前一次性缴纳全部税额。

②以分期收款方式转让的，先计算出应纳税总额，然后根据合同约定的收款日期和约定的收款比例确定应纳税额。

③项目全部竣工结算前转让房地产取得收入的，由于涉及成本核算或其他原因，无法据实计算土地增值税的，可以预征土地增值税，待该项目全部竣工、办理结算后再进行结算，多退少补。其具体分以下两种情况：

第一，纳税人进行小区开发建设的，其中一部分房地产项目因先行开发并已转让出去，但小区内的部分配套设施往往在转让后才建成，税务机关可以对先行转让的项目，在取得收入时预征土地增值税。

第二，纳税人以预售方式转让房地产的，对在办理结算和转交手续前就取得的收入，税务机关也可以预征土地增值税。具体办法由省税务局根据当地情况确定。

（2）报缴期限

纳税人应向房地产所在地主管税务机关填报《财产和行为税纳税申报表》，并同时提供有关资料。

①纳税人一次性转让每一计税项目房地产的，应在转让房地产合同签订之日起7日内办理，并提供房屋及建筑物产权、土地使用权证书，土地转让、房屋买卖合同，房地产评估报告，与房地产转让有关税金的缴款凭证，以及其他与房地产有关的资料。

②纳税人对每月每一计税项目的房地产分多次转让而难以在每次转让后的7日内申报的，经房地产所在地主管税务机关核准，可于月后10日内办理。

③纳税人在项目全部竣工结算前每月预售房地产的，应于月后10日内办理。

2.土地增值税纳税地点

土地增值税的纳税人应向房地产所在地主管税务机关办理纳税申报，并在税务机关核定的期限内缴纳土地增值税。房地产所在地，是指房地产的坐落地。纳税人转让的房地产坐落在两个或两个以上地区的，应按房地产所在地分别申报纳税。

3.土地增值税的纳税申报

土地增值税纳税申报前需填制《土地增值税税源明细表》，依据《土地增值税税源明细表》自动生成《财产和行为税纳税申报表》。

《土地增值税税源明细表》申报类型包括七大类：从事房地产开发的纳税人预缴、从事房地产开发的纳税人清算、从事房地产开发的纳税人按核定征收方式清算、纳税人整体转让在建工程、从事房地产开发的纳税人清算后尾盘销售、转让旧房及建筑物的纳税人、转让旧房及建筑物的纳税人核定征收。

有减免土地增值税的，须填报《财产和行为税减免税明细申报附表》。

自动生成的包括土地增值税在内的《财产和行为税纳税申报表》见表6-2。

表6-2 财产和行为税纳税申报表

纳税人识别号（统一社会信用代码）：□□□□□□□□□□□□□□□□□□

纳税人名称：AB集团公司　　　　金额单位：人民币元（列至角分）

序号	税种	税目	税款所属期起	税款所属期止	计税依据	税率	应纳税额	减免税额	已缴税额	应补（退）税额
1	土地增值税	普通住宅（清算）	2023年3月1日	2023年3月31日	13 571 250.00	40%	4 607 062.50	0	600 000.00	4 007 062.50
2	土地增值税	其他类型房地产	2023年3月1日	2023年3月31日	31 339 333.33	40%	10 864 604.76	0	0	10 864 604.76
3										
4										
5										
6										
7										
8										
9										
10										
11										
12	合计	—	—	—	—	—	15 471 667.26	0	600 000.00	14 871 667.26

声明：此表是根据国家税收法律法规及相关规定填写的，本人（单位）对填报内容（及附带资料）的真实性、可靠性、完整性负责。

纳税人（签章）：　　　　年　月　日

经办人：
经办人身份证号：
代理机构签章：
代理机构统一社会信用代码：

受理人：
受理税务机关（章）：
受理日期：　　　　年　月　日

注：根据【做中学6-1】【做中学6-2】相关数据生成。

4. 房地产开发企业土地增值税的征收管理办法

房地产开发企业土地增值税实行“项目登记、按月预缴、最终清算、多退少补”的征管办法。

（1）房地产开发企业土地增值税的预征。

纳税人应于取得房地产开发项目许可后30日内，向主管税务机关填报《土地增值税项目登记表》，办理土地增值税项目登记手续。对于纳税人每月取得的预收房地产收入，应于月份终了后10日内，向主管税务机关如实填报土地增值税预缴申报表，申报预缴税款。土地增值税以纳税人取得的预收款扣减应预缴增值税税款后的余额为计税依据，其中预收款包括预售款、定金、实物及其他经济利益。预征土地增值税税额的计算公式如下：

土地增值税预征的计征依据 = 预收款 − 应预缴增值税税款

土地增值税预征税额 = 土地增值税预征的计征依据 × 预征率

除保障性住房外，东部地区省份预征率不得低于2%，中部和东北地区省份预征率不得低于1.5%，西部地区省份预征率不得低于1%，由各地根据不同类型房地产确定适用的预征率。纳税人开发经济适用房，同时符合以下两个条件的，由纳税人提出书面申请，经主管税务机关核准后，暂不预征土地增值税：

①经政府计划主管部门批准为经济适用住房；

②房屋售价不高于政府价格主管部门核定的销售价格。

纳税人开发的房地产，对应征和免征土地增值税的项目，应当分别核算；未分别核算的，一律全部预征土地增值税。

（2）房地产开发企业的土地增值税的清算。

土地增值税以国家有关部门审批的房地产开发项目为单位进行清算，对于分期开发的项目，以分期项目为单位进行清算。开发项目中同时包括普通住宅和非普通住宅的，应分别计算增值额。符合下列情形之一的，纳税人应进行土地增值税的清算：

①房地产开发项目全部竣工、完成销售的；

②整体转让未竣工决算房地产开发项目的；

③直接转让土地使用权的。

符合土地增值税清算条件的，纳税人应当在满足条件之日起90日内到主管税务机关办理清算手续。符合下列情形之一的，主管税务机关可要求纳税人进行土地增值税清算：

①已竣工验收的房地产开发项目，已转让的房地产建筑面积占整个项目可售建筑面积的比例在85%以上，或该比例虽未超过85%，但剩余的可售建筑面积已经出租或自用的；

②取得销售（预售）许可证满3年仍未销售完毕的；

③纳税人申请注销税务登记但未办理土地增值税清算手续的；

④省税务机关规定的其他情况。

主管税务机关确定应进行清算的项目，由主管税务机关下达清算通知，纳税人应当在收到清算通知之日起90日内办理清算手续。在土地增值税清算时未转让的房地产，清算后销售或有偿转让的，应在销售的当月按规定进行土地增值税的纳税申报。

扣除项目金额 = 单位建筑面积成本费用 × 销售或转让面积

单位建筑面积成本费用 = 清算时的扣除项目总金额 ÷ 清算的总建筑面积

【提示】纳税人按规定预缴土地增值税后，清算补缴的土地增值税在主管税务机关规定的期限内补缴的，不加收滞纳金。

（3）房地产开发企业核定征收土地增值税。

房地产开发企业有下列情形之一的，税务机关可以参照与其开发规模和收入水平相近的当地企业的土地增值税税负情况，按不低于预征率的征收率核定征收土地增值税：

①依照法律、行政法规的规定应当设置但未设置账簿的；

②擅自销毁账簿或者拒不提供纳税资料的；

③虽设置账簿，但账目混乱或者成本资料、收入凭证、费用凭证残缺不全，难以确定转让收入或扣除项目金额的；

④符合土地增值税清算条件，未按照规定的期限办理清算手续，经税务机关责令限期清算，逾期仍不清算的；

⑤申报的计税依据明显偏低，又无正当理由的。

任务二　契税纳税实务

契税，是指在我国境内转移土地使用权、房屋所有权权属时，向受让的单位和个人征收的一种财产税。征收契税可以确认产权关系，维护公民合法权益，同时，还可以调节财富分配，增加地方财政收入。

我国目前执行的契税的基本法律规范是2020年8月11日第十三届全国人民代表大会常务委员会第二十一次会议通过、自2021年9月1日起施行的《中华人民共和国契税法》。

一、契税的基本要素

（一）契税的征税范围

在我国境内转移土地、房屋权属，承受的单位和个人应当依法缴纳契税。所称转移土地、房屋权属，是指下列行为：

（1）土地使用权出让。

（2）土地使用权转让，包括出售、赠与、互换。土地使用权转让，不包括土地承包经营权和土地经营权的转移。

（3）房屋买卖、赠与、互换。

下列情形发生土地、房屋权属转移的，承受方应当依法缴纳契税：

（1）以作价投资（入股）、偿还债务、划转、奖励等方式转移土地、房屋权属的。

（2）因共有不动产份额变化。

（3）因共有人增加或者减少。

（4）因人民法院、仲裁委员会的生效法律文书或者监察机关出具的监察文书等因素，发生土地、房屋权属转移的。

微课

个人购房契税的计算和缴纳

【思考】以房地产抵押，是否缴纳契税？

【提示】单位、个人以房屋、土地以外的资产增资，相应扩大其在被投资公司的股权持有比例，无论被投资公司是否变更商事主体登记，其房屋、土地权属不发生转移，不征收契税。

（二）契税的纳税人

契税的纳税人，是指在我国境内转移土地、房屋权属过程中承受土地、房屋权属的单位和个人。所称单位，是指企业单位、事业单位、国家机关、军事单位和社会团体以及其他组织。所称个人，是指个体经营者及其他个人。

（三）契税税率

契税实行幅度比例税率，税率为3%～5%。

契税的具体适用税率，由省、自治区、直辖市人民政府在上述规定的税率幅度内提出，报同级人民代表大会常务委员会决定，并报全国人民代表大会常务委员会和国务院备案。

省、自治区、直辖市可以依照规定的程序对不同主体、不同地区、不同类型的住房的权属转移确定差别税率。

二、契税应纳税额的计算

（一）契税的计税依据

1. 计税依据的一般规定

契税的计税依据按照转移土地、房屋权属的不同情况确定如下：

（1）土地使用权出让、出售，房屋买卖，为土地、房屋权属转移合同确定的成交价格，包括应交付的货币以及实物、其他经济利益对应的价款；

（2）土地使用权互换、房屋互换，为所互换的土地使用权、房屋价格的差额；

（3）土地使用权赠与、房屋赠与以及其他没有价格的转移土地、房屋权属行为，为税务机关参照土地使用权出售、房屋买卖的市场价格依法核定的价格。

纳税人申报的成交价格、互换价格差额明显偏低且无正当理由的，由税务机关依照《中华人民共和国税收征收管理法》的规定核定。

【提示】税务机关依法核定计税价格，应参照市场价格，采用房地产价格评估等方法合理确定。

2. 计税依据的具体规定

（1）以划拨方式取得的土地使用权，经批准改为出让方式重新取得该土地使用权的，应由该土地使用权人以补缴的土地出让价款为计税依据缴纳契税。

（2）先以划拨方式取得土地使用权，后经批准转让房地产，划拨土地性质改为出让的，承受方应分别以补缴的土地出让价款和房地产权属转移合同确定的成交价格为计税依据缴纳契税。

（3）先以划拨方式取得土地使用权，后经批准转让房地产，划拨土地性质未发生改变的，承受方应以房地产权属转移合同确定的成交价格为计税依据缴纳契税。

（4）土地使用权及所附建筑物、构筑物等（包括在建的房屋、其他建筑物、构筑物和其他附着物）转让的，计税依据为承受方应交付的总价款。

（5）土地使用权出让的，计税依据包括土地出让金、土地补偿费、安置补助费、地上附着物和青苗补偿费、征收补偿费、城市基础设施配套费、实物配建房屋等应交付的货币以及实物、其他经济利益对应的价款。

（6）房屋附属设施（包括停车位、机动车库、非机动车库、顶层阁楼、储藏室及其他房屋附属设施）与房屋为同一不动产单元的，计税依据为承受方应交付的总价款，并适用与房屋相同的税率；房屋附属设施与房屋为不同不动产单元的，计税依据为转移合同确定的成交价格，并按当地确定的适用税率计税。

（7）承受已装修房屋的，应将包括装修费用在内的费用计入承受方应交付的总价款。

（8）土地使用权互换、房屋互换，互换价格相等的，互换双方计税依据为零；互换价格不相等的，以其差额为计税依据，由支付差额的一方缴纳契税。

（9）契税的计税依据不包括增值税。

【提示】土地使用权互换、房屋互换，契税计税依据为不含增值税价格的差额；税务机关核定的契税计税价格为不含增值税价格。

（二）契税应纳税额的计算

契税应纳税额的计算公式如下：

$$应纳税额 = 计税依据 \times 税率$$

应纳税额以人民币计算。转移土地、房屋权属以外汇结算的，应当按照纳税义务发生之日的中国人民银行公布的人民币市场汇率中间价折合成人民币计算。

【做中学6-3】2023年3月5日，AB集团公司通过招拍挂方式取得城郊的25 000平方米土地使用权，竞拍成交价为6 800万元，公司将该地用于建造办公楼，已与市建筑一公司签订建筑工程承包合同，预计工程成本为4 500万元。当地规定的契税税率是4%。

AB集团公司应纳契税税额计算如下：

应纳契税税额 = 68 000 000 × 4% = 2 720 000（元）

其账务处理为：

借：无形资产	70 720 000	
贷：银行存款		68 000 000
应交税费——应交契税		2 720 000

三、契税减免税与征收管理

（一）契税的减免税

1.有下列情形之一的，免征契税：

（1）国家机关、事业单位、社会团体、军事单位承受土地、房屋权属用于办公、教学、医疗、科研、军事设施；

（2）非营利性的学校、医疗机构、社会福利机构承受土地、房屋权属用于办公、教学、医疗、科研、养老、救助；

（3）承受荒山、荒地、荒滩土地使用权用于农、林、牧、渔业生产；

（4）婚姻关系存续期间夫妻之间变更土地、房屋权属；

（5）法定继承人通过继承承受土地、房屋权属；

（6）依照法律规定应当予以免税的外国驻华使馆、领事馆和国际组织驻华代表机构承受土地、房屋权属。

根据国民经济和社会发展的需要，国务院对居民住房需求保障、企业改制重组、灾后重建等情形可以规定免征或者减征契税，报全国人民代表大会常务委员会备案。

2.省、自治区、直辖市可以决定对下列情形免征或者减征契税：

（1）因土地、房屋被县级以上人民政府征收、征用，重新承受土地、房屋权属；

（2）因不可抗力灭失住房，重新承受住房权属。

上述规定的免征或者减征契税的具体办法，由省、自治区、直辖市人民政府提出，报同级人民代表大会常务委员会决定，并报全国人民代表大会常务委员会和国务院备案。

3.其他减免规定

（1）自2010年1月1日起，对于城市和国有工矿棚户区改造安置住房（以下简称“改造安置住房”），给予税收扶持政策，包括：对经营管理单位回购已分配的改造安置住房继续作为改造安置房源的，免征契税；个人首次购买90平方米及以下改造安置住房的，可按1%的税率计征契税；购买超过90平方米但符合普通住房标准的改造安置住房的，按法定税率减半计征契税；个人因房屋被征收而取得货币补偿并用于购买改造安置住房，或因房屋被征收而进行房屋产权调换并取得改造安置住房，按有关规定减免契税。

（2）自2016年2月22日起，对个人购买家庭唯一住房（家庭成员包括购房人、配偶以及未成年子女，下同），面积为90平方米及以下的，减按1%的税率征收契税；面积为90平方米以上的，减按1.5%的税率征收契税。对个人购买家庭第二套改善性住房，面积为90平方米及以下的，减按1%的税率征收契税；面积为90平方米以上的，减按2%的税率征收契税。

【提示】北京市、上海市、广州市、深圳市不实施第二套改善性住房契税优惠。

（3）自2017年1月1日起，为支持农村集体产权制度改革，有关契税优惠如下：对进行股份合作制改革后的农村集体经济组织承受原集体经济组织的土地、房屋权属，免征契税；对农村集体经济组织以及代行集体经济组织职能的村民委员会、村民小组进行清产核资收回集体资产而承受土地、房屋权属，免征契税；对农村集体土地所有权、宅基地和集体建设用地使用权及地上房屋确权登记，不征收契税。

（4）2018年1月1日至2025年12月31日，对易地扶贫搬迁贫困人口按规定取得的安置住房，免征契税；对易地扶贫搬迁项目实施主体取得的用于建设住房的土地，免征契税；在商品住房等开发项目中配套建设易地扶贫搬迁安置住房的，按安置住房建筑面积占总建筑面积的比例，计算应予以免征的安置住房用地相关的契税；对项目实施主体购买商品住房或者回购保障性住房作为安置住房房源的，免征契税。

（5）2019年1月1日至2023年12月31日，对公租房经营管理单位购买住房作为公租房的，免征契税。

（6）2019年1月1日至2023年12月31日，对农村饮水工程运营管理单位为建设饮水工程而承受土地使用权的，免征契税。

（7）2019年6月1日至2025年12月31日，承受房屋、土地用于提供社区养老、托育、家政服务的，免征契税。

（8）自2021年1月1日至2023年12月31日，企业、事业单位改制重组涉及的契税，适用以下优惠政策：

①企业改制。原企业投资主体存续并在改制（变更）后的公司中所持股权（股份）比例超过75%，且改制（变更）后公司承继原企业权利、义务的，对改制（变更）后公司承受原企业土地、房屋权属，免征契税。

②事业单位改制。事业单位按照国家有关规定改制为企业，原投资主体存续并在改制后企业中出资（股权、股份）比例超过50%的，对改制后企业承受原事业单位土地、房屋权属，免征契税。

③公司合并。两个或两个以上的公司，依照法律规定、合同约定，合并为一个公司，且原投资主体存续的，对合并后公司承受原合并各方土地、房屋权属，免征契税。

④公司分立。公司依照法律规定、合同约定分立为两个或两个以上与原公司投资主体相同的公司，对分立后公司承受原公司土地、房屋权属，免征契税。

⑤企业破产。企业依照有关法律法规的规定实施破产，债权人（包括破产企业职工）承受破产企业抵偿债务的土地、房屋权属，免征契税；对非债权人承受破产企业土地、房屋权属，凡按照《中华人民共和国劳动法》等国家有关法律法规政策妥善安置原企业全部职工的规定，与原企业全部职工签订服务年限不少于3年的劳动用工合同的，对其承受所购企业土地、房屋权属，免征契税；与原企业超过30%的职工签订服务年限不少于3年的劳动用工合同的，减半征收契税。

⑥资产划转。对承受县级以上人民政府或国有资产管理部门按规定进行行政性调整、划转国有土地、房屋权属的单位，免征契税；同一投资主体内部所属企业之间土地、房屋权属的划转，包括母公司与其全资子公司之间，同一公司所属全资子公司之间，同一自然人与其设立的个人独资企业、一人有限公司之间土地、房屋权属的划转，免征契税；母公司以土地、房屋权属向其全资子公司增资，视同划转，免征契税。

⑦债权转股权。经国务院批准实施债权转股权的企业，对债权转股权后新设立的公司承受原企业的土地、房屋权属的，免征契税。

⑧划拨用地出让或作价出资。以出让方式或国家作价出资（入股）方式承受原改制重组企业、事业单位划拨用地的，不属上述规定的免税范围，对承受方应按规定征收契税。

⑨公司股权（股份）转让。在股权（股份）转让中，单位、个人承受公司股权（股

份），公司土地、房屋权属不发生转移，不征收契税。

（9）对金融租赁公司开展售后回租业务，承受承租人房屋、土地权属的，照章征税。对售后回租合同期满，承租人回购原房屋、土地权属的，免征契税。

（10）个体工商户的经营者将其个人名下的房屋、土地权属转移至个体工商户名下的，或者个体工商户将其名下的房屋、土地权属转回原经营者个人名下的，免征契税。

（11）夫妻因离婚分割共同财产发生土地、房屋权属变更的，免征契税。

（12）城镇职工按规定第一次购买公有住房的，免征契税；公有制单位为解决职工住房而采取集资建房方式建成的普通住房或由单位购买的普通商品住房，经县级以上地方人民政府房改部门批准、按照国家房改政策出售给本单位职工的，如属职工首次购买住房，比照公有住房免征契税；已购公有住房经补缴土地出让价款成为完全产权住房的，免征契税。

（13）外国银行分行按照《中华人民共和国外资银行管理条例》等相关规定改制为外商独资银行（或其分行），改制后的外商独资银行（或其分行）承受原外国银行分行的房屋权属的，免征契税。

（14）对廉租住房经营管理单位购买住房作为廉租住房、经济适用住房经营管理单位回购经济适用住房继续作为经济适用住房房源的，免征契税。对个人购买经济适用住房，在法定税率基础上减半征收契税。

（15）对被撤销金融机构在清算过程中催收债权时，接收债务方土地使用权、房屋所有权所发生的权属转移免征契税。

（二）契税的征收管理

1.纳税期限

（1）契税的纳税义务发生时间

契税的纳税义务发生时间为纳税人签订土地、房屋权属转移合同的当日，或者纳税人取得其他具有土地房屋权属转移合同性质凭证的当日。

【提示】具有土地、房屋权属转移合同性质的凭证包括契约、协议、合约、单据、确认书以及其他凭证。

①因人民法院、仲裁委员会的生效法律文书或者监察机关出具的监察文书等发生土地、房屋权属转移的，纳税义务发生时间为法律文书等生效当日。

②因改变土地、房屋用途等情形应当缴纳已经减征、免征契税的，纳税义务发生时间为改变有关土地、房屋用途等情形的当日。

③因改变土地性质、容积率等土地使用条件需补缴土地出让价款，应当缴纳契税的，纳税义务发生时间为改变土地使用条件当日。

（2）报缴期限

纳税人应当在依法办理土地、房屋权属登记手续前申报缴纳契税。按规定不再需要办理土地、房屋权属登记的，纳税人应自纳税义务发生之日起90日内申报缴纳契税。

【提示】契税纳税申报、缴纳税款两个环节合并为申报缴纳一个环节。

2.纳税地点

纳税人应当向土地、房屋所在地的契税征收机关办理纳税申报，并在征收机关核定的期限内缴纳税款。

纳税人办理纳税事宜后，税务机关应当开具契税完税凭证。纳税人办理土地、房屋权属登记，不动产登记机构应当查验契税完税、减免税凭证或者有关信息。未按照规定缴纳契税的，不动产登记机构不予办理土地、房屋权属登记。

3.补缴与退还

纳税人改变有关土地、房屋的用途，或者有其他不再属于规定的免征、减征契税情形的，应当缴纳已经免征、减征的税款。

在依法办理土地、房屋权属登记前，权属转移合同、权属转移合同性质凭证不生效、无效、被撤销或者被解除的，纳税人可以向税务机关申请退还已缴纳的税款，税务机关应当依法办理。

纳税人缴纳契税后发生下列情形，可依照有关法律法规申请退税：

(1) 因人民法院判决或者仲裁委员会裁决导致土地、房屋权属转移行为无效、被撤销或者被解除，且土地、房屋权属变更至原权利人的；

(2) 在出让土地使用权交付时，因容积率调整或实际交付面积小于合同约定面积需退还土地出让价款的；

(3) 在新建商品房交付时，因实际交付面积小于合同约定面积需返还房价款的。

微课

契税税源明细表填列说明

(三) 契税的纳税申报

纳税人申报缴纳契税时，应先填报《契税税源明细表》，依据《契税税源明细表》采集的相关信息，自动生成《财产和行为税纳税申报表》。

有减免契税的，须填报《财产和行为税减免税明细申报附表》。

《契税税源明细表》见表6-3。

表6-3 契税税源明细表

纳税人识别号（统一社会信用代码）：□□□□□□□□□□□□□□□□□□□□□□□

纳税人名称： 金额单位：人民币元（列至角分）；面积单位：平方米

*税源编号	（系统自动带出）	*土地房屋坐落地址		不动产单元号（或房屋编号）	
合同编号		*合同签订日期		*共有方式	□单独所有 □共同共有 （共有人：____） □按份共有
*权属转移对象		*权属转移方式		*用途	
*成交价格		*权属转移面积		*成交单价	（系统自动带出）
*评估价格 □含税□不含税	（系统自动带出）		*计税价格	（系统自动带出）	
*适用税率	（系统自动带出）		减免性质代码和项目名称		

任务三　房产税纳税实务

房产税，是指对在我国境内拥有房屋产权的单位和个人，依据房屋计税余值或租金收入征收的一种财产税。通过征收房产税，可以为地方政府组织财政收入，也可以调节财富的分配。

目前，我国执行的房产税的基本法律规范是1986年9月15日由国务院发布、从1986年10月1日起开始实施的《中华人民共和国房产税暂行条例》。2011年1月8日，根据国务院令第588号对其进行修订。

一、房产税的基本要素

（一）房产税的征税对象及征税范围

1.房产税的征税对象

房产税的征税对象是房产。房产，是以房屋形态呈现的财产，是指有屋面和围护结构（有墙或两边有柱），能遮风避雨，可供人们在其中生产、工作、学习、娱乐、居住或储藏物资的场所。

2.房产税的征税范围

房产税的征税范围是位于城市、县城、建制镇和工矿区的房屋。其中：城市，是指经国务院批准建立的市，包括市区和郊区；县城，是指未设立建制镇的县人民政府所在地；建制镇，是指省人民政府批准设立的建制镇，征税范围为镇人民政府所在地，不包括所辖的行政村；工矿区，是指工商业比较发达，人口比较集中，符合国务院的建制镇标准，但尚未设立镇建制的大中型工矿企业所在地。开征房产税的工矿区须经省、自治区、直辖市人民政府批准。

（二）房产税的纳税人

房产税以房屋产权的所有人为纳税人。其具体规定如下：

1.产权属于国家所有的，由经营管理单位缴纳房产税；

2.产权属于集体和个人所有的，由集体单位和个人缴纳房产税；

3.产权出典的，由承典人缴纳房产税；

4.产权所有人、承典人不在房产所在地，或者产权未确定及租典纠纷未解决的，由房产代管人或者使用人缴纳房产税；

5.纳税单位和个人无租使用房产管理部门、免税单位及纳税单位的房产的，应由使用人代为缴纳房产税。

（三）房产税的税率

1.基本税率

房产税采用比例税率，具体标准为：依据房产计税余值征税的，税率为1.2%；依据房产租金收入征税的，税率为12%。

2. 优惠税率

（1）自2008年3月1日起，对个人出租住房，不区分用途，按4%的税率征收房产税。

（2）自2021年10月1日起，对企事业单位、社会团体以及其他组织向个人、专业化规模化住房租赁企业出租住房的，减按4%的税率征收房产税；企事业单位、社会团体以及其他组织向个人、专业化规模化住房租赁企业出租保障性租赁住房，减按4%的税率征收房产税。

所称保障性租赁住房，是指利用非居住存量土地和非居住存量房屋（含商业办公用房、工业厂房改造后出租用于居住的房屋）建设的保障性租赁住房。

二、房产税应纳税额的计算

（一）房产税的计税依据

房产税的计税依据为房产的计税余值和租金收入。

1. 经营自用的房产

经营自用的房产，以房产的计税余值为计税依据。房产的计税余值，是指以房产原值一次减除10%～30%后的余值，具体减除幅度由各省、自治区、直辖市人民政府确定。

自2009年1月1日起，对依照房产原值计税的房产，不论是否记载在会计账簿固定资产科目中，均应按照房产原值计算缴纳房产税。房产原值应包括与房屋不可分割的各种附属设备或者一般不单独计算价值的配套设施的价值，主要有：暖气、卫生、通风、照明、煤气等设备；各种管线，如蒸汽、压缩空气、石油、给水排水等管道以及电力、电信、电缆等导线；电梯、升降机、过道、晒台等。

纳税人对原有房屋进行改建、扩建的，要相应增加房屋的原值。

对按照房产余值计税的房产，无论在会计上如何核算，房产原值均应包含地价，包括为取得土地使用权支付的价款、开发土地发生的成本费用等。宗地容积率低于0.5的，按房产建筑面积的2倍计算土地面积并据此确定计入房产原值的地价。

【提示】在【做中学6-3】中，纳税人购置的土地使用权虽然在“无形资产”科目中核算，其支出额仍应作为房产原值的一部分计征房产税。

【小知识】宗地容积率指项目用地范围内总建筑面积占总用地面积的比值。将地价计入房产原值后，部分单位如仓储、物流企业等由于生产经营的特殊性，即占地面积大、房产面积小，可能税负增加较多。国家对这类“大地小房”的情况给予了一定照顾：宗地容积率低于0.5的，按房产建筑面积的2倍计算土地面积并据此确定计入房产原值的地价。

2. 出租的房产

出租的房产，以房产的租金收入为计税依据。

租金包括货币收入和实物收入，但不包括增值税。对以劳务或其他形式作为报酬抵付房租的，应根据当地房地产的租金水平，确定一个标准租金额予以计征。

【思考】个人出租住房，涉及哪些应税税种？税率各是多少？

3. 无租使用其他单位房产

对无租使用其他单位房产的应税单位和个人，以房产余值为计税依据计征房产税。

4. 产权出典的房产

产权出典的房产，由承典人以房产余值为计税依据计征房产税。

5. 融资租赁的房产

融资租赁的房产，依照房产余值计征房产税。

6. 以房产投资、联营，投资者参与投资分红的房产

纳税人以房产投资、联营，投资者参与投资分红、共担经营风险的，以房产余值为计税依据计征房产税；对以房产投资、不承担联营风险、只收取固定收入的，实际是以联营名义取得房产租金，应由出租方以租金收入为计税依据计征房产税。

7. 居民住宅区内业主共有的经营性房产

对居民住宅区内业主共有的经营性房产，由实际经营（包括自营和出租）的代管人或使用人缴纳房产税。其中：自营的，依照房产原值减除10%～30%后的余值计征；没有房产原值或不能将业主共有房产与其他房产的原值准确划分的，由房产所在地税务机关参照同类房产核定房产原值；出租的，依照租金收入计征。

（二）房产税应纳税额的计算

1. 经营自用或出租地上建筑物房产税应纳税额的计算

经营自用或出租地上建筑物房产税应纳税额的计算公式如下：

应纳税额 = 房产计税余值（或租金收入）× 适用税率

房产计税余值 = 房产原值 ×（1 − 原值减除比例）

按房产计税余值计算的房产税，为纳税人1年内应纳房产税税额。

2. 经营自用地下建筑物房产税应纳税额的计算

经营自用地下建筑物房产税应纳税额的计算公式如下：

（1）工业用途房产，以房屋原价的50%～60%作为应税房产原值。

应纳税额 = 应税房产原值 ×（1 − 原值减除比例）× 1.2%

（2）商业和其他用途房产，以房屋原价的70%～80%作为应税房产原值。

应纳税额 = 应税房产原值 ×（1 − 原值减除比例）× 1.2%

房屋原价折算为应税房产原值的具体比例，由各省、自治区、直辖市和计划单列市财政和税务部门在上述幅度内自行确定。

3. 出租地下建筑房产税应纳税额的计算

出租地下建筑的应纳税额，按照出租地上建筑的有关规定计算征收房产税。

【思考】租赁双方签订的租赁合同约定免收租金期限的，免收租金期间房产税如何计税？

【做中学6-4】AB集团公司2023年年初拥有房产原值共6 500万元，其中800万元的房产部分从2023年2月1日起开始大修，大修期间为2月1日至9月30日，经税务机关审核允许其在大修期间免征房产税；2 000万元的房产部分于2023年6月30日起出租给商贸企业，2023年取得租金50万元（不含税）。新建的办公楼于2023年6月28日办理验收手续，账面价值为11 300万元。当地规定的房产税原值减除比例为10%。

AB集团公司应纳房产税税额计算如下：

1月份至6月份应纳税额 = 6 500 ×（1 − 10%）× 1.2%÷12 × 6 = 35.1（万元）

1月份至6月份应减免税额 = 800 ×（1 − 10%）× 1.2% × 5÷12 = 3.6（万元）

7月份至9月份应纳税额合计 =（6 500 − 800 − 2 000 + 11 300）×（1 − 10%）× 1.2% × 3÷12

= 40.5（万元）

10月份至12月份应纳税额合计 =（6 500 − 2 000 + 11 300）×（1 − 10%）× 1.2% × 3÷12

= 42.66（万元）

出租房产应纳税额 = 50 × 12% = 6（万元）

全年应纳房产税税额 = 35.1 − 3.6 + 40.5 + 42.66 + 6 = 120.66（万元）

三、房产税减免税与征收管理

（一）房产税的减免

1. 法定减免

（1）国家机关、人民团体、军队自用的房产，免征房产税。

（2）由国家财政部门拨付事业经费的单位自用的房产，免征房产税。

（3）宗教寺庙、公园、名胜古迹自用的房产，免征房产税。

（4）个人拥有的非营业用房产，免征房产税。

【小知识】为积极稳妥推进房地产税立法与改革，引导住房合理消费和土地资源节约集约利用，促进房地产市场平稳健康发展，第十三届全国人民代表大会常务委员会第三十一次会议决定，授权国务院在部分地区开展房地产税改革试点工作，对试点地区个人拥有的非营业用房产开始征收房产税。

（5）经财政部批准减免税的其他房产。

纳税人纳税确有困难的，可由省、自治区、直辖市人民政府确定，定期减征或者免征房产税。

2. 其他减免

（1）自2019年1月1日至2023年供暖期结束，对向居民供热而收取采暖费的供热企业，为居民供热所使用的厂房，免征房产税；对供热企业其他厂房，应当按规定征收房产税。

对专业供热企业，按其向居民供热取得的采暖费收入占全部采暖费收入的比例，计算免征的房产税。

对兼营供热的企业，视其供热所使用的厂房与其他生产经营活动所使用的厂房是否可以区分，按照不同方法，计算免征的房产税。可以区分的，对其供热所使用的厂房，按向居民供热取得的采暖费收入占全部采暖费收入的比例计算减免税；难以区分的，对其全部的厂房，按向居民供热取得的采暖费收入占其营业收入的比例计算减免税。

对自供热单位，按向居民供热建筑面积占总供热建筑面积的比例，计算免征供热所使用的厂房的房产税。

（2）对国家拨付事业经费和企业办的各类学校、医院、幼儿园、托儿所自用的房产，免征房产税。

（3）国家机关、军队、人民团体、财政补助事业单位、居民委员会、村民委员会拥有的体育场馆，以及用于体育活动的房产，免征房产税。

经费自理的事业单位、体育社会团体、体育基金会、体育类民办非企业单位拥有并运营管理的体育场馆，同时符合法定条件的，其用于体育活动的房产，免征房产税。

企业拥有并运营管理的大型体育场馆，其用于体育活动的房产，减半征收房产税。

（4）自2019年1月1日至2023年12月31日，对专门经营农产品的农产品批发市场、农贸市场使用的房产，暂免征收房产税。对同时经营其他产品的农产品批发市场、农贸市场使用的房产，按其他产品与农产品交易场地面积的比例确定免征的房产税。

（5）自2019年1月1日至2023年12月31日，对国家级、省级科技企业孵化器、大学科技园和国家备案众创空间自用以及无偿或通过出租等方式提供给在孵对象使用的房产，免征房产税。

（6）自2019年1月1日至2023年12月31日，对高校学生公寓免征房产税。

（7）自2019年1月1日至2023年12月31日，由财政部门拨付事业经费的文化单位转制为企业，自转制注册之日起5年内对其自用房产免征房产税。2018年12月31日之前已完成转制的企业，自2019年1月1日起对其自用房产可继续免征5年房产税。

（8）自2019年1月1日至2023年12月31日，对公租房免征房产税。

（9）2019年1月1日至2023年12月31日，对农村饮水工程运营管理单位自用的生产、办公用房产，免征房产税。对于既向城镇居民供水，又向农村居民供水的饮水工程运营管理单位，依据向农村居民供水量占总供水量的比例免征房产税。无法提供具体比例或所提供数据不实的，不得享受上述税收优惠政策。

（10）自2019年6月1日至2025年12月31日，为社区提供养老、托育、家政等服务的机构自有或其通过承租、无偿使用等方式取得并用于提供社区养老、托育、家政服务的房产，免征房产税。

（11）自2022年1月1日至2023年12月31日，对商品储备管理公司及其直属库自用的承担商品储备业务的房产，免征房产税。

（12）自2018年1月1日起至2023年12月31日止，对纳税人及其全资子公司从事大型民用客机发动机、中大功率民用涡轴涡桨发动机研制项目自用的科研、生产、办公房产，免征房产税。

自2019年1月1日起至2023年12月31日止，对纳税人及其全资子公司从事大型客机研制项目自用的科研、生产、办公房产，免征房产税。

（13）自2018年10月1日至2023年12月31日，对按照去产能和调结构政策要求停产停业、关闭的企业，自停产停业次月起，免征房产税。企业享受免税政策的期限累计不得超过2年。

（14）自2022年1月1日至2024年12月31日，由省、自治区、直辖市人民政府根据本地区实际情况，以及宏观调控需要确定，对增值税小规模纳税人、小型微利企业和个体工商户可以在50%的税额幅度内减征房产税。

（二）房产税征收管理

1.纳税期限

（1）纳税义务发生时间

①将原有房产用于生产经营的，从生产经营之月起，计征房产税。

②自建的房屋用于生产经营的，自建成之日的次月起，计征房产税。

③委托施工企业建设的房屋，从办理验收手续之日的次月起纳税。对纳税人在办理验收手续前已使用或出租、出借的新建房屋，应从使用或出租、出借的当月起按规定计征房产税。

④购置新建商品房的，自房屋交付使用的次月起，计征房产税。

⑤购置存量房，自办理房屋权属转移、变更登记手续，房地产权属登记机关签发房屋权属证书的次月起，计征房产税。

⑥出租、出借房产，自交付出租、出借房产的次月起，计征房产税。

⑦房地产开发企业自用、出租、出借本企业建造的商品房，自房屋使用或交付的次月起，计征房产税。

⑧融资租赁的房产，由承租人自融资租赁合同约定开始日的次月起，依照房产余值缴纳房产税。合同未约定开始日的，由承租人自合同签订的次月起，依照房产余值缴纳房产税。

【思考】房地产开发企业建造的商品房缴纳房产税吗?

（2）报缴期限

房产税按年征收，分期缴纳。分期缴纳期限由省、自治区、直辖市人民政府规定。

2.纳税地点

房产税在房产所在地缴纳，房产不在同一地方的纳税人，应按房产的坐落地点分别向房产所在地的税务机关缴纳。

（三）房产税纳税申报

纳税人申报缴纳房产税时，应先填报《城镇土地使用税房产税税源明细表》，依据上述税源明细表采集的相关信息，自动生成《财产和行为税纳税申报表》。

有减免房产税的，须填报《财产和行为税减免税明细申报附表》。

《财产和行为税纳税申报表》中的房产税内容见表6-5。

任务四　城镇土地使用税纳税实务

城镇土地使用税，是指对在我国境内拥有土地使用权的单位和个人，依据实际占用土地面积定额征收的一种税。通过征收城镇土地使用税可以为地方政府组织财政收入，也可以调节土地级差收益，鼓励平等竞争。

目前，我国执行的城镇土地使用税的基本法律规范是1988年9月27日由国务院发布、于2013年12月7日第三次修订的《中华人民共和国城镇土地使用税暂行条例》。

一、城镇土地使用税的基本要素

（一）城镇土地使用税的征税范围

城镇土地使用税的征税范围为城市、县城、建制镇和工矿区内的土地。

城市，是指经国务院批准设立的市。城市的征税范围包括市区和郊区。

县城，是指县人民政府所在地。县城的征税范围为县人民政府所在地的城镇。

建制镇，是指经省、自治区、直辖市人民政府批准设立的建制镇。建制镇的征税范围为镇人民政府所在地。

工矿区，是指工商业比较发达，人口比较集中，符合国务院规定的建制镇标准，但尚未设立建制镇的大中型工矿企业所在地。工矿区的设立须经省、自治区、直辖市人民政府批准。

城市、县城、建制镇和工矿区的具体征税范围由各省、自治区、直辖市人民政府确定。

建立在城市、县城、建制镇和工矿区以外的工矿企业，不需要缴纳城镇土地使用税。

（二）城镇土地使用税的纳税人

凡在城市、县城、建制镇、工矿区范围内使用土地的单位和个人，都是城镇土地使用税的纳税义务人。

单位，是指国有企业、事业单位、社会团体、国家机关、军队以及其他组织；个人，是指个体工商户以及其他个人。

城镇土地使用税由拥有土地使用权的单位和个人缴纳，拥有土地使用权的纳税人不在土地所在地的，由代管人或实际使用人缴纳；土地使用权未确定或权属有纠纷未解决的，由实际使用人缴纳；土地使用权共有的，由共有各方按其实际使用土地面积占总面积的比例分别计算纳税。

在城镇土地使用税征税范围内实际使用应税集体所有建设用地，但未办理土地使用权流转手续的，由实际使用集体土地的单位和个人按规定缴纳城镇土地使用税。在城镇土地使用税征税范围内，承租集体所有建设用地的，由直接从集体经济组织承租土地的单位和个人，缴纳城镇土地使用税。

（三）城镇土地使用税的适用税额

城镇土地使用税实行分级幅度定额税额，具体见表6-4。

表6-4　城镇土地使用税分级幅度定额税额

级别	人口（人）	每平方米税额（元）
大城市	50万以上	1.5 ~ 30
中等城市	20万 ~ 50万	1.2 ~ 24
小城市	20万以下	0.9 ~ 18
县城、建制镇、工矿区		0.6 ~ 12

各省、自治区、直辖市人民政府可根据当地的市政建设状况和经济繁荣程度，将土地划分为若干等级，在上述税额幅度内确定实际的适用税额。市、县人民政府应当根据实际情况，将本地区土地划分为若干等级，在省、自治区、直辖市人民政府确定的税额幅度内，制定相应的适用税额标准，报省、自治区、直辖市人民政府批准后执行。经省、自治区、直辖市人民政府批准，经济落后地区的城镇土地使用税的适用税额标准可以适当降低，但降低额不得超过税法规定的最低税额的30%。经济发达地区城镇土地使用税的适用税额标准可以适当提高，但须报经财政部批准。

二、城镇土地使用税应纳税额的计算

（一）城镇土地使用税的计税依据

城镇土地使用税以纳税人实际占用的土地面积为计税依据。纳税人实际占用的土地面积按下列办法确定：

1. 由省、自治区、直辖市人民政府确定的单位组织测定土地面积的，以实际测定的土地面积为准；

2. 尚未组织测量，但纳税人持有政府部门核发的土地使用证书的，以证书确认的土地面积为准；

3. 尚未核发土地使用证书的，应由纳税人申报土地面积，并据以纳税，待核发土地使用证以后再作调整。

从2009年12月1日起，对在城镇土地使用税征税范围内单独建造的地下建筑用地，按规定征收城镇土地使用税。其中：已取得地下土地使用权证的，按土地使用权证确认的土地面积计算应征税款；未取得地下土地使用权证或地下土地使用权证上未标明土地面积的，按地下建筑垂直投影面积计算应征税款。对上述地下建筑用地，暂按应征税款的50%征收城镇土地使用税。

（二）城镇土地使用税的计算

城镇土地使用税的应纳税额依据纳税人实际占用的土地面积和适用税额计算。其计算公式为：

应纳税额 = 实际占用的土地面积（平方米）× 适用税额

【做中学6-5】AB集团公司实际使用土地情况为：2023年年初，拥有市区二等应税土地，面积23 000平方米；2023年2月，在市郊四等地区征用耕地25 000平方米。该市二等土地适用年税额为每平方米25元，四等土地适用年税额为每平方米15元。

该公司应缴纳的城镇土地使用税计算如下：

纳税人新征用的耕地自批准征用之日起满1年开始缴纳城镇土地使用税。

全年应纳税额 = 23 000 × 25 = 575 000（元）

纳税人新增加的非耕地从增加的次月起缴纳城镇土地使用税。假定上述新征地为非耕地25 000平方米，则：

全年应纳税额 = 23 000 × 25 + 25 000 × 15 × 10÷12 = 887 500（元）

三、城镇土地使用税减免税与征收管理

（一）城镇土地使用税的减免税

1.法定减免

下列土地免缴土地使用税：

（1）国家机关、人民团体、军队自用的土地。

（2）由国家财政部门拨付事业经费的单位自用的土地。

（3）宗教寺庙、公园、名胜古迹自用的土地。

（4）市政街道、广场、绿化地带等公共用地。

【思考】纳税人生产经营场所内的绿化用地免税吗？

（5）直接用于农、林、牧、渔业的生产用地。

（6）经批准开山填海整治的土地和改造的废弃土地，从使用的月份起免征城镇土地使用税5至10年。

（7）由财政部另行规定免税的能源、交通、水利设施用地和其他用地。

纳税人缴纳土地使用税确有困难需要定期减免的，由省、自治区、直辖市税务机关审核后，报国家税务局批准。

2.其他减免

（1）自2019年1月1日至2023年供暖期结束，对向居民供热而收取采暖费的供热企业，为居民供热所使用的土地，免征城镇土地使用税；对供热企业其他土地，应按规定征收城镇土地使用税。

对专业供热企业，按其向居民供热取得的采暖费收入占全部采暖费收入的比例，计算免征的城镇土地使用税。对兼营供热企业，视其供热所使用的土地与其他生产经营活动所使用的土地是否可以区分，按照不同方法计算免征的城镇土地使用税:可以区分的，对其供热所使用土地，按向居民供热取得的采暖费收入占全部采暖费收入的比例，计算免征的城镇土地使用税。难以区分的，对其全部土地，按向居民供热取得的采暖费收入占其营业收入的比例，计算免征的城镇土地使用税。对自供热单位，按向居民供热建筑面积占总供热建筑面积的比例，计算免征供热所使用土地的城镇土地使用税。

（2）对国家拨付事业经费和企业办的各类学校、医院、幼儿园、托儿所自用的土地，免征城镇土地使用税。

（3）对免税单位无偿使用纳税单位的土地，免征城镇土地使用税。

（4）2019年1月1日至2023年12月31日对公租房建设期间用地及公租房建成后占地，免征城镇土地使用税。

（5）对个人出租住房，不区分用途的，免征城镇土地使用税。

（6）自2018年1月1日至2025年12月31日，对改造安置住房建设用地，免征城镇土地使用税；在商品住房等开发项目中配套建造安置住房的，依据政府部门出具的相关材料和拆迁安置补偿协议，按改造安置住房建筑面积占总建筑面积的比例，免征城镇土地使用税。

（7）2019年1月1日至2023年12月31日，对城市公交站场、道路客运站场、城市

轨道交通系统运营用地，免征城镇土地使用税。

（8）自2020年1月1日起至2022年12月31日止，对物流企业自有的（包括自用和出租）大宗商品仓储设施用地，减按所属土地等级适用税额标准的50%计征城镇土地使用税。

【注意】物流企业的办公、生活区用地以及其他非直接从事大宗商品仓储的用地及非物流企业的内部仓库，不属于上述优惠范围，应按规定征收城镇土地使用税。

（9）自2019年6月1日至2025年12月31日，为社区提供养老、托育、家政等服务的机构自有或其通过承租、无偿使用等方式取得并用于提供社区养老、托育、家政服务的土地，免征城镇土地使用税。

（10）2022年1月1日至2023年12月31日，对商品储备管理公司及其直属库自用的承担商品储备业务的土地，免征城镇土地使用税。

（11）自2019年1月1日至2023年12月31日，对农村饮水工程运营管理单位自用的生产、办公用土地，免征城镇土地使用税。对于既向城镇居民供水，又向农村居民供水的饮水工程运营管理单位，依据向农村居民供水量占总供水量的比例免征城镇土地使用税。无法提供具体比例或所提供数据不实的，不得享受上述税收优惠政策。

（12）对在一个纳税年度内月平均实际安置残疾人就业人数占单位在职职工总数的比例高于25%（含25%）且实际安置残疾人人数高于10人（含10人）的单位，可减征或免征该年度城镇土地使用税。具体减免税比例及管理办法由省、自治区、直辖市财税主管部门确定。

（13）自2019年1月1日至2023年12月31日，对国家级、省级科技企业孵化器、大学科技园、国家备案众创空间自用以及无偿或通过出租等方式提供给在孵对象使用的土地，免征城镇土地使用税。

（14）自2019年1月1日至2023年12月31日，对专门经营农产品的农产品批发市场、农贸市场使用的土地，暂免征收城镇土地使用税。对同时经营其他产品的农产品批发市场、农贸市场使用的土地，按其他产品与农产品交易场地面积的比例确定免征城镇土地使用税。

（15）自2018年10月1日至2023年12月31日，对按照去产能和调结构政策要求停产停业、关闭的企业，自停产停业次月起，免征城镇土地使用税。企业享受免税政策的期限累计不得超过2年。

（16）国家机关、军队、人民团体、财政补助事业单位、居民委员会、村民委员会拥有的体育场馆，用于体育活动的土地，免征城镇土地使用税。经费自理的事业单位、体育社会团体、体育基金会、体育类民办非企业单位拥有并运营管理的体育场馆，同时符合法定条件的，其用于体育活动的土地，免征城镇土地使用税。企业拥有并运营管理的大型体育场馆，其用于体育活动的土地，减半征收城镇土地使用税。

（17）自2022年1月1日至2024年12月31日，由省、自治区、直辖市人民政府根据本地区实际情况，以及宏观调控需要确定，对增值税小规模纳税人、小型微利企业和个体工商户可以在50%的税额幅度内减征城镇土地使用税。

（18）自2018年1月1日起至2023年12月31日止，对纳税人及其全资子公司从事大型民用客机发动机、中大功率民用涡轴涡桨发动机研制项目自用的科研、生产、办公土地，免征城镇土地使用税。

自2019年1月1日起至2023年12月31日止，对纳税人及其全资子公司从事大型客机研制项目自用的科研、生产、办公土地，免征城镇土地使用税。

（二）城镇土地使用税的征收管理

1.城镇土地使用税纳税期限

（1）纳税义务发生时间

①纳税人购置新建房，自房屋交付使用之次月起，缴纳城镇土地使用税。

②纳税人购置存量房，自办理房屋权属转移、变更登记手续，房地产权属登记机关签发房屋权属证书之次月起，缴纳城镇土地使用税。

③纳税人出租、出借房产，自交付出租、出借房产之次月起，缴纳城镇土地使用税。

④房地产开发企业自用、出租、出借本企业建造的商品房，自房屋使用或交付之次月起，缴纳城镇土地使用税。

⑤纳税人新征用的耕地，自批准征用之日起满1年时，开始缴纳城镇土地使用税。

⑥纳税人新征用的非耕地，自批准征用之次月起，缴纳城镇土地使用税。

【注意】纳税人通过招标、拍卖、挂牌方式取得的建设用地，不属于新征用的耕地，纳税人应从合同约定交付土地时间的次月起，缴纳城镇土地使用税；合同未约定交付土地时间的，从合同签订的次月起，缴纳城镇土地使用税。

⑦纳税人因土地的权利发生变化而依法终止城镇土地使用税纳税义务的，其应纳税款的计算应截止到土地权利发生变化的当月月末。

⑧以出让或转让方式有偿取得土地使用权的，应由受让方从合同约定交付土地时间的次月起，缴纳城镇土地使用税；合同未约定交付土地时间的，应由受让方从合同签订的次月起，缴纳城镇土地使用税。

（2）报缴期限

城镇土地使用税实行按年计算、分期缴纳的征收方法。缴纳期限由省、自治区、直辖市人民政府确定。

2.城镇土地使用税纳税地点

城镇土地使用税的纳税地点为土地所在地，由土地所在地的税务机关负责征收。纳税人使用的土地不属于同一省（自治区、直辖市）管辖范围内的，由纳税人分别向土地所在地的税务机关申报缴纳；在同一省（自治区、直辖市）管辖范围内的，纳税人跨地区使用的土地由各省、自治区、直辖市税务局确定纳税地点。

（三）城镇土地使用税的纳税申报

首次进行城镇土地使用税纳税申报的纳税人，需要申报其全部土地的相关信息，填制《城镇土地使用税　房产税税源明细表》。此后办理纳税申报时，如果纳税人的土地及相关信息未发生变化的，可仅对上次申报信息进行确认；发生变化的，仅就变化的内容进行填写。有条件的地区，税务机关可以通过系统将上期申报的信息推送给纳税人。税源数据基础较好或已获取第三方信息的地区，可直接将数据导入纳税申报系统并推送给纳税人进行确认。

有减免城镇土地使用税的，须填报《财产和行为税减免税明细申报附表》。

《财产和行为税纳税申报表》中的城镇土地使用税内容见表6-5。

表6-5 财产和行为税纳税申报表

纳税人识别号（统一社会信用代码）：□□□□□□□□□□□□□□□□□□

纳税人名称：AB集团公司　　　　金额单位：人民币元（列至角分）

序号	税种	税目	税款所属期起	税款所属期止	计税依据	税率或税额	应纳税额	减免税额	已缴税额	应补（退）税额
1	房产税	从价计征	2023年1月1日	2023年6月30日	5 850 000.00	1.2%	351 000.00	36 000.00	0	315 000.00
2	城镇土地使用税	城镇土地使用税等级2	2023年1月1日	2023年6月30日	23 000.00	25	575 000.00	0	0	575 000.00
3										
4										
5										
6										
7										
8										
9										
10										
11										
12	合计	—	—	—	—	—	926 000.00	36 000.00		890 000.00

声明：此表是根据国家税收法律法规及相关规定填写的，本人（单位）对填报内容（及附带资料）的真实性、可靠性、完整性负责。

纳税人（签章）：　　年　月　日

经办人： 经办人身份证号： 代理机构签章： 代理机构统一社会信用代码：	受理人： 受理税务机关（章）： 受理日期：年月日

注：根据【做中学6-4】【做中学6-5】相关数据生成。

任务五　车船税纳税实务

车船税，是指对在我国境内拥有或者管理车辆、船舶的单位和个人，就其车船的种类和规定的税额征收的一种财产税。通过征收车船税，可以为地方政府筹集财政资金，支持交通事业发展，也可以调节财富分配，体现社会公平。

我国目前执行的车船税的基本法律规范是第十一届全国人民代表大会常务委员会第十九次会议于2011年2月25日通过的《中华人民共和国车船税法》。

一、车船税的基本要素

（一）车船税的征税对象

车船税的征税对象是我国境内属于税法列举范围内的车辆和船舶。其中：车辆为机动车，包括乘用车（含电车）、商用客车、商用货车、挂车、其他车辆（包括专用作业车、轮式专用机械车）；船舶为机动船舶和游艇。车船税的征税对象包括依法应当在车船登记管理部门登记的机动车辆和船舶，以及依法不需要在车船登记管理部门登记的在单位内部场所行驶或作业的机动车辆和船舶。

境内单位和个人租入外国籍船舶的，不征收车船税。境内单位和个人将船舶出租到境外的，应依法征收车船税。

拖拉机以及纯电动、燃料电池乘用车，不属于车船税征收范围。

（二）车船税的纳税人

车船税的纳税人是在中华人民共和国境内拥有或者管理车辆、船舶的单位和个人。车船的拥有人或者管理人未缴纳车船税的，使用人应当代为缴纳车船税。在通常情况下，车船拥有人和使用人同属一人，纳税人既是车船的使用人，又是车船的拥有人。如果有租赁关系，拥有人与使用人不一致时，车辆拥有人未缴纳车船税的，使用人应代为缴纳车船税。

对于外商投资企业、外国企业、华侨和中国香港、中国澳门、中国台湾同胞投资兴办的企业，外籍人员和中国香港、中国澳门、中国台湾同胞属于车船税的纳税人。

（三）车船税的税率

车船税对车辆采用幅度定额税率，由各省、自治区、直辖市人民政府在规定的幅度内确定本地区的适用税额；对船舶则规定采用统一的分类分级定额税率。车船税税目、税额见表6-6。

车辆的具体适用税额由省、自治区、直辖市人民政府依照《中华人民共和国车船税法》规定的税额幅度和国务院的规定确定，并遵循以下原则：（1）乘用车依排气量从小到大递增税额；（2）客车按照核定载客人数20人以下和20人（含）以上两档划分，递增税额。

表6-6　　车船税税目、税额表

税目		计税单位	每年税额		备注
乘用车		每辆	1.0升（含）以下的	60元至360元	核定载客人数9人（含）以下
			1.0升以上至1.6升（含）	300元至540元	
			1.6升以上至2.0升（含）	360元至660元	
			2.0升以上至2.5升（含）	660至1 200元	
			2.5升以上至3.0升（含）	1 200元至2 400元	
			3.0升以上至4.0升（含）	2 400元至3 600元	
			4.0升以上的	3 600元至5 400元	
商用车	客车	每辆	480元至1 440元		核定载客人数9人以上，包括电车
	货车	整备质量每吨	16元至120元		包括半挂牵引车、三轮汽车和低速载货汽车等
挂车		整备质量每吨	按照货车税额的50%计算		
其他车辆	专用作业车	整备质量每吨	16元至120元		不包括拖拉机
	轮式专用机械车	整备质量每吨	16元至120元		
摩托车		每辆	36元至180元		
船舶	机动船舶	净吨位每吨	不超过200吨的	3元	拖船、非机动驳船分别按照机动船舶税额的50%计算
			超过200吨但不超过2 000吨的	4元	
			超过2 000吨但不超过10 000吨的	5元	
			超过10 000吨的	6元	
	游艇	艇身长度每米	不超过10米的	600元	
			超过10米但不超过18米的	900元	
			超过18米但不超过30米的	1 300元	
			超过30米的	2 000元	
			辅助动力帆艇	600元	

注：拖船按照发动机功率每1千瓦折合净吨位0.67吨计算。

二、车船税应纳税额的计算

（一）车船税的计税依据

1.车船税根据车船的种类等情况，按辆、整备质量、净吨位、艇身长度从量定额计征。

2.乘用车、商用客车、摩托车，以每辆为计税依据。

3.商用货车、挂车、其他车辆专用作业车、其他车辆轮式专用机械车，以整备质量每吨为计税依据。

4.机动船舶，以净吨位每吨为计税依据。

5.游艇，以艇身长度每米为计税依据。排气量、整备质量、核定载客人数、净吨位、艇身长度，以车船登记管理部门核发的车船登记证书或者行驶证所载数据为准。有尾数的，一律按照含尾数的计税单位据实计算车船税应纳税额。计算得出的应纳税额小数点后超过两位的，可四舍五入保留两位小数。依法不需要办理登记的车船和依法应当登记而未办理登记或者不能提供车船登记证书、行驶证的车船，以车船出厂合格证明或者进口凭证标注的技术参数、数据为准。不能提供车船出厂合格证明或者进口凭证的，由主管税务机关参照国家相关标准核定；没有国家相关标准的，参照同类车船核定。

（二）车船税应纳税额的计算

1.乘用车、商用客车和摩托车应纳税额的计算。

$$应纳税额 = 应税车辆数量 \times 单位税额$$

乘用车以车辆登记管理部门核发的机动车登记证书或者行驶证所载的排气量毫升数确定税额区间。

2.商用货车（包括客货两用车）、挂车、其他车辆（包括专用作业车和轮式专用机械车）应纳税额的计算。

$$应纳税额 = 整备质量吨数 \times 单位税额$$

3.机动船舶应纳税额的计算。

$$应纳税额 = 船舶净吨位数 \times 单位税额$$

4.拖船和非机动驳船应纳税额的计算。

$$应纳税额 = 净吨位数 \times 单位税额 \times 50\%$$

5.游艇应纳税额的计算。

$$应纳税额 = 艇身长度米数 \times 单位税额$$

【注意】按上述公式计算出的应纳税额为年应纳税额，购置的新车船购置当年的应纳税额自纳税义务发生的当月起按月计算。应纳税额为年应纳税额除以12再乘以应纳税月份数，其计算公式为：应纳税额 = 年应纳税额÷12 × 应纳税月份数。

【做中学6-6】AB集团公司2023年年初拥有15辆载货汽车，每辆整备质量12吨；4辆挂车，每辆整备质量15吨；2辆汽车起重机，每辆整备质量45吨；2辆客货两用车，每辆整备质量2吨；2辆大客车；并于7月25日购入3辆小轿车。该企业所在省规定载货汽车年纳税额每吨50元，专用作业车年纳税额每吨80元，大客车年纳税额每辆500

元，小轿车年纳税额每辆360元。

该企业2023年应缴纳的车船税计算如下：

$$\begin{aligned}应纳税额 &= 15 \times 12 \times 50 + 4 \times 15 \times 50 \times 50\% + 2 \times 45 \times 80 + 2 \times 2 \times 50 + 2 \times \\ &\quad 500 + 3 \times 360 \times 6 \div 12 \\ &= 19\,440（元）\end{aligned}$$

三、车船税减免税与征收管理

（一）车船税的减免税

1. 法定减免

下列车船免征车船税：

（1）捕捞、养殖渔船。

（2）军队、武装警察部队专用的车船。

（3）警用车船。

（4）悬挂应急救援专用号牌的国家综合性消防救援车辆和国家综合性消防救援专用船舶。

（5）依照法律规定应当予以免税的外国驻华使领馆、国际组织驻华代表机构及其有关人员的车船。

2. 特定减免

（1）对节约能源、使用新能源的车船可以减征或者免征车船税；对受严重自然灾害影响纳税困难以及有其他特殊原因确需减税、免税的，可以减征或者免征车船税。具体办法由国务院规定，并报全国人民代表大会常务委员会备案。

【提示】目前，对节能汽车减半征收车船税；对新能源车船免征车船税。

（2）省、自治区、直辖市人民政府根据当地实际情况，可以对公共交通车船，农村居民拥有并主要在农村地区使用的摩托车、三轮汽车和低速载货汽车，定期减征或者免征车船税。

3. 其他减免税优惠

（1）对临时入境的外国车船和中国香港特别行政区、中国澳门特别行政区、中国台湾地区的车船，不征收车船税。

（2）国家综合性消防救援车辆由部队号牌改挂应急救援专用号牌的，一次性免征改挂当年车船税。

（二）车船税的征收管理

1. 车船税纳税期限

（1）纳税义务发生时间

车船税纳税义务发生时间为取得车船所有权或者管理权的当月，以购买车船的发票或者其他证明文件所载日期的当月为准。

（2）报缴期限

车船税按年申报，分月计算，一次性缴纳，具体申报纳税期限由各省、自治区、直辖市人民政府确定。

2. 车船税纳税地点

车船税的纳税地点为车船的登记地或者车船税扣缴义务人所在地。依法不需要办理登记的车船，车船税的纳税地点为车船的所有人或者管理人所在地。

（三）车船税的纳税申报

1. 纳税申报资料

纳税人首次进行车船税纳税申报的，应报送《车船税税源明细表》，依据《车船税税源明细表》采集的相关信息选择自行申报或保险公司代收代缴申报，自动生成《财产和行为税纳税申报表》。

纳税人有减免车船税的，须填报《财产和行为税减免税明细申报附表》。

2. 代收代缴

（1）从事机动车第三者责任强制保险业务的保险机构为机动车车船税的扣缴义务人，应当在收取保险费时依法代收车船税，并出具代收税款凭证。

纳税人在购买“交强险”时，由扣缴义务人代收代缴车船税的，凭注明已收税款信息的“交强险”保险单，车辆登记地的主管税务机关不再征收该纳税年度的车船税。再次征收的，车辆登记地主管税务机关应予退还。

对于依法不需要购买“交强险”的车辆，纳税人应当向主管税务机关申报缴纳车船税。

（2）交通运输部直属海事管理机构（以下简称“海事管理机构”）登记的应税船舶，其车船税由船籍港所在地的税务机关委托当地海事管理机构代征。

海事管理机构受税务机关委托，在办理船舶登记手续或受理年度船舶登记信息报告时代征船舶车船税。海事管理机构依法履行受托代征税款职责时，纳税人不得拒绝。

3. 车船税退税

在一个纳税年度内，已完税的车船被盗抢、报废、灭失的，纳税人可以凭有关管理机关出具的证明和完税凭证，向纳税所在地的主管税务机关申请退还自被盗抢、报废、灭失月份起至该纳税年度终了期间的税款。

已办理退税的被盗抢车船失而复得的，纳税人应当从公安机关出具相关证明的当月起计算缴纳车船税。

已经缴纳车船税的车船，因质量原因，车船被退回生产企业或者经销商的，纳税人可以向纳税所在地的主管税务机关申请退还自退货月份起至该纳税年度终了期间的税款。退货月份以退货发票所载日期的当月为准。

在一个纳税年度内，已经缴纳车船税的车船变更所有权或管理权的，税务机关对原车船所有人或管理人不予办理退税手续，对现车船所有人或管理人也不再征收当年度的税款；未缴纳车船税的车船变更所有权或管理权的，由现车船所有人或管理人缴纳该纳税年度的车船税。

思政园地

车船税引导绿色消费

车船税对乘用车按排气量为计税依据划分了7档税额。汽车排气量大小与其价格正相关，按排气量征收车船税对于调节分配具有积极的促进作用。2016年，全国2.0升排量以下的中小排量乘用车计税车辆占全部计税乘用车的92%，其车船税收入却占全部乘用车车船税收入的69%；而2.0升排量以上的乘用车计税车辆仅占全部计税乘用车的8%，税收收入占比31%。国家税务总局财产和行为税司有关负责人认为，这些数据说明，公众选购车辆更青睐于中小排量汽车，中小排量汽车始终是主体车辆，大排量车仍占少数，这与车船税税额累进机制引导绿色消费的政策导向是一致的。车船税还给予新能源汽车税收减免，2012年至2016年全国共有478.5万辆节能汽车，减免车船税近10亿元。

新能源汽车免征车辆购置税政策最早从2014年9月开始执行，直接刺激了市场的快速增长。2017年、2020年，政府部门又先后发布了延续性政策，将新能源汽车免购置税期限延长至2022年年底。新能源汽车免购置税旨在支持新能源汽车产业发展，促进汽车消费。数据显示，2021年，我国新能源汽车销量达352.1万辆，同比增长1.6倍，占新车销售比例跃升至13.4%，同比增长8个百分点。新能源汽车保有量增至784万辆，占我国汽车总量的2.6%，占全球新能源汽车保有量的一半左右。

资料来源：曾金华．国家税务总局：车船税积极引导绿色消费［EB/OL］．［2017－07－24］．http：//finance.china.com.cn/roll/20170724/4321870.shtml.

祝嫣然．七部门发文促进绿色消费，将逐步取消新能源车辆购买限制［EB/OL］．［2022－01－21］．https：//finance.sina.com.cn/chanjing/cyxw/2022－01－21/doc－ikyakumy1830213.shtml.

【启示】消费是我国经济增长的第一拉动力，绿色消费是促进消费高质量发展的重要方向和新的增长点。促进汽车消费绿色发展是全面促进绿色消费的重要组成部分。发展新能源汽车是我国交通实现能源战略转型，推进生态文明建设的重要举措。车辆购置税、车船税有利于引导节约资源消耗、加速绿色转型，调节消费者的消费行为，鼓励广大消费者进行健康、理性消费和绿色消费，从而推动经济社会高质量发展。

项目小结

本项目主要知识点的归纳总结见表6-7。

表6-7　　本项目主要知识点归纳总结

税种	征税对象	纳税人	计税依据	税率	应纳税额计算
契税	境内转移的土地、房屋权属	境内转移土地、房屋权属的承受单位和个人	成交价格（差价、核定价格）	3%～5%的幅度比例税率	应纳税额＝成交价格（补交差价、核定价格）×适用税率
房产税	城市、县城、建制镇和工矿区的房产	征税范围内房屋产权所有人	计税余值＝房产原值×（1－减除比例）	1.2%	应纳税额＝计税余值（租金收入）×税率
			租金收入	12%、4%	
城镇土地使用税	城市、县城、建制镇和工矿区的国有集体土地	征税范围内拥有土地使用权的单位和个人	使用土地面积（平方米）	有幅度的差别定额税率	应纳税额＝实际占用应税土地面积×适用税率
车船税	在我国境内属于税法列举范围内的车辆和船舶	在境内拥有或者管理车辆、船舶的单位和个人	辆、整备质量、净吨位、艇身长度	幅度定额税率、分类分级定额税率	乘用车、商用客车和摩托车应纳税额＝辆数×单位税额 商用货车、挂车、其他车辆应纳税额＝整备质量吨数×单位税额 机动船舶应纳税额＝船舶净吨位数×单位税额 游艇应纳税额＝艇身长度×单位税额

阅读篇目

《中华人民共和国土地增值税暂行条例》

《中华人民共和国土地增值税暂行条例实施细则》

《国家税务总局关于土地增值税清算有关问题的通知》（国税函〔2010〕220号）

《中华人民共和国契税法》

《关于贯彻实施契税法若干事项执行口径的公告》（财政部 税务总局公告2021年第23号）

《关于契税法实施后有关优惠政策衔接问题的公告》（财政部 税务总局公告2021年第29号）

《中华人民共和国房产税暂行条例》

《中华人民共和国房产税暂行条例实施细则》

《中华人民共和国城镇土地使用税暂行条例》
《中华人民共和国城镇土地使用税暂行条例实施细则》
《中华人民共和国车船税法》
《中华人民共和国车船税法实施条例》
《“大众创业 万众创新”税收优惠政策指引》
《国家税务总局关于简并税费申报有关事项的公告》（国家税务总局公告2021年第9号）

项目七
特定行为目的税纳税实务

学习目标

知识目标

1. 掌握特定行为目的税各税种的征税对象及征税范围，准确判断具体行为是否缴纳行为税，由谁负责缴纳，在哪个环节缴纳。
2. 熟悉特定行为目的税的税额计算方法，注意区分不同特定行为目的税的不同计算方式。

技能目标

1. 能够正确计算特定行为目的税各税种应纳税额。
2. 能够准确填制特定行为目的税各税种纳税申报表，并能准备纳税申报资料、及时缴纳税款，具备纳税筹划的操作能力。

态度目标

1. 树立法律意识，明确依法纳税、建立良好的纳税信用等级是企业发展的重要前提。
2. 树立风险防范意识，明确税收违章应负担的法律责任。
3. 树立筹划意识，最大限度地维护纳税人的合法权益，以实现企业财务利益最大化的目标。

思政目标

1. 通过行为目的税优惠政策的学习，体会“为人民谋幸福、为民族谋复兴”的政策意图。
2. 通过行为目的税税收法律制度的学习，深入领会税收法定原则，深刻认识税收法治是依法治国的基础性内容。

工作情境与工作任务

通过项目六财产税的学习，我们知道在财产交易环节纳税人需要缴纳契税，在财产保有环节纳税人需要缴纳房产税、城镇土地使用税和车船税。你知道对于除了货物与劳务收入、收益所得、财产占有、资源开采和占用等行为之外的其他各种行为，纳税人还需要缴纳什么税吗?

国家为充分发挥税收的调节作用并达到某种特定目的，对纳税人的特定应税行为设置了特定行为目的税，你知道特定行为目的税都包括哪些税种吗?各税种的课征制度有何不同呢?

特定行为目的税是以纳税人的特定行为作为课税对象的税种，纳税人只在发生应税行为时才负有纳税义务。我国目前征收的特定行为目的税包括印花税、车辆购置税、城市维护建设税、烟叶税。特定行为目的税的征税对象选择范围广泛且灵活，可以更好地体现国家的税收政策导向，在税制体系中一般作为辅助税种存在。你能解释设立某种特定行为目的税与国家某一特定时期宏观调控目标的关系吗?你能够正确计算其各税种的应纳税额吗?

准确计算纳税人应税行为的应纳税额后。你会进行相应的会计核算并准确填制特定行为目的税纳税申报表，顺利将其报送到税务机关吗?

任务一　印花税纳税实务

印花税，是指对经济活动和经济交往中书立、使用应税经济凭证和进行证券交易的行为征收的一种税。印花税以2021年6月10日第十三届全国人民代表大会常务委员会第二十九次会议通过、自2022年7月1日起施行的《中华人民共和国印花税法》为基本法律规范。

一、印花税的基本要素

（一）印花税的征税范围

印花税的征税对象包括：合同（书面合同）、产权转移书据、营业账簿、证券交易。

1.11类应税合同

11类应税合同包括借款合同、融资租赁合同、买卖合同、承揽合同、建设工程合同、运输合同、技术合同、租赁合同、保管合同、仓储合同、财产保险合同等。

微课

印花税的征税范围——应税合同

2.产权转移书据

产权转移书据是指在产权买卖、继承、赠与、互换、分割等产权主体变更时，由产权出让人和受让人双方所订立的民事法律文书。其包括土地使用权出让书据，土地使用权、房屋等建筑物和构筑物所有权转让书据

（不包括土地承包经营权和土地经营权转移）、股权转让书据（不包括应缴纳证券交易印花税的）、商标专用权、著作权、专利权、专有技术使用权转让书据。

3.营业账簿

营业账簿是指单位和个人记载生产经营活动的财务会计核算账簿。

4.证券交易

证券交易是指转让在依法设立的证券交易所、国务院批准的其他全国性证券交易场所交易的股票和以股票为基础的存托凭证。

【思考】民法典的典型合同哪些是应税合同？哪些不是应税合同？

（二）印花税的纳税人

在中华人民共和国境内书立应税凭证、进行证券交易的单位和个人，为印花税的纳税人，应当依法缴纳印花税。

在中华人民共和国境外书立在境内使用的应税凭证的单位和个人，应当依法缴纳印花税。

【思考】如何理解境外书立在境内使用？

对于应税凭证，凡是由两方或两方以上当事人共同书立的，其当事人各方都是印花税的纳税人，各就其所持凭证纳税。所称当事人，是指对凭证有直接权利义务关系的单位和个人，但不包括合同的担保人、证人、鉴定人。

不同应税凭证的纳税人分别为：

（1）应税合同，以立合同人双方为纳税人。

（2）产权转移书据，以立据人双方为纳税人。

（3）营业账簿，以立账簿人为纳税人。

（4）证券交易，以出让方为纳税人。

（5）在境外书立在境内使用的应税凭证，以使用人为纳税人。

【注意】合同签字方不一定是纳税人；证券交易单方征收印花税。

（三）印花税的税目、税率

印花税根据各种应税凭证的性质和特点，采用列举法设置税目，共设置了17个税目，采用比例税率。印花税的税率有五档，即0.05‰、0.25‰、0.3‰、0.5‰、1‰。

1.适用0.05‰税率的有借款合同、融资租赁合同。

2.适用0.25‰税率的是营业账簿。

3.适用0.3‰税率的有买卖合同、承揽合同、建设工程合同、运输合同、技术合同、商标专用权、著作权、专利权、专有技术使用权转让书据。

4.适用0.5‰税率的是产权转移书据（商标专用权、著作权、专利权、专有技术使用权转让书据除外）。

5.适用1‰税率的有租赁合同、仓储合同、保管合同、财产保险合同、证券交易。

印花税税目、税率见表7-1。

表7-1 印花税税目税率表

税目		税率	备注
合同（指书面合同）	借款合同	借款金额的万分之零点五	指银行业金融机构、经国务院银行业监督管理机构批准设立的其他金融机构与借款人（不包括同业拆借）的借款合同
	融资租赁合同	租金的万分之零点五	
	买卖合同	价款的万分之三	指动产买卖合同（不包括个人书立的动产买卖合同）
	承揽合同	报酬的万分之三	
	建设工程合同	价款的万分之三	
	运输合同	运输费用的万分之三	指货运合同和多式联运合同（不包括管道运输合同）
	技术合同	价款、报酬或者使用费的万分之三	不包括专利权、专有技术使用权转让书据
	租赁合同	租金的千分之一	
	保管合同	保管费的千分之一	
	仓储合同	仓储费的千分之一	
	财产保险合同	保险费的千分之一	不包括再保险合同
产权转移书据	土地使用权出让书据	价款的万分之五	转让包括买卖（出售）、继承、赠与、互换、分割
	土地使用权、房屋等建筑物和构筑物所有权转让书据（不包括土地承包经营权和土地经营权转移）	价款的万分之五	
	股权转让书据（不包括应缴纳证券交易印花税的）	价款的万分之五	
	商标专用权、著作权、专利权、专有技术使用权转让书据	价款的万分之三	
营业账簿		实收资本（或股本）、资本公积合计金额的万分之二点五	
证券交易		成交金额的千分之一	

【提示】(1) 书面合同包括电子形式。

(2) 买卖合同不包括个人书立的动产买卖合同。建设工程合同包括工程勘察、设计、施工合同。运输合同不包括客运合同。

(3) 法律、法规、会计、审计等方面的咨询不属于技术咨询。对各种职业培训、文化学习、职工业余教育等订立的合同，不属于技术培训合同。

二、印花税的计税依据

(一) 计税依据的一般规定

1.应税合同的计税依据，为合同所列的金额，不包括列明的增值税税款；

2.应税产权转移书据的计税依据，为产权转移书据所列的金额，不包括列明的增值税税款；

3.应税营业账簿的计税依据，为账簿记载的实收资本（或股本）、资本公积合计金额；

4.证券交易的计税依据，为成交金额。

(二) 计税依据的特殊规定

应税合同、产权转移书据未列明金额的，印花税的计税依据按照实际结算的金额确定。

计税依据按照上述规定仍不能确定的，按照书立合同、产权转移书据时的市场价格确定；依法应当执行政府定价或者政府指导价的，按照国家有关规定确定。

证券交易无转让价格的，按照办理过户登记手续时该证券前一个交易日收盘价计算确定计税依据；无收盘价的，按照证券面值计算确定计税依据。

三、印花税应纳税额的计算

应纳税额的计算公式为：

$$应纳税额 = 计税依据 \times 适用税率$$

同一应税凭证载有两个以上税目事项并分别列明金额的，按照各自适用的税目税率分别计算应纳税额；未分别列明金额的，从高适用税率。

同一应税凭证由两方以上当事人书立的，按照各自涉及的金额分别计算应纳税额。

已经缴纳印花税的营业账簿，以后年度增加实收资本和资本公积，按照增加部分计算应纳税额。

【做中学7-1】AB集团公司2023年发生下列业务：

(1) 与某运输公司签订货物运输合同一份，合同约定将集团公司自外省购得的一批货物运回，全程运费25 000元、装卸费3 000元、保险费230元。

(2) 与银行签订借款合同一份，借款金额为2 000万元，年利率为8%，借款期限为3年。

(3) 与某床品制造厂签订委托加工合同，加工酒店专用床上用品，材料由该制造厂提供，材料价值8万元，加工费和辅助材料费共计1万元。

(4) 将办公楼底层出租给银行使用，每月租金12万元，租期3年，签订租赁合同。

(5) 3月，接受某公司投资20万元，使本公司实收资本账面金额增加至520万元。

（6）将10年前购入的房产转让给A公司，账面原值为1 200万元（即购买价），累计折旧为800万元，转让价款为670万元，签订产权转移书据。

该公司的应纳印花税税额计算如下：

运输合同应纳税额 = 25 000 × 0.3‰ = 7.5（元）

借款合同应纳税额 = 20 000 000 × 0.05‰ = 1 000（元）

委托加工合同应纳税额 = （80 000 + 10 000） × 0.3‰ = 27（元）

租赁合同应纳税额 = 120 000 × 36 × 1‰ = 4 320（元）

资金账簿应纳税额 = 200 000 × 0.25‰ = 50（元）

产权转移书据应纳税额 = 6 700 000 × 0.5‰ = 3 350（元）

当期应纳印花税总额 = 7.5 + 1 000 + 27 + 4 320 + 50 + 3 350 = 8 754.50（元）

三、印花税减免税与征收管理

（一）印花税的减免税

1.法定减免

（1）应税凭证的副本或者抄本；

（2）依照法律规定应当予以免税的外国驻华使馆、领事馆和国际组织驻华代表机构为获得馆舍书立的应税凭证；

（3）中国人民解放军、中国人民武装警察部队书立的应税凭证；

（4）农民、家庭农场、农民专业合作社、农村集体经济组织、村民委员会购买农业生产资料或者销售农产品书立的买卖合同和农业保险合同；

（5）无息或者贴息借款合同、国际金融组织向中国提供优惠贷款书立的借款合同；

（6）财产所有权人将财产赠与政府、学校、社会福利机构、慈善组织书立的产权转移书据；

（7）非营利性医疗卫生机构采购药品或者卫生材料书立的买卖合同。

【提示】享受免税的当事人，仅仅限于规定的一方，如与非营利医疗卫生机构签署药品买卖合同的药厂或医药公司，不能免税。

（8）个人与电子商务经营者订立的电子订单。

【提示】个人包括个体户，只对买卖合同适用，其他合同不适用。

根据国民经济和社会发展的需要，国务院对居民住房需求保障、企业改制重组、破产、支持小型微型企业发展等情形可以规定减征或者免征印花税，报全国人民代表大会常务委员会备案。

2.其他优惠

（1）2019年1月1日至2023年12月31日，对与高校学生签订的高校公寓租赁合同，免征印花税。

（2）企业因改制签订的产权转移书据，免征印花税。

（3）自2018年1月1日至2023年12月31日，对金融机构与小型、微型企业签订的借款合同免征印花税。

（4）自2022年1月1日至2023年12月31日，对商品储备管理公司及其直属库资金账簿免征印花税；对其承担商品储备业务过程中书立的购销合同免征印花税，对合同其他各方当事人应缴纳的印花税照章征收。

（5）自2018年1月1日至2025年12月31日，对易地扶贫搬迁项目实施主体（以下简称“项目实施主体”）取得用于建设安置住房的土地，免征印花税；对安置住房建设和分配过程中应由项目实施主体、项目单位缴纳的印花税，予以免征；在商品住房等开发项目中配套建设安置住房的，按安置住房建筑面积占总建筑面积的比例，计算应予免征的项目实施主体、项目单位相关的印花税；对项目实施主体购买商品住房或者回购保障性住房作为安置住房房源的，免征印花税。

（6）自2019年1月1日至2023年12月31日，对公租房经营管理单位购买住房作为公租房的，免征印花税；对公租房租赁双方免征签订租赁协议涉及的印花税。

对公租房经营管理单位免征建设、管理公租房涉及的印花税。在其他住房项目中配套建设公租房，按公租房建筑面积占总建筑面积的比例免征建设、管理公租房涉及的印花税。

（7）自2019年1月1日至2023年12月31日，对农村饮水工程运营管理单位为建设饮水工程取得土地使用权而签订的产权转移书据，以及与施工单位签订的建设工程承包合同，免征印花税。

（8）房地产管理部门与个人签订的用于生活居住的住房租赁合同暂免征收印花税。

（9）对特殊货运凭证免征印花税。这类凭证包括：军事物资运输凭证、抢险救灾物资运输凭证、新建铁路的工程临管线运输凭证。

（10）自2008年3月1日起，对个人出租、承租住房签订的租赁合同，免征印花税。

自2008年11月1日起，对个人销售或购买住房暂免征收印花税。

（11）自2022年1月1日至2024年12月31日，由省、自治区、直辖市人民政府根据本地区实际情况，以及宏观调控需要确定，对增值税小规模纳税人、小型微利企业和个体工商户可以在50%的税额幅度内减征印花税。

（二）印花税的征收管理

1. 印花税纳税期限

（1）纳税义务发生时间

印花税的纳税义务发生时间为纳税人书立应税凭证或者完成证券交易的当日。

证券交易印花税扣缴义务发生时间为证券交易完成的当日。

【提示】合同不生效、无效、被撤销或者终止不影响书立时按规定缴纳印花税。

（2）报缴期限

印花税按季、按年或者按次计征。实行按季、按年计征的，纳税人应当自季度、年度终了之日起15日内申报缴纳税款；实行按次计征的，纳税人应当自纳税义务发生之日起15日内申报缴纳税款。

证券交易印花税按周解缴。证券交易印花税扣缴义务人应当自每周终了之日起5日内申报解缴税款以及银行结算的利息。

2. 印花税纳税地点

纳税人为单位的，应当向其机构所在地的主管税务机关申报缴纳印花税；纳税人为个人的，应当向应税凭证书立地或者纳税人居住地的主管税务机关申报缴纳印花税。

不动产产权发生转移的，纳税人应当向不动产所在地的主管税务机关申报缴纳印花税。

3. 印花税的代扣代缴

纳税人为境外单位或者个人，在境内有代理人的，以其境内代理人为扣缴义务人；在境内没有代理人的，由纳税人自行申报缴纳印花税，具体办法由国务院税务主管部门规定。

证券登记结算机构为证券交易印花税的扣缴义务人，应当向其机构所在地的主管税务机关申报解缴税款以及银行结算的利息。

（三）印花税纳税申报

1. 印花税的缴纳方式

印花税可以采用粘贴印花税票或者由税务机关依法开具其他完税凭证的方式缴纳。

印花税票粘贴在应税凭证上的，由纳税人在每枚税票的骑缝处盖戳注销或者画销。

印花税票由国务院税务主管部门监制。

2. 印花税纳税申报

印花税适用《财产和行为税纳税申报表》，其填报格式见表7-2。

表7-2 财产和行为税纳税申报表

纳税人识别号（统一社会信用代码）：□□□□□□□□□□□□□□□□□□□□

纳税人名称： 金额单位：人民币元（列至角分）

序号	税种	税目	税款所属期起	税款所属期止	计税依据	税率	应纳税额	减免税额	已缴税额	应补（退）税额
1	印花税（按次）	运输合同			25 000.00	0.3‰	7.50	0.00	0.00	7.50
2	印花税（按次）	借款合同			20 000 000.00	0.05‰	1 000.00	0.00	0.00	1 000.00
3	印花税（按次）	承揽合同			90 000.00	0.3‰	27.00	0.00	0.00	27.00
4	印花税（按次）	租赁合同			12 000.00	1‰	4 320.00	0.00	0.00	4 320.00
5	印花税（按次）	营业账簿			200 000.00	0.25‰	50.0	0.00	0.00	50.00
6	印花税（按次）	产权转移书据			6 700 000.00	0.5‰	3 350.00	0.00	0.00	3 350.00
7										
8										
9										
10										
11	合计	—	—	—	—	—	8 754.50	0.00	0.00	8 754.50

声明：此表是根据国家税收法律法规及相关规定填写的，本人（单位）对填报内容（及附带资料）的真实性、可靠性、完整性负责。 纳税人（签章）： 年 月 日	
经办人： 经办人身份证号： 代理机构签章： 代理机构统一社会信用代码：	受理人： 受理税务机关（章）： 受理日期： 年 月 日

注：根据【做中学7-1】相关数据填制。

任务二　车辆购置税纳税实务

车辆购置税，是指对在我国境内购置特定车辆的行为征收的一种税，其开征的主要目的是为国家交通基础建设筹集资金。车辆购置税在原交通部门征收的车辆购置附加费基础上，通过“费改税”的方式演变而来。

我国目前执行的车辆购置税的基本法律规范是自2019年7月1日实施的《中华人民共和国车辆购置税法》。

一、车辆购置税的基本要素

（一）征税对象和征收范围

车辆购置税的征税对象，是指在我国境内购置应税车辆的行为。

1. 应税车辆

应税车辆包括：汽车、有轨电车、汽车挂车、排气量超过150毫升的摩托车等列举车辆。

地铁、轻轨等城市轨道交通车辆，装载机、平地机、挖掘机、推土机等轮式专用机械车，以及起重机（吊车）、叉车、电动摩托车，不属于应税车辆。

2. 购置应税车辆行为

购置，是指以购买、进口、自产、受赠、获奖或者其他方式取得并自用应税车辆的行为。

购置应税车辆行为包括下列内容：

（1）购买使用行为，包括购买使用国产应税车辆和购买使用进口车辆。

（2）进口使用行为，是指直接进口使用应税车辆的行为。

（3）自产自用行为，是指纳税人将自己生产的应税车辆作为最终消费品用于自己消费使用的行为。

（4）受赠使用行为，是指接受他人馈赠应税车辆并使用的行为。

（5）获奖使用行为，是指从各种奖励形式中取得并使用应税车辆的行为。

（6）其他使用行为，是指除上述方式以外通过如拍卖、抵债、走私、罚没等方式取得并自用应税车辆的行为。

【辨析】车辆购置税与车船税的主要区别是什么？

（二）车辆购置税的纳税人

车辆购置税的纳税人，是指在中华人民共和国境内购置并使用应税车辆的单位和个人。其中：单位，是指企业、事业单位、社会团体、国家机关、部队以及其他组织；个人，是指个体工商户和其他个人。

纳税人购买已纳税车辆的，不再缴纳车辆购置税；纳税人从免税单位购买免税车辆的，应缴纳车辆购置税。

（三）车辆购置税的税率

我国的车辆购置税实行统一的比例税率，税率为10%。

二、车辆购置税应纳税额的计算

（一）车辆购置税的计税依据

车辆购置税以购置的应税车辆为征税对象，实行从价定率的方法计算应纳税额。由于应税车辆购置的来源不同，计税价格的组成也不同。

1.购买自用应税车辆计税依据的确定

纳税人购买自用应税车辆的计税价格，为纳税人实际支付给销售者的全部价款和价外费用，不包括增值税税款。购买应税车辆而支付给销售者的全部价款，依据纳税人购买应税车辆时相关凭证载明的价格确定。购买自用的车辆包括购买自用的国产应税车辆和购买自用的进口应税车辆。

纳税人购车发票的价格并未扣除增值税税款，或者因不得开具机动车销售统一发票（或开具其他普通发票），而发生价款与增值税合并收取的，在确定车辆购置税计税依据时，应将其换算为不含增值税的销售价格。其计算公式为：

计税价格＝含增值税的售价÷（1＋增值税税率或征收率）

2.进口自用应税车辆计税依据的确定

进口自用的应税车辆，是指纳税人直接从境外进口或者委托代理进口自用的应税车辆，不包括在境内购买的进口车辆。

纳税人进口自用的应税车辆以组成计税价格为计税依据。组成计税价格的计算公式为：

组成计税价格＝关税完税价格＋关税＋消费税

进口自用的应税车辆的计税价格，应根据纳税人提供的、经海关审查确认的有关完税证明资料确定。

【提示】（1）在境内购买自用的进口车辆与进口自用车辆的计税依据不同。前者属于购买自用车辆，后者属于进口自用车辆。

（2）进口自用应税车辆计征车辆购置税的计税依据，与进口方计算增值税的计税依据一致，也可以用以下公式计算：

计税价格＝（关税完税价格＋关税）÷（1－消费税税率）

3.自产自用应税车辆计税依据的确定

纳税人自产自用应税车辆的计税价格，按照同类应税车辆（即车辆配置序列号相同的车辆）的销售价格确定，不包括增值税税款；没有同类应税车辆销售价格的，按照组成计税价格确定。组成计税价格的计算公式如下：

组成计税价格＝成本×（1＋成本利润率）

属于应征消费税的应税车辆，其组成计税价格中应加计消费税税额，即：

组成计税价格＝成本×（1＋成本利润率）÷（1－消费税税率）

4.其他自用应税车辆计税依据的确定

纳税人以受赠、获奖或者其他方式取得自用应税车辆的计税价格，按照购置应税车辆时相关凭证载明的价格确定，不包括增值税税款。购置应税车辆时的相关凭证，是指原车辆所有人购置或者以其他方式取得应税车辆时载明价格的凭证。无法提供相关凭证的，参照同类应税车辆市场平均交易价格确定其计税价格。

原车辆所有人为车辆生产或者销售企业，未开具机动车销售统一发票的，按照车辆生产或者销售同类应税车辆的销售价格确定应税车辆的计税价格。无同类应税车辆销售价格的，按照组成计税价格确定应税车辆的计税价格。

【提示】纳税人申报的应税车辆计税价格明显偏低，又无正当理由的，由税务机关依照《中华人民共和国税收征收管理法》的规定核定其应纳税额。

（二）车辆购置税应纳税额的计算

车辆购置税实行从价定率的办法计算应纳税额。其计算公式为：

$$应纳税额=计税价格\times适用税率$$

车辆购置税的计税依据和应纳税款以人民币计算。纳税人以外汇结算应税车辆价款的，按照申报纳税之日人民币汇率中间价折合成人民币计算缴纳税款。

【做中学7-2】AB集团公司（增值税一般纳税人）于2023年3月25日购买小汽车2辆，每辆支付含增值税价款225 800元，另支付车辆装饰费5 800元。

AB集团公司应缴纳的车辆购置税计算如下：

单车计税价格＝（225 800＋5 800）÷（1＋13%）＝204 955.75（元）

应纳税额＝204 955.75×10%×2＝40 991.15（元）

【做中学7-3】AB集团公司于2023年3月进口一辆小汽车，报关地海关确定的到岸价格为600 000元。已知关税税率为50%，消费税税率为20%。

AB集团公司应缴纳的车辆购置税计算如下：

进口应纳关税＝600 000×50%＝300 000（元）

组成计税价格＝（600 000＋300 000）÷（1－20%）＝1 125 000（元）

车辆购置税应纳税额＝1 125 000×10%＝112 500（元）

三、车辆购置税的减免税与征收管理

（一）车辆购置税的减免税

1.法定减免

下列车辆免征车辆购置税：

（1）依照法律规定应当予以免税的外国驻华使馆、领事馆和国际组织驻华机构及其有关人员自用的车辆。

（2）中国人民解放军和中国人民武装警察部队列入装备订货计划的车辆。

（3）悬挂应急救援专用号牌的国家综合性消防救援车辆。

（4）设有固定装置的非运输专用作业车辆。

（5）城市公交企业购置的公共汽电车辆。

根据国民经济和社会发展的需要，国务院可以规定减征或者其他免征车辆购置税的情形，报全国人民代表大会常务委员会备案。

2.其他减免

（1）长期来华定居专家进口1辆自用小汽车免征车辆购置税；回国服务的在外留学人员用现汇购买1辆个人自用国产小汽车免征车辆购置税。

（2）防汛部门和森林消防部门用于指挥、检查、调度、报汛（警）、联络的由指定厂家生产的设有固定装置的指定型号的车辆免征车辆购置税。

（3）自2021年1月1日至2022年12月31日，对购置的新能源汽车免征车辆购置税。

（4）自2018年7月1日至2023年12月31日，对购置挂车减半征收车辆购置税。

（5）中国妇女发展基金会“母亲健康快车”项目的流动医疗车免征车辆购置税。

（6）原公安现役部队和原武警黄金、森林、水电部队改制后换发地方机动车牌证的车辆（公安消防、武警森林部队执行灭火救援任务的车辆除外），一次性免征车辆购置税。

（7）对购置日期在2022年6月1日至2022年12月31日期间内且单车价格（不含增值税）不超过30万元的2.0升及以下排量乘用车，减半征收车辆购置税。

有国务院规定予以免税或者减税的其他情形的，按照规定予以免税或者减税。免税、减税车辆因改变用途等原因不再属于免税、减税范围的，应当在办理车辆过户手续前或者办理变更车辆登记注册手续前缴纳车辆购置税。

（二）车辆购置税的征收管理

1. 车辆购置税纳税环节

车辆购置税是对应税车辆的购置行为征税，征税环节为使用环节（即最终消费环节）。纳税人应当在向公安机关等交通管理部门办理车辆登记注册手续前缴纳车辆购置税。公安机关交通管理部门办理车辆注册登记，应当根据税务机关提供的应税车辆完税或者免税电子信息对纳税人申请登记的车辆信息进行核对，核对无误后依法办理车辆注册登记。

2. 车辆购置税纳税期限

（1）车辆购置税纳税义务发生时间

车辆购置税纳税义务发生时间为购置应税车辆的当日，具体按照下列情形确定：

①购买自用应税车辆的为购买之日，即车辆相关价格凭证的开具日期。

②进口自用应税车辆的为进口之日，即海关进口增值税专用缴款书或者其他有效凭证的开具日期。

③自产、受赠、获奖或者以其他方式取得并自用应税车辆的为取得之日，即合同、法律文书或者其他有效凭证的生效或者开具日期。

（2）缴款期限

纳税人应当自纳税义务发生之日起60日内申报缴纳车辆购置税。

3. 车辆购置税纳税地点

购置应税车辆的纳税人，应到下列地点申报纳税：

（1）需要办理车辆登记的，向车辆登记地的主管税务机关申报纳税。

（2）不需要办理车辆登记的，单位纳税人向其机构所在地的主管税务机关申报纳税，个人纳税人向其户籍所在地或者经常居住地的主管税务机关申报纳税。

（三）车辆购置税的纳税申报

1. 纳税申报

车辆购置税实行一车一申报制度，利用网上申报系统进行纳税申报。其基本流程如下：登录电子税务局网址，进入【车辆购置税申报】模块；选择“车辆上牌地”，录入发票信息（本人登录操作时，系统自动带出发票信息），生成《车辆购置税纳税申报表》；进入付款界面缴纳税款。

车辆购置税纳税申报表的内容及填制见表7-3。

表7-3　　车辆购置税纳税申报表

填表日期：2023年4月10日　　金额单位：元

<table>
<tr><td>纳税人名称</td><td colspan="2"></td><td>申报类型</td><td colspan="2">☑征税　□免税　□减税</td></tr>
<tr><td>证件名称</td><td colspan="2"></td><td>证件号码</td><td colspan="2"></td></tr>
<tr><td>联系电话</td><td colspan="2"></td><td>地　址</td><td colspan="2"></td></tr>
<tr><td>合格证编号（货物进口证明书号）</td><td colspan="2"></td><td rowspan="2">车辆识别代号/车架号</td><td colspan="2" rowspan="2"></td></tr>
<tr><td>厂牌型号</td><td colspan="2"></td></tr>
<tr><td>排量（cc）</td><td colspan="2"></td><td>机动车销售统一发票代码</td><td colspan="2"></td></tr>
<tr><td>机动车销售统一发票号码</td><td colspan="2"></td><td>不含税价</td><td colspan="2"></td></tr>
<tr><td colspan="4">海关进口关税专用缴款书（进出口货物征免税证明）号码</td><td colspan="2"></td></tr>
<tr><td>关税完税价格</td><td>600 000</td><td>关　税</td><td>300 000</td><td>消费税</td><td>225 000</td></tr>
<tr><td>其他有效凭证名称</td><td></td><td>其他有效凭证号码</td><td></td><td>其他有效凭证价格</td><td></td></tr>
<tr><td>购置日期</td><td></td><td>申报计税价格</td><td>1 125 000</td><td>申报免（减）税条件或者代码</td><td></td></tr>
<tr><td>是否办理车辆登记</td><td></td><td>车辆拟登记地点</td><td colspan="3"></td></tr>
<tr><td colspan="6">纳税人声明：
本纳税申报表是根据国家税收法律法规及相关规定填报的，我确定它是真实的、可靠的、完整的。
纳税人（签名或盖章）：</td></tr>
<tr><td colspan="6">委托声明：
现委托（姓名）______（证件号码）__________办理车辆购置税涉税事宜，提供的凭证、资料是真实、可靠、完整的。任何与本申报表有关的往来文件，都可交予此人。
委托人（签名或盖章）：　　被委托人（签名或盖章）：</td></tr>
<tr><td colspan="6">以下由税务机关填写</td></tr>
<tr><td colspan="3">免（减）税条件代码</td><td colspan="3"></td></tr>
<tr><td>计税价格</td><td>税率</td><td>应纳税额</td><td>免（减）税额</td><td>实纳税额</td><td>滞纳金金额</td></tr>
<tr><td>1 125 000</td><td>10%</td><td>112 500</td><td></td><td>112 500</td><td></td></tr>
<tr><td colspan="2">受理人：
年　月　日</td><td colspan="2">复核人（适用于免、减税申报）：
年　月　日</td><td colspan="2">主管税务机关（章）</td></tr>
</table>

注：根据【做中学7-3】填制。

2.免税、减税车辆纳税申报

（1）免税、减税车辆的纳税申报

纳税人在办理车辆购置税免（减）税手续时，应如实填写纳税申报表和《车辆购置税免（减）税申报表》。免税车辆发生转让，但仍属于免税范围的，受让方应当自购买或取得车辆之日起60日内到主管税务机关重新申报免税。

（2）免税、减税车辆重新办理纳税申报

免税、减税车辆因转让、改变用途等原因不再属于免税、减税范围的，纳税人应当在办理车辆转移登记或者变更登记前缴纳车辆购置税。已经办理免税、减税手续的车辆因转让、改变用途等原因不再属于免税、减税范围的，纳税人、纳税义务发生时间、应纳税额按以下规定执行：

①发生转让行为的，受让人为车辆购置税纳税人；未发生转让行为的，车辆所有人为车辆购置税纳税人。

②纳税义务发生时间为车辆转让或者用途改变等情形发生之日。

③计税价格以免税、减税车辆初次办理纳税申报时确定的计税价格为基准，每满1年扣减10%。应纳税额的计算公式如下：

应纳税额＝初次办理纳税申报时确定的计税价格×（1－使用年限×10%）×10%－已纳税额

其中：应纳税额不得为负数；使用年限的计算方法是自纳税人初次办理纳税申报之日起，至不再属于免税、减税范围的情形发生之日止。使用年限取整计算，不满1年的不计算在内。

3.退税申请

已缴纳车辆购置税的车辆，发生下列情形之一的，准予纳税人申请退税：

（1）车辆退回生产企业或者销售企业的。

（2）其他依据法律法规规定应予退税的情形。

车辆退回生产企业或者销售企业的，纳税人申请退税时，主管税务机关自纳税人办理纳税申报之日起，按已缴纳税款每满1年扣减10%计算退税额；未满1年的，按已缴纳税款全额退税。

任务三　城市维护建设税、教育费附加和地方教育附加纳税（费）实务

城市维护建设税、教育费附加和地方教育附加，以实际缴纳的增值税、消费税税额之和为计征依据，随增值税、消费税的征收而征收，其本质上属于附加税（费）。城市维护建设税专款专用于城市的公共事业和公共设施的维护与建设，教育费附加和地方教育附加专款专用于发展地方性教育事业，扩大地方教育经费的资金来源。

我国城市维护建设税、教育费附加和地方教育附加的基本法律规范分别为《中华人民共和国城市维护建设税法》、《征收教育费附加的暂行规定》和《财政部关于统一地方教育附加政策有关问题的通知》。

一、城市维护建设税、教育费附加和地方教育附加的基本要素

（一）城市维护建设税、教育费附加和地方教育附加的征收范围

城市维护建设税，是指国家对缴纳增值税、消费税（以下简称“两税”）的单位和个人，以其实际缴纳的“两税”税额为计税依据而征收的一种附加税。

教育费附加、地方教育附加，是指国家对缴纳增值税、消费税的单位和个人，以其实际缴纳的“两税”税额为计征依据而征收的一种附加费。

城市维护建设税、教育费附加和地方教育附加在全国范围内征收，具体包括城市、县城、建制镇以及税法规定的其他地区。即只要缴纳增值税、消费税的地区，除另有规定外，都属于城市维护建设税、教育费附加和地方教育附加的征税范围。

对进口货物或者境外单位和个人向境内销售劳务、服务、无形资产缴纳的增值税、消费税税额，不征收城市维护建设税、教育费附加和地方教育附加。

（二）城市维护建设税、教育费附加和地方教育附加的纳税（费）人

城市维护建设税、教育费附加和地方教育附加的纳税（费）人，是指在征收范围内从事工商经营，并缴纳增值税、消费税的单位和个人，包括企业、行政单位、事业单位、军事单位、社会团体、其他组织，以及个体工商户、其他个人。

（三）城市维护建设税、教育费附加和地方教育附加的税率及征收率

1. 城市维护建设税税率

城市维护建设税实行地区差别比例税率，按照纳税人所在地的不同，规定税率分别为7%、5%、1%三个档次，不同地区的纳税人实行不同档次的税率。

（1）纳税人所在地在市区的，税率为7%；

（2）纳税人所在地在县城、镇的，税率为5%；

（3）纳税人所在地不在市区、县城或镇的，税率为1%。

所称纳税人所在地，是指纳税人住所地或者与纳税人生产经营活动相关的其他地点，具体地点由省、自治区、直辖市确定。

城市市区、县城和建制镇的具体范围的确定，应当严格按照现行行政区划的划分标准执行，不能随意扩大或缩小各自行政区域的所辖范围。

【提示】撤县建市后，纳税人所在地在市区的，城市维护建设税的适用税率为7%；纳税人所在地在市区以外其他镇的，城市维护建设税的适用税率仍为5%。下列两种情况，可按缴纳“两税”所在地的规定税率就地缴纳城市维护建设税：

（1）由受托方代征代扣增值税、消费税的单位和个人。

（2）流动经营等无固定纳税地点的单位和个人。

2. 教育费附加和地方教育附加的征收率

教育费附加的征收率是3%，地方教育附加的征收率是2%。

二、城市维护建设税、教育费附加和地方教育附加应纳税（费）额的计算

（一）城市维护建设税、教育费附加和地方教育附加的计征依据

城市维护建设税、教育费附加和地方教育附加的计征依据是纳税人实际缴纳的增值

税、消费税税额。

城市维护建设税的计税依据应当按照规定扣除期末留抵退税退还的增值税税额。

纳税人违反增值税、消费税有关税法而加收的滞纳金和罚款不作为城市维护建设税、教育费附加和地方教育附加的计税依据，但纳税人在被查补增值税、消费税和被处以罚款时，应同时对其偷漏的城市维护建设税、教育费附加和地方教育附加进行补缴，并被处以罚款。

纳税人当期免抵的增值税税额应纳入城市维护建设税、教育费附加和地方教育附加的计征范围，分别按规定的税（费）率征收城市维护建设税、教育费附加和地方教育附加。

（二）城市维护建设税、教育费附加和地方教育附加的应纳税（费）额计算

城市维护建设税、教育费附加和地方教育附加应纳税（费）额的计算公式为：

应纳城市维护建设税税额 = 纳税人实际缴纳的增值税、消费税税额 × 适用税率

应纳教育费附加、地方教育附加金额 = 纳税人实际缴纳的增值税、消费税税额 × 适用征收率

【做中学 7-4】AB 集团公司下属某企业（地处市区），属于增值税一般纳税人，2023 年 3 月实际缴纳增值税 300 000 元，缴纳消费税 500 000 元，同时补缴上月欠缴的消费税 20 000 元，并因欠缴税款而缴纳滞纳金 250 元。

该企业当月应缴纳的城市维护建设税、教育费附加、地方教育附加（不考虑欠缴城市维护建设税、教育费附加和地方教育附加的滞纳金）计算如下：

应纳城市维护建设税税额 =（300 000 + 500 000）× 7% = 56 000（元）

应补缴城市维护建设税税额 = 20 000 × 7% = 1 400（元）

应纳教育费附加金额 =（300 000 + 500 000）× 3% = 24 000（元）

应补缴教育费附加金额 = 20 000 × 3% = 600（元）

应纳地方教育附加金额 =（300 000 + 500 000）× 2% = 16 000（元）

应补缴地方教育附加金额 = 20 000 × 2% = 400（元）

三、城市维护建设税、教育费附加和地方教育附加的减免税及征收管理

（一）城市维护建设税、教育费附加和地方教育附加的减免税

城市维护建设税、教育费附加和地方教育附加以增值税、消费税税额为计征依据，并与“两税”同时征收，故在减免“两税”时相应也减免了城市维护建设税、教育费附加和地方教育附加。因此，城市维护建设税、教育费附加和地方教育附加一般不单独规定减免优惠。

根据国民经济和社会发展的需要，国务院对重大公共基础设施建设、特殊产业和群体以及重大突发事件应对等情形可以规定减征或者免征城市维护建设税，报全国人民代表大会常务委员会备案。

自 2022 年 1 月 1 日至 2024 年 12 月 31 日，由省、自治区、直辖市人民政府根据本地区实际情况，以及宏观调控需要确定，对增值税小规模纳税人、小型微利企业和个体工商户可以在 50% 的税额幅度内减征城市维护建设税、教育费附加和地方教育附加。

增值税小规模纳税人、小型微利企业和个体工商户已依法享受资源税、城市维护建

设税、房产税、城镇土地使用税、印花税、耕地占用税、教育费附加、地方教育附加其他优惠政策的，可叠加享受此项优惠政策。

（二）城市维护建设税、教育费附加和地方教育附加的征收管理

城市维护建设税、教育费附加和地方教育附加的纳税（费）环节、纳税（费）期限等事项比照增值税、消费税的有关规定办理，但对一些比较复杂并有特殊性的纳税（费）地点作了特殊规定：

1. 代征、代扣代缴的纳税地点

代征、代扣代缴增值税、消费税的单位，同时也要代征、代扣代缴城市维护建设税、教育费附加和地方教育附加；如果没有代征、代扣代缴城市维护建设税、教育费附加和地方教育附加，应由纳税单位和个人回其所在地申报纳税。

2. 税（费）退还

（1）对出口产品退还增值税、消费税的，不退还已缴纳的城市维护建设税和教育费附加；由于减免增值税、消费税而发生的退税，同时退还已缴纳的城市维护建设税、教育费附加和地方教育附加。

【思考】某增值税一般纳税人实行出口货物增值税免、抵、退税政策，当月实际缴纳增值税13万元，出口抵减内销产品应纳税额8万元。其当月城市维护建设税计税依据是多少？

（2）对“两税”实行先征后返、先征后退、即征即退办法的，除另有规定外，对随“两税”附征的城市维护建设税、教育费附加和地方教育附加一律不予退（返）还。

（三）城市维护建设税、教育费附加和地方教育附加的纳税申报

根据《国家税务总局关于增值税 消费税与附加税费申报表整合有关事项的公告》，纳税人申报增值税、消费税时，应一并申报附征的城市维护建设税、教育费附加和地方教育附加等附加税费。具体为纳税人填写增值税、消费税相关申报信息后，自动带入附加税费附列资料（附表）；纳税人填写完附加税费其他申报信息后，回到增值税、消费税申报主表，形成纳税人本期应缴纳的增值税、消费税和附加税费数据。上述表内信息预填均由系统自动实现。

任务四　烟叶税纳税实务

烟叶税，是指对在我国境内从事烟叶收购的单位在收购环节征收的一种税。烟叶税是在全面停止征收农牧业税和农业特产税的前提下，为了维持烟叶缴纳农业特产税时的税负水平而开征的。征收烟叶税可以为地方筹集财政资金，还可以通过税收手段对烟叶种植和收购以及烟草行业的生产和经营实施必要的宏观调控。

我国目前执行的烟叶税以2017年12月27日第十二届全国人民代表大会常务委员会第三十一次会议通过，自2018年7月1日起施行的《中华人民共和国烟叶税法》为基本法律规范。

一、烟叶税的基本要素

（一）烟叶税的征税对象

烟叶税的征税对象是烟叶。烟叶，是指晾晒烟叶、烤烟叶。

（二）烟叶税的纳税人

烟叶税纳税人为在中华人民共和国境内，依照《中华人民共和国烟草专卖法》的规定收购烟叶的单位。

（三）烟叶税的税率

烟叶税实行比例税率，税率为20%。

二、烟叶税应纳税额的计算

（一）烟叶税的计税依据

纳税人收购烟叶实际支付的价款总额为烟叶税的计税依据。纳税人收购烟叶实际支付的价款总额包括纳税人支付给烟叶生产销售单位和个人的烟叶收购价款和价外补贴。其中，价外补贴统一按烟叶收购价款的10%计算。

（二）烟叶税应纳税额的计算

烟叶税的应纳税额按照纳税人收购烟叶实际支付的价款总额乘以税率计算，其计算公式为：

应纳税额 = 收购烟叶实际支付的价款总额 × 20%

【做中学7-5】某烟草公司2023年3月向烟农收购烟叶10吨，收购单价为12元/千克，支付收购价款12万元，并支付了10%的价外补贴。

该烟草公司应缴纳的烟叶税计算如下：

应纳烟叶税税额 = 120 000 ×（1 + 10%）× 20% = 26 400（元）

【做中学7-6】某烟草公司是增值税一般纳税人，2023年3月末收购烟叶20 000克，烟叶收购价格为3.5元/克（含支付的价外补贴10%），总计70 000元，货款已全部支付。3月末，商品提回并验收入库。

该纳税人税款计算及相关账务处理如下：

烟叶准予抵扣的增值税进项税额 =（70 000 + 70 000 × 20%）× 9% = 7 560（元）

（1）3月初，烟叶尚未提回时，根据有关收购凭证等作如下账务处理：

借：在途物资	76 440	
应交税费——应交增值税（进项税额）	7 560	
贷：银行存款		70 000
应交税费——应交烟叶税		14 000

（2）3月末，烟叶提回入库时，根据收货单等凭证作如下账务处理：

借：原材料	76 440	
贷：在途物资		76 440

三、烟叶税征收管理与纳税申报

（一）烟叶税的征收管理

1.纳税期限

烟叶税的纳税义务发生时间为纳税人收购烟叶的当天。

烟叶税按月计征，纳税人应当于纳税义务发生月终了之日起15日内申报并缴纳税款。

2.纳税地点

纳税人应当向烟叶收购地的主管税务机关申报缴纳烟叶税。

（二）烟叶税纳税申报

烟叶税申报前需填写《烟叶税税源明细表》，由《烟叶税税源明细表》采集信息自动生成《财产和行为税纳税申报表》显示烟叶税相关信息，具体见表7-4。

表7-4　　财产和行为税纳税申报表

纳税人识别号（统一社会信用代码）：□□□□□□□□□□□□□□□□□□□□

纳税人名称：　　　　金额单位：人民币元（列至角分）

序号	税种	税目	税款所属期起	税款所属期止	计税依据	税率	应纳税额	减免税额	已缴税额	应补（退）税额
1	烟叶税		2023年3月1日	2023年3月31日	132 000.00	20%	26 400.00			
2										
3										
4										
5										
6										
7										
8										
9										
10										
11	合计	—	—	—	—	—	26 400.00			

声明：此表是根据国家税收法律法规及相关规定填写的，本人（单位）对填报内容（及附带资料）的真实性、可靠性、完整性负责。

纳税人（签章）：　　　　年　月　日

经办人： 经办人身份证号： 代理机构签章： 代理机构统一社会信用代码：	受理人： 受理税务机关（章）： 受理日期：　年　月　日

注：根据【做中学7-5】相关数据填制。

思政园地

车辆购置税只是增加了购车人的负担吗?

车辆购置税是对我国境内购置应税车辆的单位和个人，在购置环节一次性征收的一种税，专款专用于国家交通基础设施建设。车辆购置税所征收的税款具有专门用途，专款专用于国家交通基础设施建设。其使用服务于国家战略安排，向中西部地区倾斜，对于实施脱贫攻坚、乡村振兴、区域协调发展等重大国家战略，推动区域和城乡之间的协调发展和生产要素的自由流动具有积极作用。交通运输部数据显示，“十三五”期间，我国累计对贫困地区投入车购税资金超9 500亿元，占全部车购税的68%，有力推进了“四好农村路”建设，服务了打赢脱贫攻坚战和乡村振兴战略实施。

资料来源：李强强，章华维. 车辆购置税减半征收首月减征71亿元有力推动汽车消费［EB/OL］.［2022-07-05］. http://sc.people.com.cn/n2/2022/0705/c346366-40024044.html.

【启示】随着经济的发展，汽车已经进入家家户户。车险已经被大多数车主正确认识，投保的积极性也非常高，但是对车辆购置税，大多数车主不知道为什么要交，有的车主认为车辆购置税只是增加了购车人的税收负担而已。事实果真如此吗?答案是否定的。如上所述，车辆购置税所筹集的税款服务于交通基础设施建设，有利于改善交通状况，有利于人民群众生产生活，在我国交通发展方面发挥了积极作用。充分体现了我国税收“取之于民，用之于民”的本质。税收是造福于社会公众的一种手段。

项目小结

本项目主要知识点归纳总结见表7–5。

表7–5　本项目主要知识点归纳总结

税种	征税对象	纳税人	计税依据	税率	应纳税额计算
印花税	在我国境内书立、使用各种应税凭证和进行证券交易的行为	立合同人、立账簿人、立据人、使用人、证券交易出让方	凭证记载金额	0.05‰、0.5‰、0.3‰、1‰、0.25‰	应纳税额 = 计税依据 × 比例税率
车辆购置税	境内购置汽车、有轨电车、汽车挂车、排气量超过150毫升的摩托车等列举车辆的行为	境内购置应税车辆的单位和个人	购置：纳税人支付给销售者的全部价款； 进口：关税完税价格 + 关税 + 消费税 自产自用：同类车辆销售价格 受赠、获奖、其他方式取得：相关凭证载明价格	10%	应纳税额 = 计税依据 × 税率

续表

税种	征税对象	纳税人	计税依据	税率	应纳税额计算
城市维护建设税、教育费附加、地方教育附加	实际缴纳的增值税、消费税	负有“两税”纳税义务的单位和个人	实际缴纳的增值税、消费税税额	城市维护建设税：城市7%，县城、建制镇5%，其他1% 教育费附加：3% 地方教育附加：2%	应纳税额 = 实际缴纳两税税额 × 税率（征收率）
烟叶税	在我国境内收购烤烟叶、晾晒烟叶	在我国境内依照《中华人民共和国烟草专卖法》的规定收购烟叶的单位	收购烟叶实际支付总额	20%	应纳税额 = 收购烟叶实际支付总额 × 20%

阅读篇目

《中华人民共和国印花税法》

《中华人民共和国车辆购置税法》

《财政部　国家税务总局关于车辆购置税有关具体政策的公告》（财政部　国家税务总局公告2019年第71号）

《国家税务总局关于发布〈耕地占用税管理规程（试行）〉的公告》（国家税务总局公告2016年第2号）

《中华人民共和国城市维护建设税法》

《中华人民共和国烟叶税法》

《国家税务总局关于简并税费申报有关事项的公告》（国家税务总局公告2021年第9号）

《国家税务总局关于增值税 消费税与附加税费申报表整合有关事项的公告》（国家税务总局公告2021年第20号）

项目八

企业所得税纳税实务

学习目标

知识目标

1. 能够区分企业所得税居民企业和非居民企业，确定不同纳税人应如何履行纳税义务并正确判断所得来源地。
2. 掌握企业所得税一般税率及优惠税率的适用范围。
3. 掌握企业所得税的征税范围，掌握应税所得与会计利润的区别与联系，准确把握所得税收入总额的构成及扣除项目的范围及标准。
4. 掌握各项资产的所得税处理办法。
5. 了解特别纳税调整的范围及调整方法。
6. 熟练掌握不同的税款征收方式下应纳税额的计算。
7. 掌握企业所得税税收优惠政策的适用范围及要求。
8. 掌握企业所得税纳税申报表及其附表填制的要点。

技能目标

1. 能够正确计算企业所得税应纳税额。
2. 能够准确填制企业所得税纳税申报表，并准备纳税申报资料。

态度目标

1. 树立法律意识，明确依法纳税、建立良好的纳税信用等级是企业发展的重要前提。
2. 树立风险防范意识，明确税收违章应负担的法律责任。
3. 树立筹划意识，最大限度地维护纳税人的合法权益，以实现企业财务利益最大化的目标。

思政目标

1. 通过学习研发费用加计扣除、集成电路设计企业和软件企业减免税等税收优惠政策，体会我国科技强国战略。
2. 通过学习残疾人加计扣除及对生产和装配伤残人员专门用品企业免征企业所得税优惠政策，体会社会成员应彰显的社会责任。
3. 通过对制造业各项优惠政策的归纳总结，体会减税降负为企业发扬“工匠精神”添动力的政策意图。
4. 通过对农林牧渔项目的优惠政策，体会“产业兴旺、生态宜居、乡风文明、治理有效、生活富裕”的乡村振兴战略。

工作情境与工作任务

在一个企业或组织中，一般的业务不外乎先行投入、组织销售、实现收益，通过前面章节的学习，我们知道一个企业或组织先行投入的资产在保有环节可能要缴纳财产税，组织生产经营、提供服务产生的销售额要缴纳货物与劳务税，一些特定的行为还可能产生行为税纳税义务。你知道企业在结算出财务成果、产生收益后，还需要缴纳什么税吗？

纳税人的收益，可能是生产经营的成果，也可能是营业外产生的利得，还可能是投资的分红。不同的收益来源，其所得确定的时间、方式、征免界限均有所不同，你能准确把握各项应税所得确定的时间并正确计算其金额吗？

纳税人为谋取利润，需要投入一定的人力、物力、财力，在计算企业所得税计税依据——“纯所得”时，其全部投入需按法定的范围及标准扣除，你能准确计算出企业所得税的应纳税所得额吗？

准确计算出纳税人应纳所得税额后，你会进行相应的会计核算并准确填制企业所得税纳税申报表，顺利报送到税务机关吗？

任务一　企业所得税基本要素

企业所得税，是指对我国境内的企业和其他取得收入的组织的生产经营所得和其他所得征收的一种税。

企业所得税以量能负担为原则，以纯所得为计税依据，属于直接税。我国现行企业所得税以2018年12月29日第十三届全国人民代表大会常务委员会第七次会议第二次修正的《中华人民共和国企业所得税法》（以下简称《企业所得税法》）为基本法律规范。

一、企业所得税纳税义务人及扣缴义务人

（一）企业所得税的纳税义务人

在中华人民共和国境内，企业和其他取得收入的组织（以下统称“企业”）为企业所得税的纳税人，应依照《企业所得税法》的规定缴纳企业所得税。

【注意】依照中国法律、行政法规成立的个人独资企业、合伙企业不适用《企业所得税法》。

为了更好地保障我国税收管辖权的有效行使，按地域管辖权与居民管辖权双重标准，我国将企业所得税纳税人分为居民企业与非居民企业两种。

1. 居民企业

居民企业，是指依法在中国境内成立，或者依照外国（地区）法律成立但实际管理机构在中国境内的企业。

所称企业，包括依照中国法律、行政法规在中国境内成立的企业、事业单位、社会团体以及其他取得收入的组织。其基本组织形式包括:独资企业、合伙企业和公司，公司制企业是现代企业中最主要的、最典型的组织形式。

所称实际管理机构，是指对企业的生产经营、人员、账务、财产等实施实质性全面管理和控制的机构。

【思考】在我国注册成立的某国汽车公司，是我国的居民企业吗？我国境内的某集团在国外建厂，其在国外的工厂是我国的居民企业吗？

2.非居民企业

非居民企业，是指依照外国（地区）法律、法规成立且实际管理机构不在中国境内，但在中国境内设立机构、场所，或者在中国境内未设立机构、场所，但有来源于中国境内所得的企业。

依照外国（地区）法律成立的企业，包括依照外国（地区）法律成立的企业和其他取得收入的组织。例如，在我国设立代表处及其他分支机构等的外国企业。

机构、场所，是指在中国境内从事生产经营活动的机构、场所，包括：

（1）管理机构、营业机构、办事机构；

（2）工厂、农场、开采自然资源的场所；

（3）提供劳务的场所；

（4）从事建筑、安装、装配、修理、勘探等工程作业的场所；

（5）其他从事生产经营活动的机构、场所。

非居民企业委托营业代理人在中国境内从事生产经营活动的，包括委托单位或者个人经常代其签订合同，或者储存、交付货物等，该营业代理人为营业所设的机构、场所视为非居民企业在中国境内设立的机构、场所。

【思考】居民企业在中国境内设立不具有法人资格的营业机构，是企业所得税的纳税主体吗？

（二）企业所得税的扣缴义务人

1.法定扣缴义务人

对非居民企业在中国境内未设立机构、场所，或者虽设立机构、场所但取得的所得与其所设机构、场所没有实际联系的所得应缴纳的所得税，实行源泉扣缴，以支付人为扣缴义务人。税款由扣缴义务人在每次支付或者到期应支付时，从支付或者到期应支付的款项中扣缴。

所称支付人，是指依照有关法律的规定或者合同的约定对非居民企业直接负有支付相关款项义务的单位或者个人。支付人自行委托代理人或指定其他第三方代为支付相关款项，或者因担保合同或法律规定等原因由第三方保证人或担保人支付相关款项的，由委托人、指定人或被保证人、被担保人承担扣缴义务。

2.指定扣缴义务人

对非居民企业在中国境内取得工程作业和劳务所得应缴纳的所得税，税务机关可以指定工程价款或者劳务费的支付人为扣缴义务人。

指定扣缴义务人的情形包括：

（1）预计工程作业或者提供劳务期限不足一个纳税年度，且有证据表明不履行纳税义务的；

（2）没有办理税务登记或者临时税务登记，且未委托中国境内的代理人履行纳税义务的；

（3）未按照规定期限办理企业所得税纳税申报或者预缴申报的。

扣缴义务人，由县级以上税务机关指定，并同时告知扣缴义务人所扣税款的计算依据、计算方法、扣缴期限和扣缴方式。

二、企业所得税征税对象

企业所得税征税对象，是指企业的生产经营所得、其他所得和清算所得。

（一）居民企业征税对象

居民企业应承担全面纳税义务，就其来源于我国境内、境外的全部所得在我国境内申报纳税。

全部所得，包括销售货物所得、提供劳务所得、转让财产所得、股息红利等权益性投资所得、利息所得、租金所得、特许权使用费所得、接受捐赠所得和其他所得。

（二）非居民企业征税对象

非居民企业承担有限纳税义务，一般只就其来源于我国境内的所得在我国境内申报纳税。非居民企业征税对象包括：

1. 非居民企业在中国境内设立机构、场所，应当就其所设机构、场所取得的来源于中国境内的所得，以及发生在中国境外但与其境内所设机构、场所有实际联系的所得，缴纳企业所得税。

2. 非居民企业在中国境内未设立机构、场所，或者虽设立机构、场所但取得的所得与其所设机构、场所没有实际联系的，应当就其来源于中国境内的所得缴纳企业所得税。

实际联系，是指非居民企业在中国境内设立的机构、场所拥有据以取得所得的股权、债权，以及拥有、管理、控制据以取得所得的财产等。

（三）所得来源地的确定

区分所得来源地是判断非居民企业是否有义务在中国纳税的重要标准。所得来源地按照以下原则确定：

1. 销售货物所得来源地，按照交易活动发生地确定。交易活动发生地可以根据合同的签订地、货物的储存地、发货地等来判断。

2. 提供劳务所得来源地，按照劳务发生地确定。

3. 转让财产所得来源地分以下三类：不动产转让所得按照不动产所在地确定；动产转让所得按照转让动产的企业或者机构、场所所在地确定；权益性投资资产转让所得按照被投资企业所在地确定。

4. 股息、红利等权益性投资所得来源地，按照分配所得的企业所在地确定。

5. 利息所得、租金所得、特许权使用费所得来源地，按照负担或者支付所得的企业或者机构、场所所在地，负担或者支付所得的个人住所所在地确定。

6.其他所得来源地，由国务院财政、税务主管部门确定。

三、企业所得税税率

现行企业所得税采取比例税率，具体规定如下：

（一）基准税率

居民企业及在中国境内设立机构、场所取得来源于中国境内所得的非居民企业，适用税率为25%。

（二）预提所得税税率

非居民企业在中国境内未设立机构、场所，或者虽设立机构、场所但取得的所得与其所设机构、场所没有实际联系的，应当就其来源于中国境内的所得缴纳企业所得税，由支付人代扣代缴，也称作"预提所得税"。适用税率为20%，并减按10%的税率征收。

（三）优惠税率

1.符合条件的小型微利企业，减按20%的税率征收企业所得税。

2.国家需要重点扶持的高新技术企业，减按15%的税率征收企业所得税。

3.经认定的技术先进型服务企业，减按15%的税率征收企业所得税。

4.国家规划布局内的重点软件企业、集成电路设计企业，如当年未享受免税优惠的，可减按10%的税率征收。

任务二 收入总额的确定

企业所得税的计税依据为应纳税所得额。按照税法的规定，应纳税所得额为企业每一个纳税年度的收入总额，减除不征税收入、免税收入、各项扣除以及允许弥补的以前年度亏损后的余额。确定应纳税所得额，可以采用以下两种方法：

一是直接计算法。其计算公式为：

应纳税所得额 = 收入总额 − 不征税收入 − 免税收入 − 各项扣除 − 允许弥补的以前年度亏损

二是间接计算法。其计算公式为：

应纳税所得额 = 会计利润总额±纳税调整项目金额

可见，应纳税所得额与会计上的利润是两个不同的概念，两者既有联系又有区别。应纳税所得额，是一个税法概念，是纳税人按照税法规定在一个时期内的计税所得，即企业所得税的计税依据。会计利润，是一个会计核算概念，是企业在会计核算中，由利润账户和利润表所反映出来的、企业于一定时期内生产经营的财务成果。会计利润是确定应纳税所得额的基础，企业按照会计准则等规定进行核算得出的会计利润，必须根据税收规定作相应调整后，才能作为企业的应纳税所得额。

微课

应纳税所得额的确定方法

纳税人应纳税所得额的计算，应以权责发生制为原则。属于当期的收入或费用，不论款项是否收付，均作为当期的收入或费用；不属于当期的收入或费用，即使款项已经在当期收付，也不得作为当期的收入或费用，《中华人民共和国企业所得税法实施条例》及国务院财政、税务主管部门另有规定的除外。

一、收入总额

企业收入总额包括以货币形式和非货币形式从各种来源渠道取得的收入总和，包括来源于中国境内、境外的生产经营收入和其他收入。企业取得收入的形式有两种：一是货币形式的收入，主要有现金、存款、应收账款、应收票据、准备持有至到期的债券投资以及债务的豁免等；二是非货币形式的收入，主要有固定资产、生物资产、无形资产、股权投资、存货、不准备持有至到期的债券投资、劳务以及有关权益等。企业以非货币形式取得的收入，应当按照公允价值确定收入额。

微课

部分收入企业所得税和会计处理差异分析

所称公允价值，是指按照市场价格确定的价值。企业的收入总额按其性质划分，可分为应征税收入、不征税收入和免税收入。

（一）应征税收入

应征税收入的具体内容包括：

1. 基本收入项目

（1）销售货物收入，是指企业销售商品、产品、原材料、包装物、低值易耗品以及其他存货取得的收入。

（2）提供劳务收入，是指企业从事建筑安装、修理修配、交通运输、仓储租赁、金融保险、邮电通信、咨询经纪、文化体育、科学研究、技术服务、教育培训、餐饮住宿、中介代理、卫生保健、社区服务、旅游、娱乐、加工以及其他劳务、服务活动取得的收入。

（3）转让财产收入，是指企业转让固定资产、生物资产、无形资产、股权、债权等财产取得的收入。

（4）股息、红利等权益性投资收益，是指企业因权益性投资从被投资方取得的收入。

（5）利息收入，是指企业将资金提供给他人使用但不构成权益性投资，或者因他人占用本企业资金取得的收入，包括存款利息、贷款利息、债券利息和欠款利息等收入。

【提示】购买方企业购买可转换债券，在其持有期间按照约定利率取得的利息收入，应当依法申报缴纳企业所得税；购买方企业可转换债券转换为股票时，将应收未收利息一并转为股票的，该应收未收利息即使会计上未确认收入，税收上也应当作为当期利息收入申报纳税。

（6）租金收入，是指企业提供固定资产、包装物或者其他有形资产的使用权取得的收入。

（7）特许权使用费收入，是指企业提供专利权、非专利技术、商标权、著作权以及其他特许权的使用权取得的收入。

（8）接受捐赠收入，是指企业接受的来自其他企业、组织或者个人无偿给予的货币性资产和非货币性资产。

（9）其他收入，是指企业取得的除上述规定收入外的其他收入，包括企业资产溢余收入、逾期未退包装物押金收入、确实无法偿付的应付款项、已作坏账损失处理后又收回的应收款项、债务重组收入、补贴收入、违约金收入和汇兑收益等。

2.特殊收入项目

（1）视同销售收入

①企业发生非货币性资产交换，以及将货物、财产、劳务用于捐赠、偿债、赞助、集资、广告、样品、职工福利或者利润分配等用途的，应当视同销售货物、转让财产或者提供劳务，但国务院财政、税务主管部门另有规定的除外。企业以买一赠一等方式组合销售本企业商品的，不属于捐赠，应将总的销售金额按各项商品的公允价值的比例来分摊确认各项销售收入。

②房地产开发企业将开发产品用于捐赠、赞助、职工福利、奖励、对外投资、分配给股东或投资人、抵偿债务、换取其他企事业单位和个人的非货币性资产等，应视同销售，于开发产品所有权或使用权转移或实际取得利益、权利时确认收入（或利润）。确认收入（或利润）的方法和顺序为：

第一，按本企业近期或本年度最近月份同类开发产品市场销售价格确定。

第二，由主管税务机关参照当地同类开发产品市场公允价值确定。

第三，按开发产品的成本利润率确定。开发产品的成本利润率不得低于15%，具体比例由主管税务机关确定。

③企业向境内公益性社会团体实施的股权捐赠，视同转让股权，股权转让收入额以企业所捐赠股权取得时的历史成本确定。所称股权，是指企业持有的其他企业的股权、上市公司股票等。

（2）处置资产收入

处置资产包括内部处置资产和资产移送他人两种。内部处置资产不视同销售确认收入；资产移送他人视同销售确认收入，除另有规定外，应按照被移送资产的公允价值确认销售收入。

内部处置资产和资产移送他人的对比情况见表8-1。

表8-1　　内部处置资产和资产移送他人对比情况表

内部处置资产——不视同销售确认收入	资产移送他人——视同销售确认收入
（1）将资产用于生产、制造和加工另一种产品； （2）改变资产形状、结构或性能； （3）改变资产用途（如将自建商品房转为自用或经营）； （4）将资产在总机构及其分支机构之间转移； （5）上述两种或两种以上情形的混合； （6）其他不改变资产所有权属的用途	（1）用于市场推广或销售； （2）用于交际应酬； （3）用于职工奖励或福利； （4）用于股息分配； （5）用于对外捐赠； （6）其他改变资产所有权属的用途

【做中学8-1】AAA家具厂2022年6月将自己生产的500套课桌直接捐赠给某希望小学，每套课桌市场价为100元，成本为80元，企业在“营业外支出”中列支46 500元。

应确认课桌转让收入 = 500 × 100 = 50 000（元）

课桌转让成本 = 500 × 80 = 40 000（元）

【思考】若上述课桌系外购，购置价为每套100元，则该企业应确认的课桌转让收入、成本各是多少？

（3）售后回购

售后回购，是指销售商品的同时，销售方同意日后重新买回所售商品的销售。采用售后回购方式销售商品的，销售的商品按售价确认收入，回购的商品作为购进商品处理。有证据表明不符合销售收入确认条件的，如以销售商品方式进行融资，收到的款项应确认为负债；回购价格大于原售价的，差额应在回购期间确认为利息费用。

（4）融资性售后回租

融资性售后回租，是指承租方以融资为目的将资产出售给经批准从事融资租赁业务的企业后，又将该项资产从该融资租赁企业租回的行为。

在融资性售后回租业务中，承租人出售资产时，不确认销售收入，对融资性租赁的资产，仍按承租人出售前原账面价值作为计税基础计提折旧。在租赁期间，承租人支付的属于融资利息的部分，作为企业财务费用在税前扣除。

（5）以旧换新

销售商品以旧换新的，应当按照销售商品收入确认条件确认收入，回收的商品作为购进商品处理。

（6）销售折扣、折让与退回

销售折扣包括商业折扣和现金折扣。

①商业折扣。企业为促进商品销售而在商品价格上给予的价格扣除属于商业折扣。商品销售涉及商业折扣的，应当按照扣除商业折扣后的金额确定销售商品收入金额。

②现金折扣。债权人为鼓励债务人在规定的期限内付款而向债务人提供的债务扣除属于现金折扣。销售商品涉及现金折扣的，应当按照扣除现金折扣前的金额确定销售商品收入金额。现金折扣在实际发生时作为财务费用扣除。

③折让与退回。企业因售出商品的质量不合格等原因而在售价上给予的减让属于销售折让。企业因售出商品质量、品种不符合要求等原因而发生的退货属于销售退回。企业已经确认销售收入的售出商品发生销售折让和销售退回的，应当在发生当期冲减当期销售商品收入。

（7）关联交易

企业与其关联方之间的业务往来，不符合独立交易原则而减少企业或者其关联方应纳税收入或者所得额的，税务机关有权按照合理方法调整。

（8）房地产开发企业代收款项

经营房地产开发业务的企业代有关部门、单位和企业收取的各种基金、费用和附加等，凡纳入开发产品价内或由企业开具发票的，应按规定全部确认为开发产品销售收入；未纳入开发产品价内并由企业之外的其他收取部门、单位开具发票的，可作为代收代缴款项进行管理。

【思考】房地产开发企业在销售开发商品房的同时代收有线电视初装费并出具发票

的，要按规定全部确认为开发产品销售收入。那么，房地产开发公司会因此增加企业所得税负担吗？

（二）收入实现时间的确定

1.销售商品收入确认的时间

（1）确认条件。企业销售收入的确认，必须遵循权责发生制原则和实质重于形式原则。在同时满足下列条件的情况下，应确认收入的实现：

①商品销售合同已经签订，企业已将与商品所有权相关的主要风险和报酬转移给购买方；

②企业对已售出的商品既没有保留通常与所有权相联系的继续管理权，也没有实施有效控制；

③收入的金额能够可靠地计量；

④已发生或将发生的销售方的成本能够可靠地核算。

【辨析】企业会计准则与《企业所得税法》对销售商品收入的确认有何不同？

【思考】某超市2022年3月销售购物卡取得收入2 000元，持卡人于2022年10月在超市持卡消费。按税收的规定，超市应于什么时间结转企业所得税收入额呢？

【做中学8-2】甲企业销售给乙企业一批货物。合同约定：甲企业应当于2021年12月15日交付货物；乙企业应当于交付货物的当天支付全部货款100万元，若逾期付款，乙企业必须另外支付1万元的违约金。甲企业按期交付货物。乙企业直到2022年12月31日才支付货款98万元，余款及1万元的违约金没有支付。甲企业同意免除乙企业上述欠款。

甲企业2021年度应当确认的收入是100万元。

（2）不同销售方式收入确认的时间。

①采取产品分成方式取得收入的，按照企业分得产品的日期确认收入的实现，其收入额按照产品的公允价值确定。

②以分期收款方式销售货物的，按照合同约定的收款日期确认收入的实现。

③企业受托加工制造大型机械设备、船舶、飞机，以及从事建筑、安装、装配工程业务或者提供其他劳务等，持续时间超过12个月的，按照纳税年度内完工进度或者完成的工作量确认收入的实现。

④销售商品采用托收承付方式的，在办妥托收手续时确认收入。

⑤销售商品采取预收款方式的，在发出商品时确认收入。

⑥销售商品需要安装和检验的，在购买方接受商品以及安装和检验完毕时确认收入。如果安装程序比较简单，可在发出商品时确认收入。

⑦销售商品采用支付手续费方式委托代销的，在收到代销清单时确认收入。

2.房地产开发企业开发产品完工确认收入的条件

房地产开发企业建造、开发的产品，无论工程是否通过验收，或者是否办理完工（竣工）备案手续以及会计决算手续，当企业开始办理开发产品交付手续（包括入住手续）或者已开始实际投入使用时，说明开发产品开始投入使用，应视为开发产品已经完工。房地产开发企业应按规定及时结算开发产品计税成本，并计算企业当年的应纳税所得额。

3.提供劳务收入确认的时间

（1）劳务收入确认的条件及办法。企业在各个纳税期末，提供劳务交易的结果能够可靠估计的，应采用完工进度法（完工百分比法）确认提供劳务收入。所称提供劳务交易的结果能够可靠估计，是指要同时满足下列条件：收入的金额能够可靠地计量；交易的完工进度能够可靠地确定；交易中已发生和将发生的成本能够可靠地核算。

企业提供劳务完工进度的确定，可选用下列方法：已完成工作的测量；已提供劳务占劳务总量的比例；已发生成本占总成本的比例。

企业应按照从接受劳务方已收或应收的合同或协议价款确定劳务收入总额，根据纳税期末提供劳务收入总额乘以完工进度，扣除以前纳税年度累计已确认提供劳务收入后的金额，确认为当期劳务收入；同时，将提供劳务估计总成本乘以完工进度，扣除以前纳税期间累计已确认劳务成本后的金额，结转为当期劳务成本。

【做中学8-3】某建筑公司2021年6月中标了A工程，签订的工程施工合同总金额为950万元。工程于2021年7月开工，2023年6月完工。2021年预计工程总成本为750万元，2022年业主提出变更部分设计，追加投资50万元。2022年年末，预计工程尚需发生成本200万元。该公司2021年和2022年累计已完工成本分别为150万元和600万元。

该公司2021年、2022年和2023年应结转的劳务收入如下：

2021年实际发生成本150万元，合同总成本750万元，完工进度为20%。按照完工进度法确认2021年度劳务收入为190万元（950 × 20%）。

2022年实际累计发生成本600万元，合同总成本800万元（600 + 200），合同总金额1 000万元（950 + 50），完工进度为75%（600÷800 × 100%）。按照完工进度法确认2022年度劳务收入为560万元（1 000 × 75% − 190）。

2023年确认劳务收入为250万元（1 000 − 190 − 560）。

（2）各种劳务收入确认的时间。下列提供劳务满足收入确认条件的，应按规定确认收入：

①安装费，应根据安装完工进度确认收入。安装完工作为商品销售附带条件的，在确认商品销售实现时确认收入。

②宣传媒介的收费，应在相关的广告或商业行为出现于公众面前时确认收入。广告的制作费应根据制作广告的完工进度确认收入。

③软件费，为特定客户开发软件的收费，应根据开发的完工进度确认收入。

④服务费，包含在商品售价内可区分的服务费，在提供服务的期间分期确认收入。

⑤艺术表演、招待宴会和其他特殊活动的收费，在相关活动发生时确认收入。收费涉及几项活动的，预收的款项应合理分配给每项活动，分别确认收入。

⑥会员费。申请入会或加入会员，只允许取得会籍，所有其他服务或商品都要另行收费的，在取得该会员费时确认收入；申请入会或加入会员后，会员在会员期内不再付费就可得到各种服务或商品，或者以低于非会员的价格销售商品或提供服务的，该会员费应在整个受益期内分期确认收入。

⑦特许权费。属于提供设备和其他有形资产的特许权费，在交付资产或转移资产所

有权时确认收入；属于提供初始及后续服务的特许权费，在提供服务时确认收入。

⑧劳务费。长期为客户提供重复的劳务收取的劳务费，在相关劳务活动发生时确认收入。

4.转让股权收入确认的时间

企业转让股权收入，应于转让协议生效且完成股权变更手续时，确认收入的实现。转让股权收入扣除为取得该股权所发生的成本后，为股权转让所得。

5.股息、红利等权益性投资收益确认的时间

除国务院财政、税务主管部门另有规定外，股息、红利等权益性投资收益应以被投资方做出利润分配或转股决定的日期，作为收入确认的时间。被投资企业将股权（票）溢价所形成的资本公积转为股本的，不作为投资方企业的股息、红利收入，投资方企业也不得增加该项长期投资的计税基础。

【辨析】税法确认投资收益的时间与企业会计准则下确认投资收益的时间一致吗？

6.利息收入确认的时间

微课

租金收入的税务处理

利息收入，按照合同约定的债务人应付利息的日期确认收入的实现。

7.租金收入确认的时间

租金收入，按照合同约定的承租人应付租金的日期确认收入的实现。如果交易合同或协议中规定租赁期限跨年度，且租金提前一次性支付，根据收入与费用配比原则，出租人可将上述已确认的收入，在租赁期内分期均匀计入相关年度。

【思考】如果交易合同或协议中规定租赁期限跨年度，但租金于租赁合同最后期限收取，应如何确认租赁期内相关年度收入？

【做中学8-4】某企业出租办公楼，租期自2020年6月1日起至2022年5月31日止，租期2年，年租金12万元。

如果合同约定租金在2020年6月一次性收取，则2020年企业所得税计税收入可以是7万元，也可以是24万元。

如果合同约定租金在2022年6月一次性收取，则2020年、2021年企业所得税计税收入是0，2022年确认企业所得税收入24万元。

8.特许权使用费收入确认的时间

特许权使用费收入，按照合同约定的特许权使用人应付特许权使用费的日期确认收入的实现。

9.接受捐赠收入确认的时间

接受捐赠收入，按照实际收到捐赠资产的日期确认收入的实现。

10.债务重组收入确认的时间

企业发生债务重组，应在债务重组合同或协议生效时确认收入的实现。

11.企业取得政府财政资金收入确定的时间

企业按照市场价格销售货物、提供劳务服务等，凡由政府财政部门根据企业销售货物、提供劳务服务的数量、金额的一定比例给予全部或部分资金支付的，应当按照权责发生制原则确认收入。

除上述情形外，企业取得的各种政府财政支付，如财政补贴、补助、补偿、退税等，应当按照实际取得收入的时间确认收入。

（三）不征税收入

不征税收入，是指从性质和根源上不属于企业营利性活动带来的经济利益、不负有纳税义务并不作为应纳税所得额组成部分的收入。其具体包括：

1.财政拨款

财政拨款，是指各级人民政府对纳入预算管理的事业单位、社会团体等组织拨付的财政资金，包括财政补助、专项财政补贴、贷款贴息等，但国务院和国务院财政、税务主管部门另有规定的除外。

2.依法收取并纳入财政管理的行政事业性收费、政府性基金

行政事业性收费，是指依照法律法规等有关规定，按照国务院规定程序批准，在实施社会公共管理，以及在向公民、法人或者其他组织提供特定公共服务过程中，向特定对象收取并纳入财政管理的费用。

政府性基金，是指企业依照法律、行政法规等有关规定，代政府收取的具有专项用途的财政资金。

3.国务院规定的其他不征税收入

国务院规定的其他不征税收入，是指企业取得的，由国务院财政、税务主管部门规定专项用途并经国务院批准的财政性资金。

一般来说，企业取得国家财政性补贴和其他补贴收入，除国务院、财政部和国家税务总局规定不计入损益的以外，应一律并入实际收到该补贴收入年度的应纳税所得额，但下列情况除外：

（1）政府以资本金的形式投入企业的财政款项，属于企业的所有者权益，不计入所得。

（2）企业从县级以上各级人民政府财政部门及其他部门取得的应计入收入总额的财政性资金，凡同时符合下列条件的，可以作为不征税收入，在计算应纳税所得额时从收入总额中减除：

①企业能够提供资金拨付文件，且文件中规定了该资金的专项用途；

②财政部门或其他拨付资金的政府部门对该资金有专门的资金管理办法或具体管理要求；

③企业对该资金的取得及发生的支出应单独进行核算。

企业将符合规定条件的财政性资金作为不征税收入处理后，在5年（60个月）内未发生支出且未缴回财政或其他拨付资金的政府部门的部分，应重新计入取得该资金第6年的收入总额。

（3）县级以上人民政府（包括政府有关部门，下同）将国有资产明确以股权投资方式投入企业的，企业应作为国家资本金（包括资本公积）处理。该项资产如为非货币性资产，应按政府确定的接收价值确定计税基础。县级以上人民政府将国有资产无偿划入企业，凡指定专门用途并按《财政部　国家税务总局关于专项用途财政性资金企业所得税处理问题的通知》（财税〔2011〕70号）的规定进行管理的，企业可作为不征税收入进行企业所得税处理。其中：该项资产属于非货币性资产的，应按政府确定的接收价值计算不征税收入。县级以上人民政府将国有资产无偿划入企业，属于上述情形以外的，应按政府确定的接收价值计入当期收入总额计算缴纳企业所得税。政府没有确定接收价值的，按资产的公允价值计算确定应税收入。

（4）符合条件的软件企业取得的即征即退增值税税款，由企业专项用于软件产品研发和扩大再生产并单独进行核算，可以作为不征税收入，在计算应纳税所得额时从收入总额中扣除。

（5）对社保基金会及养老基金投资管理机构在国务院批准的投资范围内，运用养老基金投资取得的归属于养老基金的投资收入，作为企业所得税不征税收入；对养老基金投资管理机构、养老基金托管机构从事养老基金管理活动取得的收入，依照税法规定征收企业所得税。

对社保基金取得的直接股权投资收益、股权投资基金收益，作为企业所得税不征税收入。

（四）免税收入

企业的免税收入可详见税收优惠的相关内容。

【做中学8-5】AAA家具厂为增值税一般纳税人，该企业2022年度收入情况如下：

（1）货物运输收入200万元。

（2）销售家具收入6 000万元，随同家具销售取得运输收入10万元。

（3）10月签订出租闲置厂房协议，租期3年，年租金12万元，于10月底交付使用，合同约定租金于本年底一次性收取，当年确认收入2万元。

（4）对外投资采用权益法核算，当年对方取得净利润100万元（未公布利润分配方案），本企业核算投资收益30万元。

（5）持有某上市公司股票，持有期超过12个月，本年取得股利5万元。

（6）接受捐赠资产，价值10万元，增值税1.3万元，本企业发生安装费1万元。

（7）收到已作为坏账核销的应收账款1.8万元。

（8）收到与收益相关的省财政厅技术改造专项拨款200万元，单独核算。

（9）将500套自产课桌（每套不含增值税市场价格为100元）直接捐赠给希望小学。

该企业2022年度应纳税收入总额计算如下：

2022年度应确认的收入总额 = 200 + 6 000 + 10 + 2 + 5 + 11.3 + 1.8 + 200 + 5 = 6 435.1（万元）

其中：本年取得股利5万元属于免税收入；技术改造专项拨款200万元属于不征税收入。

另外，权益法核算的投资收益30万元不符合收入确认时间的规定，不作为当年收入。

因此，该企业2022年度应税收入额为6 230.1万元（6 435.1 − 5 − 200）。

任务三　各项扣除的确定

一、扣除范围

企业实际发生的与取得收入有关的、合理的支出，包括成本、费用、税金、损失和其他支出，准予在计算应纳税所得额时扣除。

所称有关的支出，是指与取得收入直接相关的支出。所称合理的支出，是指符合生产经营活动常规，应当计入当期损益或者有关资产成本的必要和正常的支出。企业发生的支出应当区分收益性支出和资本性支出。收益性支出在发生当期直接扣除；资本性支出应当分期扣除或者计入有关资产成本，不得在发生当期直接扣除。

微课

部分费用的企业所得税和会计处理差异分析

企业的不征税收入用于支出所形成的费用或者财产，不得扣除或者计算对应的折旧、摊销扣除，但重新计入收入总额的财政性资金发生的支出，允许在计算应纳税所得额时扣除。

【注意】除企业所得税法及其实施条例另有规定外，企业实际发生的成本、费用、税金、损失和其他支出，不得重复扣除。

（一）成本

成本，是指企业在生产经营活动中发生的销售成本、销货成本、业务支出以及其他耗费。凡是企业生产产品、销售商品、提供劳务等过程中耗费的直接相关支出，如果没有列入费用的范畴，均允许列入成本，予以税前扣除。

（二）费用

费用，是指企业在生产经营活动中发生的销售费用、管理费用和财务费用，已经计入成本的有关费用除外。其包括：

1. 销售费用

销售费用是指纳税人为销售商品、提供劳务而发生的费用。它包括广告费、运输费、装卸费、包装费、展览费、保险费、销售佣金、代销手续费、经营性租赁费，及销售部门发生的差旅费、工资、福利费等费用。

2. 管理费用

管理费用是指纳税人的行政管理部门为管理组织提供各项服务所发生的费用。它包括由纳税人统一负担的公司（总部）经费、研究开发费、社会保障性缴款、劳动保护费、业务招待费、工会经费、教育经费、股东大会费或董事会费、开办费摊销、无形资产摊销（含土地使用费、土地损失补偿费）、办公费、差旅费、审计费、诉讼费、排污费、租赁费等费用。

3. 财务费用

财务费用是指纳税人为筹集经营性资金而发生的费用。它包括利息净支出、汇兑净损失、金融机构手续费以及其他非资本性支出。

【注意】准予在计算应纳税所得额时扣除的费用，必须是企业在生产产品、提供劳务、销售商品等生产经营活动过程中发生的支出和耗费。

企业发生支出，应取得税前扣除凭证，作为计算企业所得税应纳税所得额时扣除相关支出的依据。所称税前扣除凭证，是指企业在计算企业所得税应纳税所得额时，证明与取得收入有关的、合理的支出实际发生，并据以税前扣除的各类凭证。税前扣除凭证在管理中遵循真实性、合法性、关联性原则。真实性是指税前扣除凭证反映的经济业务真实，且支出实际已经发生；合法性是指税前扣除凭证的形式、来源符合国家法律、法规等相关规定；关联性是指税前扣除凭证与其反映的支出相关联且有证明力。

（三）税金

税金，是指企业发生的除企业所得税和允许抵扣的增值税以外的各项税金及其附加。我国目前允许税前扣除的税收种类主要有：消费税、资源税、城市维护建设税、教育费附加、地方教育附加、房产税、车船税、城镇土地使用税、环境保护税和印花税等。

【思考】企业在购置房产、车辆及占用耕地过程中缴纳的契税、车辆购置税、耕地占用税可以作为税金在税前直接扣除吗？

（四）损失

损失，是指企业在生产经营活动中发生的固定资产和存货的盘亏、毁损、报废损失，转让财产损失，呆账损失，坏账损失，自然灾害等不可抗力因素造成的损失以及其他损失。

所称损失，是指企业的实际损失，企业获得的相应保险赔款或者责任人赔偿的部分不属于企业实际承担的损失，因此在计算时应将其从损失中扣除，即企业实际发生的损失，减除责任人赔偿和保险赔款后的余额，可以按照国务院财政、税务主管部门的规定扣除。企业已经作为损失处理的资产，在以后纳税年度全部收回或者部分收回时，应当计入当期收入。

（五）其他支出

其他支出，是指除成本、费用、税金、损失外，企业在生产经营活动中发生的与生产经营活动有关的、合理的支出。

【注意】企业取得的各项免税收入所对应的各项成本费用，除另有规定外，可以在计算企业应纳税所得额时扣除。

二、扣除项目及标准

（一）工资、薪金支出

工资、薪金，是指企业每一纳税年度支付给在本企业任职或者受雇的员工的所有现金形式或者非现金形式的劳动报酬，包括基本工资、奖金、津贴、补贴、年终加薪、加班工资，以及与员工任职或者受雇有关的其他支出。企业发生的合理的工资、薪金支出，准予税前扣除。所称合理的工资、薪金支出，是指企业按照股东大会、董事会、薪酬委员会或相关管理机构制定的工资、薪金制度的规定实际发放给员工的工资、薪金。在对工资、薪金进行合理性确认时，可依照以下原则：

1. 企业制定了较为规范的员工工资、薪金制度；

2. 企业所制定的工资、薪金制度符合行业及地区水平；

3. 企业在一定时期所发放的工资、薪金是相对固定的，工资、薪金的调整是有序进行的；

4. 企业对实际发放的工资、薪金，已依法履行了代扣代缴个人所得税义务；

5. 有关工资、薪金的安排，不以减少或逃避税款为目的。

允许税前扣除的工资、薪金总额，是指按上述规定企业实际发放的工资、薪金总额，不包括企业的职工福利费、职工教育经费、工会经费以及基本养老保险费、基本医疗保险费、失业保险费、工伤保险费、生育保险费等社会保险费和住房公积金。属于国有性质的企业，其准予税前扣除的工资、薪金支出，不得超过政府有关部门给予的限定数额；超过部分，不得计入企业工资、薪金总额，也不得在计算企业应纳税所得额时扣除。

【注意】企业因雇用季节工、临时工、实习生、返聘离退休人员以及接受外部劳务派遣用工所实际发生的费用，应区分为工资、薪金支出和职工福利费支出，并按《企业所得税法》的规定在税前扣除。其中：属于工资、薪金支出的，准予计入企业工资、薪金总额，作为计算其他各项相关费用扣除的依据。

【提示】企业接受外部劳务派遣用工所实际发生的费用，应分为以下两种情况按规定在税前扣除：一是按照协议（合同）约定直接支付给劳务派遣公司的费用，应作为劳务费支出。二是直接支付给员工个人的费用，应作为工资、薪金支出和职工福利费支出。其中：属于工资、薪金支出的费用，准予计入企业工资、薪金总额，作为计算其他各项相关费用扣除的依据。

微课

劳务派遣用工支出的所得税处理

（二）职工福利费、工会经费、职工教育经费和党组织工作经费

1.职工福利费

（1）开支范围。

①尚未实行分离办社会职能的企业，其内设福利部门所发生的设备、设施和人员费用，包括职工食堂、职工浴室、理发室、医务所、托儿所、疗养院等集体福利部门的设备、设施及维修保养费用和福利部门工作人员的工资、薪金及社会保险费、住房公积金、劳务费等。

②为职工卫生保健、生活、住房、交通等所发放的各项补贴和非货币性福利，包括企业向职工发放的因公外地就医费用、未实行医疗统筹企业职工医疗费用、职工供养直系亲属医疗补贴、供暖费补贴、职工防暑降温费、职工困难补贴、救济费、职工食堂经费补贴、职工交通补贴等。

③按照其他规定发生的其他职工福利费，包括丧葬补助费、抚恤费、安家费、探亲假路费等。

（2）列支标准。

企业发生的职工福利费支出，不超过工资、薪金总额14%的部分，准予扣除。

企业发生的职工福利费，应该单独设置账册，进行准确核算。没有单独设置账册准确核算的，税务机关应责令企业在规定的期限内进行改正。逾期仍未改正的，税务机关可对企业发生的职工福利费进行合理的核定。

2.工会经费

企业拨缴的工会经费，不超过工资、薪金总额2%的部分，凭工会组织开具的工会经费收入专用收据在税前扣除；在委托税务机关代收工会经费的地区，企业拨缴的工会经费，也可凭合法、有效的工会经费代收凭据依法在税前扣除。

3.职工教育经费

（1）开支范围。

职工教育经费一般是指岗位技能培训支出，包括：上岗和转岗培训，各类岗位适应性培训，岗位培训、职业技术等级培训、高技能人才培训，专业技术人员继续教育，特种作业人员培训，企业组织的职工外送培训的经费支出；职工参加的职业技能鉴定、职业资格认证等经费支出；购置教学设备与设施支出；职工岗位自学成才奖励费用；职工教育培训管理费用；有关职工教育的其他开支。

（2）列支标准。

除国务院财政、税务主管部门另有规定外，企业发生的职工教育经费支出，不超过工资、薪金总额8%的部分，准予扣除；超过部分，准予在以后纳税年度结转扣除。

软件生产企业发生的职工教育经费中的职工培训费用，可以全额在企业所得税前扣除。软件生产企业应准确划分职工教育经费中的职工培训费用，对不能准确划分的，以及准确划分后职工教育经费中扣除职工培训费用的余额，一律按照不超过工资、薪金总额8%的比例扣除。

【提示】一些特殊行业对专业从业人员要求比较高，培养费用也比较高，这些培训费用支出可作为企业的主营业务成本在税前扣除。例如，核力发电企业为培养核电厂操纵员发生的培养费用；航空企业实际发生的飞行员养成费、飞行训练费、乘务训练费、空中保卫员训练费等空勤训练费用等。

【做中学8-6】AAA家具厂2022年全年成本费用中核算的工资总额为200万元，已全部发放。全年实际支出职工福利费25万元，拨缴工会经费3.5万元，支出职工教育经费16.6万元。

该企业税前允许扣除的工资及三项经费确定如下：

（1）企业实际发生的合理的工资总额200万元可以全额扣除。

（2）职工福利费税前扣除标准为28万元（200 × 14%），企业实际支出职工福利费25万元，按规定可以税前扣除25万元。

（3）工会经费税前扣除标准为4万元（200 × 2%），企业实际拨缴3.5万元，按规定可以税前扣除3.5万元。

（4）职工教育经费扣除标准为16万元（200 × 8%），企业实际支出16.6万元，税前允许扣除16万元。当年支出的职工教育经费超过扣除标准部分为0.6万元，可以结转以后年度扣除。

4.党组织工作经费

纳入管理费用的党组织工作经费，实际支出不超过职工年度工资、薪金总额1%的部分，可以据实在企业所得税前扣除。

（三）社会保险费

企业依照国务院有关主管部门或者省级人民政府规定的范围和标准为职工缴纳的“五险一金”，即基本养老保险费、基本医疗保险费、失业保险费、工伤保险费、生育保险费等基本社会保险费和住房公积金，准予扣除。

企业根据国家有关政策规定，为在本企业任职或者受雇的全体员工支付的补充养老保险费、补充医疗保险费，分别在不超过职工工资总额5%的标准内，在计算应纳税所得额时准予扣除；超过的部分，不予扣除。

除企业依照国家有关规定为特殊工种职工支付的人身安全保险费和国务院财政、税务主管部门规定可以扣除的其他商业保险费外，企业为投资者或者职工支付的商业保险费，不得扣除。

企业参加雇主责任险、公众责任险等责任保险，按照规定缴纳的保险费，准予在企业所得税税前扣除。企业职工因公出差乘坐交通工具发生的人身意外保险费支出，准予企业在计算应纳税所得额时扣除。

（四）借款费用及利息支出

1.借款费用

借款费用包括因借款而发生的利息、折价或溢价的摊销和辅助费用以及因外币借款而发生的汇兑差额。

企业在生产经营活动中发生的合理的不需要资本化的借款费用，准予扣除。

企业为购置、建造固定资产、无形资产和经过12个月以上的建造才能达到预定可销售状态的存货发生借款的，在有关资产购置、建造期间发生的合理的借款费用，应当作为资本性支出计入有关资产的成本，依照资产的税务处理相关规定扣除。

企业通过发行债券、取得贷款、吸收保户储金等方式融资而发生的合理的费用支出，符合资本化条件的，应计入相关资产成本；不符合资本化条件的，应作为财务费用，准予在税前据实扣除。

2.利息支出

（1）准予税前扣除的利息支出。

企业在生产经营活动中发生的下列利息支出，准予税前扣除：

①非金融企业向金融企业借款的利息支出、金融企业的各项存款利息支出和同业拆借利息支出、企业经批准发行债券的利息支出。

【注意】企业发行的永续债，可以适用股息、红利企业所得税政策，即：投资方取得的永续债利息收入属于股息、红利性质，按照现行企业所得税政策相关规定进行处理，其中，发行方和投资方均为居民企业的，永续债利息收入可以适用企业所得税法规定的居民企业之间的股息、红利等权益性投资收益免征企业所得税的规定；同时，发行方支付的永续债利息支出不得在企业所得税税前扣除。企业发行符合规定条件的永续债，也可以按照债券利息适用企业所得税政策，即发行方支付的永续债利息支出准予在企业所得税税前扣除；投资方取得的永续债利息收入应当依法纳税。发行永续债的企业对每一个永续债产品的税收处理方法一经确定，不得变更。

②非金融企业向非金融企业借款的利息支出，不超过按照金融机构同期同类贷款利率计算的数额的部分。

所称金融机构，是指各类银行、保险公司以及经中国人民银行批准从事金融业务的非银行金融机构。

所称同期同类贷款利率，是指在贷款期限、贷款金额、贷款担保以及企业信誉等条件基本相同的情况下，金融企业提供贷款的利率。它既可以是金融企业公布的同期同类贷款平均利率，也可以是金融企业对某些企业提供的实际贷款利率。

鉴于目前我国对金融企业利率要求的具体情况，企业在按照合同要求首次支付利息并进行税前扣除时，应提供“金融企业的同期同类贷款利率情况说明”，以证明其利息支出的合理性。在“金融企业的同期同类贷款利率情况说明”中，应包括在签订该借款合同时，本省任何一家金融企业提供同期同类贷款利率的情况。该金融企业应为经政府有关部门批准成立的可以从事贷款业务的企业，包括银行、财务公司和信托公司等金融机构。

③企业向股东或其他与企业有关联关系以外的内部职工或其他人员借款的利息支出，其借款情况同时符合以下条件的，利息支出在不超过按照金融机构同期同类贷款利率计算的数额的部分，准予扣除：A.企业与个人之间的借贷是真实、合法、有效的，并且不具有非法集资目的或其他违反法律、法规的行为；B.企业与个人之间签订了借款合同。

④发行方企业发生的可转换债券的利息，按照规定在税前扣除；发行方企业按照约定将购买方持有的可转换债券和应付未付利息一并转为股票的，其应付未付利息视同已支付，按照规定在税前扣除。

（2）不得税前扣除的利息支出。

企业在生产经营活动中发生的下列利息支出，不得税前扣除：

①非金融企业向非金融企业借款的利息支出，超过按照金融机构同期同类贷款利率计算的数额的部分。

微课

投资者投资没有到位产生的借款利息支出的所得税处理

②由于投资者投资未到位而发生的利息支出。凡企业投资者在规定期限内未缴足其应缴资本额的，该企业对外借款所发生的利息，相当于投资者实缴资本额与在规定期限内应缴资本额的差额应计付的利息，其不属于企业合理的支出，应由企业投资者负担，不得在计算企业应纳税所得额时扣除。企业每一计算期内不得扣除的借款利息的计算公式为：

$$\text{企业每一计算期内不得扣除的借款利息}=\text{该期间借款利息额}\times\text{该期间未缴足注册资本额}\div\text{该期间借款额}$$

$$\text{企业一个年度内不得扣除的借款利息总额}=\text{该年度内每一计算期不得扣除的借款利息额之和}$$

③企业从其关联方接受的债权性投资与权益性投资的比例超过规定标准而发生的利息支出，不得在计算应纳税所得额时扣除（详见“任务五特别纳税调整”）。

【做中学8-7】AAA家具厂2022年4月1日从外单位借款500万元，期限一年，用于补充流动资金，因此在“财务费用”科目中核算利息30万元。已知同类同期银行利率为6%。

该企业税前允许扣除的利息支出金额计算及所得税处理如下：

税前扣除标准为22.5万元（$500\times6\%\div12\times9$），企业在财务费用中核算了30万元，税前允许扣除22.5万元。在计算企业所得税时需要在会计利润的基础上进行纳税调整，调整增加7.5万元（$30-22.5$）。

（五）汇兑损失

企业在货币交易中，以及纳税年度终了时将人民币以外的货币性资产、负债按照期末即期人民币汇率中间价折算为人民币时产生的汇兑损失，除已经计入有关资产成本以及与向所有者进行利润分配相关的部分外，准予扣除。

（六）业务招待费

业务招待费，是指企业出于经营业务的需要而支付的交际应酬费用。企业发生的与生产经营活动有关的业务招待费支出，按照发生额的60%扣除，但最高不得超过当年销售（营业）收入的5‰。

销售收入包括主营业务收入、其他业务收入和视同销售收入等。

对从事股权投资业务的企业（包括集团公司总部、创业投资企业等），其从被投资企业所分配的股息、红利以及转让股权收入，可以按规定的比例计算业务招待费扣除限额。

【做中学8-8】承【做中学8-5】，AAA家具厂2022年度销售收入6 217万元（6 010 + 200 + 2 + 5），管理费用中列支业务招待费100万元。

该企业计算应纳税所得额时允许扣除的业务招待费的金额是下列两个金额中的较小者：

100 × 60% = 60（万元）

6 217 × 5‰ = 31.085（万元）

计算应纳税所得额时允许扣除31.085万元，企业在费用中已核算列支了100万元，在会计利润基础上应调整增加应纳税所得额68.915万元（100 − 31.085）。

（七）广告宣传费

企业实际发生的广告宣传费，按下列办法予以税前扣除：

1.企业发生的符合条件的广告费和业务宣传费支出，除国务院财政、税务主管部门另有规定外，不超过当年销售（营业）收入15%的部分，准予扣除；超过部分，准予在以后纳税年度结转扣除。

【做中学8-9】承【做中学8-8】，AAA家具厂2022年度销售收入6 217万元。截至2021年年底，企业尚未扣除的广告费用为70万元，2022年广告费用支出为900万元。

该企业2022年允许税前扣除的广告费用计算如下：

税前扣除限额 = 6 217 × 15% = 932.55（万元）

除企业当年实际广告费用支出900万元允许全额扣除外，以前年度尚未扣除70万元，本年度还允许扣除32.55万元。计算应纳税所得额时，在会计利润的基础上应调整减少32.55万元。

2.2021年1月1日至2025年12月31日，对化妆品制造或销售、医药制造和饮料制造（不含酒类制造，下同）企业发生的广告费和业务宣传费支出，不超过当年销售（营业）收入30%的部分，准予扣除；超过部分，准予在以后纳税年度结转扣除。

3.2021年1月1日至2025年12月31日，对签订广告费和业务宣传费分摊协议（以下简称“分摊协议”）的关联企业，其中一方发生的不超过当年销售（营业）收入税前扣除限额比例的广告费和业务宣传费支出可以在本企业扣除，也可以将其中的部分或全部按照分摊协议归集至另一方扣除；另一方在计算本企业广告费和业务宣传费支出税前扣除限额时，按照上述办法归集至本企业的广告费和业务宣传费可不计算在内。

4.烟草企业的烟草广告费和业务宣传费支出，一律不得在计算应纳税所得额时扣除。

【做中学8-10】甲机械厂和乙机械设备有限公司是关联企业，根据广告分摊协议，乙机械设备有限公司2022年发生的广告费和业务宣传费的40%归集至甲机械厂扣除。

（1）假设2022年乙机械设备有限公司销售收入为4 000万元，当年实际发生广告费和业务宣传费700万元，则乙机械设备有限公司2022年广告费和业务宣传费的税前扣除限额为600万元（4 000 × 15%）。

转移至甲机械厂扣除的广告费和业务宣传费为240万元（600 × 40%）。在本企业扣除的广告费和业务宣传费为360万元（600 − 240）。结转以后年度扣除的广告费和业务宣传费为100万元（700 − 600）。

（2）假设2022年甲机械厂销售收入为8 000万元，当年实际发生广告费和业务宣传费1 500万元，则甲机械厂2022年广告费和业务宣传费的税前扣除限额为1 200万元（8 000 × 15%）。

乙机械设备有限公司当年转移来的广告费和业务宣传费为240万元。甲机械厂2022年实际扣除的广告费和业务宣传费为1 440万元（1 200 + 240）。结转以后年度扣除的广告费和业务宣传费为300万元（1 500 − 1 200）。

（八）环境保护专项支出

企业依照法律、行政法规的有关规定提取的用于环境保护、生态恢复等方面的专项资金，准予扣除。上述专项资金提取后改变用途的，不得扣除。

（九）保险费

企业参加财产保险，按照规定缴纳的保险费，准予扣除。财产保险费应在投保的保险受益期内摊销。

（十）租赁费

企业根据生产经营活动的需要租入固定资产支付的租赁费，按照以下方法扣除：

1.以经营租赁方式租入固定资产发生的租赁费支出，按照租赁期限均匀扣除；

2.以融资租赁方式租入固定资产发生的租赁费支出，按照规定构成融资租入固定资产价值的部分应当提取折旧费用，分期扣除。

（十一）劳动保护支出

劳动保护支出，是指企业根据《中华人民共和国劳动法》等有关法律的规定，确因工作需要为雇员配备或提供工作服、手套、安全保护用品和防暑降温用品等所发生的支出。

企业发生的合理的劳动保护支出，准予扣除。

由企业统一制作并要求员工工作时统一着装所发生的工作服饰费用，可以作为企业合理的支出给予税前扣除。

（十二）捐赠支出

1.公益性捐赠支出

企业通过公益性社会组织、县级以上人民政府及其部门等国家机关，用于符合法律规定的公益慈善事业捐赠支出，在年度利润总额12%以内的部分，准予在计算应纳税所得额时扣除；超过年度利润总额12%的部分，准予结转以后3年内在计算应纳税所得额时扣除。

结转年限自捐赠发生年度的次年起计算。企业在对公益性捐赠支出计算扣除时，应先扣除以前年度结转的捐赠支出，再扣除当年发生的捐赠支出。

所称公益慈善事业，应当符合《中华人民共和国公益事业捐赠法》第三条对公益事业范围的规定或者《中华人民共和国慈善法》第三条对慈善活动范围的规定。

所称公益性社会组织，包括依法设立或登记并按规定条件和程序取得公益性捐赠税前扣除资格的慈善组织、其他社会组织和群众团体。

公益性社会组织，应当依法取得公益性捐赠税前扣除资格。每年年底前，省级以上财政、税务、民政部门按权限完成公益性捐赠税前扣除资格的确认和名单发布工作。

所称年度利润总额，是指企业依照国家统一会计制度的规定计算的年度会计利润大于零的数额。

公益性社会组织、县级以上人民政府及其部门等国家机关在接受企业或个人捐赠时，按以下原则确认捐赠额：

（1）接受的货币性资产捐赠，以实际收到的金额确认捐赠额。

（2）接受的非货币性资产捐赠，以其公允价值确认捐赠额。

捐赠方在向公益性社会组织、县级以上人民政府及其部门等国家机关捐赠时，应当提供注明捐赠非货币性资产公允价值的证明；不能提供证明的，接受捐赠方不得向其开具捐赠票据。

公益性社会组织、县级以上人民政府及其部门等国家机关在接受捐赠时，应当按照行政管理级次分别使用由财政部或省、自治区、直辖市财政部门监（印）制的公益事业捐赠票据，并加盖本单位的印章。企业将符合条件的公益性捐赠支出进行税前扣除，应当留存相关票据备查。

企业在非货币性资产捐赠过程中发生的运费、保险费、人工费用等相关支出，凡纳入国家机关、公益性社会组织开具的公益捐赠票据记载的数额中的，作为公益性捐赠支出按照规定在税前扣除；上述费用未纳入公益性捐赠票据记载的数额中的，作为企业相关费用按照规定在税前扣除。

2. 扶贫捐赠支出

自2019年1月1日至2025年12月31日，企业通过公益性社会组织或者县级（含县级）以上人民政府及其组成部门和直属机构，用于目标脱贫地区的扶贫捐赠支出，准予在计算企业所得税应纳税所得额时据实扣除。在政策执行期限内，目标脱贫地区实现脱贫的，可继续适用上述政策。

【注意】企业同时发生扶贫捐赠支出和其他公益性捐赠支出，在计算公益性捐赠支出年度扣除限额时，符合上述条件的扶贫捐赠支出不计算在内。

（十三）总机构分摊管理费

非居民企业在中国境内设立的机构、场所，就其中国境外总机构发生的与该机构、场所生产经营有关的费用，能够提供总机构出具的费用汇集范围、定额、分配依据和方法等证明文件并合理分摊的，准予扣除。

【注意】企业之间支付的管理费、企业内营业机构之间支付的租金和特许权使用费，以及非银行企业内营业机构之间支付的利息，不得扣除。

（十四）手续费及佣金支出

企业发生与生产经营有关的手续费及佣金支出，不超过以下规定计算限额内的部分，准予扣除。

1.保险企业

保险企业发生与其经营活动有关的手续费及佣金支出，不超过当年全部保费收入扣除退保金等后余额的18%（含本数）的部分，在计算应纳税所得额时准予扣除；超过部分，允许结转以后年度扣除。

2.电信企业

在发展客户、拓展业务等过程中（如委托销售电话入网卡、电话充值卡等），需向经纪人、代办商支付手续费及佣金的，其实际发生的相关手续费及佣金支出，不超过企业当年收入总额5%的部分，准予在企业所得税税前据实扣除，超过部分，不得扣除。

3.其他企业

按与具有合法经营资格中介服务机构或个人（不含交易双方及其雇员、代理人和代表等）所签订服务协议或合同确认的收入金额的5%计算税前扣除限额，超过部分，不得扣除。

企业应与具有合法经营资格中介服务机构或个人签订协议或合同，并按国家有关规定支付手续费及佣金。除委托个人代理外，企业以现金等非转账方式支付的手续费及佣金不得在税前扣除。企业为发行权益性证券支付给有关证券承销机构的手续费及佣金不得在税前扣除。

对已计入固定资产、无形资产等相关资产成本的手续费及佣金支出，应当通过折旧、摊销等方式分期扣除，不得在发生当期直接扣除。

企业不得将手续费及佣金支出计入回扣、业务提成、返利、进场费等费用。

【注意】从事代理服务，且主营业务收入为手续费及佣金的企业（如证券、期货和保险代理等企业），其手续费及佣金支出列入企业营业成本范畴，并准予在税前据实扣除。

（十五）资产损失

1.列支范围

准予在税前扣除的资产损失，是指企业在实际处置、转让资产过程中发生的合理损失（以下简称“实际资产损失”），以及企业虽未实际处置、转让上述资产，但符合税法规定条件计算确认的损失（以下简称“法定资产损失”）。

所谓资产，是指企业拥有或者控制的、与经营管理活动相关的资产，包括现金、银行存款、应收及预付款项（包括应收票据、各类垫款、企业之间往来款项）等货币性资产，存货、固定资产、无形资产、在建工程、生产性生物资产等非货币性资产，以及债权性投资和股权（权益）性投资。

2.列支办法

对于企业发生的资产损失，企业在向税务机关申报扣除资产损失时，仅需填报企业所得税年度纳税申报表《资产损失税前扣除及纳税调整明细表》，不再报送资产损失相关资料。相关资料由企业留存备查。

企业的实际资产损失，应当在其实际发生且会计上已作损失处理的年度申报扣除；法定资产损失，应当在企业向主管税务机关申报且会计上已作损失处理的年度申报扣除。

因各类原因导致资产损失未能在发生当年准确计算并按期扣除的，可以按照规定向税务机关说明并进行申报扣除。其中：属于实际资产损失的，准予追补至该项损失发生年度扣除，其追补确认期限一般不得超过5年；属于法定资产损失的，应在申报年度扣除。

企业因以前年度实际资产损失未在税前扣除而多缴的企业所得税税款，可在追补确认年度企业所得税应纳税款中予以抵扣；不足抵扣的，可向以后年度递延抵扣。

企业实际资产损失发生年度扣除追补确认的损失后出现亏损的，应先调整资产损失发生年度的亏损额，再按弥补亏损的原则计算以后年度多缴的企业所得税税款，并按前述办法进行税务处理。

下列资产损失，属于实际资产损失：

（1）企业在正常经营管理活动中按照公允价格销售、转让、变卖非货币性资产的损失；

（2）企业各项存货发生的正常损耗；

（3）企业固定资产达到或超过使用年限而正常报废清理的损失；

（4）企业生产性生物资产达到或超过使用年限而正常死亡发生的资产损失；

（5）企业按照市场公平交易原则，通过各种交易场所、市场等买卖债券、股票、期货、基金以及金融衍生产品等发生的损失。

上述损失以外的资产损失，属于法定资产损失。

（十六）担保支出

企业对外提供的与本企业投资、融资、材料采购、产品销售等主要生产经营活动密切相关的担保支出，允许税前扣除。

（十七）有关资产的费用

企业转让各类固定资产发生的费用，允许扣除。企业按规定计提的固定资产折旧、无形资产摊销，以及长期待摊费用摊销，允许税前扣除。

（十八）其他项目

依照有关法律、行政法规和国家有关税法的规定准予扣除的其他项目。例如，会员费、合理的会议费、差旅费、违约金、诉讼费用等。

微课

企业所得税税前扣除原则及方法

三、不得扣除项目

在计算应纳税所得额时，下列支出不得扣除：

1. 向投资者支付的股息、红利等权益性投资收益款项。

2. 企业所得税税款。

3. 税收滞纳金。

4. 罚金、罚款和被没收财物的损失。

5. 公益性捐赠以外的捐赠支出。

6. 赞助支出。它是指企业发生的与生产经营活动无关的各种非广告性质支出。

7.未经核定的准备金支出。它是指不符合国务院财政、税务主管部门规定的各项资产减值准备、风险准备等准备金支出。

【注意】银行、保险、证券、中小企业融资（信用）担保机构等金融企业按规定标准计提且未超过税法规定最高限额的准备金支出，允许税前列支。

8.与取得收入无关的其他支出。

【辨析】纳税人按照经济合同规定支付的违约金（包括银行罚息）、罚款和诉讼费能否税前扣除？

【提示】凡是向受赠人的直接捐赠，属于公益性捐赠以外的支出。

【做中学8-11】F企业2020年度符合规定的捐赠支出超过年度利润总额12%的部分为3万元；2021年度实现利润总额100万元，当年符合规定的公益性捐赠支出为13万元、非公益性捐赠支出为2万元；2022年度实现利润总额150万元，当年符合规定的公益性捐赠支出为14.5万元。F企业2021年、2022年允许税前扣除的捐赠支出及纳税调整额确定如下：

（1）2021年度公益性捐赠支出扣除限额为12万元（100×12%），2021年度实际发生的公益性捐赠支出为13万元，当年允许扣除的捐赠支出共计12万元，先扣除2020年尚未税前扣除的3万元，应纳税调整减少3万元，2021年公益性捐赠支出13万元尚可扣除9万元（12－3），应纳税调整增加4万元（13－9）；非公益性捐赠支出不得税前列支，应纳税调整增加2万元。截至2021年年末，尚有2021年的4万元公益性捐赠支出没有扣除，可以向以后年度结转。

（2）2022年度公益性捐赠支出扣除限额为18万元（150×12%），按照年度顺序可扣除2021年度超出部分4万元和2022年度部分14万元，2022年度F企业需要纳税调整减少4万元，纳税调整增加0.5万元（14.5－14），尚余2022年度的0.5万元未抵扣，可以延续结转至2023年至2025年抵扣。

四、亏损弥补

纳税人发生年度亏损的，可以用下一纳税年度的所得弥补；下一纳税年度的所得不足弥补的，可以逐年延续弥补，但是延续弥补期最长不得超过5年。

所称亏损，是指企业依照《企业所得税法》及其实施条例的规定将每一纳税年度的收入总额减除不征税收入、免税收入和各项扣除后小于零的数额。

自2018年1月1日起，当年具备高新技术企业或科技型中小企业资格（以下统称“资格”）的企业，其具备资格年度之前5个年度发生的尚未弥补完的亏损，准予结转以后年度弥补，最长结转年限由5年延长至10年。

国家鼓励的线宽小于130纳米（含）的集成电路生产企业，属于国家鼓励的集成电路生产企业清单年度之前5个纳税年度发生的尚未弥补完的亏损，准予向以后年度结转，总结转年限最长不得超过10年。

企业境外营业机构的亏损，不得抵减境内营业机构的盈利。

【辨析】境外营业机构的盈利能否抵减境内营业机构的亏损？

【提示】企业开始生产经营的年度，为开始计算企业损益的年度。企业从事生产经营之前进行筹办活动期间发生的筹办费用支出，不得算作当期的亏损。

任务四　资产的税务处理

企业的各项资产，包括固定资产、生物资产、无形资产、长期待摊费用、投资资产和存货等，以历史成本为计税基础。

所称历史成本，是指企业取得该项资产时实际发生的支出。企业持有各项资产期间资产增值或者减值的，除国务院财政、税务主管部门规定可以确认损益外，不得调整该资产的计税基础。

企业转让各项资产时，该项资产的净值，准予在计算应纳税所得额时扣除。财产净值，是指有关资产、财产的计税基础减除已经按照规定扣除的折旧、折耗、摊销、准备金等后的余额。

一、固定资产的税务处理

固定资产，是指企业为生产产品、提供劳务、出租或者经营管理而持有的，使用时间超过12个月的非货币性资产。其包括房屋、建筑物、机器、机械、运输工具以及其他与生产经营活动有关的设备、器具、工具等。

（一）固定资产的计税基础

1. 外购的固定资产，以购买价款和支付的相关税费以及直接归属于使该资产达到预定用途发生的其他支出为计税基础。企业的固定资产投入使用后，由于工程款项尚未结清，未取得全额发票的，可暂按合同规定的金额计入固定资产计税基础计提折旧，待发票取得后进行调整，但该项调整应在固定资产投入使用后12个月内进行。

2. 自行建造的固定资产，以竣工结算前发生的支出为计税基础。

3. 融资租入的固定资产，以租赁合同约定的付款总额和承租人在签订租赁合同过程中发生的相关费用为计税基础；租赁合同未约定付款总额的，以该资产的公允价值和承租人在签订租赁合同过程中发生的相关费用为计税基础。

4. 盘盈的固定资产，以同类固定资产的重置完全价值为计税基础。

5. 通过捐赠、投资、非货币性资产交换、债务重组等方式取得的固定资产，以该资产的公允价值和支付的相关税费为计税基础。

6. 改建的固定资产，除已提足折旧的固定资产和租入固定资产的改建支出外，以改建过程中发生的改建支出增加计税基础。

（二）固定资产的折旧范围

在计算应纳税所得额时，企业按照税法的规定计算的固定资产折旧，准予扣除。但下列固定资产不得计算折旧扣除：

1. 房屋、建筑物以外未投入使用的固定资产；

2. 以经营租赁方式租入的固定资产；

3. 以融资租赁方式租出的固定资产；

4. 已足额提取折旧仍继续使用的固定资产；

5. 与经营活动无关的固定资产；

6. 单独估价作为固定资产入账的土地；

7. 其他不得计算折旧扣除的固定资产。

（三）固定资产的折旧方法

固定资产按照直线法计算的折旧，准予扣除。

企业应当自固定资产投入使用月份的次月起计算折旧。停止使用的固定资产，应当自停止使用月份的次月起停止计算折旧。

企业应当根据固定资产的性质和使用情况，合理确定固定资产的预计净残值。固定资产的预计净残值一经确定，不得变更。

（四）固定资产的折旧年限

除国务院财政、税务主管部门另有规定外，固定资产计算折旧的最低年限如下：

1. 房屋、建筑物，为20年；

2. 飞机、火车、轮船、机器、机械和其他生产设备，为10年；

3. 与生产经营活动有关的器具、工具、家具等，为5年；

4. 飞机、火车、轮船以外的运输工具，为4年；

5. 电子设备，为3年；

6. 构成固定资产的软件，为2年。

微课

固定资产折旧税前扣除及纳税调整

【做中学8-12】AAA家具厂于2020年12月购置一台办公设备，取得增值税专用发票注明价款6万元，增值税税款0.78万元，预计使用寿命为5年，不考虑净残值。企业按双倍余额递减法计提折旧，2021年计提的折旧额为2.4万元，计入管理费用，已经纳税调整增加1.2万元，2022年计提的折旧额为1.44万元。AAA家具厂未就上述办公设备申报享受一次性扣除的税收优惠。

按税法的规定，该固定资产应采用直线法计提折旧，年折旧额为1.2万元，则2022年应纳税调整增加0.24万元。

二、生产性生物资产的税务处理

生产性生物资产，是指企业为生产农产品、提供劳务或者出租等而持有的生物资产，包括经济林、薪炭林、产畜和役畜等。

（一）生产性生物资产的计税基础

1. 外购的生产性生物资产，以购买价款和支付的相关税费为计税基础。

2. 通过捐赠、投资、非货币性资产交换、债务重组等方式取得的生产性生物资产，以该资产的公允价值和支付的相关税费为计税基础。

（二）生产性生物资产的折旧方法

生产性生物资产按照直线法计提的折旧，准予扣除。

企业应当自生产性生物资产投入使用月份的次月起计提折旧。停止使用的生产性生物资产，应当自停止使用月份的次月起停止计提折旧。

企业应当根据生产性生物资产的性质和使用情况，合理确定生产性生物资产的预计净残值。生产性生物资产的预计净残值一经确定，不得变更。

（三）生产性生物资产的折旧年限

1.林木类生产性生物资产，为10年；

2.畜类生产性生物资产，为3年。

三、无形资产的税务处理

无形资产，是指企业为生产产品、提供劳务、出租或者经营管理而持有的、没有实物形态的非货币性长期资产。其包括专利权、商标权、著作权、土地使用权、非专利技术、商誉等。

【辨析】税法定义的无形资产范围与会计定义的无形资产范围一致吗？

（一）无形资产的计税基础

1.外购的无形资产，以购买价款和支付的相关税费以及可直接归属于使该资产达到预定用途发生的其他支出为计税基础。

2.自行开发的无形资产，以开发过程中该资产符合资本化条件后至达到预定用途前发生的支出为计税基础。

3.通过捐赠、投资、非货币性资产交换、债务重组等方式取得的无形资产，以该资产的公允价值和支付的相关税费为计税基础。

（二）无形资产的摊销范围

在计算应纳税所得额时，企业按照规定计算的无形资产摊销费用，准予扣除。但下列无形资产不得计算摊销费用扣除：

1.自行开发的支出已在计算应纳税所得额时扣除的无形资产。

2.自创商誉的支出。

3.与经营活动无关的无形资产。

4.其他不得计算摊销费用扣除的无形资产。

（三）无形资产的摊销方法及年限

无形资产按照直线法计算的摊销费用，准予扣除。

无形资产的摊销年限不得低于10年。

作为投资或者受让的无形资产，有关法律规定或者合同约定了使用年限的，可以按照规定或者约定的使用年限分期摊销。

外购商誉的支出，在企业整体转让或者清算时，准予扣除。

四、长期待摊费用的税务处理

长期待摊费用，是指企业发生的应在一个以上纳税年度进行摊销的费用。其包括：已足额提取折旧的固定资产的改建支出；租入固定资产的改建支出；固定资产的大修理支出；其他应当作为长期待摊费用的支出。

固定资产的改建支出，是指改变房屋或者建筑物结构、延长使用年限等发生的支出。

固定资产的大修理支出，是指同时符合下列条件的支出：修理支出达到取得固定资产时计税基础的50%以上；修理后固定资产的使用年限延长2年以上。

在计算应纳税所得额时，企业发生的长期待摊费用，按照规定摊销的，准予扣除。其摊销年限确定如下：

（1）已足额提取折旧的固定资产的改建支出，按照固定资产预计尚可使用年限分期摊销。

（2）租入固定资产的改建支出，按照合同约定的剩余租赁期限分期摊销。

（3）固定资产的大修理支出，按照固定资产尚可使用年限分期摊销。

（4）其他应当作为长期待摊费用的支出，自支出发生月份的次月起分期摊销，摊销年限不得低于3年。

企业的开办费，可以在开始经营之日的当年一次性扣除，也可以按照税法有关其他长期待摊费用的规定处理，但一经选定，不得改变。

企业在筹建期间，发生的与筹办活动有关的业务招待费支出，可按实际发生额的60%计入企业筹办费，并按有关规定在税前扣除；发生的广告费和业务宣传费，可按实际发生额计入企业筹办费，并按有关规定在税前扣除。

五、投资资产的税务处理

投资资产，是指企业对外进行权益性投资和债权性投资形成的资产。

（一）投资资产的成本

1.通过支付现金方式取得的投资资产，以购买价款为成本。

2.通过支付现金以外的方式取得的投资资产，以该资产的公允价值和支付的相关税费为成本。

（二）投资资产成本的扣除

企业对外投资期间，投资资产的成本在计算应纳税所得额时不得扣除。企业在转让或者处置投资资产时，投资资产的成本准予扣除。

企业购买的文物、艺术品用于收藏、展示、保值增值的，作为投资资产进行税务处理。文物、艺术品资产在持有期间，计提的折旧、摊销费用，不得税前扣除。

【辨析】2015年年初，A居民企业以实物资产500万元直接投资于B居民企业，取得B企业30%的股权。2022年11月，A企业将持有B企业的股权全部转让，取得收入600万元，转让时，B企业在A企业投资期间形成的未分配利润为400万元。A企业应确认的财产转让收入是多少？如果A企业撤回投资取得收入600万元，应确认的财产转让收入是多少？

六、存货的税务处理

存货，是指企业持有以备出售的产品或者商品、处在生产过程中的在产品、在生产或者提供劳务过程中耗用的材料和物料等。

（一）存货的成本

存货按照以下方法确定成本：

1.通过支付现金方式取得的存货，以购买价款和支付的相关税费为成本。

2.通过支付现金以外的方式取得的存货，以该存货的公允价值和支付的相关税费为成本。

3.生产性生物资产收获的农产品，以产出或者采收过程中发生的材料费、人工费和分摊的间接费用等必要支出为成本。

（二）存货成本的计算方法

企业使用或者销售存货，按照规定计算的存货成本，准予在计算应纳税所得额时扣除。

企业使用或者销售的存货的成本计算方法，可以在先进先出法、加权平均法、个别计价法中选用一种。计价方法一经选用，不得随意变更。

【做中学8-13】AAA家具厂2020年12月购置数控雕刻机一台，取得增值税专用发票注明价款60万元，增值税税款7.8万元，使用期限为10年，不考虑净残值。2021年采用直线法计提固定资产折旧6万元。2021年年底，该固定资产市值为45万元，企业计提固定资产减值准备9万元。2022年1—6月，企业计提固定资产折旧2.5万元（45÷9÷12×6）；6月底，企业将该设备出售，取得含税销售收入45.2万元。假设企业购置当年及以后年度均未就上述支出申报一次性扣除税收优惠。

该企业确认该项资产转让收入40万元（45.2÷（1+13%）），成本42.5万元（45－2.5），资产转让损失2.5万元（40－42.5）。

按税法的规定，2022年企业允许税前列支的折旧额为3万元（60÷10÷12×6），资产净值为51万元（60－6－3），资产转让损失为11万元（51－40）。

2022年该企业所得税纳税调整减少额＝（11－2.5）＋（3－2.5）＝9（万元）

任务五　特别纳税调整

一、调整范围

（一）一般原则

企业与其关联方之间的业务往来，不符合独立交易原则而减少企业或者其关联方应纳税收入或者所得额的，税务机关有权按照合理方法调整。

企业与其关联方共同开发、受让无形资产，或者共同提供、接受劳务发生的成本，在计算应纳税所得额时应当按照独立交易原则进行分摊。

所谓关联方，是指与企业有下列关联关系之一的企业、其他组织或者个人：

1.在资金、经营、购销等方面存在直接或者间接的控制关系；

2.直接或者间接地同为第三者控制；

3.在利益上具有相关联的其他关系。

所称独立交易原则，是指没有关联关系的交易各方，按照公平成交价格和营业常规进行业务往来遵循的原则。

关联交易主要包括以下类型：有形资产的购销、转让和使用；无形资产的转让和使用；融通资金，包括资金拆借和担保，以及各类计息预付款和延期付款等业务；提供劳务。

（二）调整项目

1. 受控外国企业特别纳税调整。由居民企业，或者由居民企业和中国居民控制的设立在实际税负明显低于我国25%税率水平的国家（地区）的企业，并非由于合理的经营需要而对利润不作分配或者减少分配的，上述利润中应归属于该居民企业的部分，应当进行特别纳税调整，计入该居民企业的当期收入。

2. 防止资本弱化特别纳税调整。企业从其关联方接受的债权性投资与权益性投资的比例超过规定标准而发生的利息支出，不得在计算应纳税所得额时扣除。

3. 转让定价、预约定价安排、成本分摊协议特别纳税调整。企业实施不具有合理商业目的的安排而减少其应纳税收入或者所得额的，税务机关有权按照合理方法调整。所称不具有合理商业目的，是指以减少、免除或者推迟缴纳税款为主要目的。

二、调整方法

（一）转让定价调整方法

1. 可比非受控价格法。它是指按照没有关联关系的交易各方进行相同或者类似业务往来的价格进行定价的方法。

2. 再销售价格法。它是指按照从关联方购进商品再销售给没有关联关系的交易方的价格，减除相同或者类似业务的销售毛利进行定价的方法。

3. 成本加成法。它是指按照成本加合理的费用和利润进行定价的方法。

4. 交易净利润法。它是指按照没有关联关系的交易各方进行相同或者类似业务往来取得的净利润水平确定利润的方法。

5. 利润分割法。它是指将企业与其关联方的合并利润或者亏损在各方之间采用合理标准进行分配的方法。

6. 其他符合独立交易的方法。

（二）防止资本弱化调整方法

企业从其关联方接受的债权性投资与权益性投资的比例超过标准而发生的利息支出，不得在税前扣除。接受关联方债权性投资与权益性投资比例标准为：金融企业为5∶1；其他企业为2∶1。

企业如果能够按照《企业所得税法》及其实施条例的有关规定提供相关资料，并证明相关交易活动符合独立交易原则，或者该企业的实际税负不高于境内关联方，其实际支付给境内关联方的利息支出，在计算应纳税所得额时准予扣除。

不得在计算应纳税所得额时扣除的利息支出，应按以下公式计算：

不得扣除利息支出 = 年度实际支付的全部关联方利息 ×（1 − 标准比例÷关联债资比例）

（三）预约定价安排

预约定价安排，是指企业就其未来年度关联交易的定价原则和计算方法，向税务机关提出申请，与税务机关按照独立交易原则协商、确认后达成的协议。

【提示】税务机关依照规定做出纳税调整，需要补征税款的，应当补征税款，并自税款所属纳税年度的次年6月1日起至补缴税款之日止的期间，按日加收利息。加收的利息，应当按照税款所属纳税年度中国人民银行公布的与补税期间同期的人民币贷款基准利率加5个百分点计算，并且不得在计算应纳税所得额时扣除。

任务六　企业所得税应纳税额的计算

一、居民企业查账征收应纳税额的计算

居民企业查账征收应纳税额的计算公式为：

应纳税额 = 应纳税所得额 × 适用税率 − 减免税额 − 抵免税额

公式中的减免税额和抵免税额，是指依照《企业所得税法》和国务院的税收优惠规定减征、免征和抵免的应纳税额。

（一）直接计算法应纳税额的计算

如前所述，在直接计算法下，企业所得税应纳税所得额的计算公式为：

应纳税所得额 = 收入总额 − 不征税收入 − 免税收入 − 各项扣除 − 允许弥补的以前年度亏损

【做中学8-14】W企业2022年会计认定的收入总额为1 250万元，其中国家财政专项补贴10万元、国债利息收入20万元。期间费用和成本支出及其他支出合计800万元，该企业允许弥补的以前年度亏损20万元，适用的企业所得税税率为25%。

W企业的企业所得税应纳税额计算如下：

应纳税所得额 = 1 250 − 10 − 20 − 800 − 20 = 400（万元）

应纳所得税额 = 400 × 25% = 100（万元）

【做中学8-15】AAA家具厂2022年有关收入情况如下：

（1）产品销售收入6 010万元。

（2）提供运输劳务收入200万元。

（3）租金收入2万元。

（4）企业按权益法核算的投资收益30万元（未公布利润分配方案）；符合企业所得税免税条件的分回股利5万元。

（5）营业外收入共计211.3万元，其中符合不征税条件的政府补助收入200万元、接受捐赠收入11.3万元。

（6）收回已核销坏账收入1.8万元。

（7）将500套自产课桌直接捐赠给希望小学，每套课桌市场价为100元，成本为80元，企业未核算收入，在“营业外支出”列支4.65万元。

AAA家具厂2022年有关支出情况如下：

（1）发生产品销售成本2 600万元。

（2）发生销售费用1 270万元（其中广告费900万元）；管理费用480万元（其中业务招待费100万元）；财务费用30万元（2022年4月1日从外单位借款500万元，用于补充流动资金，已知同期同类贷款银行利率为6%）。截至2021年年底，企业尚未扣除的广告费为70万元。

（3）税金及附加180万元。

（4）营业外支出10.65万元。其中：税收滞纳金6万元；企业自产课桌直接对外捐赠4.65万元。资产处置损益－2.5万元。

（5）成本、费用中实发工资总额200万元，拨缴职工工会经费3.5万元，发生职工福利费25万元，发生职工教育经费16.6万元。

（6）固定资产情况如下：

①办公设备，会计账面原值6万元（与计税基础相同），全年提取折旧1.44万元，税前允许扣除的折旧为1.2万元；

②数控雕刻机，会计账面原值60万元（与计税基础相同），6月底售出，转让收入40万元，会计核算的账面净值为42.5万元，税前允许扣除的计税基础为51万元，全年提取折旧2.5万元，税前允许扣除的折旧为3万元。

假设AAA家具厂不符合税率优惠条件。在直接计算法下，该企业2022年度企业所得税应纳税额计算如下：

（1）收入总额＝6 010＋5＋200＋2＋5＋11.3＋1.8＋200＋40＝6 475.1（万元）

其中，不征税收入为200万元，免税收入为5万元。

因此，应税收入合计为6 270.1万元（6 475.1－200－5）。

（2）成本费用总额＝(2 600+4+51+0.5)＋(480−68.915−0.24)−0.6+(1270+32.55)+22.5

＝4 390.795（万元）

（3）销售税金＝180万元

应纳税所得额＝6 270.1－4 390.795－180＝1 699.305（万元）

应纳所得税额＝1 699.305×25%＝424.82625（万元）

（二）间接计算法应纳税额的计算

在间接计算法下，企业所得税应纳税所得额的计算公式为：

应纳税所得额＝利润总额±纳税调整项目金额

【做中学8-16】承【做中学8-15】，在间接计算法下，该企业2022年度企业所得税应纳税额的计算如下：

（1）会计利润总额＝6 010＋200＋2－2 600－180－1 270－480－30＋35＋211.3－13.15

＝1 885.15（万元）

（2）纳税调整项目如下：

自产课桌对外捐赠应确认收入5万元，企业未核算收入，调整增加应纳税所得额5万元；允许扣除成本4万元，企业未结转成本，调整减少应纳税所得额4万元。

股利所得免税，调减应纳税所得额5万元。

权益法核算的投资收益税法不确认收入，调减应纳税所得额30万元。

企业收回的已核销坏账作为收回年度收入，纳税调整增加1.8万元。

财政核拨专项资金不征税，调减应纳税所得额200万元。

工资及工资附加费合计应调增应纳税所得额0.6万元。

超标准列支借款利息支出7.5万元、业务招待费68.915万元，合计纳税调整增加

76.415万元。

以前年度未列支的广告费结转本年扣除，纳税调整减少32.55万元。

固定资产折旧纳税调整减少0.26万元（0.24－0.5）。

资产转让损失纳税调整减少8.5万元。

税收滞纳金6万元不得税前扣除，纳税调整增加6万元；非公益性捐赠支出不得税前扣除，纳税调整增加4.65万元。

（3）应纳税所得额＝1 885.15＋5－4－5－30＋1.8－200＋0.6＋76.415－32.55－0.26－8.5＋6＋4.65
＝1 699.305（万元）

（4）应纳所得税额＝1 699.305×25%＝424.82625（万元）

（三）境外所得抵免税额的计算

为解决国际重复课税问题，我国在对居民纳税人来源于境外的所得课征所得税时，允许对其在国外缴纳的所得税税款进行税收抵免。

1. 抵免范围

企业取得的下列所得已在境外缴纳的所得税税额，可以从其当期应纳税额中抵免：

（1）居民企业来源于中国境外的应税所得。

（2）非居民企业在中国境内设立机构、场所，取得发生在中国境外但与该机构、场所有实际联系的应税所得。

2. 抵免方法

（1）直接抵免。直接抵免是指企业直接作为纳税人就其境外所得在境外缴纳的所得税额在我国应纳税额中抵免。

（2）间接抵免。间接抵免是指境外企业就分配股息前的利润缴纳的外国所得税额中由我国居民企业就该项分得的股息性质的所得间接负担的部分，在我国的应纳税额中抵免。

3. 抵免限额

抵免限额，是指企业来源于中国境外的所得，依照《企业所得税法》及其实施条例的规定计算的应纳税额。除国务院财政、税务主管部门另有规定外，计算时可以采用分国（地区）不分项抵免方法（分国抵免法）和不分国（地区）不分项的综合抵免方法（综合抵免法），由纳税人自行选择，但一经选择，5年内不得改变。其计算公式为：

抵免限额=中国境内、境外所得依照企业所得税法及其实施条例的规定计算的应纳税总额×来源于某国(地区)的应纳税所得额÷中国境内、境外应纳税所得总额

4. 抵免办法

以依照我国税法规定计算的境外所得应纳税额为抵免限额；超过抵免限额的部分，可以在以后5个年度内，用每年度抵免限额抵免当年应抵税额后的余额进行抵补。

所称5个年度，是指从企业取得的来源于中国境外的所得，已经在中国境外缴纳的企业所得税性质的税额超过抵免限额的当年的次年起连续5个纳税年度。

在间接计算法下，居民企业从其直接或者间接控制的外国企业分得的来源于中国境外的股息、红利等权益性投资收益，外国企业在境外实际缴纳的所得税税额中属于该项所得

负担的部分，可以作为该居民企业的可抵免境外所得税税额，在规定的抵免限额内抵免。

【做中学8-17】F企业2022年度境内应纳税所得额为338万元，适用25%的企业所得税税率。另外，该企业分别在A、B两国设有分支机构（我国与A、B两国已经缔结避免双重征税协定）。在A国分支机构的应纳税所得额为50万元，A国税率为20%；在B国分支机构的应纳税所得额为30万元，B国税率为30%。假设该企业在A、B两国所得按我国税法计算的应纳税所得额和按A、B两国税法计算的应纳税所得额一致，两个分支机构在A、B两国分别缴纳了10万元和9万元的所得税。

如果该企业选择采用分国（地区）不分项抵免方法，汇总时在我国应缴纳的企业所得税税额计算如下：

（1）该企业按我国税法计算的境内、境外所得的应纳税额。

应纳税额 =（338 + 50 + 30）× 25% = 104.5（万元）

（2）A、B两国的抵免限额。

A国的抵免限额 = 104.5 ×［50÷（338 + 50 + 30）］= 12.5（万元）

B国的抵免限额 = 104.5 ×［30÷（338 + 50 + 30）］= 7.5（万元）

在A国缴纳的所得税为10万元，低于抵免限额12.5万元，可全额抵免。

在B国缴纳的所得税为9万元，高于抵免限额7.5万元，其超过抵免限额的部分1.5万元当年不能扣除，可结转到以后5个年度扣除。

（3）汇总时在我国应缴纳的企业所得税税额 = 104.5 − 10 − 7.5 = 87（万元）

如果该企业选择采用不分国（地区）不分项抵免方法，汇总时在我国应缴纳的企业所得税税额计算如下：

不分国不分项抵免限额 = 104.5 ×（50 + 30）÷（338 + 50 + 30）= 20（万元）

在A、B两国实际缴纳的税额 =（10 + 9）= 19（万元），低于抵免限额20万元，允许全额抵免。

汇总时在我国应缴纳的企业所得税税额 = 104.5 − 19 = 85.5（万元）

（四）汇总纳税企业应纳税额的计算

1.适用范围

居民企业在中国境内跨地区（指跨省、自治区、直辖市和计划单列市，下同）设立不具有法人资格的营业机构、场所（以下称“分支机构”）的，该居民企业为汇总纳税企业（以下称“企业”）。除另有规定外，其企业所得税征收管理适用《跨地区经营汇总纳税企业所得税征收管理办法》。

2.征收管理办法

汇总纳税企业采用“统一计算、分级管理、就地预缴、汇总清算、财政调库”的办法，由总机构和具有主体生产经营职能的二级分支机构，就地分摊缴纳企业所得税。

（1）统一计算。它是指企业总机构统一计算包括企业所属各个不具有法人资格的营业机构、场所在内的全部应纳税所得额、应纳税额。

（2）分级管理。它是指总机构、分支机构所在地的主管税务机关都有对当地机构进行企业所得税管理的责任，总机构和分支机构应分别接受机构所在地主管税务机关的管理。

（3）就地预缴。它是指总机构、分支机构应按规定分月或分季分别向所在地主管税务机关申报预缴企业所得税。

（4）汇总清算。它是指在年度终了后，总机构负责进行企业所得税的年度汇算清缴，统一计算企业的年度应纳所得税额，抵减总机构、分支机构当年已就地分期预缴的企业所得税税款后，多退少补税款。

（5）财政调库。它是指财政部定期将缴入中央国库的跨地区总分机构企业所得税待分配收入，按照核定的系数调整至地方金库。

3.分摊办法

汇总纳税企业按照税法规定汇总计算的企业所得税，包括预缴税款和汇算清缴应缴应退税款。其中，50%由各分支机构分摊缴纳，各分支机构根据分摊税款就地办理缴库或退库；50%由总机构分摊缴纳，其中25%就地办理缴库或退库，25%就地全额缴入中央国库或退库。其计算公式为：

$$\text{总机构分摊的税款}=\text{汇总纳税企业当期应纳所得税额}\times 50\%$$

$$\text{所有分支机构分摊的税款总额}=\text{汇总纳税企业当期应纳所得税额}\times 50\%$$

$$\text{某分支机构分摊的税款}=\text{所有分支机构分摊的税款总额}\times\text{该分支机构的分摊比例}$$

总机构应按照上年度分支机构的营业收入、职工薪酬和资产总额三个因素计算各分支机构分摊所得税款的比例；三级及以下分支机构，其营业收入、职工薪酬和资产总额统一计入二级分支机构；三个因素的权重依次为0.35、0.35和0.30。其计算公式为：

$$\begin{array}{c}\text{某分支机构}\\\text{分摊比例}\end{array}=\frac{\text{该分支机构营业收入}}{\text{各分支机构营业收入之和}}\times 0.35+\frac{\text{该分支机构职工薪酬}}{\text{各分支机构职工薪酬之和}}\times 0.35+\frac{\text{该分支机构资产总额}}{\text{各分支机构资产总额之和}}\times 0.30$$

以下二级分支机构不就地分摊缴纳企业所得税：

（1）不具有主体生产经营职能，且在当地不缴纳增值税的产品售后服务、内部研发、仓储等汇总纳税企业内部辅助性的二级分支机构，不就地分摊缴纳企业所得税；

（2）认定为小型微利企业的，其二级分支机构不就地分摊缴纳企业所得税；

（3）新设立的二级分支机构，设立当年不就地分摊缴纳企业所得税；

（4）当年撤销的二级分支机构，自办理注销税务登记之日所属企业所得税预缴期间起，不就地分摊缴纳企业所得税；

（5）汇总纳税企业在中国境外设立的不具有法人资格的二级分支机构，不就地分摊缴纳企业所得税。

微课

汇总纳税企业应纳企业所得税额计算

（五）清算所得应纳税额的计算

企业清算时，应当以整个清算期间作为一个纳税年度，依法计算清算所得及其应纳所得税额。其计算公式为：

$$\begin{array}{c}\text{清算}\\\text{所得}\end{array}=\begin{array}{c}\text{全部资产可变现}\\\text{价值或交易价格}\end{array}-\begin{array}{c}\text{资产的}\\\text{计税基础}\end{array}-\begin{array}{c}\text{清算}\\\text{费用}\end{array}-\begin{array}{c}\text{相关}\\\text{税费}\end{array}+\begin{array}{c}\text{债务}\\\text{清偿损益}\end{array}$$

企业应将整个清算期作为一个独立的纳税年度计算清算所得。

企业全部资产的可变现价值或交易价格减除清算费用以及职工的工资、社会保险费和法定补偿金，结清清算所得税、以前年度欠税等税款，清偿企业债务，按规定计算可

微课

清算企业所得税计算案例

以向所有者分配剩余资产。

被清算企业的股东分得的剩余资产的金额，其中相当于被清算企业累计未分配利润和累计盈余公积中按该股东所占股份比例计算的部分，应确认为股息所得；剩余资产减除股息所得后的余额，超过或低于股东投资成本的部分，应确认为股东的投资转让所得或损失。

二、居民企业核定征收应纳税额的计算

（一）核定征收范围

1.纳税人具有下列情形之一的，核定征收企业所得税：

（1）依照法律、行政法规的规定可以不设置账簿的；

（2）依照法律、行政法规的规定应当设置但未设置账簿的；

（3）擅自销毁账簿或者拒不提供纳税资料的；

（4）虽设置账簿，但账目混乱或者成本资料、收入凭证、费用凭证残缺不全，难以查账的；

（5）发生纳税义务，未按照规定的期限办理纳税申报，经税务机关责令限期申报，逾期仍不申报的；

（6）申报的计税依据明显偏低，又无正当理由的。

2.综试区内的跨境电商企业，同时符合下列条件的，试行核定征收企业所得税办法：

（1）在综试区注册，并在注册地跨境电子商务线上综合服务平台登记出口货物日期、名称、计量单位、数量、单价、金额的；

（2）出口货物通过综试区所在地海关办理电子商务出口申报手续的；

（3）出口货物未取得有效进货凭证，其增值税、消费税享受免税政策的。

【小知识】综试区是中国跨境电子商务综合试验区的简称，是中国设立的跨境电子商务综合性质的先行先试的城市区域。

（二）核定征收办法

1.核定应税所得率

具有下列情形之一的，核定其应税所得率：

（1）能正确核算（查实）收入总额，但不能正确核算（查实）成本费用总额的；

（2）能正确核算（查实）成本费用总额，但不能正确核算（查实）收入总额的；

（3）通过合理方法，能计算和推定纳税人收入总额或成本费用总额的。

采用核定应税所得率方式征收企业所得税时，应纳所得税额计算公式为：

应纳所得税额 = 应纳税所得额 × 适用税率

应纳税所得额 = 应税收入额 × 应税所得率

或　　应纳税所得额 = 成本（费用）支出额 ÷（1 − 应税所得率）× 应税所得率

实行应税所得率方式核定征收企业所得税的纳税人，经营多种业务的，无论其经营项目是否单独核算，均由税务机关根据其主营项目确定适用的应税所得率。主营项目应为纳税人所有经营项目中，收入总额或者成本（费用）支出额或者耗用原材料、燃料、动力数量所占比重最大的项目。依法按核定应税所得率方式核定征收企业所得税的企

业，取得的转让股权（股票）收入等转让财产收入，应全额计入应税收入额，按照主营项目（业务）确定适用的应税所得率计算征税。

应税所得率规定的幅度标准见表8-2。

表8-2　　应税所得率规定的幅度标准

行　业	应税所得率（%）
农、林、牧、渔业	3～10
制造业	5～15
批发和零售贸易业	4～15
交通运输业	7～15
建筑业	8～20
饮食业	8～25
娱乐业	15～30
其他行业	10～30

综试区内核定征收的跨境电商企业应准确核算收入总额，并采用应税所得率方式核定征收企业所得税。应税所得率统一按照4%确定。

2.核定应纳所得税额

核定征收纳税人不属于以上情形的，核定其应纳所得税额。

税务机关采用下列方法核定征收企业所得税：

（1）参照当地同类行业或者类似行业中经营规模和收入水平相近的纳税人的税负水平核定；

（2）按照应税收入额或者成本（费用）支出额定率核定；

（3）按照耗用的原材料、燃料、动力等推算或测算核定；

（4）按照其他合理方法核定。

采用上述所列一种方法不足以正确核定应纳税所得额或应纳税额的，可以同时采用两种以上的方法核定。采用两种以上方法测算的应纳税额不一致时，按测算的应纳税额从高核定。

纳税人的生产经营范围、主营业务发生重大变化，或者应纳税所得额或应纳税额增减变化达到20%的，应及时向税务机关申报调整已确定的应纳税额或应税所得率。

【注意】专门从事股权（股票）投资业务的企业，不得核定征收企业所得税。

【做中学8-18】B企业为居民企业，2022年有关财务资料如下：第一至四季度收入合计55万元、成本合计30万元，第一至四季度已预缴企业所得税0.13万元。经税务机关核实，该企业符合小型微利企业其他条件，由于企业未能正确核算收入，税务机关对企业核定征收企业所得税，应税所得率为15%。

微课

小型微利企业税收优惠

该企业的应纳所得税额计算如下：

应纳税所得额＝300 000÷（1－15%）×15%×12.5%＝6 617.65（元）

应纳所得税额＝6 617.65×20%＝1 323.53（元）

年末汇算清缴应纳税额 = 1 323.53 − 1 300 = 23.53（元）

三、非居民企业应纳税额的计算

（一）在中国境内设立机构、场所取得的所得应纳税额的计算

在中国境内设立机构、场所的非居民企业，其应纳税额的计算方法分为据实征收和核定征收两种情形。

1.据实征收

非居民企业在中国境内设立机构、场所的，应就其所设机构、场所取得的来源于中国境内的所得，以及发生在中国境外但与其所设机构、场所有实际联系的所得，缴纳企业所得税。其应纳税额的计算可参照居民企业应纳税额的计算办法执行。

2.核定征收

（1）税务机关核定应纳税所得额的方法。对会计账簿不健全、资料残缺难以查账，或者其他原因不能准确计算并据实申报其应纳税所得额的非居民企业，税务机关有权采取以下三种方法核定其应纳税所得额：

①按收入总额核定应纳税所得额。其适用于能够正确核算收入或者通过合理方法推定收入总额，但不能正确核算成本费用的非居民企业。其计算公式为：

$$应纳税所得额 = 收入总额 \times 经税务机关核定的利润率$$

②按成本费用核定应纳税所得额。其适用于能够正确核算成本费用，但不能正确核算收入总额的非居民企业。其计算公式为：

$$应纳税所得额 = 成本费用总额 \div \left(1 - \frac{经税务机关}{核定的利润率}\right) \times \frac{经税务机关}{核定的利润率}$$

③按经费支出换算收入核定应纳税所得额。其适用于能够正确核算经费支出总额，但不能正确核算收入总额和成本费用的非居民企业。其计算公式为：

$$应纳税所得额 = 经费支出总额 \div \left(1 - \frac{经税务机关}{核定的利润率}\right) \times \frac{经税务机关}{核定的利润率}$$

（2）税务机关核定利润率的标准。税务机关可以按照以下标准核定非居民企业的利润率：

①从事承包工程作业、设计和咨询劳务的，利润率为15%～30%；

②从事管理服务的，利润率为30%～50%；

③从事其他劳务或劳务以外经营活动的，利润率不低于15%。

税务机关有根据认为非居民企业的实际利润率明显高于上述标准的，可以按照比上述标准更高的利润率核定其应纳税所得额。

（二）在中国境内未设立机构、场所取得的所得应纳税额的计算

1.所得范围

在中国境内未设立机构、场所的非居民企业，就其取得来源于中国境内的股息、红利等权益性投资收益和利息、租金、特许权使用费所得、转让财产所得，以及其他所得应当缴纳的企业所得税，实行源泉扣缴，以依照有关法律规定或者合同约定对非居民企业直接负有支付相关款项义务的单位或者个人为扣缴义务人。

2.所得额的确定

（1）股息、红利等权益性投资收益和利息、租金、特许权使用费所得，以收入全额为应纳税所得额，不得扣除税法规定之外的税费支出。

（2）转让财产所得，以收入全额减除财产净值后的余额为应纳税所得额。

转让财产所得包含转让股权等权益性投资资产（以下称“股权”）所得。股权转让收入减除股权净值后的余额为股权转让所得应纳税所得额。

股权转让收入是指股权转让人转让股权所收取的对价，包括货币形式和非货币形式的各种收入。

股权净值是指取得该股权的计税基础。股权的计税基础是股权转让人投资入股时向中国居民企业实际支付的出资成本，或购买该项股权时向该股权的原转让人实际支付的股权受让成本。股权在持有期间发生减值或者增值，按照国务院财政、税务主管部门规定可以确认损益的，股权净值应进行相应调整。企业在计算股权转让所得时，不得扣除被投资企业未分配利润等股东留存收益中按该项股权所可能分配的金额。

多次投资或收购的同项股权被部分转让的，从该项股权全部成本中按照转让比例计算确定被转让股权对应的成本。

（3）其他所得，参照前两项规定的方法计算应纳税所得额。

3.应代扣代缴企业所得税的计算

扣缴企业所得税应纳税额 = 应纳税所得额 × 实际征收率

实际征收率，是指《企业所得税法》及其实施条例等相关法律法规规定的税率，或者税收协定规定的更低的税率。

由扣缴义务人负担应纳税款的，应将非居民企业取得的不含税所得换算为含税所得后计算征税。

按照《企业所得税法》及其实施条例和相关税收法规的规定，给予非居民企业减免税优惠的，应按相关税收减免管理办法的规定办理。

【注意】非居民企业以收入全额为应纳税所得额的，在计算缴纳企业所得税时，应以不含增值税的收入全额作为企业所得税的计税依据。

【做中学8-19】国内某居民企业2022年12月从国外某企业（在中国未设立机构、场所）租入价值200万元的通信设备，合同约定使用期限为1年，支付使用费90.4万元。

该居民企业应代扣代缴的企业所得税税额计算如下：

应纳税额 = 90.4÷（1 + 13%）× 10% = 8（万元）

任务七　企业所得税税收优惠

一、免税收入

（一）债券利息收入

（1）国债利息收入。它是指企业持有国务院财政部门发行的国债取得的利息收入。

（2）地方政府债券利息收入。它是指企业持有2012年及以后年度发行的地方政府债券利息收入。地方政府债券，是指经国务院批准同意，以省、自治区、直辖市和计划单列市政府为发行和偿还主体的债券。

（3）铁路建设债券取得的利息收入。对企业持有2019—2023年发行的中国铁路建设债券取得的利息收入，减半征收企业所得税。

【注意】上述免税范围仅包括债券利息收入，不包括债权转让收益，即企业转让或者到期兑付国债取得的价款，减除其购买国债成本，并扣除其持有期间计算的国债利息收入以及交易过程中相关税费后的余额，为企业转让国债的收益（损失）。企业转让国债的收益（损失），应作为转让财产取得的收益（损失），计算缴纳企业所得税。企业到期前转让国债，或者从非发行者投资购买的国债，其持有期间尚未兑付的国债利息收入的计算公式为：国债利息收入＝国债金额×（适用年利率÷365）×持有天数。

【做中学8-20】某企业购进3年期国债，年利率为4.2%，票面价值及支付本金均为100万元。该企业在持有2年后转让，取得收入110万元。

企业共获利10万元，其中，免税的国债利息收入为8.4万元，其余1.6万元为债券转让收益，应并入企业应纳税所得额计税。

（二）符合条件的居民企业之间的股息、红利等权益性投资收益

符合条件的居民企业之间的股息、红利等权益性投资收益，是指居民企业直接投资于其他居民企业取得的投资收益，不包括连续持有居民企业公开发行并上市流通的股票不足12个月取得的投资收益。

（三）在中国境内设立机构、场所的非居民企业从居民企业取得的与该机构、场所有实际联系的股息、红利等权益性投资收益

它不包括连续持有居民企业公开发行并上市流通的股票不足12个月取得的投资收益。

（四）符合条件的非营利组织收入

1.非营利组织的下列收入为免税收入：

（1）接受其他单位或者个人捐赠的收入；

（2）除《中华人民共和国企业所得税法》第七条规定的财政拨款以外的其他政府补助收入，但不包括因政府购买服务取得的收入；

（3）按照省级以上民政、财政部门规定收取的会费；

（4）不征税收入和免税收入孳生的银行存款利息收入；

（5）财政部、国家税务总局规定的其他收入。

符合条件的非营利组织的收入，一般不包括非营利组织从事营利性活动取得的收入，但国务院财政、税务主管部门另有规定的除外。

非营利组织免税优惠资格的有效期为5年。非营利组织应在免税优惠资格期满后6个月内提出复审申请，不提出复审申请或复审不合格的，其享受免税优惠的资格到期自动失效。

2.已认定的享受免税优惠政策的非营利组织有下述情形之一的，应自该情形发生年度起取消其资格：

（1）登记管理机关在后续管理中发现非营利组织不符合相关法律法规和国家政策的；

（2）在申请认定过程中提供虚假信息的；

（3）纳税信用等级为税务部门评定的C级或D级的；

（4）通过关联交易或非关联交易和服务活动，变相转移、隐匿、分配该组织财产的；

（5）被登记管理机关列入严重违法失信名单的；

（6）从事非法政治活动的。

【小知识】免税收入与不征税收入是不同的。免税收入，是国家为了实现某些经济和社会目标，在特定时期或者对特定项目取得的经济利益给予的税收优惠；不征税收入，一般不属于营利性活动带来的经济利益，是专门从事特定目的的收入，这些收入从企业所得税原理上说属于不列为征税范围的收入范畴。免税收入产生的成本允许税前扣除；不征税收入产生的成本不得税前扣除。

二、减计收入

（1）企业以《资源综合利用企业所得税优惠目录》规定的资源作为主要原料，生产国家非限制和禁止并符合国家和行业相关标准的产品取得的收入，减按90%计入收入总额。

（2）自2017年1月1日至2023年12月31日，对金融机构农户小额贷款的利息收入在计算应纳税所得额时，减按90%计入收入总额；自2017年1月1日至2023年12月31日，对保险公司为种植业、养殖业提供保险业务取得的保费收入，在计算应纳税所得额时，减按90%计入收入总额；自2017年1月1日至2023年12月31日，对经省级金融管理部门（金融办、局等）批准成立的小额贷款公司取得的农户小额贷款利息收入，在计算应纳税所得额时，按90%计入收入总额。

（3）自2019年6月1日至2025年12月31日，提供社区养老、托育、家政服务取得的收入，在计算应纳税所得额时，减按90%计入收入总额。

【提示】减计收入可能比免税更优惠。例如，企业经营某一项目的收入为100万元，对此收入可以减按90%即将90万元计入其应税收入，如果这一项目的成本费用为95万元，则企业在这一项目上的应税所得为－5万元，可用来抵减企业在其他项目上的应税所得，免掉了一部分其他项目应缴纳的所得税。

三、加计扣除

（一）研究开发费用加计扣除

研究开发费用的加计扣除，是指企业为开发新技术、新产品、新工艺发生的研究开发费用。未形成无形资产计入当期损益的，在按照规定据实扣除的基础上，再按照研究开发费用的50%加计扣除；形成无形资产的，按照无形资产成本的150%摊销。

1.研发费用加计扣除政策的适用范围

研发活动，是指企业为获得科学与技术新知识，创造性运用科学技术新知识，或实质性改进技术、产品（服务）、工艺而持续进行的具有明确目标的系统性活动。

（1）不适用加计扣除的活动

①企业产品（服务）的常规性升级；

②对某项科研成果的直接应用，如直接采用公开的新工艺、材料、装置、产品、服务或知识等；

③企业在商品化后为顾客提供的技术支持活动；

④对现存产品、服务、技术、材料或工艺流程进行的重复或简单改变；

⑤市场调查研究、效率调查或管理研究；

⑥作为工业（服务）流程环节或常规的质量控制、测试分析、维修维护；

⑦社会科学、艺术或人文学方面的研究。

（2）不适用加计扣除的行业

①烟草制造业；

②住宿和餐饮业；

③批发和零售业；

④房地产业；

⑤租赁和商务服务业；

⑥娱乐业；

⑦财政部和国家税务总局规定的其他行业。

（3）不适用加计扣除的企业

①会计核算不健全，不能够准确归集研发费用的企业；

②核定征收的企业；

③非居民企业。

2.研发费用归集范围

（1）人员人工费用。

直接从事研发活动人员的工资薪金、基本养老保险费、基本医疗保险费、失业保险费、工伤保险费、生育保险费和住房公积金，以及外聘研发人员的劳务费用。

（2）直接投入费用。

①研发活动直接消耗的材料、燃料和动力费用。

②用于中间试验和产品试制的模具、工艺装备开发及制造费，不构成固定资产的样品、样机及一般测试手段购置费，试制产品的检验费。

③用于研发活动的仪器、设备的运行维护、调整、检验、维修等费用，以及通过经营租赁方式租入的用于研发活动的仪器、设备租赁费。

（3）折旧费用。

用于研发活动的仪器、设备的折旧费。

（4）无形资产摊销。

用于研发活动的软件、专利权、非专利技术（包括许可证、专有技术、设计和计算方法等）的摊销费用。

（5）新产品设计费、新工艺规程制定费、新药研制的临床试验费、勘探开发技术的现场试验费。

（6）其他相关费用。

与研发活动直接相关的其他费用，如技术图书资料费、资料翻译费、专家咨询费、高新科技研发保险费，研发成果的检索、分析、评议、论证、鉴定、评审、评估、验收费用，知识产权的申请费、注册费、代理费，差旅费、会议费等。此项费用总额不得超过可加计扣除研发费用总额的10%。

3.研发费用加计扣除比例优惠

（1）除制造业以外的企业，且不属于烟草制造业、住宿和餐饮业、批发和零售业、房地产业、租赁和商务服务业、娱乐业。企业开展研发活动中实际发生的研发费用，未形成无形资产计入当期损益的，在2023年12月31日前，在按规定据实扣除的基础上，再按照实际发生额的75%在税前加计扣除；形成无形资产的，在上述期间按照无形资产成本的175%在税前摊销。

（2）制造业企业开展研发活动中实际发生的研发费用，未形成无形资产计入当期损益的，在按规定据实扣除的基础上，自2021年1月1日起，再按照实际发生额的100%在税前加计扣除；形成无形资产的，自2021年1月1日起，按照无形资产成本的200%在税前摊销。

（3）委托境外进行研发活动所发生的费用，将费用实际发生额的80%计入委托方的委托境外研发费用。委托境外研发费用不超过境内符合条件的研发费用2/3的部分，可以按规定在企业所得税前加计扣除。

【提示】既有制造业收入，又有其他业务收入的企业，以制造业业务为主营业务，享受优惠当年主营业务收入占收入总额的比例在50%以上的，为制造业企业。制造业收入占收入总额的比例低于50%的，为其他企业。收入总额按照《企业所得税法》第六条规定执行，具体是指企业以货币形式和非货币形式从各种来源取得的收入，包括销售货物收入、提供劳务收入、转让财产收入、股息红利等权益性投资收益、利息收入、租金收入、特许权使用费收入、接受捐赠收入、其他收入。

（二）安置残疾人员所支付的工资加计扣除

安置残疾人员的企业，在按照支付给残疾职工工资据实扣除的基础上，再按照支付给残疾职工工资的100%加计扣除。残疾人员的范围适用《中华人民共和国残疾人保障法》的有关规定，企业享受安置残疾职工工资100%加计扣除优惠政策，应同时具备如下条件：

1.依法与安置的每位残疾人签订了1年以上（含1年）的劳动合同或服务协议，并且安置的每位残疾人在企业实际上岗工作。

2.为安置的每位残疾人按月足额缴纳了企业所在区（县）人民政府根据国家政策规定的基本养老保险、基本医疗保险、失业保险和工伤保险等社会保险。

3.定期通过银行等金融机构向安置的每位残疾人实际支付了不低于企业所在区（县）适用的经省级人民政府批准的最低工资标准的工资。

4.具备安置残疾人上岗工作的基本设施。

四、免征、减征企业所得税

（一）企业从事下列农、林、牧、渔业项目的所得免征企业所得税

1.蔬菜、谷物、薯类、油料、豆类、棉花、麻类、糖料、水果、坚果的种植；

2.农作物新品种的选育；

3.中药材的种植；

4.林木的培育和种植；

5.牲畜、家禽的饲养；

6.林产品的采集；

7.灌溉、农产品初加工、兽医、农技推广、农机作业和维修等农、林、牧、渔服务业项目；

8.远洋捕捞。

（二）非居民企业下列所得免征企业所得税

1.外国政府向中国政府提供贷款取得的利息所得；

2.国际金融组织向中国政府和居民企业提供优惠贷款取得的利息所得；

3.经国务院批准的其他所得。

【注意】境外投资者从中国境内居民企业分配的利润，用于境内直接投资暂不征收预提所得税。

（三）企业从事下列农、林、牧、渔业项目的所得减半征收企业所得税

1.花卉、茶以及其他饮料作物和香料作物的种植；

2.海水养殖、内陆养殖。

（四）特定项目所得定期减免

1.“三免三减半”

企业从事下列项目的所得，自项目取得第一笔生产经营收入所属纳税年度起，第1年至第3年免征企业所得税，第4年至第6年减半征收企业所得税，包括：

（1）国家重点扶持的公共基础设施项目。国家重点扶持的公共基础设施项目，是指《公共基础设施项目企业所得税优惠目录》规定的港口码头、机场、铁路、公路、城市公共交通、电力、水利等项目。企业承包经营、承包建设和内部自建自用上述规定的项目，不得享受上述规定的企业所得税优惠。

（2）环境保护、节能节水项目，包括公共污水处理、公共垃圾处理、沼气综合开发利用、节能减排技术改造、海水淡化等。

规定享受减免税优惠的项目，在减免税期限内转让的，受让方自受让之日起，可以在剩余期限内享受规定的减免税优惠；减免税期限届满后转让的，受让方不得就该项目重复享受减免税优惠。

自2016年1月1日起，垃圾填埋沼气发电项目列入“沼气综合开发利用”范围，可依照规定享受企业所得税优惠。

（3）饮水工程运营管理单位从事《公共基础设施项目企业所得税优惠目录》规定的

饮水工程新建项目投资经营的所得。

所称饮水工程，是指为农村居民提供生活用水而建设的供水工程设施。所称饮水工程运营管理单位，是指负责饮水工程运营管理的自来水公司、供水公司、供水（总）站（厂、中心）、村集体、农民用水合作组织等单位。

2. 集成电路产业和软件产业定期减免

自2020年1月1日起，促进集成电路产业和软件产业高质量发展的优惠政策包括：

（1）国家鼓励的集成电路线宽小于28纳米（含），且经营期在15年以上的集成电路生产企业或项目，第1年至第10年免征企业所得税；国家鼓励的集成电路线宽小于65纳米（含），且经营期在15年以上的集成电路生产企业或项目，第1年至第5年免征企业所得税，第6年至第10年按照25%的法定税率减半征收企业所得税；国家鼓励的集成电路线宽小于130纳米（含），且经营期在10年以上的集成电路生产企业或项目，第1年至第2年免征企业所得税，第3年至第5年按照25%的法定税率减半征收企业所得税。

对于按照集成电路生产企业享受税收优惠政策的，优惠期自获利年度起计算；对于按照集成电路生产项目享受税收优惠政策的，优惠期自项目取得第一笔生产经营收入所属纳税年度起计算，集成电路生产项目需单独进行会计核算、计算所得，并合理分摊期间费用。

（2）国家鼓励的集成电路设计、装备、材料、封装、测试企业和软件企业，自获利年度起，第1年至第2年免征企业所得税，第3年至第5年按照25%的法定税率减半征收企业所得税。

（3）国家鼓励的重点集成电路设计企业和软件企业，自获利年度起，第1年至第5年免征企业所得税，接续年度减按10%的税率征收企业所得税。

集成电路企业或项目、软件企业按照上述规定同时符合多项定期减免税优惠政策条件的，由企业选择其中一项政策享受相关优惠。其中，已经进入优惠期的，可由企业在剩余期限内选择其中一项政策享受相关优惠。

（五）小型微利企业所得减计

自2021年1月1日至2024年12月31日，对小型微利企业年应纳税所得额不超过100万元的部分，减按12.5%计入应纳税所得额，按20%的税率缴纳企业所得税；对小型微利企业年应纳税所得额超过100万元但不超过300万元的部分，减按25%计入应纳税所得额，按20%的税率缴纳企业所得税。

（六）定额减免企业所得税项目

1. 符合条件的技术转让所得，在一个纳税年度内不超过500万元的部分，免征企业所得税；超过500万元的部分，减半征收企业所得税。居民企业转让5年（含，下同）以上非独占许可使用权取得的技术转让所得，属于享受企业所得税优惠的技术转让所得范围。

（1）转让5年以上非独占许可使用权的，计算公式为：

技术转让所得 = 技术转让收入 − 无形资产摊销费用 − 相关税费 − 应分摊期间费用

（2）转让技术所有权的，计算公式为：

技术转让所得 = 技术转让收入 – 无形资产净值 – 相关税费

2. 安置国家鼓励安置的其他就业人员扣减企业所得税。

（1）2019年1月1日至2025年12月31日，企业招用建档立卡贫困人口，以及在人力资源社会保障部门公共就业服务机构登记失业半年以上且持《就业创业证》或《就业失业登记证》（注明“企业吸纳税收政策”）的人员，与其签订1年以上期限劳动合同并依法缴纳社会保险费的，自签订劳动合同并缴纳社会保险当月起，在3年内按实际招用人数予以定额依次扣减增值税、城市维护建设税、教育费附加、地方教育附加和企业所得税优惠。定额标准为每人每年6 000元，最高可上浮30%，各省、自治区、直辖市人民政府可根据本地区实际情况在此幅度内确定具体定额标准。城市维护建设税、教育费附加、地方教育附加的计税依据是享受本项税收优惠政策前的增值税应纳税额。

按上述标准计算的税收扣减额应在企业当年实际应缴纳的增值税、城市维护建设税、教育费附加、地方教育附加和企业所得税税额中扣减，当年扣减不完的，不得结转下年使用。

企业招用就业人员既可以适用此项规定的税收优惠政策，又可以适用其他扶持就业专项税收优惠政策的，企业可以选择适用最优惠的政策，但不得重复享受。

（2）2019年1月1日至2023年12月31日，企业招用自主就业退役士兵，与其签订1年以上期限劳动合同并依法缴纳社会保险费的，自签订劳动合同并缴纳社会保险当月起，在3年内按实际招用人数予以定额依次扣减增值税、城市维护建设税、教育费附加、地方教育附加和企业所得税优惠。定额标准为每人每年6 000元，最高可上浮50%，各省、自治区、直辖市人民政府可根据本地区实际情况在此幅度内确定具体定额标准。

自主就业退役士兵在企业工作不满1年的，应当按月换算减免税限额。其计算公式为：

$$\text{企业核算减免税总额}=\sum \text{每名自主就业退役士兵本年度在本单位工作月份}\div 12\times\text{具体定额标准}$$

企业招用自主就业退役士兵既可以适用本项税收优惠政策，又可以适用其他扶持就业专项税收优惠政策的，企业可以选择适用最优惠的政策，但不得重复享受。

（七）创业投资企业所得额抵免

1. 创业投资企业采取股权投资方式投资于未上市的中小高新技术企业2年以上的，该创业投资企业可以按照其投资额的70%在股权持有满2年的当年抵扣该创业投资企业的应纳税所得额；当年不足抵扣的，可以在以后纳税年度结转抵扣。有限合伙制创业投资企业采取股权投资方式投资于未上市的中小高新技术企业满2年（24个月）的，该投资企业的法人合伙人可按照其对未上市中小高新技术企业投资额的70%抵扣该法人合伙人从该投资企业分得的应纳税所得额，当年不足抵扣的，可以在以后纳税年度结转抵扣。

2. 公司制创业投资企业采取股权投资方式直接投资于种子期、初创期科技型企业（以下简称“初创科技型企业”）满2年（24个月，下同）的，可以按照投资额的70%

在股权持有满2年的当年抵扣该公司制创业投资企业的应纳税所得额；当年不足抵扣的，可以在以后纳税年度结转抵扣。

3.有限合伙制创业投资企业（以下简称“合伙创投企业”）采取股权投资方式直接投资于初创科技型企业满2年的，该合伙创投企业的法人合伙人可以按照对初创科技型企业投资额的70%抵扣法人合伙人从合伙创投企业分得的所得；当年不足抵扣的，可以在以后纳税年度结转抵扣。

所称创业投资企业，是指在我国境内注册设立，向创业企业进行股权投资，以期在所投资创业企业发育成熟或者相对成熟后通过股权转让获得资本增值收益的企业组织。

（八）民族自治地方所得税减免

依照《中华人民共和国民族区域自治法》的规定，实行民族区域自治的自治区、自治州、自治县，对本民族自治地方的企业应缴纳的企业所得税中属于地方分享的部分，可以决定减征或者免征。

对民族自治地方内国家限制和禁止行业的企业，不得减征或者免征企业所得税。

（九）对生产和装配伤残人员专门用品的居民企业所得免征企业所得税

自2021年1月1日至2023年12月31日，对符合条件的生产和装配伤残人员专门用品的居民企业，免征企业所得税。

（十）经营性文化事业单位转制为企业的税收减免

经营性文化事业单位转制为企业，自转制注册之日起5年内免征企业所得税，2018年12月31日之前已完成转制的企业，自2019年1月1日起可继续免征5年企业所得税。

五、税率优惠

（一）适用20%的税率

符合条件的小型微利企业，适用20%的税率。

所称小型微利企业，是指从事国家非限制和禁止行业，并同时符合下列条件的企业：年度应纳税所得额不超过300万元、从业人数不超过300人、资产总额不超过5 000万元。

其中，从业人数，包括与企业建立劳动关系的职工人数和企业接受的劳务派遣用工人数。所称从业人数和资产总额指标，应按企业全年的季度平均值确定。具体计算公式如下：

$$\text{季度平均值} = （\text{季初值} + \text{季末值}）\div 2$$

$$\text{全年季度平均值} = \text{全年各季度平均值之和} \div 4$$

年度中间开业或者终止经营活动的，以其实际经营期作为一个纳税年度确定上述相关指标。

（二）适用15%的优惠税率

1.国家需要重点扶持的高新技术企业

所称国家需要重点扶持的高新技术企业，是指在《国家重点支持的高新技术领域》内，持续进行研究开发与技术成果转化，形成企业核心自主知识产权，并以此为基础开展经营活动，在中国境内（不包括我国港、澳、台地区）注册的居民企业。认定为高新技术企业须同时满足法定条件。

2.技术先进型服务企业

经认定的技术先进型服务企业，减按15%的税率征收企业所得税。

3.从事污染防治的第三方企业

自2019年1月1日起至2023年12月31日止，对符合条件的从事污染防治的第三方企业（以下简称“第三方防治企业”）减按15%的税率征收企业所得税。

所称第三方防治企业是指受排污企业或政府委托，负责环境污染治理设施（包括自动连续监测设施，下同）运营维护的企业。

4.西部地区鼓励类产业

自2021年1月1日至2030年12月31日，对设在西部地区的鼓励类产业企业减按15%的税率征收企业所得税。

所称鼓励类产业企业是指以《西部地区鼓励类产业目录》中规定的产业项目为主营业务，且其主营业务收入占企业收入总额60%以上的企业。

【提示】平潭综合实验区符合条件的企业、注册在海南自由贸易港并实质性运营的鼓励类产业企业、中国（上海）自贸试验区临港新片区重点产业，在政策规定的时间内也可以适用15%的税率优惠。

（三）适用10%的税率

1.国家鼓励的重点集成电路设计企业和软件企业

自2020年1月1日起，国家鼓励的重点集成电路设计企业和软件企业，自获利年度起，第1年至第5年免征企业所得税，接续年度减按10%的税率征收企业所得税。

2.非居民企业预提所得税

非居民企业在中国境内未设立机构、场所的，或者虽设立机构、场所但取得的所得与其所设机构、场所没有实际联系的，减按10%的税率征收企业所得税。

六、加速折旧

（1）下列固定资产，可以缩短折旧年限或者采取加速折旧的方法：

1.由于技术进步，产品更新换代较快的固定资产；

2.常年处于强震动、高腐蚀状态的固定资产。

（2）制造业，信息传输、软件和信息技术服务业，2014年1月1日后新购进的固定资产，可缩短折旧年限或采取加速折旧的方法。上述行业的小型微利企业2014年1月1日后新购进的研发和生产经营共用的仪器、设备，单位价值不超过100万元的，允许一次性计入当期成本费用在计算应纳税所得额时扣除；单位价值超过100万元的，可缩短折旧年限或采取加速折旧的方法。

（3）所有行业企业2014年1月1日后新购进的专门用于研发的仪器、设备，单位价值不超过100万元的，允许一次性计入当期成本费用在计算应纳税所得额时扣除；单位价值超过100万元的，可缩短折旧年限或采取加速折旧的方法。

（4）所有行业企业持有的单位价值不超过5 000元的固定资产，允许一次性计入当期成本费用在计算应纳税所得额时扣除。

采取缩短折旧年限方法的，最低折旧年限不得低于税法规定的固定资产折旧年限的60%；最低折旧年限一经确定，不得改变。采取加速折旧方法的，可以采取双倍余额递减法或年数总和法；加速折旧方法一经确定，不得改变。

集成电路生产企业的生产设备，其折旧年限可以适当缩短，最短可为3年（含）。

【提示】企业根据自身生产经营需要，也可选择不享受加速折旧优惠政策；未选择享受一次性税前扣除政策的，以后年度不得变更。

七、抵免所得税

企业购置并实际使用《环境保护专用设备企业所得税优惠目录》、《节能节水专用设备企业所得税优惠目录》和《安全生产专用设备企业所得税优惠目录》规定的环境保护、节能节水、安全生产等专用设备的，该专用设备投资额的10%可以从企业当年的应纳税额中抵免；当年不足抵免的，可以在以后5个纳税年度结转抵免。

享受此项优惠政策的企业，应当购置并自身实际使用上述规定的专用设备；企业购置上述专用设备在5年内转让、出租的，应当停止享受企业所得税优惠，并补缴已经抵免的企业所得税税款。

【提示】企业同时从事适用不同企业所得税待遇的项目的，其优惠项目应当单独计算所得，并合理分摊企业的期间费用；没有单独计算的，不得享受企业所得税优惠。

【提示】纳税人享受企业所得税优惠采取“自行判别、申报享受、相关资料留存备查”的办理方式。企业应当根据经营情况以及相关税收规定自行判断是否符合优惠事项规定的条件。符合条件的，可以按照《企业所得税优惠事项管理目录》列示的时间自行计算减免税额，并通过填报企业所得税纳税申报表享受税收优惠。同时，按照规定归集和留存相关资料备查。

任务八　企业所得税征收管理与纳税申报

一、企业所得税征收管理

（一）企业所得税的纳税地点

1.居民企业所得税纳税地点

（1）除税收法律、行政法规另有规定外，居民企业以企业登记注册地为纳税地点；登记注册地在境外的，以实际管理机构所在地为纳税地点。

所谓企业登记注册地，是指企业依照国家有关规定登记注册的住所地。

（2）居民企业在中国境内设立不具有法人资格的营业机构的，应当汇总计算并缴纳企业所得税。

汇总纳税企业根据规定计算的总机构和分支机构企业所得税预缴额，分别由总机构和分支机构就地预缴；汇总纳税企业汇总计算的企业年度应纳所得税额，扣除总机构和各分支机构已预缴的税款，计算出应缴应退税款，按照规定的税款分摊方法计算总机构和分支机构的企业所得税应缴应退税款后，分别由总机构和分支机构就地办理税款缴库或退库。

2. 非居民企业所得税纳税地点

（1）非居民企业在中国境内设立机构、场所的，应当就其所设机构、场所取得的来源于中国境内的所得，以及发生在中国境外但与其所设机构、场所有实际联系的所得，以机构、场所所在地为纳税地点。非居民企业在中国境内设立两个或者两个以上机构、场所的，符合国务院税务主管部门规定条件的，可以选择由其主要机构、场所汇总缴纳企业所得税。上述的主要机构、场所，应当同时符合下列条件：

①对其他各机构、场所的生产经营活动负有监督管理责任；

②设有完整的账簿、凭证，能够准确反映各机构、场所的收入、成本、费用和盈亏情况。

非居民企业经批准汇总缴纳企业所得税后，需要增设、合并、迁移、关闭机构、场所或者停止机构、场所业务的，应当事先由负责汇总申报缴纳企业所得税的主要机构、场所向其所在地税务机关报告；需要变更汇总缴纳企业所得税的主要机构、场所的，依照上述规定办理。

（2）非居民企业在中国境内未设立机构、场所的，或者虽设立机构、场所但取得的所得与其所设机构、场所没有实际联系的，以扣缴义务人所在地为纳税地点。

（3）扣缴义务人未依法扣缴或者无法履行扣缴义务的，由纳税人在所得发生地缴纳。纳税人未依法缴纳的，税务机关可以从该纳税人在中国境内其他收入项目的支付人应付的款项中，追缴该纳税人的应纳税款。

所得发生地，是指依照企业所得税所得来源地原则确定的所得发生地。在中国境内存在多处所得发生地的，由纳税人选择其中之一申报缴纳企业所得税。

除国务院另有规定外，企业之间不得合并缴纳企业所得税。

（二）企业所得税的纳税期限

企业所得税按纳税年度计算，分月或分季预缴，年终汇算清缴，多退少补。

企业所得税纳税年度自公历1月1日起至12月31日止。企业在一个纳税年度中间开业，或者终止经营活动，使该纳税年度的实际经营期不足12个月的，应当以其实际经营期为一个纳税年度。企业依法清算时，应当以清算期间作为一个纳税年度。

企业应当自年度终了之日起5个月内，向税务机关报送年度企业所得税纳税申报表，并汇算清缴，结清应缴应退税款。

企业在年度中间终止经营活动的，应当自实际经营终止之日起60日内，向税务机关办理当期企业所得税汇算清缴。

二、企业所得税纳税申报

（一）纳税申报办法

1. 按月或按季预缴所得税

企业应当自月份或季度终了之日起15日内，向税务机关报送预缴企业所得税纳税申报表，预缴税款。其预缴税款的计算，可以采用以下方法：

（1）按月或按季的实际利润预缴。

（2）如果按月或按季的实际利润预缴所得税有困难，可以按上一纳税年度应纳税所得额的1/12或1/4，或者采用经税务机关认可的其他方法，分期预缴税款。

预缴方法一经确定，不得随意变更。

2.年终汇算清缴

企业应当自年度终了之日起5个月内，向税务机关报送年度企业所得税纳税申报表，并汇算清缴，结清应缴应退税款。年终汇算清缴税款的计算公式为：

年终汇算清缴税款＝全年应纳所得税额－全年已预缴所得税额

3.小型微利企业所得税纳税申报

小型微利企业所得税统一实行按季度预缴。

（1）预缴企业所得税时，小型微利企业的资产总额、从业人数、年度应纳税所得额指标，暂按当年度截至本期申报所属期末的情况进行判断。其中，资产总额、从业人数指标按“全年季度平均值”的计算公式，计算截至本期申报所属期末的季度平均值；年度应纳税所得额指标暂按截至本期申报所属期末不超过300万元的标准判断。

（2）原不符合小型微利企业条件的企业，在年度中间预缴企业所得税时，按规定判断符合小型微利企业条件的，应按照截至本期申报所属期末累计情况计算享受小型微利企业所得税减免政策。当年度此前期间因不符合小型微利企业条件而多预缴的企业所得税税款，可在以后季度应预缴的企业所得税税款中抵减。

按月度预缴企业所得税的企业，在当年度4月、7月、10月预缴申报时，如果按照规定判断符合小型微利企业条件的，下一个预缴申报期起调整为按季度预缴申报，一经调整，当年度内不再变更。

（3）小型微利企业在预缴和汇算清缴企业所得税时，通过填写纳税申报表相关内容，即可享受小型微利企业所得税减免政策。

（4）实行核定应纳所得税额征收的企业，根据小型微利企业所得税减免政策规定需要调减定额的，由主管税务机关按照程序调整，并及时将调整情况告知企业。

（5）企业预缴企业所得税时已享受小型微利企业所得税减免政策，汇算清缴企业所得税时不符合规定的，应当按照规定补缴企业所得税税款。

4.企业注销前缴纳所得税

企业应当在办理注销登记前，就其清算所得向税务机关申报并依法缴纳企业所得税。

微课

小型微利企业判断及纳税申报

5.按核定应税所得率方式缴纳所得税

纳税人按核定应税所得率方式缴纳所得税的，依照下列规定申报纳税：

（1）主管税务机关根据纳税人应纳税额的大小确定纳税人按月或按季预缴，年终汇算清缴。预缴方法一经确定，在一个纳税年度内不得改变。

（2）纳税人应按确定的应税所得率计算纳税期间实际应缴纳的税额，进行预缴。按实际数额预缴有困难的，经主管税务机关同意，可按上一年度应纳税额的1/12或1/4预缴，或者按经主管税务机关认可的其他方法预缴。

6. 按核定应纳所得税额方式缴纳所得税

纳税人按核定应纳所得税额方式缴纳所得税的，依照下列规定申报纳税：

（1）纳税人在应纳所得税额尚未确定之前，可暂按上年度应纳所得税额的1/12或1/4预缴，或者按经主管税务机关认可的其他方法，按月或按季分期预缴。

（2）在应纳所得税额确定以后，减除当年已预缴的所得税税额，余额按剩余月份或季度均分，以此确定以后各月或各季的应纳税额，在规定的纳税申报期限内进行纳税申报。

（3）年度终了后，纳税人在规定的时限内按照实际经营额或实际应纳税额向税务机关申报纳税。申报额超过核定经营额或应纳税额的，按申报额缴纳税款；申报额低于核定经营额或应纳税额的，按核定经营额或应纳税额缴纳税款。

（二）纳税申报资料

1. 预缴企业所得税申报资料

（1）实行查账征收的纳税人。在分月或分季预缴所得税时，应向税务机关报送的资料包括：《中华人民共和国企业所得税月（季）度预缴纳税申报表（A类）》、《资产加速折旧（扣除）优惠明细表》和《企业所得税汇总纳税分支机构所得税分配表》。

【做中学8-21】AAA家具厂2022年第三季度利润表中有关财务数据如下：营业收入1 800万元，营业成本886万元，税金及附加64.3万元，期间费用500万元，利润总额349.7万元。第三季度利润表中累计的有关财务数据如下：营业收入4 280万元，营业成本2 280万元，税金及附加164.3万元，期间费用1 086万元，第三季度取得股票红利5万元（持有时间超过1年）；省财政核拨技术改造专项拨款200万元，利润总额954.7万元，第一、二季度累计预缴企业所得税100万元。

该企业第三季度应预缴的企业所得税计算如下：

累计应纳税所得额 = 954.7 - 5 - 200 = 749.7（万元）

累计应预缴所得税额 = 749.7 × 25% = 187.425（万元）

第三季度应补所得税额 = 187.425 - 100 = 87.425（万元）

企业所得税月（季）度预缴纳税申报表（A类）的填制见表8-3。

表8-3　中华人民共和国企业所得税月（季）度预缴纳税申报表（A类）

税款所属期间：2022年7月1日至2022年9月30日

纳税人识别号（统一社会信用代码）：□□□□□□□□□□□□□□□□□□□□□□□

纳税人名称：AAA家具厂　　　　金额单位：人民币元（列至角分）

<table>
<tr><td colspan="10">优惠及附报事项有关信息</td></tr>
<tr><td rowspan="2">项目</td><td colspan="2">一季度</td><td colspan="2">二季度</td><td colspan="2">三季度</td><td colspan="2">四季度</td><td rowspan="2">季度平均值</td></tr>
<tr><td>季初</td><td>季末</td><td>季初</td><td>季末</td><td>季初</td><td>季末</td><td>季初</td><td>季末</td></tr>
<tr><td>从业人数</td><td></td><td></td><td></td><td></td><td></td><td></td><td></td><td></td><td></td></tr>
<tr><td>资产总额（万元）</td><td></td><td></td><td></td><td></td><td></td><td></td><td></td><td></td><td></td></tr>
<tr><td>国家限制或禁止行业</td><td colspan="4">□是☑否</td><td colspan="4">小型微利企业</td><td>□是☑否</td></tr>
<tr><td></td><td colspan="8">附报事项名称</td><td>金额或选项</td></tr>
<tr><td>事项1</td><td colspan="8">（填写特定事项名称）</td><td></td></tr>
<tr><td>事项2</td><td colspan="8">（填写特定事项名称）</td><td></td></tr>
</table>

续表

	预缴税款计算		本年累计
1	营业收入		42 800 000.00
2	营业成本		22 800 000.00
3	利润总额		9 547 000.00
4	加：特定业务计算的应纳税所得额		
5	减：不征税收入		2 000 000.00
6	减：资产加速折旧、摊销（扣除）调减额（填写 A201020）		
7	减：免税收入、减计收入、加计扣除（7.1 + 7.2 + …）		50 000.00
7.1	居民企业之间的股息、红利等权益性投资收益		50 000.00
7.2	（填写优惠事项名称）		
8	减：所得减免（8.1 + 8.2 + …）		
8.1	（填写优惠事项名称）		
8.2	（填写优惠事项名称）		
9	减：弥补以前年度亏损		
10	实际利润额（3 + 4 − 5 − 6 − 7 − 8 − 9）\按照上一纳税年度应纳税所得额平均额确定的应纳税所得额		7 497 000.00
11	税率（25%）		25%
12	应纳所得税额（10 × 11）		1 874 250.00
13	减：减免所得税额（13.1 + 13.2 + …）		
13.1	（填写优惠事项名称）		
13.2	（填写优惠事项名称）		
14	减：本年实际已缴纳所得税额		1 000 000.00
15	减：特定业务预缴（征）所得税额		
16	本期应补（退）所得税额（12 − 13 − 14 − 15）\税务机关确定的本期应纳所得税额		874 250.00
	汇总纳税企业总分机构税款计算		
17	总机构	总机构本期分摊应补（退）所得税额（18 + 19 + 20）	
18	总机构	其中：总机构分摊应补（退）所得税额（16 × 总机构分摊比例__%）	
19	总机构	财政集中分配应补（退）所得税额（16 × 财政集中分配比例__%）	
20	总机构	总机构具有主体生产经营职能的部门分摊所得税额（16 × 全部分支机构分摊比例__% × 总机构具有主体生产经营职能部门分摊比例__%）	
21	分支机构	分支机构本期分摊比例	
22	分支机构	分支机构本期分摊应补（退）所得税额	
	实际缴纳企业所得税计算		
23	减：民族自治地区企业所得税地方分享部分：□免征 □减征:减征幅度__%）	本年累计应减免金额［（12 − 13 − 15）× 40% × 减征幅度］	
24	实际应补（退）所得税额		

续表

谨声明：本纳税申报表是根据国家税收法律法规及相关规定填报的，是真实的、可靠的、完整的。 纳税人（签章）：　　年　月　日	
经办人： 经办人身份证号： 代理机构签章： 代理机构统一社会信用代码：	受理人： 受理税务机关（章）： 受理日期：　　年　月　日

（2）实行核定征收的纳税人。在分月或分季预缴所得税时，应向税务机关报送《中华人民共和国企业所得税月（季）度预缴和年度纳税申报表（B类）》。

【做中学8-22】承【做中学8-18】，B企业第四季度填报的企业所得税月（季）度预缴和年度纳税申报表（B类）见表8-4。

表8-4　　中华人民共和国企业所得税月（季）度预缴和年度纳税申报表（B类）

税款所属期间：2022年1月1日至2022年12月31日

纳税人识别号（统一社会信用代码）：□□□□□□□□□□□□□□□□□□□□□□□□

纳税人名称：　　　　　　　　　　　　　　　　　　　　金额单位：人民币元（列至角分）

<table>
<tr><td>核定征收方式</td><td colspan="9">□核定应税所得率（能核算收入总额的） ☑核定应税所得率（能核算成本费用总额的） □核定应纳所得税额</td></tr>
<tr><td colspan="10">按季度填报信息</td></tr>
<tr><td rowspan="2">项目</td><td colspan="2">一季度</td><td colspan="2">二季度</td><td colspan="2">三季度</td><td colspan="2">四季度</td><td rowspan="2">季度平均值</td></tr>
<tr><td>季初</td><td>季末</td><td>季初</td><td>季末</td><td>季初</td><td>季末</td><td>季初</td><td>季末</td></tr>
<tr><td>从业人数</td><td>（略）</td><td>（略）</td><td>（略）</td><td>（略）</td><td>（略）</td><td>（略）</td><td>（略）</td><td>（略）</td><td>（略）</td></tr>
<tr><td>资产总额（万元）</td><td>（略）</td><td>（略）</td><td>（略）</td><td>（略）</td><td>（略）</td><td>（略）</td><td>（略）</td><td>（略）</td><td>（略）</td></tr>
<tr><td>国家限制或禁止行业</td><td colspan="4">□是 □否</td><td colspan="2">小型微利企业</td><td colspan="3">□是 □否</td></tr>
<tr><td colspan="10">按年度填报信息</td></tr>
<tr><td>从业人数（填写平均值）</td><td colspan="4">（略）</td><td colspan="3">资产总额（填写平均值，单位：万元）</td><td colspan="2">（略）</td></tr>
<tr><td>国家限制或禁止行业</td><td colspan="4">□是 □否</td><td colspan="3">小型微利企业</td><td colspan="2">□是 □否</td></tr>
</table>

行次	项目	本年累计金额
1	收入总额	
2	减：不征税收入	
3	减：免税收入（4 + 5 + 10 + 11）	
4	国债利息收入免征企业所得税	
5	符合条件的居民企业之间的股息、红利等权益性投资收益免征企业所得税（6 + 7.1 + 7.2 + 8 + 9）	
6	其中：一般股息红利等权益性投资收益免征企业所得税	
7.1	通过沪港通投资且连续持有H股满12个月取得的股息红利所得免征企业所得税	
7.2	通过深港通投资且连续持有H股满12个月取得的股息红利所得免征企业所得税	

续表

行次	项　　　目	本年累计金额
8	居民企业持有创新企业CDR取得的股息红利所得免征企业所得税	
9	符合条件的居民企业之间属于股息、红利性质的永续债利息收入免征企业所得税	
10	投资者从证券投资基金分配中取得的收入免征企业所得税	
11	取得的地方政府债券利息收入免征企业所得税	
12	应税收入额（1－2－3）\成本费用总额	300 000.00
13	税务机关核定的应税所得率（%）	15%
14	应纳税所得额（第12×13行）\［第12行÷（1－第13行）×第13行］	52 941.18
15	税率（25%）	25%
16	应纳所得税额（14×15）	13 235.30
17	减：符合条件的小型微利企业减免企业所得税	11 911.77
18	减：实际已缴纳所得税额	1 300.00
L19	减：符合条件的小型微利企业延缓缴纳所得税额（是否延缓缴纳所得税　□是　□否）	0
19	本期应补（退）所得税额（16－17－18－L19）\税务机关核定本期应纳所得税额	23.53
20	民族自治地方的自治机关对本民族自治地方的企业应缴纳的企业所得税中属于地方分享的部分减征或免征（□免征　□减征:减征幅度____%）	
21	本期实际应补（退）所得税额	23.53

谨声明：本纳税申报表是根据国家税收法律法规及相关规定填报的，是真实的、可靠的、完整的。

纳税人（签章）：　　年　月　日

经办人： 经办人身份证号： 代理机构签章： 代理机构统一社会信用代码：	受理人： 受理税务机关（章）： 受理日期：　　年　月　日

2.年终汇算清缴企业所得税申报资料

（1）实行查账征收的纳税人。年终汇算清缴时需向税务机关报送的资料：《企业所得税年度纳税申报表（A类）》及其附表；按照规定附送的财务会计报告；其他有关资料。

企业所得税年度纳税申报表填报表单见表8-5。

表8-5　企业所得税年度纳税申报表填报表单

表单编号	表单名称	选择填报情况	
		填报	不填报
A000000	企业所得税年度纳税申报基础信息表	□	□
A100000	中华人民共和国企业所得税年度纳税申报表（A类）	□	□
A101010	一般企业收入明细表	□	□
A101020	金融企业收入明细表	□	□
A102010	一般企业成本支出明细表	□	□
A102020	金融企业支出明细表	□	□

续表

表单编号	表单名称	选择填报情况	
		填报	不填报
A103000	事业单位、民间非营利组织收入、支出明细表	□	□
A104000	期间费用明细表	□	□
A105000	纳税调整项目明细表	□	□
A105010	视同销售和房地产开发企业特定业务纳税调整明细表	□	□
A105020	未按权责发生制确认收入纳税调整明细表	□	□
A105030	投资收益纳税调整明细表	□	□
A105040	专项用途财政性资金纳税调整明细表	□	□
A105050	职工薪酬支出及纳税调整明细表	□	□
A105060	广告费和业务宣传费等跨年度纳税调整明细表	□	□
A105070	捐赠支出及纳税调整明细表	□	□
A105080	资产折旧、摊销及纳税调整明细表	□	□
A105090	资产损失税前扣除及纳税调整明细表	□	□
A105100	企业重组及递延纳税事项纳税调整明细表	□	□
A105110	政策性搬迁纳税调整明细表	□	□
A105120	特殊行业准备金及纳税调整明细表	□	□
A106000	企业所得税弥补亏损明细表	□	□
A107010	免税、减计收入及加计扣除优惠明细表	□	□
A107011	符合条件的居民企业之间的股息、红利等权益性投资收益优惠明细表	□	□
A107012	研发费用加计扣除优惠明细表	□	□
A107020	所得减免优惠明细表	□	□
A107030	抵扣应纳税所得额明细表	□	□
A107040	减免所得税优惠明细表	□	□
A107041	高新技术企业优惠情况及明细表	□	□
A107042	软件、集成电路企业优惠情况及明细表	□	□
A107050	税额抵免优惠明细表	□	□
A108000	境外所得税收抵免明细表	□	□
A108010	境外所得纳税调整后所得明细表	□	□
A108020	境外分支机构弥补亏损明细表	□	□
A108030	跨年度结转抵免境外所得税明细表	□	□
A109000	跨地区经营汇总纳税企业年度分摊企业所得税明细表	□	□
A109010	企业所得税汇总纳税分支机构所得税分配表	□	□
说明：企业应当根据实际情况选择需要填报的表单			

【做中学8-23】假设AAA家具厂2022年第一至四季度已经预缴企业所得税402万元。该企业年终汇算清缴填制的企业所得税年度纳税申报表（A类）见表8-6。

表8-6　中华人民共和国企业所得税年度纳税申报表（A类）

金额单位：人民币元（列至角分）

行次	类别	项目	金　额
1	利润总额计算	一、营业收入（填写A101010\101020\103000）	62 120 000.00
2		减：营业成本（填写A102010\102020\103000）	26 000 000.00
3		减：税金及附加	1 800 000.00
4		减：销售费用（填写A104000）	12 700 000.00
5		减：管理费用（填写A104000）	4 800 000.00
6		减：财务费用（填写A104000）	300 000.00
7		减：资产减值损失	
8		加：公允价值变动收益	
9		加：投资收益	350 000.00
10		二、营业利润（1－2－3－4－5－6－7＋8＋9）	16 870 000.00
11		加：营业外收入（填写A101010\101020\103000）	2 113 000.00
12		减：营业外支出（填写A102010\102020\103000）	131 500.00
13		三、利润总额（10＋11－12）	18 851 500.00
14	应纳税所得额计算	减：境外所得（填写A108010）	
15		加：纳税调整增加额（填写A105000）	944 650.00
16		减：纳税调整减少额（填写A105000）	2 803 100.00
17		减：免税、减计收入及加计扣除（填写A107010）	
18		加：境外应税所得抵减境内亏损（填写A108000）	
19		四、纳税调整后所得（13－14＋15－16－17＋18）	16 993 050.00
20		减：所得减免（填写A107020）	
21		减：弥补以前年度亏损（填写A106000）	
22		减：抵扣应纳税所得额（填写A107030）	
23		五、应纳税所得额（19－20－21－22）	16 993 050.00
24	应纳税额计算	税率（25%）	25%
25		六、应纳所得税额（23×24）	4 248 262.50
26		减：减免所得税额（填写A107040）	
27		减：抵免所得税额（填写A107050）	
28		七、应纳税额（25－26－27）	4 248 262.50
29		加：境外所得应纳所得税额（填写A108000）	
30		减：境外所得抵免所得税额（填写A108000）	
31		八、实际应纳所得税额（28＋29－30）	4 248 262.50
32		减：本年累计实际已预缴的所得税额	4 020 000.00
33		九、本年应补（退）所得税额（31－32）	228 262.50
34		其中：总机构分摊本年应补（退）所得税额（填写A109000）	
35		财政集中分配本年应补（退）所得税额（填写A109000）	
36		总机构主体生产经营部门分摊本年应补（退）所得税额（填写A109000）	
37	实际应内税额计算	减：民族自治地区企业所得税地方分享部分：（□免征 □减征:减征幅度__%）	
38		十、本年实际应补（退）所得税额（33－37）	

注：根据【做中学8-15】【做中学8-16】【做中学8-23】填制。

（2）实行核定征收的纳税人。年终汇算清缴时，需报送《中华人民共和国企业所得税月（季）度预缴和年度纳税申报表（B类）》、按照规定附送的财务会计报告、其他有关资料。

（3）小型微利企业。为切实减轻小型微利企业纳税申报负担，实行查账征收企业所得税的小型微利企业，年终汇算清缴时，报送资料规定如下：

①《中华人民共和国企业所得税年度纳税申报表（A类）》（A100000）为小型微利企业必填表单。

②《企业所得税年度纳税申报基础信息表》（A000000）中的“基本经营情况”为小型微利企业必填项目；“有关涉税事项情况”为选填项目，存在或者发生相关事项时小型微利企业必须填报；“主要股东及分红情况”为小型微利企业免填项目。

③免于填报《一般企业收入明细表》（A101010）、《金融企业收入明细表》（A101020）、《一般企业成本支出明细表》（A102010）、《金融企业支出明细表》（A102020）、《事业单位、民间非营利组织收入、支出明细表》（A103000）、《期间费用明细表》（A104000）。上述表单相关数据应当在《中华人民共和国企业所得税年度纳税申报表（A类）》（A100000）中直接填写。

④除上述规定的表单、项目外，小型微利企业可结合自身经营情况，选择表单填报。未发生表单中规定的事项，无须填报。

3.清算企业申报资料

清算企业需报送《中华人民共和国企业清算所得税申报表》《资产处置损益明细表（附表1）》《负债清偿损益明细表（附表2）》《剩余财产计算和分配明细表（附表3）》。

4.非居民企业所得税申报资料

（1）非居民企业预缴企业所得税税款时需报送《中华人民共和国非居民企业所得税预缴申报表》，其附表为《非居民企业机构、场所汇总缴纳所得税税款分配表》《非居民企业机构、场所核定计算明细表》。

（2）非居民企业年度企业所得税汇算清缴时需报送《中华人民共和国非居民企业所得税年度纳税申报表》，其附表为《纳税调整项目明细表》《企业所得税弥补亏损明细表》《对外合作开采石油企业勘探开发费用年度明细表》《非居民企业机构、场所汇总缴纳所得税税款分配表》《非居民企业机构、场所核定计算明细表》。

（3）源泉扣缴和指定扣缴的扣缴义务人，以及扣缴义务人未依法扣缴或者无法履行扣缴义务情况下自行申报的纳税人，按次或按期扣缴或申报企业所得税税款时需报送《中华人民共和国扣缴企业所得税报告表》。

（三）税款缴纳

企业所得税纳税申报表经主管税务机关审核无误后，开出税收缴款书。企业办税员持税收缴款书向主管税务机关指定的银行缴纳税款。

企业缴纳的企业所得税，以人民币计算。所得以人民币以外的货币核算的，应当折合成人民币计算并缴纳税款。

思政园地

构建全方位税收优惠体系，减税降负激发创新活力

2021年9月7日，重庆市税务局完成的企业所得税汇算清缴数据显示，2020年全市为1 136户高新技术企业减免企业所得税33.46亿元，为进一步增强科技创新竞争力提供了有力支撑。

位于两江新区的重庆两江联创电子有限公司（以下简称两江联创）是受益企业之一。该公司是一家专业研发、生产及销售触控显示等关键光电子产品的高科技企业，产品主要用于智能手机、平板电脑、运动相机等移动智能终端。两江联创财务人员陈丽表示，国家的税收优惠政策给公司提供了真金白银的帮助。市税务局的企业所得税汇算清缴数据显示，两江联创享受高新技术企业15%的所得税优惠税率，减免税款665.2万元。

近年来，两江联创将减免资金用于产品研发和扩大生产，目前该公司已建设成西南地区新型触控显示一体化产品研发生产基地。2016年，公司年收入仅5亿元，2021年预计总收入达到20亿元。

市税务局相关负责人表示，税收营商环境是营商环境的重要组成部分，税务部门将持续聚焦市场主体需求，优化服务举措，确保税费政策红利充分及时释放，为创新市场主体打造更优质的营商环境，为重庆高质量发展注入更强大动能。

资料来源：向菊梅.重庆：2020年为高新技术企业减税超30亿元［EB/OL］.［2021-09-08］. http://www.gov.cn/xinwen/2021-09/08/content_5636208.htm.

【启示】党的十九届五中全会提出加快建设科技强国，把科技创新的地位和作用提升到前所未有的战略高度，充分体现了党中央对科技创新一以贯之的高度重视和战略谋划。我国鼓励科技创新税收政策体系，主要包括减轻高新技术企业税负、鼓励研发经费投入、鼓励研发设备投资、鼓励科技成果转化等方面。

重庆市税务局坚决执行国家税务总局的企业所得税政策，为全市高新技术企业减税超30亿元，有效降低了企业税负，增强企业现金流，为进一步增强企业的科技创新竞争力提供了有力支撑，也为企业创新提供了良好的外部动力，有力激发了市场主体创新创业的活力，为重庆高质量发展注入了更强大动能。

项目小结

本项目主要知识点归纳总结见表8-7。

表8-7　本项目主要知识点归纳总结

主要知识点	内容		
征税范围	生产经营所得和其他所得	销售货物所得、提供劳务所得、转让财产所得、股息红利等权益性投资所得、利息所得、租金所得、特许权使用费所得、接受捐赠所得和其他所得	
	清算所得	以清算期间作为一个独立的纳税年度，在办理税务注销登记前，就其清算所得向税务机关申报并依法缴纳企业所得税	
纳税人	居民企业	承担无限纳税义务	就来源于中国境内、境外的所得在我国境内缴纳企业所得税
	非居民企业	承担有限纳税义务	仅就来源于中国境内的所得缴纳企业所得税

续表

主要知识点	内容		
税率	基本税率	25%	居民企业和在中国境内设立机构、场所的非居民企业
	优惠税率	20%	小型微利企业
		15%	高新技术企业
			技术先进型服务企业
			从事污染防治的第三方企业
			特定地区特定行业企业
		10%	国家鼓励的重点集成电路设计企业和软件企业
		20%减按10%	未在中国境内设立机构、场所但有来源于中国境内所得的非居民企业
计税依据	查账征收	直接计算法	应纳税所得额 = 收入总额 − 不征税收入 − 免税收入 − 各项扣除 − 允许弥补的以前年度亏损
		间接计算法	应纳税所得额 = 利润总额±纳税调整项目金额
	核定征收	核定所得率	应纳所得税额 = 应税收入额 × 应税所得率 或 = 成本（费用）支出额÷（1 − 应税所得率）× 应税所得率
		核定所得税额	税务机关直接核定其应纳所得税额
	清算企业	清算所得 = 全部资产可变现价值或交易价格 − 资产的计税基础 − 清算费用 − 相关税费 + 债务清偿损益	
应纳税额计算	按月或按季预缴，预缴方法一经确定，该纳税年度内不得随意变更	按实际利润预缴	应纳税额 = 利润总额 + 特定业务计算的应纳税所得额 − 不征税收入 − 资产加速折旧、摊销（扣除）调减额 − 免税收入、减计收入、加计扣除 − 所得减免 − 弥补以前年度亏损
		按上一年度应纳税所得额的1/12或1/4预缴	各个月度、季度之间实际利润额相差很大或按实际利润预缴有困难
		按其他方式	经税务机关认可的其他方法预缴
	年终汇算清缴		应纳所得税额 = 应纳税所得额 × 适用税率 − 减免税额 − 抵免税额

续表

主要知识点	内容		
纳税申报	查账征收的居民企业	预缴	《中华人民共和国企业所得税月（季）度预缴纳税申报表（A类）》《资产加速折旧（扣除）优惠明细表》《企业所得税汇总纳税分支机构所得税分配表》
		汇算清缴	《中华人民共和国企业所得税年度纳税申报表（A类）》及其附表
	核定征收的居民企业	预缴	《中华人民共和国企业所得税月（季）度预缴和年度纳税申报表（B类）》
		汇算清缴	《中华人民共和国企业所得税月（季）度预缴和年度纳税申报表（B类）》及其附表
	非居民企业	预缴企业所得税	《中华人民共和国非居民企业所得税预缴申报表》及附表：《非居民企业机构、场所汇总缴纳所得税税款分配表》《非居民企业机构、场所核定计算明细表》
		汇算清缴企业所得税	《中华人民共和国非居民企业所得税年度纳税申报表》，其附表为《纳税调整项目明细表》《企业所得税弥补亏损明细表》《对外合作开采石油企业勘探开发费用年度明细表》《非居民企业机构、场所汇总缴纳所得税税款分配表》《非居民企业机构、场所核定计算明细表》
		源泉扣缴和指定扣缴的扣缴义务人，以及扣缴义务人未依法扣缴或者无法履行扣缴义务情况下自行申报的纳税人	按次或按期报送《中华人民共和国扣缴企业所得税报告表》
	清算企业		《中华人民共和国企业清算所得税申报表》《资产处置损益明细表（附表1）》《负债清偿损益明细表（附表2）》《剩余财产计算和分配明细表（附表3）》

阅读篇目

《中华人民共和国企业所得税法》

《中华人民共和国企业所得税法实施条例》

《国家税务总局关于确认企业所得税收入若干问题的通知》（国税函〔2008〕875号）

《“大众创业 万众创新”税收优惠政策指引》

《国家税务总局关于简化小型微利企业所得税年度纳税申报有关措施的公告》（国家税务总局公告2018年第58号）

《国家税务总局关于发布〈企业所得税税前扣除凭证管理办法〉的公告》（国家税务总局公告2018年第28号）

《国家税务总局关于发布〈中华人民共和国企业所得税月（季）度预缴纳税申报表（A类）〉的公告》（国家税务总局公告2021年第3号）

《国家税务总局关于企业所得税年度汇算清缴有关事项的公告》（国家税务总局公告2021年第34号）

《财政部 税务总局关于实施小微企业和个体工商户所得税优惠政策的公告》（财政部 税务总局公告2021年第12号）

《国家税务总局关于落实支持小型微利企业和个体工商户发展所得税优惠政策有关事项的公告》（国家税务总局公告2021年第8号）

《国家税务总局关于小型微利企业所得税优惠政策征管问题的公告》（国家税务总局公告2022年第5号）

项目九

个人所得税纳税实务

学习目标

知识目标

1. 能够区分个人所得税居民个人与非居民个人，确定不同纳税人应如何履行纳税义务并正确判断所得来源地。
2. 掌握个人所得税的征税范围，理解分项、综合计征的内涵。
3. 掌握个人所得税税率、预扣预缴率及适用范围。
4. 掌握各项所得的划分及确认办法。
5. 能够正确计算各项所得的应纳税额。
6. 掌握个人所得税税收优惠政策适用范围及要求。
7. 掌握个人所得税征管方式，正确填制纳税申报表。

技能目标

1. 能够正确计算个人所得税应纳税额。
2. 能够准确填制个人所得税纳税申报表，并能准备纳税申报资料。

态度目标

1. 树立法律意识，明确依法纳税是遵章守法不可或缺的一部分。
2. 树立风险防范意识，认识到偷逃税款对个人信誉的影响及应负担的法律责任。
3. 树立筹划意识，最大限度地维护自身的合法权益。

思政目标

1. 通过学习个人征收模式及应纳税款的计算，体会促进社会公平正义的政策意图。
2. 通过学习个人捐赠税前扣除政策规定，分析捐赠支出税前扣除办法是否会成为“第三次分配”的有效促进手段。
3. 通过个人所得税征税范围的学习，了解混淆应税项目界限的后果，体会依法诚信纳税的意义。

工作情境与工作任务

通过前面内容的学习，我们了解了税收在调整初次分配中政府、居民和企业三者间利益分配关系方面的作用，那么税收在调整二次分配中居民间分配关系时还能有所作为吗?

个人所得税是调整征税机关与自然人之间在个人所得税的征纳与管理过程中所发生的社会关系的法律规范的总称。关于个人所得，有两种对立的理论：一种是“所得来源说”，认为只有从一个可以获得固定收入的永久性“来源”取得的收入，才应被视为应税所得；另一种是“净增值说”，认为应税所得应包括所有的净收益和由第三者提供劳务以货币价值实现的福利，所有的赠与、遗产、中奖收入、投资收入和年金等各种周期性收益，但要从中扣除所有已支付的利息和资本损失。你知道我国个人所得税的法律制定是基于哪种理论吗？个人所得税的纳税人、征税范围和计税依据是如何制定的?

个人所得税税制有分类所得税制、综合所得税制、混合所得税制三种模式，你知道我国采用的是哪种模式吗？这种模式下个人所得税的计算有什么特点？应纳税额又是如何计算的呢?

个人所得税的征收管理采用源泉扣缴的办法，你知道支付单位进行源泉扣缴后，作为个人还需要纳税申报吗?

任务一　个人所得税基本要素

个人所得税是对个人（自然人）取得的全部所得征收的一种收益税，以取得所得多少为负担能力的标准，是调节个人收入分配的重要手段。个人所得，通常情况下是指个人在一定期间内通过各种来源、渠道或者方式获得的一切经济利益，不论这种利益是临时取得的还是偶然取得的，也不论是以货币、有价证券形式还是以实物形式表现的。我国现行的个人所得税制度，以2018年8月31日第十三届全国人民代表大会常务委员会第五次会议修订颁布的《中华人民共和国个人所得税法》为基本法律规范。

一、个人所得税的纳税人及纳税义务

（一）个人所得税的纳税人

个人所得税的纳税人，包括中国公民、个体工商户、外籍个人、无国籍人员，以及中国香港、中国澳门、中国台湾同胞等。我国现行的个人所得税制度按照国际通常做法，遵循“属人管辖”和“属地管辖”原则，依据自然人的住所和居住时间两个标准，将个人所得税纳税人划分为居民个人和非居民个人。

1. 居民个人

在中国境内有住所，或者无住所而一个纳税年度内在中国境内居住累计满183天的个人，为个人所得税居民个人。

所称有住所，是指因户籍、家庭、经济利益关系而在中国境内习惯性居住。比如，中国公民因学习、工作、探亲等而在中国境外居住的，当在境外居住的原因消除之后，则必然会回到中国境内居住。因此，即使该中国公民暂时未住在中国境内，仍应将其判定为在中国境内习惯性居住。

所称一个纳税年度，是指从公历1月1日起至12月31日止。

《个人所得税法》规定的住所标准和居住时间标准，是判定居民身份的两个并列标准，自然人只要符合其中的任何一个标准，就可以被认定为我国的居民个人。

2. 非居民个人

在中国境内无住所又不居住，或者无住所而一个纳税年度内在中国境内居住累计不满183天的个人，有来源于中国境内的所得，为个人所得税的非居民个人。

无住所个人一个纳税年度内在中国境内累计居住天数，按照个人在中国境内累计停留的天数计算。在中国境内停留的当天满24小时的，计入中国境内居住天数，在中国境内停留的当天不足24小时的，不计入中国境内居住天数。

【思考】某外籍个人亨利于2020年5月1日来华工作，任期2年，2022年4月30日离境回国。2020年至2022年该外籍个人属于我国的居民个人吗？

（二）个人所得税的纳税义务

1. 居民个人的纳税义务

居民个人，承担无限纳税义务，应就其来源于中国境内和境外的所得，向我国政府履行全面纳税义务，依法缴纳个人所得税。为了便于人员的国际交流，本着从宽、从简的原则，对于在中国境内无住所的居民个人，如果此前6年在中国境内每年累计居住天数都满183天而且没有任何一年单次离境超过30天，该纳税年度来源于中国境内、境外所得应当缴纳个人所得税；如果此前6年的任一年在中国境内累计居住天数不满183天或者单次离境超过30天，经向主管税务机关备案，该纳税年度来源于中国境外且由境外单位或者个人支付的所得，免予缴纳个人所得税。

在中国境内居住累计满183天的任一年度中有一次离境超过30天的，其在中国境内居住累计满183天的年度的连续年限重新起算。

2. 非居民个人的纳税义务

非居民个人承担有限纳税义务，只就其来源于中国境内的所得向我国政府履行纳税义务，依法缴纳个人所得税。

微课

个人所得税纳税人及纳税义务

非居民个人的纳税情况比较复杂，涉及的所得来源及其支付形式也比较多。为了兼顾有关国家的财政利益，我国税法根据国际惯例，对于非居民个人的纳税义务范围做出如下规定：在中国境内无住所的个人，在一个纳税年度内在中国境内居住累计不超过90天的，其来源于中国境内的所得，由境外雇主支付并且不由该雇主在中国境内的机构、场所负担的部分，免予缴纳个人所得税。

（三）所得来源地的确定

除国务院财政、税务主管部门另有规定外，下列所得，不论支付地点是否在中国境内，均为来源于中国境内的所得：

1.因任职、受雇、履约等在中国境内提供劳务取得的所得；

2.将财产出租给承租人在中国境内使用而取得的所得；

3.许可各种特许权在中国境内使用而取得的所得；

4.转让中国境内的不动产等财产或者在中国境内转让其他财产取得的所得；

5.从中国境内企业、事业单位、其他组织以及居民个人取得的利息、股息、红利所得。

（四）个人所得税的扣缴义务人

扣缴义务人，是指向个人支付所得的单位或者个人。

个人所得税以取得应税所得的个人为纳税义务人，以支付所得的单位或者个人为扣缴义务人。扣缴义务人包括企业（公司）、事业单位、机关、社会团体、军队、驻华机构（不包括外国驻华使领馆和联合国及其他依法享有外交特权和豁免的国际组织驻华机构）、个体户等单位或者个人。扣缴义务人在向纳税人支付各项应税所得（个体工商户的生产经营所得除外）时，不论纳税人是否属于本单位人员，均应代扣代缴其应缴纳的个人所得税税款。

二、个人所得税的征税对象

个人所得税的征税对象为个人取得的应税所得。我国个人所得税法列举征税的个人所得共有9项，具体包括：

（一）工资、薪金所得

工资、薪金所得，是指个人因任职或者受雇而取得的工资、薪金、奖金、年终加薪、劳动分红、津贴、补贴以及与任职或者受雇有关的其他所得。其中，年终加薪、劳动分红不分种类和取得情况，一律按工资、薪金所得征税。

1.不属于工资、薪金的项目

根据我国目前个人收入的构成情况，税法规定对于一些不属于工资、薪金性质的补贴、津贴或者不属于纳税人本人工资、薪金所得项目的收入，不予征税。这些项目包括：

（1）独生子女补贴；

（2）执行公务员工资制度未纳入基本工资总额的补贴、津贴差额和家属成员的副食品补贴；

（3）托儿补助费；

（4）差旅费津贴、误餐补助。

2.个人取得的按工资、薪金所得纳税的收入

（1）退休人员再任职取得的收入。

（2）公司职工取得的用于购买企业国有股权的劳动分红。

【提示】劳动分红与股份分红不同：劳动分红是劳动性所得；股份分红是资本利得

性所得。

(3) 出租汽车经营单位对出租车驾驶员采取单车承包或承租方式运营，出租车驾驶员从事客货营运取得的收入。

(4) 在商品营销活动中，企业和单位对营销业绩突出的雇员以培训班、研讨会、工作考察等名义组织旅游活动，通过免收差旅费、旅游费对个人实行的营销业绩奖励（包括实物、有价证券等）。

(5) 个人因公务用车和通信制度改革而取得的公务用车、通行补贴收入。

(6) 单位为职工购买的商业性补充养老保险。

(7) 个人获得任职企业为其出资购买的房屋及其他财产，并将所有权登记为本人的；以及个人向任职企业借款用于购买房屋及其他财产，将所有权登记为个人本人，且借款年度终了后未归还借款的。

(8) 个人在公司（包括关联公司）任职、受雇，同时兼任董事、监事取得的董事费、监事费。

(二) 劳务报酬所得

劳务报酬所得，是指个人从事劳务取得的所得。其包括：设计、装潢、安装、制图、化验、测试、医疗、法律、会计、咨询、讲学、翻译、审稿、书画、雕刻、影视、录音、录像、演出、表演、广告、展览、技术服务、介绍服务、经纪服务、代办服务以及其他劳务的所得。

【注意】企业或者单位在商品营销活动中，对营销业绩突出的非雇员以培训班、研讨会、工作考察等名义组织旅游活动，通过免收差旅费、旅游费对个人实行营销业绩奖励（包括实物、有价证券等）的，其实际发生的费用全额应作为该营销人员当期的劳务收入，按劳务报酬所得项目征收个人所得税。

个人担任董事、监事，且不在公司任职、受雇情形下所取得的董事费收入，属于劳务报酬性质，按劳务报酬所得项目征税。

(三) 稿酬所得

稿酬所得，是指个人因其作品以图书、报刊形式出版、发表而取得的所得。所称作品，包括文学作品、书画作品、摄影作品以及其他作品。作者去世后，财产继承人取得的遗作稿酬，应征收个人所得税。

个人取得的相关所得是属于稿酬所得还是属于其他所得，按以下政策规定进行判断：

1. 任职、受雇于报纸、杂志等单位的记者、编辑等专业人员，因在本单位的报纸、杂志上发表作品取得的所得，属于因任职、受雇而取得的所得，应与其当月工资收入合并，按照“工资、薪金所得”项目征收个人所得税。除上述专业人员以外，其他人员在本单位的报纸、杂志上发表的作品所取得的所得，应按照“稿酬所得”项目征收个人所得税。

2. 出版社的专业作者撰写、编写或翻译的作品，由本出版社以图书形式出版而取得的稿费收入，应按照“稿酬所得”项目征收个人所得税。

（四）特许权使用费所得

特许权使用费所得，是指个人提供专利权、商标权、著作权、非专利技术以及其他特许权的使用权取得的所得。提供著作权的使用权取得的所得，不包括稿酬所得。作者将自己的文字作品手稿原件或复印件公开拍卖（竞价）取得的所得、个人取得特许权的经济赔偿收入、电视编剧从电视剧制作单位取得的剧本使用费收入，都属于特许权使用费所得。

【提示】居民个人取得的工资薪金所得、劳务报酬所得、稿酬所得、特许权使用费所得为综合所得，按纳税年度合并计算个人所得税。

（五）经营所得

经营所得，是指：

1.个体工商户从事生产、经营活动取得的所得，个人独资企业投资人、合伙企业的个人合伙人来源于境内注册的个人独资企业、合伙企业生产、经营的所得；

2.个人依法从事办学、医疗、咨询以及其他有偿服务活动取得的所得；

3.个人对企业、事业单位承包经营、承租经营以及转包、转租取得的所得；

4.个人从事其他生产、经营活动取得的所得。

个人因从事彩票代销业务而取得的所得，应按照“经营所得”项目计征个人所得税。

从事个体出租车运营的出租车驾驶员取得的收入，按“经营所得”项目缴纳个人所得税。

【思考】个体工商户和从事生产、经营的个人，取得与生产、经营活动无关的其他各项应税所得，如取得的债券利息所得、对外投资取得的股息所得，属于经营所得吗？

（六）利息、股息、红利所得

利息、股息、红利所得，是指个人拥有债权、股权而取得的利息、股息、红利所得。所称利息，一般是指存款、贷款和债券的利息。所称股息、红利，是指个人拥有股权取得的公司、企业分红。其中：按照一定的比率派发的每股息金，称为股息；根据公司、企业应分配的、超过股息部分的利润，按股派发的红股，称为红利。

对于企业在改组、改制过程中，将企业资产量化给职工个人，个人取得的量化资产，应按照以下规定处理：

1.对职工个人以股份形式取得的仅作为分红依据，不拥有所有权的企业量化资产，不征收个人所得税；

2.对职工个人以股份形式取得的企业量化资产参与企业分配而获得的股息、红利，应按照“利息、股息、红利所得”项目征收个人所得税。

【提示】符合以下情形的房屋或其他财产，不论所有权人是否将财产无偿或有偿交付企业使用，其实质均为企业对个人进行了实物性质的分配，应依法计征个人所得税：（1）企业出资购买房屋及其他财产，将所有者登记为投资者个人、投资者家庭成员或企业其他人员的；（2）企业投资者个人、投资者家庭成员或企业其他人员向企业借款用于购买房屋及其他财产，将所有者登记为投资者个人、投资者家庭成员或企业其他人员，且借款年度终了后未归还借款的。

对个人独资企业、合伙企业的个人投资者或其家庭成员取得的上述所得，视为企业对个人投资者的利润分配，按照“经营所得”项目计征个人所得税；对除个人独资企业、合伙企业以外其他企业的个人投资者或其家庭成员取得的上述所得，视为企业对个人投资者的红利分配，按照“利息、股息、红利所得”项目计征个人所得税；对企业其他人员取得的上述所得，按照“工资、薪金所得”项目计征个人所得税。

（七）财产租赁所得

财产租赁所得，是指个人出租不动产、机器设备、车船以及其他财产取得的所得。

房地产开发企业与商店购买者个人签订协议规定，房地产开发企业按优惠价格出售其开发的商店给购买者个人，但购买者个人在一定期限内必须将购买的商店无偿提供给房地产开发企业对外出租使用的，应视同个人取得财产租赁所得，按照“财产租赁所得”项目征收个人所得税。每次财产租赁所得的收入额，按照少支出的购房价款和协议规定的租赁月份数平均计算确定。

（八）财产转让所得

财产转让所得，是指个人转让有价证券、股权、合伙企业中的财产份额、不动产、机器设备、车船以及其他财产取得的所得。

对个人取得的各项财产转让所得，除境内上市公司股票转让所得外，都要征收个人所得税。

【提示】个人拍卖文字作品原稿和复印件以外的其他财产取得的所得，以及个人通过网络收购玩家的虚拟货币加价后向他人出售取得的收入，也属于财产转让所得。

个人以非货币性资产投资，属于个人转让非货币性资产和投资同时发生。对个人转让非货币性资产的所得，应按照“财产转让所得”项目依法计算缴纳个人所得税。

【提示】对职工个人以股份形式取得的拥有所有权的企业量化资产，暂缓征收个人所得税；待个人将股份转让时，就其转让收入额，减除个人取得该股份时实际支付的费用支出和合理转让费用后的余额，按“财产转让所得”项目计征个人所得税。

（九）偶然所得

偶然所得，是指个人得奖、中奖、中彩以及其他偶然性质的所得。其中：得奖，是指参加各种有奖竞赛活动，取得名次获得的奖金；中奖、中彩，是指参加各种有奖活动，如有奖销售、有奖储蓄或购买彩票，经过规定的程序，抽中、摇中号码而取得的奖金。

1.个人取得的由企业支付的不竞争款项，应按“偶然所得”项目计算缴纳个人所得税。所称不竞争款项，是指资产购买方企业与资产出售方企业自然人股东之间在资产购买交易中，通过签订保密和不竞争协议等方式，约定资产出售方企业自然人股东在交易完成后一定期限内，承诺不从事有市场竞争的相关业务，并负有相关技术资料的保密义务，资产购买方企业则在约定期限内，按一定方式向资产出售方企业自然人股东支付的款项。

2.个人为单位或他人提供担保获得收入，按照“偶然所得”项目计算缴纳个人所得税。

3.房屋产权所有人将房屋产权无偿赠与他人的，受赠人因无偿受赠房屋取得的受赠收入，按照“偶然所得”项目计算缴纳个人所得税。符合以下情形的，对当事双方不征收个人所得税：

（1）房屋产权所有人将房屋产权无偿赠与配偶、父母、子女、祖父母、外祖父母、孙子女、外孙子女、兄弟姐妹；

（2）房屋产权所有人将房屋产权无偿赠与对其承担直接抚养或者赡养义务的抚养人或者赡养人；

（3）房屋产权所有人死亡，依法取得房屋产权的法定继承人、遗嘱继承人或者受遗赠人。

4.企业在业务宣传、广告等活动中，随机向本单位以外的个人赠送礼品（包括网络红包，下同），以及企业在年会、座谈会、庆典以及其他活动中向本单位以外的个人赠送礼品，个人取得的礼品收入，按照"偶然所得"项目计算缴纳个人所得税，但企业赠送的具有价格折扣或折让性质的消费券、代金券、抵用券、优惠券等礼品除外。

个人取得的所得，难以界定应纳税所得项目的，由国务院税务主管部门确定。

三、个人所得税税率

个人所得税本着"税负从轻、区别对待、分类调节"的原则，根据不同个人所得项目规定了超额累进税率和比例税率两种形式。

（一）居民个人综合所得适用税率

居民个人综合所得适用3%～45%的超额累进税率，具体见表9-1。

表9-1 综合所得税率表

级数	全年应纳税所得额	税率（%）	速算扣除数（元）
1	不超过36 000元的部分	3	0
2	超过36 000元至144 000元的部分	10	2 520
3	超过144 000元至300 000元的部分	20	16 920
4	超过300 000元至420 000元的部分	25	31 920
5	超过420 000元至660 000元的部分	30	52 920
6	超过660 000元至960 000元的部分	35	85 920
7	超过960 000元的部分	45	181 920

（二）非居民个人的工资、薪金所得，劳务报酬所得，稿酬所得，特许权使用费所得适用税率

非居民个人的工资、薪金所得，劳务报酬所得，稿酬所得，特许权使用费所得依据表9-1按月换算，适用3%～45%的超额累进税率，具体见表9-2。

表9-2 按月换算后的综合所得税率表

级数	全月应纳税所得额	税率（%）	速算扣除数（元）
1	不超过3 000元的部分	3	0
2	超过3 000元至12 000元的部分	10	210
3	超过12 000元至25 000元的部分	20	1 410
4	超过25 000元至35 000元的部分	25	2 660
5	超过35 000元至55 000元的部分	30	4 410
6	超过55 000元至80 000元的部分	35	7 160
7	超过80 000元的部分	45	15 160

【提示】按月换算后的综合所得税率表的适用范围：非居民个人的工资、薪金所得，劳务报酬所得，稿酬所得，特许权使用费所得。

（三）经营所得适用税率

经营所得适用5%～35%的超额累进税率，具体见表9-3。

表9-3 经营所得税率表

级数	全年应纳税所得额	税率（%）	速算扣除数（元）
1	不超过30 000元的部分	5	0
2	超过30 000至90 000元的部分	10	1 500
3	超过90 000至300 000元的部分	20	10 500
4	超过300 000至500 000元的部分	30	40 500
5	超过500 000元的部分	35	65 500

（四）利息、股息、红利所得，财产租赁所得，财产转让所得和偶然所得适用税率

利息、股息、红利所得，财产租赁所得，财产转让所得和偶然所得，适用比例税率，税率为20%。

任务二 个人所得税的计税依据

一、计税依据的一般规定

个人所得税的计税依据是纳税人取得的应纳税所得额。应纳税所得额是个人取得的收入总额减去税法允许扣除项目的金额后的余额。其计算公式为：

应纳税所得额＝收入总额－税法允许扣除项目的金额

（一）所得的形式及确定

个人所得的形式，包括现金、实物、有价证券和其他形式的经济利益。所得为实物的，应当按照取得的凭证上所注明的价格计算应纳税所得额，无凭证的实物或者凭证上所注明的价格明显偏低的，参照市场价格核定应纳税所得额；所得为有价证券的，根据票面价格和市场价格核定应纳税所得额；所得为其他形式的经济利益的，参照市场价格核定应纳税所得额。

（二）个人取得每次收入的确定

在现实经济生活中，个人取得的收入项目较多，有些相对固定，如个人取得的工资、薪金所得，经营所得；有些则具有不固定性，不经常发生，如稿酬所得、偶然所得、财产转让所得等。为此，税法对个人取得具有不固定性的个人所得实行按次确认，具体规定如下：

1.劳务报酬所得、稿酬所得、特许权使用费所得，属于一次性收入的，以取得该项收入为一次；属于同一项目连续性收入的，以一个月内取得的收入为一次。

2.财产租赁所得，以一个月内取得的收入为一次。

3.利息、股息、红利所得，以支付利息、股息、红利时取得的收入为一次。

4.偶然所得，以每次取得该项收入为一次。

（三）费用的扣除方法

在计算应纳税所得额时，除特殊项目外，一般允许从个人的应税收入中减去税法规定的扣除项目或扣除金额，包括为取得收入所支付的必要的成本或费用。我国现行个人所得税制，根据个人取得所得的不同情况，分别实行定额、定率、据实（或标准）扣除等方法扣除费用。

1.对纳税人取得的综合所得，涉及的个人生计费用，采取定额扣除、据实（或标准）扣除的办法。

2.对经营所得及财产转让所得，涉及的有关成本或费用的支出，采取据实（或标准）扣除办法扣除有关成本、费用或规定的必要费用。

3.对财产租赁所得，视收入情况采取定额和定率两种扣除办法。

4.对利息、股息、红利所得和偶然所得，因不涉及必要费用的支付，所以规定不得扣除任何费用。

二、公益慈善事业捐赠支出的税前扣除

（一）公益慈善事业捐赠支出的税前扣除标准

个人通过中华人民共和国境内公益性社会组织、县级以上人民政府及其部门等国家机关，向教育、扶贫、济困等公益慈善事业的捐赠（以下简称“公益捐赠”），发生的公益捐赠支出，捐赠额未超过纳税人申报的应纳税所得额30%的部分，可以在计算应纳税所得额时扣除；国务院规定对公益慈善事业捐赠实行全额税前扣除的，从其规定。所称境内公益性社会组织，包括依法设立或登记并按规定条件和程序取得公益性捐赠税前扣除资格的慈善组织、其他社会组织和群众团体。

个人发生的公益捐赠支出金额，按照以下规定确定：

1.捐赠货币性资产的，按照实际捐赠金额确定；

2.捐赠股权、房产的，按照个人持有股权、房产的财产原值确定；

3.捐赠除股权、房产以外的其他非货币性资产的，按照非货币性资产的市场价格确定。

（二）居民个人公益捐赠支出扣除办法

居民个人发生的公益捐赠支出，可以在财产租赁所得、财产转让所得、利息股息红利所得、偶然所得（统称“分类所得”）、综合所得或者经营所得中扣除。在当期一个所得项目扣除不完的公益捐赠支出，可以按规定在其他所得项目中继续扣除；居民个人发生的公益捐赠支出，在综合所得、经营所得中扣除的，扣除限额分别为当年综合所得、当年经营所得应纳税所得额的30%；在分类所得中扣除的，扣除限额为当月分类所得应纳税所得额的30%；居民个人根据各项所得的收入、公益捐赠支出、适用税率等情况，自行决定在综合所得、分类所得、经营所得中扣除的公益捐赠支出的顺序。

【提示】居民个人在综合所得中扣除公益捐赠支出的，应按照以下规定处理：居民个人取得工资薪金所得的，可以选择在预扣预缴时扣除，也可以选择在年度汇算清缴时扣除；居民个人取得劳务报酬所得、稿酬所得、特许权使用费所得的，预扣预缴时不扣除公益捐赠支出，统一在汇算清缴时扣除;居民个人取得全年一次性奖金、股权激励等

所得，且按规定采取不并入综合所得而单独计税方式处理的，公益捐赠支出扣除比照分类所得的扣除规定处理。

居民个人捐赠当月有多项多次分类所得的，应先在其中一项一次分类所得中扣除。已经在分类所得中扣除的公益捐赠支出，不再调整到其他所得中扣除。

【提示】个人独资企业、合伙企业发生的公益捐赠支出，其个人投资者应当按照捐赠年度合伙企业的分配比例（个人独资企业分配比例为百分之百），计算归属于每一个人投资者的公益捐赠支出，个人投资者应将其归属的个人独资企业、合伙企业公益捐赠支出和本人需要在经营所得扣除的其他公益捐赠支出合并，在其经营所得中扣除;在经营所得中扣除公益捐赠支出的，可以选择在预缴税款时扣除，也可以选择在汇算清缴时扣除。

经营所得采取核定征收方式的，不扣除公益捐赠支出。

（三）非居民个人发生的公益捐赠支出税前扣除办法

非居民个人发生的公益捐赠支出，未超过其在公益捐赠支出发生的当月应纳税所得额30%的部分，可以从其应纳税所得额中扣除。扣除不完的公益捐赠支出，可以在经营所得中继续扣除。

非居民个人按规定可以在应纳税所得额中扣除公益捐赠支出而未实际扣除的，可按照规定追补扣除。

【提示】国务院规定对公益捐赠全额税前扣除的，按照规定执行。个人同时发生按30%扣除和全额扣除的公益捐赠支出，自行选择扣除次序。

任务三　个人所得税应纳税额的计算

一、个人所得税的计算方法

1.居民个人取得的综合所得，按纳税年度合并计算个人所得税。

2.非居民个人取得的工资、薪金所得，劳务报酬所得，稿酬所得，特许权使用费所得，按月或者按次分项计算个人所得税。

3.纳税人取得的经营所得，利息、股息、红利所得，财产租赁所得，财产转让所得，偶然所得，依照规定分别计算个人所得税。

二、有住所居民个人综合所得应纳税额的计算

（一）有住所居民个人综合所得应纳税额的一般计算

有住所居民个人综合所得适用七级超额累进税率，应纳税额的计算公式如下：

年应纳所得税额 = 年应纳税所得额 × 适用税率 − 速算扣除数

1.有住所居民个人综合所得计税依据的确定

居民个人综合所得，以每一纳税年度的收入额减除费用60 000元以及专项扣除、专项附加扣除和依法确定的其他扣除后的余额，为应纳税所得额。其计算公式为：

应纳税所得额＝年综合所得收入总额－基本减除费用（60 000元/年）－
专项扣除－专项附加扣除－其他扣除

（1）综合所得的收入

①工资、薪金所得，按收入的全额计税。

②劳务报酬所得，以收入减除20%的费用后的余额为收入额。

③稿酬所得，以收入减除20%的费用后的余额确认收入额后，减按70%计算。

④特许权使用费所得，以收入减除20%的费用后的余额为收入额。

（2）综合所得的扣除

①基本减除费用。

基本减除费用的设置旨在为纳税人扣除基本的生活支出，减除费用的额度会根据纳税人的基本生活消费支出情况的变化而调整，目前，我国税法执行的是按年减除60 000元，预扣预缴个人所得税时，每月扣除5 000元。

【提示】对上一完整纳税年度内每月均在同一单位预扣预缴工资、薪金所得个人所得税且全年工资、薪金收入不超过6万元的居民个人，在纳税人累计收入不超过6万元的月份，暂不预扣预缴个人所得税；在其累计收入超过6万元的当月及年内后续月份，再预扣预缴个人所得税。

【思考】如果一年内纳税人工作不足12个月，允许税前扣除的基本减除费用应如何确定？

②专项扣除。

专项扣除包括居民个人按照国家规定的范围和标准缴纳的基本养老保险、基本医疗保险、失业保险等社会保险费和住房公积金等。

【注意】专项扣除不包括生育保险、工伤保险。

③专项附加扣除。

专项附加扣除包括子女教育、继续教育、大病医疗、住房贷款利息或者住房租金、赡养老人、婴幼儿照护等支出。

【注意】根据教育、医疗、住房、养老等民生支出变化情况，专项附加扣除的范围和标准可以适时调整。

纳税人享受符合规定的专项附加扣除的计算金额及时间分别为：

A.子女教育。纳税人的子女接受全日制学历教育及学前教育阶段的相关支出，按照每个子女每月1 000元的标准定额扣除，父母可以选择由其中一方按扣除标准的100%扣除，也可以选择由双方分别按扣除标准的50%扣除，具体扣除方式在一个纳税年度内不能变更。

学历教育包括义务教育（小学、初中教育）、高中阶段教育（普通高中、中等职业、技工教育）、高等教育（大学专科、大学本科、硕士研究生、博士研究生教育）。

学前教育阶段，为子女年满3周岁当月至小学入学前一月；学历教育，为子女接受全日制学历教育入学的当月至全日制学历教育结束的当月。

B.继续教育。纳税人在中国境内接受学历（学位）继续教育的支出，在学历（学位）教育期间按照每月400元定额扣除。同一学历（学位）继续教育的扣除期限不能超过48个月。纳税人接受技能人员职业资格继续教育、专业技术人员职业资格继续教育的支出，在取得相关证书的当年，按照3 600元定额扣除。个人接受本科及以下学历（学位）继续教育，符合扣除条件的，可以选择由其父母扣除，也可以选择由本人扣除。

C.大病医疗。在一个纳税年度内，纳税人发生的与基本医保相关的医药费用支出，扣除医保报销后个人负担（指医保目录范围内的自付部分）累计超过15 000元的部分，由纳税人在办理年度汇算清缴时，在80 000元限额内据实扣除。纳税人发生的医药费用支出可以选择由本人或者其配偶扣除；未成年子女发生的医药费用支出可以选择由其父母一方扣除。纳税人及其配偶、未成年子女发生的医药费用支出，按上述办法分别计算扣除额。大病医疗扣除时间，为医疗保障信息系统记录的医药费用实际支出的当年。

D.住房贷款利息。纳税人本人或者配偶单独或者共同使用商业银行或者住房公积金个人住房贷款为本人或者其配偶购买中国境内住房，发生的首套住房贷款利息支出，在实际发生贷款利息的年度，按照每月1 000元的标准定额扣除，经夫妻双方约定，可以选择由其中一方扣除，具体扣除方式在一个纳税年度内不能变更，扣除期限为贷款合同约定开始还款的当月至贷款全部归还或贷款合同终止的当月，最长不得超过240个月。所称首套住房贷款是指购买住房享受首套住房贷款利率的住房贷款。纳税人只能享受一次首套住房贷款的利息扣除。

【注意】夫妻双方婚前分别购买住房发生的首套住房贷款，其贷款利息支出，婚后可以选择其中一套购买的住房，由购买方按扣除标准的100%扣除，也可以由夫妻双方对各自购买的住房分别按扣除标准的50%扣除，具体扣除方式在一个纳税年度内不能变更。

E.住房租金。纳税人在主要工作城市没有自有住房而发生的住房租金支出，可以按照以下标准定额扣除：直辖市、省会（首府）城市、计划单列市以及国务院确定的其他城市，扣除标准为每月1 500元；除上述所列城市以外，市辖区户籍人口超过100万人的城市，扣除标准为每月1 100元；市辖区户籍人口不超过100万人的城市，扣除标准为每月800元。

【注意】纳税人的配偶在纳税人的主要工作城市有自有住房的，视同纳税人在主要工作城市有自有住房。主要工作城市是指纳税人任职受雇的直辖市、计划单列市、副省级城市、地级市（地区、州、盟）全部行政区域范围；纳税人无任职受雇单位的，为受理其综合所得汇算清缴的税务机关所在城市。夫妻双方主要工作城市相同的，只能由一方扣除住房租金支出。

【提示】纳税人及其配偶在一个纳税年度内不能同时分别享受住房贷款利息和住房租金专项附加扣除。

住房租金扣除时间为租赁合同（协议）约定的房屋租赁期开始的当月至租赁期结束的当月。提前终止合同（协议）的，以实际租赁期限为准。

F.赡养老人。纳税人赡养一位及以上被赡养人的赡养支出，统一按照以下标准定额扣除：纳税人为独生子女的，按照每月2 000元的标准定额扣除；纳税人为非独生子女的，由其与兄弟姐妹分摊每月2 000元的扣除额度，每人分摊的额度不能超过每月1 000元。具体分摊方式和额度在一个纳税年度内不能变更。

所称被赡养人是指年满60岁的父母，以及子女均已去世的年满60岁的祖父母、外祖父母。

赡养老人支出扣除时间为被赡养人年满60周岁的当月至赡养义务终止的年末。

G.3岁以下婴幼儿照护。自2022年1月1日起，纳税人照护3岁以下婴幼儿子女的相关支出，在婴幼儿出生的当月至年满3周岁的前一个月，按照每个婴幼儿每月1 000元的标准定额扣除。父母可以选择由其中一方按扣除标准的100%扣除，也可以选择由双方分别按扣除标准的50%扣除，具体扣除方式在一个纳税年度内不能变更。

【提示】纳税人首次享受专项附加扣除，应当将专项附加扣除相关信息提交扣缴义务人或者税务机关，扣缴义务人应当及时将相关信息报送税务机关，纳税人对所提交信息的真实性、准确性、完整性负责。专项附加扣除信息发生变化的，纳税人应当及时向扣缴义务人或者税务机关提供相关信息。

居民个人填报专项附加扣除信息存在明显错误，经税务机关通知，居民个人拒不更正或者不说明情况的，税务机关可暂停纳税人享受专项附加扣除。居民个人按规定更正相关信息或者说明情况后，经税务机关确认，居民个人可继续享受专项附加扣除，以前月份未享受扣除的，可按规定追补扣除。

④其他扣除。

其他扣除包括个人缴付符合国家规定的企业年金、职业年金，个人购买符合国家规定的商业健康保险、税收递延型商业养老保险的支出，以及国务院规定可以扣除的其他项目。

A.企业年金、职业年金。

对企业或事业单位根据国家有关政策规定的办法和标准，为在本单位任职或受雇的全体职工支付的企业年金或职业年金单位缴费部分，在计入个人账户时，个人暂不缴纳个人所得税；个人根据国家有关政策规定缴付的年金个人缴费部分，在不超过本人缴费工资计税基数的4%标准内的部分，暂从个人当期的应纳税所得额中扣除。

其中，个人缴费工资计税基数为本人上一年度月平均工资。月平均工资超过职工工作地所在设区城市上一年度职工月平均工资300%以上部分，不计入个人缴费工资计税基数。

超过规定的标准缴付的年金单位缴费和个人缴费部分，应并入个人当期的工资、薪金所得，依法计征个人所得税。

B.商业健康保险。

自2017年7月1日起，个人购买（单位为员工统一购买的，视同个人购买）符合规定的商业健康保险产品，可以按照2 400元/年（200元/月）的标准在税前扣除。

商业健康保险税前扣除适用的对象包括：

a.取得工资薪金所得、连续性劳务报酬所得的个人；

b.取得个体工商户生产经营所得的纳税人；

c.取得对企事业单位承包承租经营所得的个体工商户业主；

d.个人独资企业投资者、合伙企业个人合伙人和承包承租经营者。

其中，取得连续性劳务报酬所得的个人，是指连续3个月以上（含3个月）为同一单位提供劳务而取得所得的个人。

【注意】符合规定的人群购买符合条件的商业健康保险，必须取得税优识别码，才能享受税收优惠。

C.递延型养老保险。

个人通过个人商业养老资金账户购买符合规定的商业养老保险产品的支出，允许在一定标准内税前扣除；计入个人商业养老资金账户的投资收益，暂不征收个人所得税；个人领取商业养老金时再征收个人所得税。具体规定如下：

个人缴费税前扣除标准。取得工资薪金所得、连续性劳务报酬所得的个人，其缴纳的保费准予在申报扣除当月计算应纳税所得额时予以限额据实扣除，扣除限额按照当月工资薪金、连续性劳务报酬收入的6%和1 000元孰低办法确定。取得个体工商户生产经营所得、对企事业单位的承包承租经营所得的个体工商户业主、个人独资企业投资者、合伙企业个人合伙人和承包承租经营者，其缴纳的保费准予在申报扣除当年计算应纳税所得额时予以限额据实扣除，扣除限额按照不超过当年应税收入的6%和12 000元孰低办法确定。

个人按照规定领取的税收递延型商业养老保险的养老金收入，其中25%部分予以免税，其余75%部分按照10%的比例税率计算缴纳个人所得税，税款计入“工资、薪金所得”项目，由保险机构代扣代缴后，在个人购买税延养老保险的机构所在地办理全员全额扣缴申报。

【提示】专项扣除、专项附加扣除和依法确定的其他扣除，以居民个人一个纳税年度的应纳税所得额为限额；一个纳税年度扣除不完的，不结转以后年度扣除。

【做中学9-1】钱某系A公司职工，2022年收入情况如下：取得工资、薪金20 000元/月，共计240 000元；分别于3月份和8月份取得劳务报酬27 000元、3 000元，共计30 000元；9月份在学术期刊发表一篇论文，取得稿酬50 000元；每月符合条件的专项扣除和专项附加扣除分别为1 500元/月、2 000元/月。2022年钱某综合所得应纳税所得额计算如下：

年收入额 = 20 000 × 12 + 30 000 ×（1 − 20%）+ 50 000 ×（1 − 20%）× 70%
　　　　= 292 000（元）

年应纳税所得额 = 292 000 − 60 000 − 1 500 × 12 − 2 000 × 12 = 190 000（元）

2.有住所居民个人综合所得预扣预缴

居民个人的综合所得，按年计算个人所得税；有扣缴义务人的，由扣缴义务人按月或者按次预扣预缴税款；需要办理汇算清缴的，应当在规定期限内办理汇算清缴。

（1）工资、薪金所得预扣预缴税款计算

扣缴义务人向居民个人支付工资、薪金所得时，应当按照累计预扣法计算预扣税款，并按月办理扣缴申报。

累计预扣法，是指扣缴义务人在一个纳税年度内预扣预缴税款时，以纳税人在本单位截至当前月份工资、薪金所得累计收入减除累计免税收入、累计减除费用、累计专项扣除、累计专项附加扣除和累计依法确定的其他扣除后的余额为累计预扣预缴应纳税所得额，适用个人所得税预扣率（见表9-4），计算累计应预扣预缴税额，再减除累计减免税额和累计已预扣预缴税额，其余额为本期应预扣预缴税额。余额为负值时，暂不退税。纳税年度终了后余额仍为负值时，由纳税人通过办理综合所得年度汇算清缴，税款多退少补。

表9-4 个人所得税预扣率表一

（居民个人工资、薪金所得预扣预缴适用）

级数	累计预扣预缴应纳税所得额	预扣率（%）	速算扣除数（元）
1	不超过36 000元的部分	3	0
2	超过36 000元至144 000元的部分	10	2 520
3	超过144 000元至300 000元的部分	20	16 920
4	超过300 000元至420 000元的部分	25	31 920
5	超过420 000元至660 000元的部分	30	52 920
6	超过660 000元至960 000元的部分	35	85 920
7	超过960 000元的部分	45	181 920

具体计算公式如下：

$$\text{本期应预扣预缴税额}=\left(\text{累计预扣预缴应纳税所得额}\times\text{预扣率}-\text{速算扣除数}\right)-\text{累计减免税额}-\text{累计已预扣预缴税额}$$

$$\text{累计预扣预缴应纳税所得额}=\text{累计收入}-\text{累计免税收入}-\text{累计减除费用}-\text{累计专项扣除}-\text{累计专项附加扣除}-\text{累计依法确定的其他扣除}$$

其中：累计减除费用，按照5 000元/月乘以纳税人当年截至本月在本单位的任职受雇月份数计算。

对一个纳税年度内首次取得工资、薪金所得的居民个人，扣缴义务人在预扣预缴个人所得税时，可按照5 000元/月乘以纳税人当年截至本月月份数计算累计减除费用。

正在接受全日制学历教育的学生因实习取得劳务报酬所得的，扣缴义务人预扣预缴个人所得税时，可按照累计预扣法计算并预扣预缴税款。

所称首次取得工资、薪金所得的居民个人，是指自纳税年度首月起至新入职时，未取得工资、薪金所得或者未按照累计预扣法预扣预缴过连续性劳务报酬所得个人所得税的居民个人。

【做中学9-2】承【做中学9-1】，钱某月工资、薪金收入20 000元，按月预扣预缴个人所得税计算见表9-5。

表9-5　　个人综合所得预扣预缴税款计算表　　金额单位：元

月份	工资、薪金收入	费用扣除标准	专项扣除	专项附加扣除	应纳税所得额	税率	速算扣除数	累计应纳税额	当月应纳税额
1月	20 000	5 000	1 500	2 000	11 500	3%	0	345	345
2月	20 000	5 000	1 500	2 000					
累计	40 000	10 000	3 000	4 000	23 000	3%	0	690	345
3月	20 000	5 000	1 500	2 000					
累计	60 000	15 000	4 500	6 000	34 500	3%	0	1 035	345
4月	20 000	5 000	1 500	2 000					
累计	80 000	20 000	6 000	8 000	46 000	10%	2 520	2 080	1 045
5月	20 000	5 000	1 500	2 000					
累计	100 000	25 000	7 500	10 000	57 500	10%	2 520	3 230	1 150
6月	20 000	5 000	1 500	2 000					
累计	120 000	30 000	9 000	12 000	69 000	10%	2 520	4 380	1 150
7月	20 000	5 000	1 500	2 000					
累计	140 000	35 000	10 500	14 000	80 500	10%	2 520	5 530	1 150
8月	20 000	5 000	1 500	2 000					
累计	160 000	40 000	12 000	16 000	92 000	10%	2 520	6 680	1 150
9月	20 000	5 000	1 500	2 000					
累计	180 000	45 000	13 500	18 000	103 500	10%	2 520	7 830	1 150
10月	20 000	5 000	1 500	2 000					
累计	200 000	50 000	15 000	20 000	115 000	10%	2 520	8 980	1 150
11月	20 000	5 000	1 500	2 000					
累计	220 000	55 000	16 500	22 000	126 500	10%	2 520	10 130	1 150
12月	20 000	5 000	1 500	2 000					
累计	240 000	60 000	18 000	24 000	138 000	10%	2 520	11 280	1 150

（2）其他综合所得预扣预缴税款计算

扣缴义务人向居民个人支付劳务报酬所得、稿酬所得、特许权使用费所得时，应当按照以下方法按次或者按月预扣预缴税款。劳务报酬所得、稿酬所得、特许权使用费所得以收入减除费用后的余额为收入额；其中，稿酬所得的收入额减按70%计算。

减除费用：劳务报酬所得、稿酬所得、特许权使用费所得每次收入不超过4 000元的，减除费用按800元计算；每次收入在4 000元以上的，减除费用按收入的20%计算。

应纳税所得额：劳务报酬所得、稿酬所得、特许权使用费所得，以每次收入额为预扣预缴应纳税所得额，计算应预扣预缴税额。劳务报酬所得适用的个人所得税预扣率见表9-6。稿酬所得、特许权使用费所得适用20%的比例预扣率。

表9-6 个人所得税预扣率表二

（居民个人劳务报酬所得预扣预缴适用）

级数	预扣预缴应纳税所得额	预扣率（%）	速算扣除数（元）
1	不超过20 000元的部分	20	0
2	超过20 000元至50 000元的部分	30	2 000
3	超过50 000元的部分	40	7 000

【做中学9-3】承【做中学9-1】，钱某3月份和8月份分别取得劳务报酬27 000元、3 000元，9月份取得稿酬50 000元，按次预扣预缴个人所得税计算如下：

3月份劳务报酬预扣预缴个人所得税 = 27 000 ×（1 − 20%）× 30% − 2 000
= 4 480（元）

8月份劳务报酬预扣预缴个人所得税 =（3 000 − 800）× 20% = 440（元）

9月份取得稿酬预扣预缴个人所得税 = 50 000 ×（1 − 20%）× 70% × 20%
= 5 600（元）

3.居民个人综合所得个人所得税汇算清缴

居民个人办理年度综合所得汇算清缴时，应当依法计算劳务报酬所得、稿酬所得、特许权使用费所得的收入额，并入年度综合所得计算应纳税款，税款多退少补，计算公式如下：

$$\text{年综合所得应纳税所得额} = \text{年收入额} - 60\,000\text{元} - \text{专项扣除} - \text{专项附加扣除} - \text{依法确定的其他扣除}$$

$$\text{年综合所得应纳税额} = \text{年综合所得应纳税所得额} \times \text{税率} - \text{速算扣除数}$$

$$\text{综合所得年度汇算清缴应补/退税额} = \left(\text{年综合所得应纳税所得额} \times \text{税率} - \text{速算扣除数}\right) - \text{累计预扣预缴税额}$$

【做中学9-4】承【做中学9-1】【做中学9-2】【做中学9-3】，钱某2022年个人综合所得应纳税所得额为190 000元，年个人所得税应纳税额及汇算清缴应补（退）税额计算如下：

年综合所得应纳个人所得税 = 190 000 × 20% − 16 920 = 21 080（元）

年综合所得年度汇算清缴应补（退）个人所得税 = 21 080 − 11 280 − 4 480 − 440 − 5 600
= −720（元）

应退钱某综合所得个人所得税720元。

（二）有住所居民个人工资、薪金所得，劳务报酬所得应纳税额的特殊计算

1.个人取得全年一次性奖金应纳税额的计算

全年一次性奖金，是指行政机关、企事业单位等扣缴义务人根据全年经济效益和对雇员全年工作业绩的综合考核情况向雇员发放的一次性奖金。

居民个人取得全年一次性奖金及符合规定的中央企业负责人取得年度绩效薪金延期兑现收入和任期奖励，在2023年12月31日前，不并入当年综合所得，以全年一次性奖金收入除以12个月得到的数额，按照按月换算后的综合所得税率表（见表9-2），确定适用税率和速算扣除数，单独计算纳税。其计算公式为：

应纳税额 = 全年一次性奖金收入 × 适用税率 − 速算扣除数

上述全年一次性奖金的税务处理办法，在一个纳税年度内，对每个纳税人只允许采用一次。雇员取得除全年一次性奖金以外的其他各种奖金，如半年奖、季度奖、加班奖、先进奖、考勤奖等，一律与当月综合所得合并，按税法规定缴纳个人所得税。

居民个人取得全年一次性奖金，也可以选择并入当年综合所得计算纳税。

【做中学9-5】某公司职员李某因本人工作业绩突出，2021年12月取得公司发放的一次性奖金60 000元。

李某上述奖金收入应纳个人所得税额计算如下：

60 000÷12 = 5 000（元）

对应的适用税率和速算扣除数分别为10%和210元。

全年一次性奖金应纳所得税额 = 60 000 × 10% − 210 = 5 790（元）

2.居民个人取得股票期权、股票增值权、限制性股票、股权奖励等股权激励所得应纳税额的计算

居民个人取得股票期权、股票增值权、限制性股票、股权奖励等股权激励所得符合规定的相关条件的，在2022年12月31日前，不并入当年综合所得，全额单独适用综合所得税率表计算纳税。其计算公式为：

应纳税额 = 股权激励收入 × 适用税率 − 速算扣除数

居民个人一个纳税年度内取得两次以上（含两次）股权激励的，应合并计算纳税。

3.保险营销员、证券经纪人佣金收入应纳税额的计算

保险营销员、证券经纪人取得的佣金收入，属于劳务报酬所得，以不含增值税的收入减除20%的费用后的余额为收入额，收入额减去展业成本以及附加税费后，并入当年综合所得，计算缴纳个人所得税。

保险营销员、证券经纪人展业成本按照收入额的25%计算。

扣缴义务人向保险营销员、证券经纪人支付佣金收入时，应按照规定的累计预扣法计算预扣税款。

$$\begin{matrix}\text{本期应预扣}\\\text{预缴税额}\end{matrix}=\left(\begin{matrix}\text{累计预扣预缴}\\\text{应纳税所得额}\end{matrix}\times\text{预扣率}-\begin{matrix}\text{速算}\\\text{扣除数}\end{matrix}\right)-\begin{matrix}\text{累计}\\\text{减免税额}\end{matrix}-\begin{matrix}\text{累计已预扣}\\\text{预缴税额}\end{matrix}$$

累计预扣预缴应纳税所得额 = 累计收入额 − 累计减除费用 − 累计其他扣除

$$\begin{matrix}\text{年度综合所得}\\\text{应纳税所得额}\end{matrix}=\begin{matrix}\text{每一纳税年度}\\\text{综合所得收入额}\end{matrix}-\begin{matrix}\text{展业}\\\text{成本}\end{matrix}-\begin{matrix}\text{附加}\\\text{税费}\end{matrix}-\text{费用60 000元}-\begin{matrix}\text{专项}\\\text{扣除}\end{matrix}-\begin{matrix}\text{专项}\\\text{附加扣除}\end{matrix}-\begin{matrix}\text{依法确定的}\\\text{其他扣除}\end{matrix}$$

其中，累计收入额按照不含增值税的累计收入减除20%费用后的余额计算；累计减除费用按照5 000元/月乘以纳税人当年截至本月在本单位的从业月份数计算；累计其他扣除按照展业成本、附加税费和依法确定的其他扣除之和计算。

公式中的预扣率、速算扣除数比照个人所得税预扣率表一（见表9-4）执行。

【注意】相关专项扣除和专项附加扣除，在年度中每月预扣预缴环节暂不扣除，待年度终了后汇算清缴申报时办理扣除事项。

在一个纳税年度内，保险营销员、证券经纪人的每月应预扣预缴税额为负值时，暂不退税；纳税年度终了后余额仍为负值时，由纳税人通过办理综合所得年度汇算清缴，税款多退少补。

【做中学9-6】孙某是某人寿保险公司营销员，2022年1月、5月、9月、12月分别取得保险营销佣金收入58 900元、79 600元、3 800元、103 000元，每月自行缴纳的“三险一金”为2 080元，自行支付税优商业健康保险费200元，每月符合条件的子女教育、赡养老人、住房贷款利息支出等专项附加扣除合计2 000元。该保险公司接受税务机关委托代征税款，附加税费征收率为12%（7% + 3% + 2%），当地人民政府规定自2019年起，对增值税小规模纳税人地方税种应纳税额按50%减征。假定孙某没有上述收入以外的其他收入。保险公司应预扣预缴孙某的个人所得税及孙某年终汇算清缴的个人所得税计算如下：

（1）保险公司预扣预缴个人所得税。

1月：

月销售额未达10万元的起征点，因此增值税免征，各种附加税费同时免征。

应税收入 = 58 900 ×（1 − 20%）= 47 120（元）

展业成本 = 58 900 ×（1 − 20%）× 25% = 11 780（元）

应纳税所得额 = 47 120 − 11 780 − 5 000 − 200 = 30 140（元）

应预扣个人所得税 = 30 140 × 3% = 904.2（元）

5月：

增值税及各种附加税费免税。

累计应税收入 =（58 900 + 79 600）×（1 − 20%）= 110 800（元）

累计展业成本 = 110 800 × 25% = 27 700（元）

累计应纳税所得额 = 110 800 − 27 700 − 5 000 × 5 − 200 × 5 = 57 100（元）

累计应预扣个人所得税 = 57 100 × 10% − 2 520 = 3 190（元）

本月应预扣个人所得税 = 3 190 − 904.2 = 2 285.8（元）

9月：

增值税及各种附加税费免税。

累计应税收入 =（58 900 + 79 600 + 3 800）×（1 − 20%）= 113 840（元）

累计展业成本 = 113 840 × 25% = 28 460（元）

累计应纳税所得额 = 113 840 − 28 460 − 5 000 × 9 − 200 × 9 = 38 580（元）

累计应预扣个人所得税 = 38 580 × 10% − 2 520 = 1 338（元）

本月应预扣个人所得税 = 1 338 − 3 190 = −1 852（元）

实际预扣预缴个人所得税为0。

12月：

103 000÷（1 + 3%）= 100 000（元），增值税及各种附加税费免税。

累计应税收入 =（58 900 + 79 600 + 3 800 + 103 000）×（1 − 20%）= 196 240（元）

累计展业成本 = 196 240 × 25% = 49 060（元）

累计应纳税所得额 = 196 240 − 49 060 − 5 000 × 12 − 200 × 12 = 84 780（元）

累计应预扣个人所得税 = 84 780 × 10% − 2 520 = 5 958（元）

本月应预扣个人所得税 = 5 958 − 3 190 = 2 768（元）

（2）年终汇算清缴：

年综合所得 = 196 240 − 49 060 − 60 000 − 2 000 × 12 − 2 080 × 12 − 2 400 = 35 820（元）

全年应缴纳个人所得税 = 35 820 × 3% = 1 074.6（元）

全年已预扣预缴个人所得税5 958元。

2022年个人所得税汇算清缴应退税额4 883.4元。

4.个人领取企业年金、职业年金应纳税额的计算

个人达到国家规定的退休年龄，领取的企业年金、职业年金，符合规定的，不并入综合所得，全额单独计算应纳税款。其中按月领取的，适用月度税率表（按月换算后的综合所得税率表，下同）计算纳税；按季领取的，平均分摊计入各月，按每月领取额适用月度税率表计算纳税；按年领取的，适用综合所得税率表计算纳税。

个人因出境定居而一次性领取的年金个人账户资金，或个人死亡后，其指定的受益人或法定继承人一次性领取的年金个人账户余额，适用综合所得税率表计算纳税。对个人除上述特殊原因外一次性领取年金个人账户资金或余额的，适用月度税率表计算纳税。

【做中学9-7】赵先生于2018年12月退休，2023年3月因出境定居而一次性领取年金个人账户资金16万元，其领取企业年金应缴纳个人所得税计算如下：

确定应纳税所得额：16万元，适用税率20%，速算扣除数16 920元。

应纳个人所得税 = 160 000 × 20% − 16 920 = 15 080（元）

5.个人取得解除劳动关系、提前退休、内部退养的一次性补偿收入应纳税额的计算

（1）解除劳动关系取得一次性补偿收入应纳税额的计算

个人与用人单位解除劳动关系取得一次性补偿收入（包括用人单位发放的经济补偿金、生活补助费和其他补助费），在当地上年职工平均工资3倍数额以内的部分，免征个人所得税；超过3倍数额的部分，不并入当年综合所得，单独适用综合所得税率表计算纳税。

【注意】可以税前限额扣除的一次性补偿收入应当符合法律规定。对超出法律规定补偿的部分，无论是否超出“当地上年职工平均工资3倍数额”，均不得免征个人所得税。

【做中学9-8】李某在某公司工作20年，2022年3月，因病不能从事原工作，按照《中华人民共和国劳动合同法》的规定，依法与公司解除劳动关系。公司一次性支付李某经济补偿金12万元（其中，符合劳动合同法规定的补偿金为7.2万元）、医疗补偿金10万元。李某离职前12个月平均工资为6 000元/月，当地上年度职工年平均工资为50 000元。李某取得解除劳动关系一次性补偿应纳个人所得税计算如下：

经济补偿金中不能免征个人所得税的部分 = 72 000 + 100 000 − 150 000 = 22 000（元）

应纳税所得额 =（120 000 − 72 000）+ 22 000 = 70 000（元）

应纳个人所得税 = 70 000 × 10% − 2 520 = 4 480（元）

（2）个人办理提前退休手续取得的一次性补贴收入应纳税额的计算

个人办理提前退休手续而取得的一次性补贴收入，应按照办理提前退休手续至法定离退休年龄之间实际年度数平均分摊，确定适用税率和速算扣除数，单独适用综合所得税率表，计算纳税。其计算公式为：

$$\text{应纳税额}=\left[\left(\text{一次性补贴收入}\div\text{办理提前退休手续至法定退休年龄的实际年度数}-\text{费用扣除标准}\right)\times\text{适用税率}-\text{速算扣除数}\right]\times\text{办理提前退休手续至法定退休年龄的实际年度数}$$

【做中学9-9】2022年3月，某单位职工张某办理了提前退休手续，并领取一次性收入180 000元，退休工资为2 000元/月。假设张某至达到法定离退休年龄还有2年。

张某取得的提前退休一次性补贴应纳个人所得税计算如下：

年应纳税所得额 = 180 000÷2 − 60 000 = 30 000（元），适用税率为3%，速算扣除数为0。

应纳税额 =（180 000÷2 − 60 000）× 3% × 2 = 1 800（元）

（3）个人办理内部退养手续取得的一次性补贴收入应纳税额的计算

企业、行政事业单位、社会团体因减员增效或机构改革，通常实行人员内部退养办法，分流富余人员，并向其支付一定的经济补偿。实行内部退养办法的人员取得的一次性经济补偿，按以下规定计算缴纳个人所得税：

①实行内部退养的个人在其办理内部退养手续后至法定离退休年龄之间从原任职单位取得的工资、薪金，不属于离退休工资，应按“工资、薪金所得”项目计征个人所得税。

②个人在办理内部退养手续后从原任职单位取得的一次性收入，应按办理内部退养手续后至法定离退休年龄之间的所属月份进行平均，并与领取当月的工资、薪金所得合并后减除当月费用扣除标准，以余额为基数确定适用税率，再将当月工资、薪金加上取得的一次性收入，减去费用扣除标准，按适用税率计征个人所得税。其计算公式为：

$$\text{应纳所得税额}=\left[\left(\text{当月工资、薪金收入}+\text{一次性内部退养收入}\right)-\text{费用扣除标准}\right]\times\text{适用税率}-\text{速算扣除数}$$

其中：适用税率按月工资对应的等级确定。

同时，个人在办理内部退养手续后至法定离退休年龄之间重新就业取得的工资、薪金所得，应与其从原任职单位取得的同一月份的工资、薪金所得合并，并依法自行向主管税务机关申报缴纳个人所得税。

【做中学9-10】2023年3月，某国有企业因重组上市，对工龄在30年以上的员工实行内部退养政策。其中：支付雇员章某一次性补偿金90 000元，章某当月的工资为4 000元，其距离达到退休年龄还有4年。

章某取得一次性补偿金应纳个人所得税计算如下：

90 000÷4÷12 + 4 000 − 5 000 = 875（元），适用税率为3%，速算扣除数为0。

章某当月应纳税额 =（90 000 + 4 000 − 5 000）× 3% = 2 670（元）

6.单位低价向职工售房应纳税额的计算

单位按低于购置或建造成本价格出售住房给职工，职工因此而少支出的差价部分，符合规定的，不并入当年综合所得，以差价收入除以12个月得到的数额，按照月度税率表确定适用税率和速算扣除数，单独计算纳税。其计算公式为：

$$\text{应纳税额}=\text{职工实际支付的购房价款低于该房屋的购置或建造成本价格的差额}\times\text{适用税率}-\text{速算扣除数}$$

【做中学9-11】某房地产公司高管李某2023年3月取得公司发放的一项奖励：以低于本公司某小区高层住宅建造成本24万元的价格，购得住房一套，李某应缴纳的个人所得税计算如下：

240 000÷12＝20 000（元），适用税率为20%，速算扣除数为1 410元（见表9-2）。

李某应纳税额＝240 000×20%－1 410＝46 590（元）

三、无住所居民个人工资、薪金所得，劳务报酬所得，稿酬所得，特许权使用费所得应纳税额的计算

（一）所得来源地的具体规定

1.工资、薪金所得来源地的具体规定

无住所个人流动性强，可能在境内、境外同时担任职务，分别取得收入，为明确境内、境外工资、薪金所得划分问题，税法做出如下具体规定：

个人取得归属于中国境内（以下称“境内”）工作期间的工资、薪金所得为来源于境内的工资、薪金所得。境内工作期间按照个人在境内工作天数计算，包括其在境内的实际工作日以及境内工作期间在境内、境外享受的公休假、个人休假、接受培训的天数。在境内、境外单位同时担任职务或者仅在境外单位任职的个人，在境内停留的当天不足24小时的，按照半天计算境内工作天数。

【提示】境内工作天数与在境内实际居住的天数并不是同一个概念。境内工作天数包括其在境内的实际工作日以及境内工作期间在境内、境外享受的公休假、个人休假、接受培训的天数。

无住所个人在境内、境外单位同时担任职务或者仅在境外单位任职，且当期同时在境内、境外工作的，按照工资薪金所属境内、境外工作天数占当期公历天数的比例计算确定来源于境内、境外工资薪金所得的收入额。境外工作天数按照当期公历天数减去当期境内工作天数计算。

【提示】无住所个人未在境外单位任职的，无论其是否在境外停留，都不计算境外工作天数。

2.数月奖金以及股权激励所得来源地的具体规定

无住所个人取得的数月奖金或者股权激励所得按照上述工资、薪金规定确定所得来源地的，无住所个人在境内履职或者执行职务时收到的数月奖金或者股权激励所得，归属于境外工作期间的部分，为来源于境外的工资、薪金所得；无住所个人停止在境内履约或者执行职务离境后收到的数月奖金或者股权激励所得，对属于境内工作期间的部分，为来源于境内的工资、薪金所得。具体计算方法为：数月奖金或者股权激励乘以数

月奖金或者股权激励所属工作期间境内工作天数与所属工作期间公历天数之比。

【提示】不管实际收到奖金以及股权激励是否发生在境内履职或者执行职务期间，均按境内、境外工作天数占比确定境内、境外收入额。

无住所个人一个月内取得的境内、境外数月奖金或者股权激励包含归属于不同期间的多笔所得的，应当先分别按照规定计算不同归属期间来源于境内的所得，然后再加总计算当月来源于境内的数月奖金或者股权激励收入额。

所称数月奖金是指一次取得归属于数月的奖金、年终加薪、分红等工资、薪金所得，不包括每月固定发放的奖金及一次性发放的数月工资。

所称股权激励包括股票期权、股权期权、限制性股票、股票增值权、股权奖励以及其他因认购股票等有价证券而从雇主取得的折扣或者补贴。

3.董事、监事及高层管理人员取得报酬所得来源地的具体规定

对于担任境内居民企业的董事、监事及高层管理职务的个人（高管人员），无论是否在境内履行职务，取得由境内居民企业支付或者负担的董事费、监事费、工资薪金或者其他类似报酬（统称高管人员报酬，包含数月奖金和股权激励），属于来源于境内的所得。

所称高层管理职务包括企业正、副（总）经理、各职能总师、总监及其他类似公司管理层的职务。

4.稿酬所得来源地的具体规定

由境内企业、事业单位、其他组织支付或者负担的稿酬所得，为来源于境内的所得。

（二）无住所个人工资、薪金所得收入额的计算

无住所个人取得工资、薪金所得，按以下规定计算其在境内应纳税的工资薪金所得的收入额（统称“工资薪金收入额”）：

1.无住所个人为非居民个人的工资薪金收入额计算

非居民个人取得工资、薪金所得（无住所个人为高管人员的除外），当月工资薪金收入额分别按照以下两种情形计算：

（1）非居民个人境内居住时间累计不超过90天的

在一个纳税年度内，在境内累计居住不超过90天的非居民个人，仅就归属于境内工作期间并由境内雇主支付或者负担的工资薪金所得计算缴纳个人所得税。当月工资薪金收入额的计算公式如下（公式一）：

当月应税工资薪金收入额 = 当月境内外工资薪金总额 × 当月境内支付工资薪金数÷当月境内外工资薪金总额 × 当月工资薪金所属工作期间境内工作天数÷当月工资薪金所属工作期间公历天数

所称境内雇主包括雇佣员工的境内单位和个人以及境外单位或者个人在境内的机构、场所。凡境内雇主采取核定征收所得税或者无营业收入未征收所得税的，无住所个人为其工作取得工资、薪金所得，不论是否在该境内雇主会计账簿中记载，均视为由该境内雇主支付或者负担。

所称工资薪金所属工作期间公历天数，是指无住所个人取得工资薪金所属工作期间按公历计算的天数。

公式中当月境内外工资薪金包含归属于不同期间的多笔工资、薪金的，应当先分别按照规定计算不同归属期间工资薪金收入额，然后再加总计算当月工资薪金收入额。

【做中学9-12】F先生在我国境内无住所，2023年2月，F先生同时取得2022年第四季度（公历天数92天）奖金和全年奖金。假设F先生取得季度奖金20万元，对应境内工作天数为46天；取得全年奖金50万元，对应境内工作天数为73天。两笔奖金分别由境内公司、境外公司各支付一半（不考虑税收协定因素），F先生当月工资薪金收入额计算如下：

2022年度，F先生在中国境内居住天数不超过90天，属于非居民个人，应仅就境内支付的境内所得，计算在境内的工资薪金收入额：

当月工资薪金收入额＝200 000×50%×46÷92＋500 000×50%×73÷365＝100 000（元）

（2）非居民个人境内居住时间累计超过90天不满183天的

在一个纳税年度内，在境内累计居住超过90天但不满183天的非居民个人，取得归属于境内工作期间的工资、薪金所得，均应当计算缴纳个人所得税；其取得归属于境外工作期间的工资、薪金所得，不征收个人所得税。当月工资薪金收入额的计算公式如下（公式二）：

当月工资薪金收入额＝当月境内外工资薪金总额×当月工资薪金所属工作期间境内工作天数÷当月工资薪金所属工作期间公历天数

2.无住所个人为居民个人的工资薪金收入额的计算

在一个纳税年度内，在境内累计居住满183天的无住所居民个人取得工资、薪金所得，当月工资薪金收入额按照以下规定计算：

（1）无住所居民个人在境内居住累计满183天的年度连续不满6年的

在我国境内居住累计满183天的年度连续不满6年的无住所居民个人，符合优惠条件的，其取得的全部工资、薪金所得，除归属于境外工作期间且由境外单位或者个人支付的工资、薪金所得部分外，均应计算缴纳个人所得税。工资薪金所得收入额的计算公式如下（公式三）：

当月工资薪金收入额＝当月境内外工资薪金总额×（1－当月境外支付工资薪金数÷当月境内外工资薪金总额×当月工资薪金所属工作期间境外工作天数÷当月工资薪金所属工作期间公历天数）

【提示】无住所居民个人境内所得不管境内支付还是境外支付均应并入个人综合所得征税；境外所得境内支付的部分应并入综合所得征税，境外所得境外支付的部分，经过备案可以免税。

（2）无住所居民个人在境内居住累计满183天的年度连续满6年的

在境内居住累计满183天的年度连续满6年后，不符合优惠条件的无住所居民个人，其从境内、境外取得的全部工资薪金所得均应计算缴纳个人所得税。

3.无住所个人为高管人员的工资薪金收入额的计算

高管人员由于参与公司决策和监督管理，工作地点流动性较大，不宜简单按照工作地点划分境内和境外所得，因此其境内所得判定的规则与一般无住所雇员有所不同，具体规定如下：

（1）无住所高管人员属于居民个人的工资薪金收入额按照上述无住所个人为居民个人的规定计算纳税。

（2）无住所高管人员属于非居民个人的，按照以下规定处理：

①高管人员在境内居住时间累计不超过90天的

在一个纳税年度内，在境内累计居住不超过90天的高管人员，其取得由境内雇主支付或者负担的工资、薪金所得应当计算缴纳个人所得税；不是由境内雇主支付或者负担的工资、薪金所得，不缴纳个人所得税。当月工资薪金收入额为当月境内支付或者负担的工资薪金收入额。

②高管人员在境内居住时间累计超过90天不满183天的

在一个纳税年度内，在境内居住累计超过90天但不满183天的高管人员，其取得的工资、薪金所得，除归属于境外工作期间且不是由境内雇主支付或者负担的部分外，应当计算缴纳个人所得税。当月工资薪金收入额计算适用上述公式三。

【提示】高管人员取得由境内居民企业支付或负担的报酬，不论其是否在境内履行职务，均属于来源于境内的所得，应在境内缴税。对高管人员取得不是由境内居民企业支付或者负担的报酬，仍需按照任职、受雇、履约地点划分境内、境外所得。

（三）无住所居民个人所得税应纳税额的计算

1.无住所居民个人应纳税额的计算

无住所居民个人取得综合所得，年度终了后，应按年计算个人所得税；有扣缴义务人的，由扣缴义务人按月或者按次预扣预缴税款；需要办理汇算清缴的，按照规定办理汇算清缴，年度综合所得应纳税额计算公式如下（公式四）：

年度综合所得应纳税额 =（年度工资薪金收入额 + 年度劳务报酬收入额 + 年度稿酬收入额 + 年度特许权使用费收入额 − 减除费用 − 专项扣除 − 专项附加扣除 − 依法确定的其他扣除）× 适用税率 − 速算扣除数

无住所居民个人为外籍个人的，在2023年12月31日前计算工资薪金收入额时，可以选择享受住房补贴、子女教育费、语言训练费等8项津补贴优惠政策，也可以选择享受专项附加扣除政策，但二者不可同时享受。

年度工资薪金、劳务报酬、稿酬、特许权使用费收入额分别按年度内每月工资薪金以及每次劳务报酬、稿酬、特许权使用费收入额合计数额计算。

2.无住所非居民个人应纳税额的计算

（1）非居民个人当月取得工资、薪金所得，以按照规定计算的当月收入额，减去税法规定的减除费用后的余额，为应纳税所得额，适用按月换算后的月度税率表计算应纳税额。

（2）非居民个人一个月内取得数月奖金，单独按照规定计算当月收入额，不与当月其他工资薪金合并，按6个月分摊计税，不减除费用，适用月度税率表计算应纳税额，在一个公历年度内，对每一个非居民个人，该计税办法只允许适用一次。其计算公式如下（公式五）：

当月数月奖金应纳税额 =（数月奖金收入额 ÷ 6 × 适用税率 − 速算扣除数）× 6

【做中学9-13】承【做中学9-12】，2023年2月，F先生同时取得2022年第四季度（公历天数92天）奖金20万元和全年奖金50万元，依税法有关规定计算出在境内工资薪金收入额为10万元，F先生2023年2月工资薪金收入应缴纳的个人所得税计算如下：

100 000÷6 = 16 666.67（元），适用税率为20%，速算扣除数为1 410元。

应纳税额 =（16 666.67 × 20% − 1 410）× 6 = 11 540（元）

（3）非居民个人一个月内取得股权激励所得，单独按照规定计算当月收入额，不与当月其他工资薪金合并，按6个月分摊计税（一个公历年度内的股权激励所得应合并计算），不减除费用，适用月度税率表计算应纳税额，计算公式如下（公式六）：

$$\text{当月股权激励所得应纳税额}=\left(\frac{\text{本公历年度内股权激励所得合计额}}{}\div 6\times\text{适用税率}-\text{速算扣除数}\right)\times 6-\text{本公历年度内股权激励所得已纳税额}$$

【做中学9-14】Y先生为无住所个人，2022年在境内居住天数不满90天，2022年1月，Y先生取得境内支付的股权激励所得40万元，其中归属于境内工作期间的所得为12万元，2022年5月，取得境内支付的股权激励所得70万元，其中归属于境内工作期间的所得为18万元，Y先生在境内的股权激励所得应缴纳的个人所得税计算如下（不考虑税收协定因素）：

2022年1月，Y先生应纳税额 =（120 000÷6 × 20% − 1 410）× 6 = 15 540（元）

2022年5月，Y先生应纳税额 =［（120 000 + 180 000）÷6 × 30% − 4 410］×
6 − 15 540 = 48 000（元）

（4）非居民个人取得来源于境内的劳务报酬所得、稿酬所得、特许权使用费所得，以税法规定的每次收入额为应纳税所得额，适用月度税率表计算应纳税额。

四、经营所得应纳税额的计算

（一）经营所得应纳税额计算的一般规定

1.应纳税所得额的确定

经营所得，以每一纳税年度的收入总额减除成本、费用以及损失后的余额，为应纳税所得额。

所称成本、费用，是指生产、经营活动中发生的各项直接支出和分配计入成本的间接费用以及销售费用、管理费用、财务费用；所称损失，是指生产、经营活动中发生的固定资产和存货的盘亏、毁损、报废损失，转让财产损失，坏账损失，自然灾害等不可抗力因素造成的损失以及其他损失。

取得经营所得的个人，没有综合所得的，计算其每一纳税年度的应纳税所得额时，应当减除费用60 000元、专项扣除、专项附加扣除以及依法确定的其他扣除。专项附加扣除在办理汇算清缴时减除。

2.应纳税额的计算

（1）查账征收

从事生产、经营活动，能提供完整、准确的纳税资料，正确计算应纳税所得额的，实行查账征收。

实行查账征收的纳税人取得经营所得，按年计算个人所得税，由纳税人在月度或季度终了后15日内，向经营管理所在地主管税务机关办理预缴纳税申报，在取得所得的次年3月31日前办理汇算清缴。

①预缴

个体工商户业主、个人独资企业投资者、合伙企业个人合伙人、承包承租经营者个人以及其他从事生产、经营活动的个人在中国境内取得经营所得，计算预缴税款时，公式如下：

$$\text{利润总额}=\text{收入总额}-\text{成本费用}$$

其中，利润总额指本年度开始经营月份起截至本期的利润总额。

收入总额指本年度开始经营月份起截至本期从事经营以及与经营有关的活动取得的货币形式和非货币形式的各项收入，包括：销售货物收入、提供劳务收入、转让财产收入、利息收入、租金收入、接受捐赠收入、其他收入。

成本费用指本年度开始经营月份起截至本期实际发生的成本、费用、准予扣除的税金、损失、其他支出。

$$\begin{matrix}\text{应纳税}\\\text{所得额}\end{matrix}=\left(\begin{matrix}\text{利润}\\\text{总额}\end{matrix}-\begin{matrix}\text{允许弥补}\\\text{以前年度亏损}\end{matrix}\right)\times\begin{matrix}\text{合伙企业个人}\\\text{合伙人分配比例}\end{matrix}-\begin{matrix}\text{允许扣除的个人}\\\text{费用及其他扣除}\end{matrix}$$

其中，允许弥补以前年度亏损指可在税前弥补的以前年度尚未弥补的亏损额。

允许扣除的个人费用及其他扣除包括：投资者减除费用、专项扣除、依法确定的其他扣除。

投资者减除费用指根据本年实际经营月份数计算的可在税前扣除的投资者本人每月5 000元减除费用的合计金额；专项扣除指按规定允许扣除的基本养老保险费、基本医疗保险费、失业保险费、住房公积金的金额；依法确定的其他扣除指商业健康保险、税延养老保险以及其他按规定允许扣除项目的金额，其中，税延养老保险可在申报第四季度或12月份税款时扣除。

$$\text{应纳税额}=\text{应纳税所得额}\times\text{适用税率}-\text{速算扣除数}$$

$$\text{应补/退税额}=\text{应纳税额}-\text{减免税额}-\text{已缴税额}$$

②汇算清缴

个体工商户业主、个人独资企业投资者、合伙企业个人合伙人、承包承租经营者个人以及其他从事生产、经营活动的个人在中国境内取得经营所得，计算汇算清缴应纳税额时，公式如下：

$$\text{利润总额}=\text{收入总额}-\text{国债利息收入}-\text{成本费用}$$

$$\text{纳税调整后的所得}=\text{利润总额}\pm\text{纳税调整项目金额}$$

$$\text{应纳税所得额}=\text{纳税调整后的所得}-\text{弥补以前年度亏损}-\text{允许扣除的个人费用及其他扣除}-\text{投资抵扣}-\text{准予扣除的个人捐赠支出}$$

其中，允许扣除的个人费用及其他扣除包括：投资者减除费用、专项扣除、专项附加扣除、依法确定的其他扣除。

$$\text{应纳税额}=\text{应纳税所得额}\times\text{适用税率}-\text{速算扣除数}$$

$$\text{应补/退税额}=\text{应纳税额}-\text{减免税额}-\text{已缴税额}$$

（2）核定征收

从事生产、经营活动的纳税人，未提供完整、准确的纳税资料，不能正确计算应纳税所得额的，由主管税务机关核定应纳税所得额或者应纳税额。

【提示】2022年1月1日起，持有股权、股票、合伙企业财产份额等权益性投资的个人独资企业、合伙企业（以下简称独资合伙企业），一律适用查账征收方式计征个人所得税。

（二）查账征收个体工商户应纳税额的计算

个体工商户应纳税所得额的计算，以权责发生制为原则，属于当期的收入和费用，不论款项是否收付，均作为当期的收入和费用；不属于当期的收入和费用，即使款项已经在当期收付，也不得作为当期的收入和费用。

个体工商户的生产经营所得适用五级超额累进税率，以其应纳税所得额按适用税率计算应纳税额。其计算公式为：

应纳税额 = 应纳税所得额 × 适用税率 − 速算扣除数

1.收入总额

个体工商户从事生产经营以及与生产经营有关的活动，取得的货币形式和非货币形式的各项收入，为收入总额。包括：销售货物收入、提供劳务收入、转让财产收入、利息收入、租金收入、接受捐赠收入、其他收入。

所称其他收入包括个体工商户资产溢余收入、逾期一年以上的未退包装物押金收入、确实无法偿付的应付款项、已作坏账损失处理后又收回的应收款项、债务重组收入、补贴收入、违约金收入、汇兑收益等。

2.准予扣除的项目

在计算应纳税所得额时，准予从收入总额中扣除的项目包括成本、费用、损失、准予扣除的税金和其他支出。

（1）成本，是指个体工商户在生产经营活动中发生的销售成本、销货成本、业务支出以及其他耗费。

（2）费用，是指个体工商户在生产经营活动中发生的销售费用、管理费用和财务费用，已经计入成本的有关费用除外。

（3）税金，是指个体工商户在生产经营活动中发生的除个人所得税和允许抵扣的增值税以外的各项税金及其附加。

（4）损失，是指个体工商户在生产经营活动中发生的固定资产和存货的盘亏、毁损、报废损失，转让财产损失，坏账损失，自然灾害等不可抗力因素造成的损失以及其他损失。

个体工商户发生的损失，减除责任人赔偿和保险赔款后的余额，参照财政部、国家税务总局有关企业资产损失税前扣除的规定扣除。

个体工商户已经作为损失处理的资产，在以后纳税年度又全部收回或者部分收回时，应当计入收回当期的收入。

（5）其他支出，是指除成本、费用、准予扣除的税金、损失外，个体工商户在生产经营活动中发生的与生产经营活动有关的、合理的支出。

个体工商户发生的支出应当区分收益性支出和资本性支出。收益性支出在发生当期直接扣除；资本性支出应当分期扣除或者计入有关资产成本，不得在发生当期直接扣除。

3.准予在税前列支的具体项目及列支标准

（1）个体工商户实际支付给从业人员的、合理的工资薪金支出，准予扣除。

个体工商户业主的工资、薪金支出不得税前扣除。

个体工商户业主的费用扣除标准，依照相关法律、法规和政策的规定执行，自2018年10月1日起，每年不得超过60 000元（5 000元/月）。

（2）个体工商户按照国务院有关主管部门或者省级人民政府规定的范围和标准为其业主和从业人员缴纳的基本养老保险费、基本医疗保险费、失业保险费、生育保险费、工伤保险费和住房公积金，准予扣除。

个体工商户为从业人员缴纳的补充养老保险费、补充医疗保险费，分别在不超过从业人员工资总额5%标准内的部分据实扣除；超过部分，不得扣除。

个体工商户业主本人缴纳的补充养老保险费、补充医疗保险费，以当地（地级市）上年度社会平均工资的3倍为计算基数，分别在不超过该计算基数5%标准内的部分据实扣除；超过部分，不得扣除。

（3）除个体工商户依照国家有关规定为特殊工种从业人员支付的人身安全保险费和财政部、国家税务总局规定可以扣除的其他商业保险费外，个体工商户业主本人或者为从业人员支付的商业保险费，不得扣除。

个体工商户业主、个人独资企业投资者、合伙企业个人合伙人和承包承租经营者购买符合规定的商业健康保险产品的支出，允许在当年（月）计算应纳税所得额时扣除，扣除限额为2 400元/年（200元/月）。

（4）个体工商户在生产经营活动中发生的合理的不需要资本化的借款费用，准予扣除。

个体工商户为购置、建造固定资产、无形资产和经过12个月以上的建造才能达到预定可销售状态的存货发生借款的，在有关资产购置、建造期间发生的合理的借款费用，应当作为资本性支出计入有关资产的成本，并依照规定扣除。

（5）个体工商户在生产经营活动中发生的下列利息支出，准予扣除：

①向金融企业借款的利息支出；

②向非金融企业和个人借款的利息支出，不超过按照金融企业同期同类贷款利率计算的数额的部分。

（6）个体工商户在货币交易中，以及纳税年度终了时将人民币以外的货币性资产、负债按照期末即期人民币汇率中间价折算为人民币时产生的汇兑损失，除已经计入有关资产成本的部分外，准予扣除。

（7）个体工商户向当地工会组织拨缴的工会经费、实际发生的职工福利费支出、职工教育经费支出分别在工资薪金总额的2%、14%、2.5%的标准内据实扣除。

工资薪金总额是指允许在当期税前扣除的工资薪金支出数额。

职工教育经费的实际发生数额超出规定比例当期不能扣除的数额，准予在以后纳税年度结转扣除。

个体工商户业主本人向当地工会组织缴纳的工会经费、实际发生的职工福利费支出、职工教育经费支出，以当地（地级市）上年度社会平均工资的3倍为计算基数，在按上述规定比例内据实扣除。

（8）个体工商户发生的与生产经营活动有关的业务招待费，按照实际发生额的60%扣除，但最高不得超过当年销售（营业）收入的5‰。

（9）个体工商户每一纳税年度发生的与其生产经营活动直接相关的广告费和业务宣传费不超过当年销售（营业）收入15%的部分，可以据实扣除；超过部分，准予在以后纳税年度结转扣除。

（10）个体工商户代其从业人员或者他人负担的税款，不得税前扣除。

（11）个体工商户按照规定缴纳的摊位费、行政性收费、协会会费等，按实际发生数额扣除。

（12）个体工商户根据生产经营活动的需要租入固定资产支付的租赁费，按照以下方法扣除：

①以经营租赁方式租入固定资产发生的租赁费支出，按照租赁期限均匀扣除；

②以融资租赁方式租入固定资产发生的租赁费支出，按照规定构成融资租入固定资产价值的部分应当提取折旧费用，分期扣除。

（13）个体工商户参加财产保险，按照规定缴纳的保险费，准予扣除。

（14）个体工商户发生的合理的劳动保护支出，准予扣除。

（15）个体工商户自申请营业执照之日起至开始生产经营之日止所发生符合规定的费用，除为取得固定资产、无形资产的支出，以及应计入资产价值的汇兑损益、利息支出外，作为开办费，个体工商户可以选择在开始生产经营的当年一次性扣除，也可自生产经营月份起在不短于3年期限内摊销扣除，但一经选定，不得改变。

开始生产经营之日为个体工商户取得第一笔销售（营业）收入的日期。

（16）个体工商户通过公益性社会组织、县级以上人民政府及其部门等国家机关，用于符合法律规定的公益慈善事业捐赠支出，捐赠额不超过其应纳税所得额30%的部分可以在计算应纳税所得额时扣除。

所称公益慈善事业，应当符合《中华人民共和国公益事业捐赠法》第三条对公益事业范围的规定或者《中华人民共和国慈善法》第三条对慈善活动范围的规定。

财政部、国家税务总局规定可以全额在税前扣除的捐赠支出项目，按有关规定执行。

个体工商户直接对受益人的捐赠不得扣除。

（17）个体工商户研究开发新产品、新技术、新工艺所发生的开发费用，以及为研究开发新产品、新技术而购置单台价值在10万元以下的测试仪器和试验性装置的购置费准予直接扣除；单台价值在10万元以上（含10万元）的测试仪器和试验性装置，按固定资产管理，不得在当期直接扣除。

（18）个体工商户在生产经营活动中，应当分别核算生产经营费用和个人、家庭费用。对于生产经营与个人、家庭生活混用难以分清的费用，其40%视为与生产经营有关的费用，准予扣除。

（19）个体工商户纳税年度发生的亏损，准予向以后年度结转，用以后年度的生产经营所得弥补，但结转年限最长不得超过5年。

所称亏损，是指个体工商户依照规定计算的应纳税所得额小于零的数额。

（20）个体工商户使用或者销售存货，按照规定计算的存货成本，准予在计算应纳税所得额时扣除。

（21）个体工商户转让资产时，该项资产的净值，准予在计算应纳税所得额时扣除。

4.不得在税前列支的项目

个体工商户的下列支出不得税前扣除：

（1）个人所得税税款；

（2）税收滞纳金；

（3）罚金、罚款和被没收财物的损失；

（4）不符合扣除规定的捐赠支出；

（5）赞助支出（指与生产经营活动无关的各种非广告性质的支出）；

（6）用于个人和家庭的支出；

（7）与取得生产经营收入无关的其他支出；

（8）国家税务总局规定不准扣除的支出。

【做中学9-15】某个体工商户能完整、准确提供税务核算资料，个人所得税实行查账征收。2022年第一、二季度累计应纳税所得额为238 800元，累计预缴个人所得税37 260元。2022年第三、四季度分别取得收入200 000元，发生成本费用支出50 000元。该个体工商户业主2022年度没有取得综合所得。

假设该个体工商户业主每季度支付“三险一金”15 000元、商业健康保险费600元、税延养老保险2 400元、专项附加扣除中子女教育1 500元、首套房贷款利息3 000元、赡养老人费用6 000元，没有以前年度尚未弥补的亏损，超过税法规定列支标准应进行所得税纳税调整增加额共计50 000元。

则该个体工商户2021年经营所得应预缴及汇算清缴个人所得税计算如下：

（1）第三季度应预缴个人所得税

第一至三季度应纳税所得额 = 238 800 + （200 000 − 50 000 − 15 000 − 5 000 × 3 − 600）
= 358 200（元）

应纳税额 = 358 200 × 30% − 40 500 = 66 960（元）

应补缴税额 = 66 960 − 37 260 = 29 700（元）

（2）第四季度应预缴个人所得税

税延养老保险支出低于应税收入6%和12 000元的扣除限额，按实际支出金额扣除。

应纳税所得额 = 358 200 + （200 000 − 50 000 − 15 000 − 5 000 × 3 − 600 − 2 400 × 4）
= 468 000（元）

应纳税额 = 468 000 × 30% − 40 500 = 99 900（元）

应补缴税额 = 99 900 − 66 960 = 32 940（元）

年终汇算清缴应补/退个人所得税：

2022年应纳税所得额 = 468 000 − （1 500 + 3 000 + 6 000）× 4 + 50 000 = 476 000（元）

应纳税额 = 476 000 × 30% − 40 500 = 102 300（元）

应补缴税额 = 102 300 − 99 900 = 2 400（元）

（三）个人独资企业、合伙企业应纳税额的计算

个人独资企业以投资者为纳税义务人，合伙企业以每个合伙人为纳税义务人，其取得的投资所得比照“经营所得”项目，适用5%～35%的五级超额累进税率，计算征收个人所得税。但相关特殊事项应按以下规定处理：

1.个人独资企业、合伙企业投资所得的确认

个人独资企业的投资者以全部生产经营所得为应纳税所得额；合伙企业的合伙人以合伙企业的生产经营所得和其他所得，采用“先分后税”的办法，按照合伙协议约定的分配比例确定应纳税所得额。合伙协议未约定或者约定不明确的，以全部生产经营所得和其他所得，按照合伙人协商决定的分配比例确定应纳税所得额；协商不成的，以全部生产经营所得和其他所得，按照合伙人实缴出资比例确定应纳税所得额；无法确定出资比例的，以全部生产经营所得和其他所得，按照合伙人数量平均计算每个合伙人的应纳税所得额。

所称生产经营所得，包括企业分配给投资者个人的所得和企业当年留存的所得（利润）。

对于个人独资企业、合伙企业对外投资分回的利息、股息、红利，不并入企业的收入，而应单独作为投资者个人取得的利息、股息、红利所得，按照“利息、股息、红利所得”项目计算缴纳个人所得税。以合伙企业名义对外投资分回利息、股息、红利的，应按规定确定各个投资者的利息、股息、红利所得，分别按照“利息、股息、红利所得”项目计算缴纳个人所得税。

【提示】创投企业选择按年度所得整体核算的，其个人合伙人应从创投企业取得的所得，按照“经营所得”项目，适用5%～35%的超额累进税率计算缴纳个人所得税。

所称创投企业年度所得整体核算，是指创投企业以每一纳税年度的收入总额减除成本、费用以及损失后，计算应分配给个人合伙人的所得。创投企业选择按年度所得整体核算后，3年内不能变更。

按照“经营所得”项目计税的个人合伙人，没有综合所得的，可依法减除基本减除费用、专项扣除、专项附加扣除以及国务院确定的其他扣除。从多处取得经营所得的，应汇总计算个人所得税，只减除一次上述费用和扣除项目。

2.特殊费用的扣除

（1）投资者的工资不得税前直接扣除，但可以扣除一定的生计费用，其标准自2018年10月起，全年60 000元。投资者兴办两个或两个以上企业的，由投资者选择在其中一个企业的生产经营所得中扣除。

（2）投资者及其家庭发生的生活费用不允许在税前扣除；投资者及其家庭发生的生活费用与企业生产经营费用混合在一起且难以划分的，全部视为投资者个人及其家庭发生的生活费用，不允许在税前扣除。

（3）企业生产经营和投资者及其家庭生活共用的固定资产难以划分的，由主管税务机关根据企业的生产经营类型、规模等具体情况，核定准予在税前扣除的折旧费用的数

额或比例。

（4）企业计提的各种准备金不得扣除。

（5）企业与其关联企业之间的业务往来，应当按照独立企业之间的业务往来收取或者支付价款、费用。不按照独立企业之间的业务往来收取或者支付价款、费用，而减少其应纳税所得额的，主管税务机关有权进行合理调整。

3.企业年度亏损的弥补

企业的年度亏损允许用本企业下一年度的生产经营所得弥补；下一年度所得不足弥补的，允许逐年延续弥补，但最长不得超过5年。投资者兴办两个或两个以上企业的，企业的年度经营亏损不能跨企业弥补。

4.应纳税额的计算

（1）个人独资企业投资者应纳税额的计算

投资者兴办一个企业，并且企业性质是独资的，其应纳税额的计算公式为：

应纳税额＝应纳税所得额×适用税率－速算扣除数

（2）个人独资企业投资者兴办两个或两个以上企业应纳税额的计算

投资者兴办两个或两个以上企业，并且企业性质全部是独资的，年度终了后汇算清缴时，应纳税额的计算如下：汇总其投资兴办的所有企业的经营所得作为应纳税所得额，以此确定适用税率，计算出全年经营所得的应纳税额；根据每个企业的经营所得占所有企业经营所得的比例，分别计算每个企业的应纳税额和应补缴税额。其计算公式为：

$$应纳税所得额=\sum 各个企业的经营所得$$

应纳税额＝应纳税所得额×适用税率－速算扣除数

$$本企业应纳税额=应纳税额\times本企业的经营所得\div\sum 各个企业的经营所得$$

本企业应补缴税额＝本企业应纳税额－本企业预缴税额

（3）合伙企业投资者应纳税额的计算

投资者兴办的企业性质是合伙的，其应纳税额的计算公式为：

应纳税所得额＝（收入总额－成本－费用－损失－税金）×投资比例

应纳税额＝应纳税所得额×适用税率－速算扣除数

【做中学9-16】A企业是由甲、乙二人于2009年1月1日出资兴办的合伙企业，出资比例为8∶2。2022年实现会计利润80 000元，经纳税调整后的应纳税所得额为100 000元。甲、乙两个合伙人2022年应纳税额计算如下：

甲应分得的计税所得额＝100 000×80%＝80 000（元）

甲应纳税额＝80 000×10%－1 500＝6 500（元）

乙应分得的计税所得额＝100 000×20%＝20 000（元）

乙应纳税额＝20 000×5%＝1 000（元）

（四）核定征收方式应纳税额的计算

1.核定征收的范围

有下列情形之一的，主管税务机关应采取核定征收的方式征收个人所得税：

（1）企业依照国家有关规定应当设置但未设置账簿的；

（2）企业虽设置账簿，但账目混乱或者成本资料、收入凭证、费用凭证残缺不全，难以查账的；

（3）纳税人发生纳税义务，未按照规定的期限办理纳税申报，经税务机关责令限期申报，逾期仍不申报的。

2.核定征收的方式

核定征收的方式，包括定期定额征收、核定应税所得率征收及其他合理的征收方式。其中，个体工商户税收定期定额征收，是指税务机关依照法律、行政法规及《个体工商户税收定期定额管理办法》的规定，对个体工商户在一定经营地点、一定经营时期、一定经营范围内的应纳税经营额（包括经营数量）或所得额进行核定，并以此为计税依据，确定其应纳税额的一种征收方式。

3.核定征收方式应纳税额的计算

在核定应税所得率征收方式下，应纳税额的计算公式为：

$$应纳税额=应纳税所得额\times 适用税率$$

$$应纳税所得额=收入总额\times 应税所得率$$

或

$$应纳税所得额=成本费用支出额\div(1-应税所得率)\times 应税所得率$$

应税所得率按规定的标准执行，具体见表9-7。

表9-7 应税所得率表

行业	应税所得率（%）
工业、交通运输业、商业	5～20
建筑业、房地产开发业	7～20
饮食服务业	7～25
娱乐业	20～40
其他行业	10～30

企业经营多种业务的，无论其经营项目是否单独核算，均应根据其主要经营项目确定适用的应税所得率。

【提示】实行核定征收的投资者，不能享受个人所得税优惠政策。

五、财产租赁所得应纳税额的计算

（一）税前扣除项目

1.财产租赁所得税前扣除项目的内容

财产租赁所得一般以个人每次取得的收入，定额或定率减除规定费用后的余额为应纳税所得额。但是，由于个人在出租财产过程中缴纳的税费较多，为了减轻纳税人的负担，除规定费用外，纳税人在计算应纳税所得额时，还可以扣除其他相关费用，具体包括以下内容：

（1）纳税人在出租财产过程中缴纳的税金和教育费附加、地方教育附加，持完税（缴款）凭证从其财产租赁收入中扣除。

【注意】个人出租房屋的个人所得税应税收入不含增值税，计算房屋出租所得可扣除的税费不包括本次出租缴纳的增值税。免征增值税的，确定计税依据租金收入不扣减增值税税额。

（2）能够提供有效、准确凭证，证明由纳税人负担的该出租财产实际开支的修缮费用。允许扣除的修缮费用以每次800元为限，一次扣除不完的，准予在下一次继续扣除，直到扣完为止。

（3）个人将承租房屋转租取得的租金收入，属于个人所得税应税所得，应按“财产租赁所得”项目计算缴纳个人所得税。取得转租收入的个人向房屋出租方支付的租金及增值税，凭房屋租赁合同和合法支付凭据允许在计算个人所得税时从该项转租收入中扣除。

2.财产租赁所得税前扣除项目的扣除次序

（1）财产租赁过程中缴纳的税费；

（2）向出租方支付的租金；

（3）由纳税人负担的租赁财产实际开支的修缮费用；

（4）税法规定的费用扣除标准。

（二）应纳税所得额的计算

财产租赁所得应纳税所得额的计算公式为：

$$\begin{matrix}\text{每次(月)收入不超过}\\ \text{4 000元的应纳税所得额}\end{matrix}=\left[\begin{matrix}\text{每次(月)}\\ \text{收入额}\end{matrix}-\begin{matrix}\text{准予}\\ \text{扣除项目}\end{matrix}-\begin{matrix}\text{维修费用}\\ \text{(800元为限)}\end{matrix}\right]-800$$

$$\begin{matrix}\text{每次(月)收入超过}\\ \text{4 000元的应纳税所得额}\end{matrix}=\left[\begin{matrix}\text{每次(月)}\\ \text{收入额}\end{matrix}-\begin{matrix}\text{准予}\\ \text{扣除项目}\end{matrix}-\begin{matrix}\text{维修费用}\\ \text{(800元为限)}\end{matrix}\right]\times(1-20\%)$$

（三）应纳税额的计算

财产租赁所得依其应纳税所得额适用20%的比例税率计算应纳税额，个人出租房屋取得的所得适用个人所得税优惠税率为10%。其计算公式为：

$$\text{应纳税额}=\text{应纳税所得额}\times\text{适用税率}$$

【做中学9-17】某居民将一套自有住房出租给某公司作为办公用房，月租金收入为8 000元，按规定可以享受免征增值税的税收优惠，缴纳其他有关税费320元；当月发生修缮费用1 000元，有合法的证据。

该居民出租住房应缴纳的个人所得税计算如下：

（1）应纳税所得额 =（8 000 - 320 - 800）×（1 - 20%）= 5 504（元）

（2）应纳税额 = 5 504 × 10% = 550.4（元）

未扣完的修缮费用200元（1 000 - 800）可在下月继续扣除。

六、财产转让所得，利息、股息、红利所得，偶然所得应纳税额的计算

（一）财产转让所得应纳税额的计算

财产转让所得以一次转让财产的收入额减除财产的原值和合理费用后的余额为应纳税所得额，适用20%的比例税率。其计算公式为：

$$\text{应纳税所得额}=\text{每次收入额}-\text{财产原值}-\text{合理费用}$$

$$\text{应纳所得税额}=\text{应纳税所得额}\times 20\%$$

个人转让房屋的个人所得税应税收入不含增值税。

1.财产原值的确定

（1）有价证券，为买入价以及买入时按照规定缴纳的有关费用。

（2）建筑物，为建造费或者购进价格以及其他有关费用。

【注意】个人取得房屋时所支付价款中包含的增值税计入财产原值。

（3）土地使用权，为取得土地使用权所支付的金额、开发土地的费用以及其他有关费用。

（4）机器设备、车船，为购进价格、运输费、安装费以及其他有关费用。

（5）其他财产，参照以上方法确定。

纳税人未提供完整、准确的财产原值凭证，不能正确计算财产原值的，由主管税务机关核定其财产原值。

2.合理费用的扣除

所称合理费用，是指卖出财产时按照规定支付的有关税费。

纳税人按规定实际支付的住房装修费用、住房贷款利息、手续费、公证费等，允许作为合理费用扣除。

【注意】财产转让所得可扣除的税费不包括本次转让缴纳的增值税。

【做中学9-18】某人有自建房一栋，造价150 000元，支付有关费用10 000元，随后转让，取得收入280 000元（不含税），在卖房过程中缴纳有关税费12 000元。

该个人应缴纳的个人所得税计算如下：

（1）应纳税所得额 = 280 000 –（150 000 + 10 000）– 12 000 = 108 000（元）

（2）应纳税额 = 108 000 × 20% = 21 600（元）

3.转让债权的财产原值确定和合理费用的扣除

转让债权，采用“加权平均法”确定其应予减除的财产原值和合理费用，其计算公式为：

$$\frac{\text{一次卖出某一种类债券}}{\text{允许扣除的买入价和费用}} = \frac{\text{纳税人购进的该种类债券买入价}}{\text{和买进过程中缴纳的税费总和}} \div \frac{\text{纳税人购进的该种类}}{\text{债券的总数量}} \times \frac{\text{一次卖出的该种类}}{\text{债券的数量}} + \frac{\text{卖出该种类债券}}{\text{过程中缴纳的税费}}$$

4.转让股权应纳税所得额的计算

（1）征税范围

股权转让是指个人将股权转让给其他个人或法人的行为，包括以下情形：

①出售股权；

②公司回购股权；

③发行人首次公开发行新股时，被投资企业股东将其持有的股份以公开发行方式一并向投资者发售；

④股权被司法或行政机关强制过户；

⑤以股权对外投资或进行其他非货币性交易；

⑥以股权抵偿债务；

⑦其他股权转移行为。

（2）应纳税所得额的计算

个人转让股权，以股权转让收入减除股权原值和合理费用后的余额为应纳税所得额。

①股权转让收入，是指转让方因股权转让而获得的现金、实物、有价证券和其他形式的经济利益；转让方取得与股权转让相关的各种款项，包括违约金、补偿金以及其他名目的款项、资产、权益等，均应当并入股权转让收入；纳税人按照合同约定，在满足约定条件后取得的后续收入，应当作为股权转让收入。

股权转让收入应当按照公平交易原则确定。

②股权原值的确认。个人转让股权的原值依照以下方法确认：以现金出资方式取得的股权，按照实际支付的价款与取得股权直接相关的合理税费之和确认股权原值；以非货币性资产出资方式取得的股权，按照税务机关认可或核定的投资入股时非货币性资产价格与取得股权直接相关的合理税费之和确认股权原值；通过无偿让渡方式取得股权，按取得股权发生的合理税费与原持有人的股权原值之和确认股权原值；被投资企业以资本公积、盈余公积、未分配利润转增股本，个人股东已依法缴纳个人所得税的，以转增额和相关税费之和确认其新转增股本的股权原值；除以上情形外，由主管税务机关按照避免重复征收个人所得税的原则合理确认股权原值。

股权转让人已被主管税务机关核定股权转让收入并依法征收个人所得税的，该股权受让人的股权原值以取得股权时发生的合理税费与股权转让人被主管税务机关核定的股权转让收入之和确认。

个人转让股权未提供完整、准确的股权原值凭证，不能正确计算股权原值的，由主管税务机关核定其股权原值。

对个人多次取得同一被投资企业股权的，转让部分股权时，采用"加权平均法"确定其股权原值。

【提示】创投企业选择按单一投资基金核算的，其个人合伙人从该基金应分得的股权转让所得按下述方法确定：单个投资项目的股权转让所得，按年度股权转让收入扣除对应股权原值和转让环节合理费用后的余额计算，股权原值和转让环节合理费用的确定方法，参照股权转让所得个人所得税有关政策规定执行；单一投资基金的股权转让所得，按一个纳税年度内不同投资项目的所得和损失相互抵减后的余额计算，余额大于或等于零的，即确认为该基金的年度股权转让所得；余额小于零的，该基金年度股权转让所得按零计算且不能跨年结转。

个人合伙人按照其应从基金年度股权转让所得中分得的份额确定其应纳税额，并由创投企业代扣代缴个人所得税。

5.转让受赠房屋应纳税所得额的计算

受赠人转让受赠房屋的，应以其转让受赠房屋的收入，减除原捐赠人取得该房屋的实际购置成本以及赠与和转让过程中受赠人支付的相关税费后的余额，作为受赠人的应纳税所得额。

受赠人转让受赠房屋价格明显偏低且无正当理由的，税务机关可以依据该房屋的市场评估价格或者其他合理方式确定的价格核定其转让收入。

（二）利息、股息、红利所得，偶然所得应纳税额的计算

微课

个人偶然所得征税范围及应纳税额计算

1.应纳税所得额的确定

利息、股息、红利所得和偶然所得，以每次收入额为应纳税所得额，不扣除任何费用。

所称每次收入，是指支付单位或者个人每次支付利息、股息、红利和个人得奖、中奖、中彩以及其他偶然性质的所得时，个人所取得的收入。

对于股份制企业在分配股息、红利时，以股票形式向股东个人支付应得的股息、红利（即派发红股），应以派发红股的股票票面金额为一次收入额。

【提示】单一投资基金核算的创投企业个人合伙人，单一投资基金（包括不以基金名义设立的创投企业）在一个纳税年度内从不同创业投资项目取得的股息红利所得按下述方法确定：以其来源于所投资项目分配的股息、红利收入以及其他固定收益类证券等收入的全额计算。个人合伙人按照其应从基金股息红利所得中分得的份额计算其应纳税所得额，并由创投企业按次代扣代缴个人所得税。

2.应纳税额的计算

利息、股息、红利所得和偶然所得应纳税额的计算公式为：

应纳税额 = 应纳税所得额（每次收入额）× 适用税率

七、个人所得税应纳税额的特殊计算

微课

居民个人不同所得项目捐赠支出税前扣除金额比较

（一）扣除捐赠款的计算

个人实际支付的符合规定的公益性捐赠支出，有两种扣除办法：一是限额内据实扣除，二是全额扣除。其中，采用限额内据实扣除办法的，捐赠支出扣除限额计算公式如下：

捐赠支出扣除限额 = 应纳税所得额 × 30%

如果实际捐赠额≤扣除限额，允许扣除的捐赠额为实际捐赠额；如果实际捐赠额 > 扣除限额，只能按捐赠扣除限额扣除。

应纳税所得额 = 按一般办法确定的应纳税所得额 − 允许扣除的捐赠额

【提示】计算扣除限额的应纳税所得额，是指计算扣除捐赠额之前的应纳税所得额。对于不同的个人所得税纳税人、个人所得税应税项目，其应纳税所得额各不相同，扣除限额的计算基础也各不相同。

【做中学9-19】某人参加有奖销售活动，取得中奖收入100 000元，该个人领奖时拿出20 000元通过有关部门捐给希望工程。

该个人应缴纳的个人所得税计算如下：

（1）捐赠支出扣除限额 = 100 000 × 30% = 30 000（元）

捐赠给希望工程的20 000元低于30 000元的限额，可全部在税前扣除。

（2）应纳税额 =（100 000 − 20 000）× 20% = 16 000（元）

（二）两人或两人以上共同取得同一项目收入的计算

两人或两人以上共同取得同一项目收入的，应当对每个人取得的收入分别按照税法规定减除费用后计算纳税，即实行"先分、后扣、再税"的办法。

【做中学9-20】A企业2022年6月聘用非本单位员工甲、乙、丙三人共同为本单位安装一项设备，共支付劳务报酬15 000元，按各自承担的工作量分配，A企业支付给甲12 000元、乙2 300元、丙700元。A企业支付上述安装款时，应预扣预缴甲、乙、丙三人劳务报酬所得的个人所得税计算如下：

（1）预扣预缴甲应纳税额 = 12 000 ×（1 – 20%）× 20% = 1 920（元）

（2）预扣预缴乙应纳税额 =（2 300 – 800）× 20% = 300（元）

（3）丙的收入未达到800元，不需要预扣预缴个人所得税。

（三）境外所得已纳税款抵免的计算

1.境外所得已纳税款抵免的规定

居民纳税人取得的境外所得一般均已缴纳或者负担了有关国家（地区）的所得税，为了避免发生国家（地区）间对同一所得的重复征税，同时维护我国的税收权益，税法规定：居民个人从中国境外取得的所得，准予其在应纳税额中扣除已在境外缴纳的个人所得税税额，但扣除额不得超过该纳税人境外所得依照我国税法规定计算的应纳税额。

（1）来源于中国境外所得的项目

①因任职、受雇、履约等在中国境外提供劳务取得的所得。

②中国境外企业以及其他组织支付且负担的稿酬所得。

③许可各种特许权在中国境外使用而取得的所得。

④在中国境外从事生产、经营活动而取得的与生产、经营活动相关的所得。

⑤从中国境外企业、其他组织以及非居民个人取得的利息、股息、红利所得。

⑥将财产出租给承租人在中国境外使用而取得的所得。

⑦转让中国境外的不动产、转让对中国境外企业以及其他组织投资形成的股票、股权以及其他权益性资产（以下称“权益性资产”）或者在中国境外转让其他财产取得的所得。但转让对中国境外企业以及其他组织投资形成的权益性资产，该权益性资产被转让前三年（连续36个公历月份）内的任一时间，被投资企业或其他组织的资产公允价值50%以上直接或间接来自位于中国境内的不动产的，取得的所得为来源于中国境内的所得。

⑧中国境外企业、其他组织以及非居民个人支付且负担的偶然所得。

⑨财政部、国家税务总局另有规定的，按照相关规定执行。

（2）可抵免的境外所得税税额

可抵免的境外所得税税额，是指居民个人取得境外所得，依照该所得来源国（地区）税收法律应当缴纳且实际已经缴纳的所得税性质的税额。可抵免的境外所得税税额不包括以下情形：

①按照境外所得税法律属于错缴或错征的境外所得税税额；

②按照与我国政府签订的避免双重征税协定以及内地与我国香港、澳门签订的避免双重征税安排（以下统称“税收协定”）规定不应征收的境外所得税税额；

③因少缴或迟缴境外所得税而追加的利息、滞纳金或罚款；

④境外所得税纳税人或者其利害关系人从境外征税主体得到实际返还或补偿的境外

所得税税款；

⑤按照我国个人所得税法及其实施条例的规定，已经免税的境外所得负担的境外所得税税款。

2.境外所得抵免限额的计算

在一个纳税年度内来源于中国境外的所得，依照所得来源国家（地区）税收法律规定在中国境外已缴纳的所得税税额允许在抵免限额内从其该纳税年度应纳税额中抵免。

居民个人来源于一国（地区）的综合所得、经营所得以及其他分类所得项目的应纳税额为其抵免限额，按照下列公式计算：

①
$$\text{来源于一国(地区)综合所得的抵免限额}=\text{中国境内和境外综合所得依照规定计算的综合所得应纳税额}\times\text{来源于该国(地区)的综合所得收入额}\div\text{中国境内和境外综合所得收入额合计}$$

②
$$\text{来源于一国(地区)经营所得的抵免限额}=\text{中国境内和境外经营所得依照规定计算的经营所得应纳税额}\times\text{来源于该国(地区)的经营所得应纳税所得额}\div\text{中国境内和境外经营所得应纳税所得额合计}$$

③
$$\text{来源于一国(地区)其他分类所得的抵免限额}=\text{该国(地区)的其他分类所得依照规定计算的应纳税额}$$

④
$$\text{来源于一国(地区)所得的抵免限额}=\text{来源于该国(地区)综合所得抵免限额}+\text{来源于该国(地区)经营所得抵免限额}+\text{来源于该国(地区)其他分类所得抵免限额}$$

【提示】纳税人境外所得依照我国税法规定计算的应纳税额，是居民个人抵免已在境外缴纳的综合所得、经营所得以及其他所得的所得税税额的限额（以下简称“抵免限额”）。除国务院财政、税务主管部门另有规定外，来源于中国境外一个国家（地区）的综合所得抵免限额、经营所得抵免限额以及其他所得抵免限额之和，为来源于该国家（地区）所得的抵免限额。

3.境外所得抵免税额的确定

个人所得税境外所得税收抵免的总体原则是“分国（地区）不分项”抵免，计算抵免限额时，需要根据不同类型所得先计算来源于一国（地区）的各类所得抵免限额，再加总成来源于一国（地区）的总抵免限额。居民个人一个纳税年度内来源于一国（地区）的所得实际已经缴纳的所得税税额，低于依照上述规定计算出的来源于该国（地区）该纳税年度所得的抵免限额的，应以实际缴纳税额作为抵免额进行抵免；超过来源于该国（地区）该纳税年度所得的抵免限额的，应在限额内进行抵免，超过部分可以在以后五个纳税年度内结转抵免。

居民个人从与我国签订税收协定的国家（地区）取得的所得，按照该国（地区）税收法律享受免税或减税待遇，且该免税或减税的数额按照税收协定饶让条款规定应视同已缴税额在中国的应纳税额中抵免的，该免税或减税数额可作为居民个人实际缴纳的境外所得税税额按规定申报税收抵免。

4.居民个人当期境内和境外所得应纳税额计算

$$\text{居民个人境内、境外所得年度应纳个人所得税总额}=\left(\text{年度综合所得应纳税总额}+\text{年度经营所得应纳税总额}+\text{年度其他分类所得应纳税总额}\right)-\text{个人年度来源于境外所得可抵免税额总额}$$

其中：各项所得应纳税总额采用合并计算和单独计算两种办法：

（1）居民个人来源于中国境外的综合所得、经营所得，采用合并计算办法，应当与境内综合所得、经营所得分别合并计算应纳税总额，公式如下：

$$\text{年度综合所得应纳税总额}=\left(\text{来源于境内的综合所得}+\text{来源于境外的综合所得}\right)\times\text{适用税率}-\text{速算扣除数}$$

$$\text{年度经营所得应纳税总额}=\left(\text{来源于境内的经营所得}+\text{来源于境外的经营所得}\right)\times\text{适用税率}-\text{速算扣除数}$$

居民个人来源于境外的经营所得，按照个人所得税法及其实施条例的有关规定计算的亏损，不得抵减其境内或他国（地区）的应纳税所得额，但可以用来源于同一国家（地区）以后年度的经营所得按中国税法规定弥补。

（2）居民个人来源于中国境外的利息、股息、红利所得，财产租赁所得，财产转让所得和偶然所得（称“其他分类所得”），采用单独计算办法，不与境内所得合并，应当分别单独计算应纳税额。

（3）个人年度可抵免限额总额的计算

$$\text{个人年度可抵免限额总额}=\sum\text{来源于某一国(地区)所得的抵免限额}$$

微课

居民个人境外所得抵免及应纳税额计算

（4）居民个人取得来源于境外的所得或者实际已经在境外缴纳的所得税税额为人民币以外货币的，按照办理纳税申报或者扣缴申报的上一月最后一日人民币汇率中间价，折合成人民币计算应纳税所得额。年度终了后办理汇算清缴的，对已经按月、按季或者按次预缴税款的人民币以外货币所得，不再重新折算；对应当补缴税款的所得部分，按照上一纳税年度最后一日人民币汇率中间价，折合成人民币计算应纳税所得额。

（四）纳税调整

有下列情形之一的，税务机关有权按照合理方法进行纳税调整：

1.个人与其关联方之间的业务往来不符合独立交易原则而减少本人或者其关联方应纳税额，且无正当理由；

2.居民个人控制的，或者居民个人和居民企业共同控制的设立在实际税负明显偏低的国家（地区）的企业，无合理经营需要，对应当归属于居民个人的利润不作分配或者减少分配；

3.个人实施其他不具有合理商业目的的安排而获取不当税收利益。

税务机关依照上述规定做出纳税调整，需要补征税款的，应当补征税款，并依法加收利息。

加收的利息，应当按照税款所属纳税申报期最后一日中国人民银行公布的与补税期间同期的人民币贷款基准利率计算，自税款纳税申报期满次日起至补缴税款期限届满之日止按日加收。纳税人在补缴税款期限届满前补缴税款的，利息加收至补缴税款之日。

任务四　个人所得税纳税申报

一、个人所得税的优惠政策

(一)《个人所得税法》规定的免税项目

1. 省级人民政府、国务院部委和中国人民解放军军以上单位，以及外国组织、国际组织颁发的科学、教育、技术、文化、卫生、体育、环境保护等方面的奖金。

2. 国债和国家发行的金融债券利息。

【提示】地方政府债券利息收入，免征个人所得税。个人投资者持有2019—2023年发行的铁路债券取得的利息收入，减按50%计入应纳税所得额计算征收个人所得税。

3. 按照国家统一规定发给的补贴、津贴。

4. 福利费、抚恤金、救济金。

5. 保险赔款。

6. 军人的转业费、复员费、退役金。

7. 按照国家统一规定发给干部、职工的安家费、退职费、基本养老金或者退休费、离休费、离休生活补助费。

8. 依照有关法律规定应予免税的各国驻华使馆、领事馆的外交代表、领事官员和其他人员的所得。

9. 中国政府参加的国际公约、签订的协议中规定免税的所得。

10. 国务院规定的其他免税所得。

(二) 减征个人所得税的项目

有下列情形之一的，可以减征个人所得税，具体幅度和期限，由省、自治区、直辖市人民政府规定，并报同级人民代表大会常务委员会备案：

1. 残疾、孤老人员和烈属的所得；

2. 因自然灾害遭受重大损失的。

国务院可以规定其他减税情形，报全国人民代表大会常务委员会备案。

(三) 外籍专家工资、薪金所得免征个人所得税的项目

1. 根据世界银行专项贷款协议由世界银行直接派往我国工作的外国专家；

2. 联合国组织直接派往我国工作的专家；

3. 为联合国援助项目来华工作的专家；

4. 援助国派往我国专为该国无偿援助项目工作的专家；

5. 根据两国政府签订文化交流项目来华工作2年以内的文教专家，其工资、薪金所得由该国负担的；

6. 根据我国大专院校国际交流项目来华工作2年以内的文教专家，其工资、薪金所得由该国负担的；

7.通过民间科研协定来华工作的专家，其工资、薪金所得由该国政府机构负担的。

（四）暂免征收个人所得税的项目

1.2019年1月1日至2023年12月31日期间，外籍个人符合居民个人条件的，可以选择享受个人所得税专项附加扣除，也可以选择享受减除住房补贴、伙食补贴、搬迁费、洗衣费、按合理标准取得的境内外出差补贴、探亲费、语言训练费、子女教育费等八项津补贴。外籍个人一经选择，在一个纳税年度内不得变更。

2.个人举报、协查各种违法犯罪行为而获得的奖金。

3.个人办理代扣代缴税款手续，按规定取得的扣缴手续费。

4.个人转让自用达5年以上且是唯一的家庭生活用房取得的所得。

5.达到离休、退休年龄，但确因工作需要，适当延长离休、退休年龄的高级专家（指享受国家发放的政府特殊津贴的专家、学者），其在延长离休、退休期间的工资、薪金所得，视同离休、退休工资免征个人所得税。

6.外籍个人从外商投资企业取得的股息、红利所得。

（五）其他减免个人所得税的项目

1.储蓄存款利息所得，免征个人所得税。

2.对乡、镇（含乡、镇）以上人民政府或经县（含县）以上人民政府主管部门批准成立的有机构、有章程的见义勇为基金会或类似组织，奖励见义勇为者的奖金或奖品，经主管税务机关核准，免征个人所得税。

3.按照国家或地方政府规定的比例提取并向指定金融机构实际缴付的住房公积金、基本医疗保险费、基本养老保险费，免予征收个人所得税。

4.个人取得体育彩票、福利彩票，凡一次中奖收入不超过1万元的，暂免征收个人所得税；超过1万元的，全额征收个人所得税。

5.下岗职工从事社区居民服务业，对其取得的经营所得和劳务报酬所得，从事个体经营的自其领取税务登记证之日起，从事独立劳务服务的自其持下岗证明在当地主管税务机关批准之日起，3年内免征个人所得税。

6.科研机构、高等学校转化职务科技成果以股份或出资比例等股权形式给予科技人员的个人奖励，经主管税务机关审核后，暂不征收个人所得税。

7.对职工个人以股份形式取得的仅作为分红依据，不拥有所有权的企业量化资产，不征收个人所得税。

8.国有企业职工从破产企业取得的一次性安置费收入，免予征收个人所得税；职工与企业解除劳动合同取得的一次性补偿收入，在当地上年企业职工年平均工资的3倍数额内的，免征个人所得税。

9.对工伤职工及其近亲属按照《工伤保险条例》规定取得的工伤保险待遇，免征个人所得税。

10.生育妇女按照县级以上人民政府根据国家有关规定制定的生育保险办法，取得生育津贴、生育医疗费或其他属于生育保险性质的津贴、补贴，免征个人所得税。

11. 自2018年7月1日起，依法批准设立的非营利性研究开发机构和高等学校（以下简称“非营利性科研机构和高校”）根据《中华人民共和国促进科技成果转化法》的规定，从职务科技成果转化收入中给予科技人员的现金奖励，可减按50%计入科技人员当月“工资、薪金所得”，依法缴纳个人所得税。

12. 特定地区高端、紧缺人才个人所得税优惠政策。

（1）对在海南自由贸易港工作的高端人才和紧缺人才，其个人所得税实际税负超过15%的部分，予以免征。

（2）大湾区个人所得税优惠。广东省、深圳市按内地与香港个人所得税税负差额，对在大湾区工作的境外（含我国港澳台，下同）高端人才和紧缺人才给予的补贴，免征个人所得税。

13. 远洋船员个人所得税优惠政策。

2019年1月1日起至2023年12月31日止，一个纳税年度内在船航行时间累计满183天的远洋船员，其取得的工资薪金收入减按50%计入应纳税所得额，依法缴纳个人所得税。

（六）股息、红利所得免税规定

1. 自2015年9月8日起，我国实施上市公司股息、红利差别化个人所得税政策，具体包括下列内容：

（1）个人从公开发行和转让市场取得的上市公司股票，持股期限在1个月以内（含1个月）的，其股息、红利所得全额计入应纳税所得额；

（2）持股期限在1个月以上至1年（含1年）的，暂减按50%计入应纳税所得额；

（3）个人从公开发行和转让市场取得的上市公司股票，持股期限超过1年的，股息、红利所得暂免征收个人所得税。

2. 自2019年7月1日起至2024年6月30日止，个人持有挂牌公司的股票，持股期限超过1年的，对股息、红利所得暂免征收个人所得税。

个人持有挂牌公司的股票，持股期限在1个月以内（含1个月）的，其股息、红利所得全额计入应纳税所得额；持股期限在1个月以上至1年（含1年）的，其股息、红利所得暂减按50%计入应纳税所得额。

挂牌公司是指股票在全国中小企业股份转让系统公开转让的非上市公众公司；持股期限是指个人取得挂牌公司股票之日至转让交割该股票之日前一日的持有时间。

年（月）是指自然年（月），即持股1年是指从上一年某月某日至本年同月同日的前一日连续持股，持股1个月是指从上月某日至本月同日的前一日连续持股。

（七）重点群体创业就业优惠

1. 扶持自主就业退役士兵创业就业税额扣减。

2019年1月1日至2023年12月31日，自主就业退役士兵从事个体经营的，自办理个体工商户登记当月起，在3年（36个月，下同）内以每户每年12 000元为限额依次扣减其当年实际应缴纳的增值税、城市维护建设税、教育费附加、地方教育附加和个人所得税。限额标准最高可上浮20%，各省、自治区、直辖市人民政府可根据本地区实际情况在此幅度内确定具体限额标准。

纳税人在2021年12月31日享受本项税收优惠政策未满3年的，可继续享受至3年期满为止。

2. 支持和促进重点群体创业就业税额扣减。

建档立卡贫困人口、持《就业创业证》(注明“自主创业税收政策”或“毕业年度内自主创业税收政策”)或《就业失业登记证》(注明“自主创业税收政策”)的人员，包括：纳入全国扶贫开发信息系统的建档立卡贫困人口；在人力资源社会保障部门公共就业服务机构登记失业半年以上的人员；零就业家庭、享受城市居民最低生活保障家庭劳动年龄内的登记失业人员；毕业年度内高校毕业生。2019年1月1日至2025年12月31日，上述人员从事个体经营的，自办理个体工商户登记当月起，在3年(36个月，下同)内以每户每年12 000元为限额依次扣减其当年实际应缴纳的增值税、城市维护建设税、教育费附加、地方教育附加和个人所得税。限额标准最高可上浮20%，各省、自治区、直辖市人民政府可根据本地区实际情况在此幅度内确定具体限额标准。

3. 随军家属从事个体经营，自领取税务登记证之日起，3年内免征个人所得税。

4. 自主择业的军队转业干部从事个体经营，自领取税务登记证之日起，3年内免征个人所得税。

5. 对残疾人个人取得的劳动所得，按照省(不含计划单列市)人民政府规定的减征幅度和期限减征个人所得税。

(八)创业投资税收抵免

1. 自2018年1月1日起，有限合伙制创业投资企业采取股权投资方式直接投资于初创科技型企业满2年(24个月)的，个人合伙人可以按照对初创科技型企业投资额的70%抵扣个人合伙人从合伙创投企业分得的经营所得；当年不足抵扣的，可以在以后纳税年度结转抵扣。

2. 自2018年7月1日起，天使投资个人采取股权投资方式直接投资于初创科技型企业满2年的，可以按照投资额的70%抵扣转让该初创科技型企业股权取得的应纳税所得额；当期不足抵扣的，可以在以后取得转让该初创科技型企业股权的应纳税所得额时结转抵扣。天使投资个人投资多个初创科技型企业的，对其中办理注销清算的初创科技型企业，天使投资个人对其投资额的70%尚未抵扣完的，可自注销清算之日起36个月内抵扣天使投资个人转让其他初创科技型企业股权取得的应纳税所得额。

3. 创投企业年度所得整体核算，将创投企业每一纳税年度的收入总额减除成本、费用以及损失后，计算应分配给个人合伙人的所得。如符合《财政部 税务总局关于创业投资企业和天使投资个人有关税收政策的通知》(财税〔2018〕55号)规定条件的，创投企业个人合伙人可以按照被转让项目对应投资额的70%抵扣其可以从创投企业应分得的经营所得后再计算其应纳税额。年度核算亏损的，准予按有关规定向以后年度结转。

(九)无住所个人适用税收协定

按照我国政府签订的避免双重征税协定，中国内地与中国香港、中国澳门签订的避免双重征税安排(以下称“税收协定”)居民条款规定为缔约对方税收居民的个人(以下称“对方税收居民个人”)，可以按照税收协定及财政部、税务总局有关规定享受税收协定待遇，也可以选择不享受税收协定待遇计算纳税。除税收协定及财政部、税务总局另有规定外，无住所个人适用税收协定的，按照以下规定执行：

1.无住所个人适用受雇所得条款的规定

（1）无住所个人享受境外受雇所得协定待遇。其是指按照税收协定受雇所得条款的规定，对方税收居民个人在境外从事受雇活动取得的受雇所得，可不缴纳个人所得税。

（2）无住所个人享受境内受雇所得协定待遇。其是指按照税收协定受雇所得条款的规定，在税收协定规定的期间内境内停留天数不超过183天的对方税收居民个人，在境内从事受雇活动取得受雇所得，不是由境内居民雇主支付或者代其支付的，也不是由雇主在境内常设机构负担的，可不缴纳个人所得税。

2.无住所个人适用独立个人劳务或者营业利润条款的规定

按照税收协定独立个人劳务或者营业利润条款的规定，对方税收居民个人取得的独立个人劳务所得或者营业利润符合税收协定规定条件的，可不缴纳个人所得税。

3.无住所个人适用董事费条款的规定

对方税收居民个人为高管人员，该个人适用的税收协定未纳入董事费条款，或者虽然纳入董事费条款但该个人不适用董事费条款，且该个人取得的高管人员报酬可享受税收协定受雇所得、独立个人劳务或者营业利润条款规定待遇的，该个人取得的高管人员报酬可不缴纳个人所得税。

对方税收居民个人为高管人员，该个人取得的高管人员报酬按照税收协定董事费条款规定可以在境内征收个人所得税的，应按照有关工资薪金所得或者劳务报酬所得的规定缴纳个人所得税。

4.无住所个人适用特许权使用费或者技术服务费条款的规定

按照税收协定特许权使用费或者技术服务费条款的规定，对方税收居民个人取得符合规定的特许权使用费或者技术服务费，可按照税收协定规定的计税所得额和征税比例计算纳税。

（1）无住所居民个人为对方税收居民个人，其取得的特许权使用费所得、稿酬所得或者劳务报酬所得可享受特许权使用费或者技术服务费协定待遇的，可不纳入综合所得，在取得当月按照税收协定规定的计税所得额和征税比例计算应纳税额，并预扣预缴税款。年度汇算清缴时，该个人取得的已享受特许权使用费或者技术服务费协定待遇的所得不纳入年度综合所得，单独按照税收协定规定的计税所得额和征税比例计算年度应纳税额及补退税额。

（2）非居民个人为对方税收居民个人，其取得的特许权使用费所得、稿酬所得或者劳务报酬所得可享受特许权使用费或者技术服务费协定待遇的，可按照税收协定规定的计税所得额和征税比例计算应纳税额。

【提示】纳税人需要享受税收协定待遇的，应当在取得应税所得时主动向扣缴义务人提出，并提交相关信息、资料，扣缴义务人代扣代缴税款时按照享受税收协定待遇有关办法办理。

二、个人所得税的征收管理

（一）纳税申报主体

我国个人所得税，采取扣缴义务人代扣代缴申报纳税和纳税人自行申报纳税两种征收方法。

1.扣缴义务人代扣代缴

个人所得税，以取得应税所得的个人为纳税人，以支付所得的单位或者个人为扣缴义务人。扣缴义务人必须依法履行个人所得税全员全额扣缴申报义务，并向纳税人提供其个人所得和已扣缴税款等信息。

所称个人所得税全员全额扣缴申报义务，是指扣缴义务人向个人支付应税所得时，不论其是否属于本单位人员、支付的应税所得是否达到纳税标准，扣缴义务人均应在代扣税款的次月15日内，向主管税务机关报送其支付所得的所有个人的有关信息、支付所得数额、扣除事项和数额、扣缴税款的具体数额以及其他相关涉税信息。

实行个人所得税全员全额扣缴申报的应税所得包括：工资、薪金所得；劳务报酬所得；稿酬所得；特许权使用费所得；利息、股息、红利所得；财产租赁所得；财产转让所得；偶然所得。

为鼓励扣缴义务人按规定扣缴税款，可以按照所扣缴的税款，付给扣缴义务人2%的手续费。

2.纳税人自行申报

有下列情形之一的，纳税人应当依法办理纳税申报：

（1）取得综合所得需要办理汇算清缴的。

①纳税人在纳税年度内已依法预缴个人所得税且符合下列情形之一的，无须办理年度汇算：年度汇算需补税但综合所得收入全年不超过12万元的；年度汇算需补税金额不超过400元的；已预缴税额与年度汇算应纳税额一致的；符合年度汇算退税条件但不申请退税的。

②符合下列情形之一的，纳税人需办理年度汇算：已预缴税额大于年度汇算应纳税额且申请退税的；纳税年度内取得的综合所得收入超过12万元且需要补税金额超过400元的。

因适用所得项目错误或者扣缴义务人未依法履行扣缴义务，造成纳税年度内少申报或者未申报综合所得的，纳税人应当依法据实办理年度汇算。

（2）取得经营所得的个体工商户业主、个人独资企业投资者、合伙企业个人合伙人、承包承租经营者个人以及其他从事生产、经营活动的个人。

包括以下情形：

①个体工商户从事生产、经营活动取得的所得，个人独资企业投资人、合伙企业的个人合伙人来源于境内注册的个人独资企业、合伙企业生产、经营的所得；

②个人依法从事办学、医疗、咨询以及其他有偿服务活动取得的所得；

③个人对企业、事业单位承包经营、承租经营以及转包、转租取得的所得；

④个人从事其他生产、经营活动取得的所得。

（3）取得应税所得，扣缴义务人未扣缴税款。

（4）取得境外所得。

（5）因移居境外注销中国户籍。

（6）非居民个人在中国境内从两处以上取得工资、薪金所得。

【提示】年度汇算不涉及财产租赁等分类所得，以及纳税人按规定选择不并入综合所得计算纳税的全年一次性奖金等所得。纳税人可以委托扣缴义务人或者其他单位和个人办理汇算清缴。

【注意】非居民个人取得工资、薪金所得，劳务报酬所得，稿酬所得和特许权使用费所得，有扣缴义务人的，由扣缴义务人按月或者按次代扣代缴税款，不办理汇算清缴。

（二）纳税期限及扣缴期限

个人所得税的扣缴义务人和自行申报纳税人，必须按税法规定的期限向税务机关进行纳税申报和缴纳税款。

1. 纳税期限

（1）居民个人取得综合所得，按年计算个人所得税；有扣缴义务人的，由扣缴义务人按月或者按次预扣预缴税款；需要办理汇算清缴的，应当在取得所得的次年3月1日至6月30日内办理汇算清缴。

（2）纳税人取得经营所得，按年计算个人所得税，由纳税人在月度或者季度终了后15日内向税务机关报送纳税申报表，并预缴税款；在取得所得的次年3月31日前办理汇算清缴。

（3）纳税人取得利息、股息、红利所得，财产租赁所得，财产转让所得和偶然所得，按月或者按次计算个人所得税。

（4）纳税人取得应税所得，扣缴义务人未扣缴税款的，纳税人应当区别以下情形办理纳税申报：

①居民个人取得综合所得的，按上述（1）规定的纳税期限办理。

②非居民个人取得工资、薪金所得，劳务报酬所得，稿酬所得，特许权使用费所得的，应当在取得所得的次年6月30日前办理申报。

非居民个人在次年6月30日前离境（临时离境除外）的，应当在离境前办理纳税申报。

（5）居民个人从中国境外取得所得的，应当在取得所得的次年3月1日至6月30日内申报纳税。

（6）非居民个人在中国境内从两处以上取得工资、薪金所得的，应当在取得所得的次月15日内申报纳税。

（7）纳税人因移居境外注销中国户籍的，应当在注销中国户籍前办理税款清算。

2. 扣缴期限

（1）扣缴义务发生时间。

扣缴义务人向个人支付应税款项时，应当依照个人所得税法的规定预扣或者代扣税款，按时缴库，并专项记载备查。

（2）扣缴税款及缴库期限。

扣缴义务人向居民个人支付工资、薪金所得，劳务报酬所得，稿酬所得，特许权使用费所得，利息、股息、红利所得，财产租赁所得，财产转让所得或者偶然所得时，应当按次或者按月预扣预缴（或代扣代缴）税款。

扣缴义务人每月或者每次预扣、代扣的税款，应当在次月15日内缴入国库。

（三）纳税申报地点

1.代扣代缴个人所得税纳税申报地点

扣缴义务人代扣代缴个人所得税，应向扣缴义务人所在地主管税务机关办理纳税申报。

2.自行申报个人所得税纳税申报地点

（1）居民个人综合所得汇算清缴申报地点

按照方便就近原则，纳税人自行办理或受托人为纳税人代为办理年度汇算的，向纳税人任职受雇单位的主管税务机关申报；有两处及以上任职受雇单位的，可自主选择向其中一处任职、受雇单位所在地申报。纳税人没有任职受雇单位的，向其户籍所在地、经常居住地或者主要收入来源地的主管税务机关申报。预缴个人所得税与汇算清缴地不一致的，纳税人申请退税，应当在汇算清缴地就地办理税款退库。

（2）经营所得纳税申报地点

纳税人取得经营所得，应在经营管理所在地主管税务机关办理预缴及汇算清缴个人所得税纳税申报。从两处以上取得经营所得的，选择其中一处经营管理所在地主管税务机关办理年度汇总申报。

（3）利息、股息、红利所得，财产租赁所得，财产转让所得，偶然所得纳税申报地点纳税人取得上述所得需要自行申报的，应当向取得所得所在地主管税务机关申报。

（4）非居民个人纳税申报地点

非居民个人取得工资、薪金所得，劳务报酬所得，稿酬所得，特许权使用费所得，应向扣缴义务人所在地主管税务机关办理纳税申报；有两个以上扣缴义务人均未扣缴税款的，选择向其中一处扣缴义务人所在地主管税务机关办理纳税申报。

（5）因移居境外注销中国户籍纳税申报地点

纳税人因移居境外注销中国户籍的，应当在申请注销中国户籍前，向户籍所在地主管税务机关办理纳税申报，进行税款清算。

（6）居民个人从中国境外取得所得纳税申报地点

居民个人从中国境外取得所得的，应当向中国境内任职、受雇单位所在地主管税务机关办理纳税申报；在中国境内没有任职、受雇单位的，向户籍所在地或中国境内经常居住地主管税务机关办理纳税申报；户籍所在地与中国境内经常居住地不一致的，选择其中一地主管税务机关办理纳税申报；在中国境内没有户籍的，向中国境内经常居住地主管税务机关办理纳税申报。

（四）无住所个人相关征管规定

1.无住所个人预计境内居住时间管理

无住所个人在一个纳税年度内首次申报时，应当根据合同约定等情况预计一个纳税年度内境内居住天数以及在税收协定规定的期间内境内停留天数，按照预计情况计算缴纳税款。实际情况与预计情况不符的，分别按照以下规定处理：

（1）无住所个人预先判定为非居民个人，因延长居住天数达到居民个人条件的，一个纳税年度内税款扣缴方法保持不变，年度终了后按照居民个人有关规定办理汇算清缴，但该个人在当年离境且预计年度内不再入境的，可以选择在离境之前办理汇算清缴。

（2）无住所个人预先判定为居民个人，因缩短居住天数不能达到居民个人条件的，在不能达到居民个人条件之日起至年度终了15天内，应当向主管税务机关报告，按照非居民个人重新计算应纳税额，申报补缴税款，不加收税收滞纳金。需要退税的，按照规定办理。

（3）无住所个人预计一个纳税年度境内居住天数累计不超过90天，但实际累计居住天数超过90天的，或者对方税收居民个人预计在税收协定规定的期间内境内停留天数不超过183天，但实际停留天数超过183天的，待达到90天或者183天的月度终了后15天内，应当向主管税务机关报告，就以前月份工资薪金所得重新计算应纳税款，并补缴税款，不加收税收滞纳金。

2.无住所个人境内雇主报告境外关联方支付工资薪金所得的管理

无住所个人在境内任职、受雇取得来源于境内的工资薪金所得，凡境内雇主与境外单位或者个人存在关联关系，将本应由境内雇主支付的工资薪金所得，部分或者全部由境外关联方支付的，无住所个人可以自行申报缴纳税款，也可以委托境内雇主代为缴纳税款。无住所个人未委托境内雇主代为缴纳税款的，境内雇主应当在相关所得支付当月终了后15天内向主管税务机关报告相关信息，包括境内雇主与境外关联方对无住所个人的工作安排、境外支付情况以及无住所个人的联系方式等。

3.居民个人境外所得税收抵免凭证

居民个人申报境外所得税收抵免时，除另有规定外，应当提供境外征税主体出具的税款所属年度的完税证明、税收缴款书或者纳税记录等纳税凭证，未提供符合要求的纳税凭证，不予抵免。

纳税人确实无法提供纳税凭证的，可同时凭境外所得纳税申报表（或者境外征税主体确认的缴税通知书）以及对应的银行缴款凭证办理境外所得抵免事宜。

4.居民个人境外所得追溯抵免

居民个人已申报境外所得、未进行税收抵免，在以后纳税年度取得纳税凭证并申报境外所得税收抵免的，可以追溯至该境外所得所属纳税年度进行抵免，但追溯年度不得超过五年。自取得该项境外所得的五个年度内，境外征税主体出具的税款所属纳税年度纳税凭证载明的实际缴纳税额发生变化的，按实际缴纳税额重新计算并办理补退税，不加收税收滞纳金，不退还利息。

5.纳税信用管理

纳税人和扣缴义务人未按规定申报缴纳、扣缴境外所得个人所得税以及报送资料的，按照《中华人民共和国税收征收管理法》和个人所得税法及其实施条例等有关规定处理，并按规定纳入个人纳税信用管理。

三、个人所得税的纳税申报

由于个人所得税征收方法不同、所得项目不同，因此，申报的内容也不尽相同。个人所得税的纳税申报表主要有以下几种：

（一）自行申报纳税申报表

1.个人所得税基础信息表（B表）

本表适用于自然人纳税人基础信息的填报。自然人纳税人初次向税务机关办理相关涉税事宜时填报本表；初次申报后，以后仅需在信息发生变化时填报。

2.个人综合所得年度自行纳税申报表

（1）个人所得税年度自行纳税申报表（A表）

居民个人纳税年度内仅从中国境内取得工资薪金所得、劳务报酬所得、稿酬所得、特许权使用费所得（以下称“综合所得”），按照税法规定进行个人所得税综合所得汇算清缴适用本表。

【提示】纳税人取得境外所得的，不适用本表。

（2）个人所得税年度自行纳税申报表（简易版）

年综合所得收入额不超过6万元且在纳税年度内未取得境外所得的，可以填写本表。

（3）个人所得税年度自行纳税申报表（问答版）

需要办理个人所得税综合所得汇算清缴，并且未在纳税年度内取得境外所得的，可以填写本表。

（4）个人所得税年度自行纳税申报表（B表）

居民个人纳税年度内取得境外所得，按照税法规定办理取得境外所得个人所得税自行申报，填报本表。申报本表时应当一并附报《境外所得个人所得税抵免明细表》。

3.个人所得税经营所得纳税申报表

（1）个人所得税经营所得纳税申报表（A表）

查账征收和核定征收的个体工商户业主、个人独资企业投资人、合伙企业个人合伙人、承包承租经营者个人以及其他从事生产、经营活动的个人在中国境内取得经营所得，办理个人所得税预缴纳税申报时报送本表。

【提示】合伙企业有两个或者两个以上个人合伙人的，应分别填报本表。

（2）个人所得税经营所得纳税申报表（B表）

个体工商户业主、个人独资企业投资人、合伙企业个人合伙人、承包承租经营者个人以及其他从事生产、经营活动的个人在中国境内取得经营所得，且实行查账征收的，在办理个人所得税汇算清缴纳税申报时报送本表。

【提示】合伙企业有两个或者两个以上个人合伙人的，应分别填报本表。

（3）个人所得税经营所得纳税申报表（C表）

个体工商户业主、个人独资企业投资人、合伙企业个人合伙人、承包承租经营者个人以及其他从事生产、经营活动的个人在中国境内两处以上取得经营所得，办理合并计算个人所得税的年度汇总纳税申报时报送本表。

（4）合伙制创业投资企业单一投资基金核算方式备案表

合伙制创业投资企业（含创投基金，以下统称创投企业）选择按单一投资基金核算，应按规定向主管税务机关进行核算类型备案。

（二）代扣代缴纳税申报表

1.个人所得税基础信息表（A表）

扣缴义务人办理全员全额扣缴申报时，填报其支付所得的纳税人的基础信息适用本表。扣缴义务人首次向纳税人支付所得时，应当按照纳税人提供的纳税人识别号等基础信息，填写本表并于次月扣缴申报时向税务机关报送。

纳税人有中国公民身份号码的，以中国公民身份号码为纳税人识别号；纳税人没有中国公民身份号码的，由税务机关赋予其纳税人识别号。扣缴义务人扣缴税款时，纳税人应当向扣缴义务人提供纳税人识别号。

扣缴义务人对纳税人向其报告的相关基础信息变化情况，应当于次月扣缴申报时向税务机关报送。

2.个人所得税扣缴申报表

适用范围：扣缴义务人向居民个人支付工资、薪金所得，劳务报酬所得，稿酬所得和特许权使用费所得的个人所得税全员全额预扣预缴申报；向非居民个人支付工资、薪金所得，劳务报酬所得，稿酬所得和特许权使用费所得的个人所得税全员全额扣缴申报；以及向纳税人（居民个人和非居民个人）支付利息、股息、红利所得，财产租赁所得，财产转让所得和偶然所得的个人所得税全员全额扣缴申报。

3.单一投资基金核算的合伙制创业投资企业个人所得税扣缴申报表

选择按单一投资基金核算的合伙制创业投资企业（含创投基金）按规定办理年度股权转让所得扣缴申报时报送本表。

【做中学9-21】根据【做中学9-1】【做中学9-2】【做中学9-3】的资料填制《个人所得税扣缴申报表》《个人所得税年度自行纳税申报表》，相关资料如下：

A公司雇员钱某2022年收入情况如下：取得工资、薪金20 000元/月，共计240 000元；分别于3月份和8月份取得劳务报酬27 000元、3 000元，共计30 000元；9月份在学术期刊发表一篇论文，取得稿酬50 000元；每月符合条件的专项扣除分别为基本养老保险1 000元/月、基本医疗保险150元/月、失业保险50元/月、住房公积金300元/月，合计1 500元/月；每月符合条件的专项附加扣除分别为子女教育1 000元/月、赡养老人1 000元/月，合计2 000元/月；没有其他扣除项目。2022年9月A公司预扣预缴钱某工资薪金收入个人所得税应填制《个人所得税扣缴申报表》（个人信息资料忽略不填、假设钱某稿酬收入由A公司支付并代扣代缴个人所得税），见表9-8。2023年钱某个人自行申报汇算清缴应纳税款填制《个人所得税年度自行纳税申报表（A表）》，见表9-9。

（三）解缴税款

1.纳税货币单位

计征个人所得税的各项应税所得，以人民币为单位。所得为外国货币的，应当按照填开完税凭证的上个月最后一日中国人民银行公布的外汇牌价，折合成人民币计算应纳税所得额和应纳税额。

2.纳税工作流程

（1）基础信息录入；

（2）下载、填写、上传纳税申报表；

（3）解缴税款。

3.退税办理

纳税人办理汇算清缴退税或者扣缴义务人为纳税人办理汇算清缴退税的，税务机关审核后，按照国库管理的有关规定办理退税。纳税人申请退税，应当提供其在中国境内开设的银行账户，并在汇算清缴地就地办理税款退库。

表 9-8

个人所得税扣缴申报表

税款所属期：2022 年 9 月 1 日至 2022 年 9 月 30 日

扣缴义务人名称：A 公司

扣缴义务人纳税人识别号（统一社会信用代码）：□□□□□□□□□□□□□□□□□□□□　　金额单位：人民币元（列至角分）

序号	姓名	身份证件类型	身份证件号码	纳税人识别号	是否为非居民个人	所得项目	本月（次）情况														累计情况									减按计税比例	准予扣除的捐赠额	税款计算							备注
							收入额计算			减除费用	专项扣除				其他扣除						累计收入额	累计减除费用	累计专项扣除	累计专项附加扣除					累计其他扣除			应纳税所得额	税率/预扣率	速算扣除数	应纳税额	减免税额	已缴税额	应补/退税额	
							收入	费用	免税收入		基本养老保险费	基本医疗保险费	失业保险费	住房公积金	年金	商业健康保险	税延养老保险	财产原值	允许扣除的税费	其他				子女教育	赡养老人	住房贷款利息	住房租金	继续教育											
1	2	3	4	5	6	7	8	9	10	11	12	13	14	15	16	17	18	19	20	21	22	23	24	25	26	27	28	29	30	31	32	33	34	35	36	37	38	39	40
						工资薪金	20 000.00			5 000.00	1 000.00	150.00	50.00	300.00							180 000.00	45 000.00	13 500.00	9 000.00	9 000.00							103 500.00	10%	2 520.00	7 830.00		6 680.00	1 150.00	
						稿酬	50 000.00	10 000.00	12 000.00																							28 000.00	20%		5 600.00			5 600.00	
合计（略）																																							

谨声明：本表是根据国家税收法律法规及相关规定填报的，是真实的、可靠的、完整的。

扣缴义务人（签章）：　　年　月　日

经办人签字：
经办人身份证件号码：
代理机构签章：
代理机构统一社会信用代码：

受理人：
受理税务机关（章）：
受理日期：　　年　月　日

表9-9　　个人所得税年度自行纳税申报表（A表）

（仅取得境内综合所得年度汇算适用）

税款所属期：2022年1月1日至2022年12月31日

纳税人姓名：钱某

纳税人识别号：□□□□□□□□□□□□□□□□□□-□□金额单位：人民币元（列至角分）

基本情况					
手机号码		电子邮箱		邮政编码	□□□□□□
联系地址	____省（区、市）____市____区（县）____街道（乡、镇）				
纳税地点（单选）					
1.有任职受雇单位的，需选本项并填写“任职受雇单位信息”：				□任职受雇单位所在地	
任职受雇单位信息	名称				
	纳税人识别号	□□□□□□□□□□□□□□□□□□			
2.没有任职受雇单位的，可以从本栏次选择一地：				□户籍所在地　□经常居住地　□主要收入来源地	
户籍所在地/经常居住地/主要收入来源地		____省（区、市）____市____区（县）____街道（乡、镇）			
申报类型（单选）					
□首次申报			□更正申报		

综合所得个人所得税计算		
项目	行次	金额
一、收入合计（第1行=第2行+第3行+第4行+第5行）	1	320 000.00
（一）工资、薪金	2	240 000.00
（二）劳务报酬	3	30 000.00
（三）稿酬	4	50 000.00
（四）特许权使用费	5	
二、费用合计［第6行=（第3行+第4行+第5行）×20%］	6	16 000.00
三、免税收入合计（第7行=第8行+第9行）	7	12 000.00
（一）稿酬所得免税部分［第8行=第4行×（1-20%）×30%］	8	12 000.00
（二）其他免税收入（附报《个人所得税减免税事项报告表》）	9	
四、减除费用	10	60 000.00
五、专项扣除合计（第11行=第12行+第13行+第14行+第15行）	11	18 000.00
（一）基本养老保险费	12	12 000.00
（二）基本医疗保险费	13	1 800.00
（三）失业保险费	14	600.00
（四）住房公积金	15	3 600.00
六、专项附加扣除合计（附报《个人所得税专项附加扣除信息表》）（第16行=第17行+第18行+第19行+第20行+第21行+第22行）	16	24 000.00
（一）子女教育	17	12 000.00
（二）继续教育	18	
（三）大病医疗	19	
（四）住房贷款利息	20	
（五）住房租金	21	
（六）赡养老人	22	12 000.00
七、其他扣除合计（第23行=第24行+第25行+第26行+第27行+第28行）	23	
（一）年金	24	
（二）商业健康保险（附报《商业健康保险税前扣除情况明细表》）	25	
（三）税延养老保险（附报《个人税收递延型商业养老保险税前扣除情况明细表》）	26	
（四）允许扣除的税费	27	
（五）其他	28	

续表

项目	行次	金额
八、准予扣除的捐赠额（附报《个人所得税公益慈善事业捐赠扣除明细表》）	29	
九、应纳税所得额 （第30行＝第1行－第6行－第7行－第10行－第11行－第16行－第23行－第29行）	30	190 000.00
十、税率（%）	31	20%
十一、速算扣除数	32	16 920.00
十二、应纳税额（第33行＝第30行×第31行－第32行）	33	21 080.00
全年一次性奖金个人所得税计算 （无住所居民个人预判为非居民个人取得的数月奖金，选择按全年一次性奖金计税的填写本部分）		
一、全年一次性奖金收入	34	
二、准予扣除的捐赠额（附报《个人所得税公益慈善事业捐赠扣除明细表》）	35	
三、税率（%）	36	
四、速算扣除数	37	
五、应纳税额［第38行＝（第34行－第35行）×第36行－第37行］	38	
税额调整		
一、综合所得收入调整额（需在“备注”栏说明调整具体原因、计算方式等）	39	
二、应纳税额调整额	40	
应补/退个人所得税计算		
一、应纳税额合计（第41行＝第33行＋第38行＋第40行）	41	21 080.00
二、减免税额（附报《个人所得税减免税事项报告表》）	42	
三、已缴税额	43	21 800.00
四、应补/退税额（第44行＝第41行－第42行－第43行）	44	－720.00

无住所个人附报信息

纳税年度内在中国境内居住天数		已在中国境内居住年数	

退税申请
（应补/退税额小于0的填写本部分）

☐ 申请退税（需填写“开户银行名称”“开户银行省份”“银行账号”） ☐放弃退税

开户银行名称		开户银行省份	
银行账号			

备注

谨声明：本表是根据国家税收法律法规及相关规定填报的，本人对填报内容（附带资料）的真实性、可靠性、完整性负责。

纳税人签字：　　　年　　月　　日

经办人签字： 经办人身份证件类型： 经办人身份证件号码： 代理机构签章： 代理机构统一社会信用代码：	受理人： 受理税务机关（章）： 受理日期：　　年　　月　　日

思政园地

推进个人所得税改革　促进社会公平正义

站在新的历史方位，2018年10月1日和2019年1月1日，我国分两步实施了新中国历史上覆盖面最广、力度最大、以减税为主题的个人所得税改革。

2018年10月1日至2019年5月底，个税改革实施8个月已累计新增减税3 841.09亿元。在所有工薪所得纳税人税负普遍降低的情况下，月均收入2万元以下的纳税人新增减税幅度超过65%，而月均收入10万元以上的纳税人新增减税幅度为5%，中低收入群体成为个税改革的最大受益者；从享受专项附加扣除政策的人群分布情况看，30—45岁的中青年人群是主体，政策覆盖面达76.9%，对于生活负担较重、支出较多的中年群体可谓“雪中送炭”。商务部流通产品促进中心研究数据显示，我国城镇居民长期边际消费倾向介于0.71到0.75之间，相对而言，中低收入人群边际消费倾向更高，带动消费作用更为明显。个税改革产生了积极的外溢效应。

资料来源：罗天舒．推进个人所得税改革　促进社会公平正义［EB/OL］．［2019 - 07 - 31］．https：//finance.sina.com.cn/review/jcgc/2019 - 07 - 31/doc - ihytcitm5834377.shtml.

【启示】个税改革从解决人民群众最期盼的问题入手，着力解决影响社会公平的突出问题。一是首次建立了综合与分类相结合的个人所得税制，实行统一的七级超额累进税率并按年计税，促进了相同收入劳动者的横向公平。二是大幅度提高基本减除费用标准。三是增加6个与人民群众生活密切相关的专项附加扣除，一些项目允许夫妻或兄弟姐妹进行共同扣除，满足了不同人群的个性化扣除需求。

个税改革在改革的价值导向上注重公平兼顾效率，使个人所得税的调节作用更为有效。此次个税改革中，一方面注重统筹横向公平与纵向公平，坚持让中低收入劳动者获益更多的导向，大幅拉大了综合所得20%以下各档次税率级距和生产经营所得税率级距，进一步降低中低收入劳动者的税负。同时保持对高收入者的调节力度，维持45%的最高边际税率不变，符合我国“调高、扩中、提低”的收入分配基本方针。另一方面，兼顾增长效率的需要，统筹劳动所得与资本所得、境内所得与境外所得的税负平衡，保持我国税制的国际竞争力。通过个税改革，并在改革的实践中体现全民共享改革红利，增强了人民群众的改革获得感。

项目小结

本项目主要知识点归纳总结见表9-10。

表 9-10 本项目主要知识点归纳总结

主要知识点	内容		
纳税人	分类	判断标准	纳税义务
	居民个人	1.境内有住所； 2.境内无住所，但在一个纳税年度内在中国境内居住累计满183天	承担无限纳税义务
	非居民个人	1.境内无住所又不居住； 2.境内无住所，且在一个纳税年度内在中国境内居住累计不满183天	承担有限纳税义务
征税范围（9项）	征税办法	适用税率	应纳税额计算
综合所得 1.工资、薪金所得	按月预缴，按年汇算清缴	七级超额累进税率	预扣预缴税款＝（累计收入－累计免税收入－累计减除费用－累计专项扣除－累计专项附加扣除－累计其他扣除）×适用税率－速算扣除数－累计已预缴税款
综合所得 2.劳务报酬所得	按月/次预扣预缴，年末并入综合所得	预扣预缴适用三级超额累进税率，年终并入综合所得适用七级超额累进税率	预扣预缴税款＝（收入－800）×20%或收入×（1－20%）×适用税率－速算扣除数
综合所得 3.稿酬所得	按月/次预扣预缴，年末并入综合所得	预扣预缴适用20%的比例税率，年终并入综合所得适用七级超额累进税率	预扣预缴税款＝［（收入－800）或收入×（1－20%）］×70%×20%
综合所得 4.特许权使用费所得	按月/次预扣预缴，年末并入综合所得	预扣预缴适用20%的比例税率，年终并入综合所得适用七级超额累进税率	预扣预缴税款＝［（收入－800）或收入×（1－20%）］×20%
综合所得汇算清缴应纳税额	应纳税额＝应纳税所得额×适用税率－速算扣除数－累计已预扣预缴个人所得税		
5.经营所得	按月/季预缴，按年汇算清缴	五级超额累进税率	预缴税额＝（累计收入－累计准予扣除项目金额）×适用税率－速算扣除数－累计已预缴税款 年终汇算清缴＝应纳税所得额×税率－速算扣除数－累计已预缴税款

续表

主要知识点	内容		
6.财产租赁所得	按月	比例税率20%，个人租赁住房减按10%	每次（月）收入4 000元以下：（收入－800－相关税费－修缮费（800元为限））×20%（或10%） 每次（月）收入4 000元以上：（收入－相关税费－修缮费（800元为限））×（1－20%）×20%（或10%）
7.财产转让所得	按次	比例税率20%	（收入－财产原值－合理费用）×20%
8.利息、股息、红利所得	按次	比例税率20%	每次收入×20%
9.偶然所得	按次	比例税率20%	每次收入×20%

阅读篇目

《中华人民共和国个人所得税法》

《中华人民共和国个人所得税法实施条例》

《国家税务总局个体工商户个人所得税计税办法》

《国家税务总局关于修订个人所得税申报表的公告》（国家税务总局公告2019年第7号）

《国家税务总局关于发布〈个人所得税扣缴申报管理办法（试行）〉的公告》（国家税务总局公告2018年第61号）

《财政部 税务总局关于非居民个人和无住所居民个人有关个人所得税政策的公告》（财政部 税务总局公告2019年第35号）

《国务院关于印发个人所得税专项附加扣除暂行办法的通知》（国发〔2018〕41号）

《财政部 税务总局关于个人取得有关收入适用个人所得税应税所得项目的公告》（财政部 税务总局公告2019年第74号）

《国家税务总局关于个人所得税自行纳税申报有关问题的公告》（国家税务总局公告2018年第62号）

《“大众创业 万众创新”税收优惠政策指引》

《小微企业、个体工商户税费优惠政策指引汇编》

参考文献

［1］全国税务师职业资格考试教材编写组．税法（I）［M］．北京：中国税务出版社，2022.

［2］全国税务师职业资格考试教材编写组．税法（Ⅱ）［M］．北京：中国税务出版社，2022.

［3］郭勇平，安慰，于晓莉，等．个人所得税政策解析与纳税申报实务［M］．上海：立信会计出版社，2020.

数字化教学资源索引

为了帮助读者更好地学习和掌握纳税实务，编者针对本书的重点难点内容制作了下列30个微课，具体位置见括号内标注的页码，用手机扫描对应的二维码即可直接观看。